信息学
竞赛教程
初级

王桂平　周祖松
万　毅　陈胤戬
编　著

北京大学出版社
PEKING UNIVERSITY PRESS

内 容 提 要

本书是专门为中小学生编写的信息学竞赛系列教程之一。作者根据中国计算机学会发布的《全国青少年信息学奥林匹克系列竞赛大纲》，将知识点按难度划分为三个层级：初级、中级、高级，分别对应三本教程，每本教程包含40章内容。本书为初级教程，包括基础算法专题、进制转换、位运算、编码问题、数列问题、高精度专题、字符串处理、时间和日期处理、数据结构专题、排序专题、搜索专题、动态规划专题、数论专题、组合数学专题、图论专题等内容。每章采用"理论+实践"的教学结构：先介绍算法思想或基础知识，再通过经典的竞赛题目来讲解算法的实现。本书配备了完善的题库、课件、教学视频等资源，可以作为中小学信息学竞赛集训队的训练教材，也可以作为少儿编程培训机构的培训教材，还可以作为少儿编程等级考试和编程竞赛的辅导教材。

图书在版编目(CIP)数据

信息学竞赛教程：初级 / 王桂平等编著. -- 北京：北京大学出版社，2025.10. -- ISBN 978-7-301-36427-7

Ⅰ. G634.671

中国国家版本馆CIP数据核字第2025U02S43号

书　　　名	信息学竞赛教程（初级） XINXIXUE JINGSAI JIAOCHENG（CHUJI）
著作责任者	王桂平　等　编著
责任编辑	刘　云　刘　倩
标准书号	ISBN 978-7-301-36427-7
出版发行	北京大学出版社
地　　　址	北京市海淀区成府路205号　100871
网　　　址	http://www.pup.cn　　新浪微博：@北京大学出版社
电子邮箱	编辑部 pup7@pup.cn　总编室 zpup@pup.cn
电　　　话	邮购部 010-62752015　发行部 010-62750672　编辑部 010-62570390
印　刷　者	北京市科星印刷有限责任公司
经　销　者	新华书店
	787毫米×1092毫米　16开本　29印张　698千字 2025年10月第1版　2025年10月第1次印刷
印　　　数	1-4000册
定　　　价	99.00元

未经许可，不得以任何方式复制或抄袭本书之部分或全部内容。
版权所有，侵权必究
举报电话：010-62752024　电子邮箱：fd@pup.cn
图书如有印装质量问题，请与出版部联系，电话：010-62756370

推荐序1

开启智慧之门,走进算法世界

在信息技术飞速发展的今天,计算机科学早已渗透至社会的每一个角落,而编程与算法能力也逐渐成为青少年综合素质中不可或缺的一部分。自1984年邓小平同志提出"计算机的普及要从娃娃做起"以来,我国的信息学竞赛事业从无到有、从弱到强,至今已培养出一大批具备创新思维与实践能力的优秀人才。全国青少年信息学奥林匹克竞赛(NOI)及其衍生赛事,不仅成为许多学生展示才华的舞台,更成为推动计算机科学教育普及的重要力量。

然而,信息学竞赛的学习之路并非一帆风顺。许多初学者在掌握了基本的编程语言后,往往面临算法与数据结构学习的瓶颈:知识体系庞杂,题目难度跳跃,缺乏系统训练资源。正因如此,一本结构清晰、内容扎实、循序渐进的教材显得尤为重要。《信息学竞赛教程》正是在这样的背景下应运而生,它不仅是一套体系完整的教学材料,更是无数信息学竞赛学习者通往更高阶段的桥梁。

本书作为系列教材的初级篇,紧紧围绕中国计算机学会(CCF)发布的《全国青少年信息学奥林匹克系列竞赛大纲》入门级要求。每一章以算法思想为引领,以经典赛题为案例,逐步引导学生理解原理、掌握实现方法,并最终能够独立解决实际问题。这种"理论—案例—实践"的三段式教学设计,既符合认知规律,也贴近竞赛实战需求。

当然,学习算法不仅仅是为了获奖或通过考试,更重要的是在这个过程中训练逻辑思维、提高解决问题的能力和培养持续学习的习惯。这些能力将成为学生无论未来从事何种职业的宝贵财富。

总而言之,《信息学竞赛教程(初级)》是一本兼具系统性、实用性和教学性的优秀教材。它既源于大纲,又不拘泥于大纲;既注重知识传授,也强调能力培养。相信这本教材将陪伴许多学习者走过信息学竞赛的第一步,并在他们的成长道路上留下深刻的印记。

愿每一位翻开这本书的读者,都能在算法的世界中找到思考的乐趣,在代码的海洋里发现创造的力量。

叶诗富

成都市第七中学信息学奥赛(NOI)总教练
全国信息学奥赛金牌指导教师

推荐序2

从零到一：开启你的信息学竞赛编程之旅

在数字化浪潮席卷全球的今天，编程已成为青少年必备的核心素养之一。信息学竞赛作为培养计算思维的重要途径，不仅能够锻炼逻辑能力，更能激发创造潜能。这本《信息学竞赛教程（初级）》，正是为渴望探索编程世界的信竞选手量身打造的入门指南。

本书最值得称道之处在于，它打破了传统编程教材的刻板模式，从信竞初级选手的认知规律出发，以信息学竞赛的基础题型为载体，循序渐进地引导读者掌握算法的核心思想。

作为一位长期从事计算机教育的学者，我深知入门阶段的学习体验对后续发展至关重要。很多有潜力的学生正是因为初学时的挫折感而放弃进一步探索，这实在令人惋惜。而本书的作者团队显然深谙教学之道，他们用浅显易懂的语言化解抽象概念，用贴近生活的案例激发学习兴趣，在基础知识与竞赛导向中进行了完美的平衡。本书既是一本算法入门教程，又是一本竞赛备战指南。书中选取的例题大多来自历年竞赛真题，但都经过精心改编，确保信竞初级选手也能够理解掌握，用循序渐进的练习帮助学习者建立自信，真正做到了"授人以渔"。

让我们以这本书为起点，开始一段奇妙的编程之旅。在键盘的敲击声中，你将学会如何与计算机对话，如何用代码表达思想，最终在信息学的海洋中扬帆远航，探索属于自己的无限可能。

《沁园春·码动乾坤》

数海扬帆，键底风雷，码动乾坤。
看少年执甲，逻辑为刃；屏前布阵，算法成军。
循环结构，分支判断，巧思破题如有神。
凝眸处，纵千行代码，犹若星辰。

奥途漫漫求索，引多少英才醉黄昏。
赞搜索探幽，穷举妙境；贪心取舍，时空权衡。
栈列纷纭，树图交错，纸上云涛掌间奔。
待他日，信奥赛场见，冠冕加身。

浙江财经大学信息技术与人工智能学院
教授、副院长

推荐序3

助力青少年敲开算法之门

在数字化浪潮席卷全球的今天,"计算机的普及要从娃娃做起"已成为广泛共识。信息学竞赛作为锻炼青少年逻辑思维、创新能力和编程素养的重要途径,正吸引越来越多中小学生投身其中。然而,许多初学者在面对繁杂的算法与数据结构时,往往因缺乏系统指导而望而却步——他们迫切需要一套符合认知规律、紧扣竞赛要求的入门教材。《信息学竞赛教程(初级)》的出版,正是对这一需求的及时回应。

本书编写团队长期深耕信息学竞赛教学一线,以《全国青少年信息学奥林匹克系列竞赛大纲》为指导,将竞赛知识点按难度梯度科学拆解,构建起"初级—中级—高级"三级教程体系。作为系列首卷,本书定位清晰、内容扎实:既涵盖枚举、模拟、递推递归等基础算法,也包含进制转换、字符串处理、时间日期计算等实用技能,更系统引入栈、队列、树等数据结构,以及搜索、动态规划、数论和图论等竞赛常见专题。这样的编排既遵循了从易到难的学习规律,又精准对接等级考试及NOI系列大赛,帮助初学者快速确立学习路径。

尤为难得的是,本书突破传统教材"重理论、轻实践"的局限,采取"算法思想+经典案例"双线推进的教学模式。每章先以通俗语言阐释算法原理,再通过三道精选竞赛真题逐步展开代码实现与技巧讲解,并配套预习题、入门题与课后习题,结合题库、课件和视频资源,构建"学—练—测"闭环学习系统。这一设计不仅助力学生攻克编程难点,更培养其运用算法解决实际问题的能力,真正达成学以致用。

此外,本书强调标识符命名、代码缩进与注释等编程规范,从细节入手筑牢初学者的代码习惯——良好的编程风格不仅是程序可读性的保障,更是应对复杂竞赛和团队协作的重要基础。

相信无论是中小学信息学竞赛集训队的学员,还是少儿编程培训机构的学员,抑或是自学备考的青少年,都能从本书中获得启发。期待这套教程能成为青少年信息学竞赛之路上的"引路牌",助力更多孩子在算法世界中探索创新、收获成长,为我国信息科技人才的培养注入鲜活力量。

编写团队倾注心血精心撰著,其专业与匠心贯穿全书。谨以此序向编写团队致以敬意,并祝愿所有读者学有所成、赛有所获!

张廷萍

重庆交通大学信息科学与工程学院

教授、副院长

国家级一流课程负责人

前言

一、信息学竞赛的历史及发展

1984年2月16日，邓小平同志在参观上海市微电子技术及其应用汇报展览时指出："计算机的普及要从娃娃做起"。根据这一指示精神，中国科学技术协会和教育部提议中国计算机学会（China Computer Federation，CCF）举办一个面向青少年的程序设计竞赛。CCF接受提议，将竞赛命名为"全国青少年计算机程序设计竞赛"，并于1984年成功举办首届竞赛，参加人数超过8000人。

1987年10月，一位名叫圣多夫（Sendov）的保加利亚教授给联合国教育、科学及文化组织（United Nations Educational，Scientific and Cultural Organization，UNESCO）写信，建议创建面向青少年的国际计算机奥林匹克竞赛（International Olympiad in Informatics，IOI）。他的建议获得了采纳，国际计算机奥林匹克竞赛于1989年创建，第一届竞赛就在保加利亚举行。由于举办国是欧洲的非英语国家，"计算"一词在当地语言中是"informatica"，于是竞赛名称中的"计算机"写作"informatics"，这就是IOI的由来。当时国内不知道在欧洲"informatica"是计算（机）的意思，于是把这个词翻译为"信息学"。为了和国际竞赛名称保持一致，国内的"全国青少年计算机程序设计竞赛"更名为"全国青少年信息学奥林匹克竞赛"（National Olympiad in Informatics，NOI）。

这类竞赛虽然名为"信息学竞赛"，但其竞赛形式本质上是算法编程竞赛——选手需要通过设计算法、编写程序来解决具有实际背景的计算问题，评测时以测试数据验证程序的正确性和效率，并严格限制程序的运行时间和内存空间。

为了扩大信息学竞赛的普及范围，1995年，CCF创办了全国青少年信息学奥林匹克联赛（National Olympiad in Informatics in Provinces，NOIP）。2019年，CCF进一步推出非专业级软件能力认证（Certified Software Professional Junior/Senior，CSP-J/S）考试。2024年9月，全国参加第6次CSP-J/S认证考试的中小学生人数已突破20万。

2023年3月，CCF推出了编程能力等级认证（Grade Examination of Software Programming，GESP），包括图形化编程（Scratch）、Python编程及C++编程，每年3月、6月、9月、12月各组织一次等级认证。

除了CCF组织的NOI系列赛事和GESP等级认证外，中国电子学会推出了全国青少年信息素养大赛和青少年等级考试，中国人工智能学会推出了全国中小学信息技术创新与实践大赛，工业和信息化部人才交流中心推出了蓝桥杯全国软件和信息技术专业人才大赛（青少年组），等等。这些大赛的部分赛道和等级考试的部分项目也是信息学竞赛形式。

二、关于本系列教材及本书

尽管NOI系列竞赛开展了多年，但竞赛涉及的知识体系及其边界长期依赖命题专家的经验判断。为了建立标准化教学框架，2021年4月，CCF首次发布了《全国青少年信息学奥林匹克系列竞赛大纲》（以下简称《大纲》）；此后，CCF分别于2023年3月和2025年4月对《大纲》进行了两次修订。大纲把所有涉及的知识点按难度等级分为入门级、提高级和NOI级。

目前市面上急需的是适合大部分学生从入门到进阶的信息学竞赛书籍，本书作者根据《大纲》要求，剔除了NOI级大部分太难的知识点，对剩下的知识点，根据难度等级和内在联系，编写了《信息学竞赛教程》系列教材，包括：初级篇、中级篇、高级篇。每本书包含40章，其中初级篇包含了《大纲》入门级大部分知识点，中级篇包含了《大纲》入门级剩余知识点和提高级部分知识点，高级篇包含了《大纲》提高级剩余知识点和NOI级个别知识点。

本书是初级篇，面向学完了C++语言、要进入算法阶段的中小学生，主要覆盖信息学竞赛的大部分基础算法和常用数据结构，包括基础算法专题、进制转换、位运算、编码问题、数列问题、高精度专题、字符串处理、时间和日期处理、数据结构专题、排序专题、搜索专题、动态规划专题、数论专题、组合数学专题、图论专题等内容。

限于篇幅，本书每章只收录了3个案例，部分案例对初学者来说比较难。为了帮助初学者较好地掌握本书内容，我们在配套资源的每一章都设计了一些预习题和入门题，也安排了一些课后习题。

根据中小学生的编码习惯，本书对变量名、函数名这些标识符的命名以及代码编写，制定了详细规范，详见附录A。

本书配套资源丰富，包括题库、课件、笔记、授课视频等，关于本书配套资源的使用方法，详见附录B。

三、预备知识

由于目前CCF的NOI系列大赛只支持C++语言，本系列教材并没有包含C++语言的基础知识，所以在使用本系列教材之前，读者应该先掌握C++语言。初学者可以用本书作者编写的《C++趣味编程及算法入门》来学习C++语言，这是专门为中小学生编写的一本C++编程及算法入门教材。

对中小学生读者，建议先通过中国电子学会青少年等级考试（C语言）二级或GESP二级考试再来学习本系列教材。

王桂平

2025年8月

目 录

第1章 基础算法1：枚举算法

- 1.1 枚举算法的思想及实现要点 ……………… 2
- 1.2 案例1：积木 …………………………………… 4
- 1.3 案例2：自我数 ………………………………… 6
- 1.4 案例3：龙虎斗 ………………………………… 7

第2章 基础算法2：模拟算法

- 2.1 模拟算法的思想及实现要点 …………… 12
- 2.2 笛卡儿坐标系和网格中的坐标系 ……… 12
- 2.3 案例1：醉酒的狱卒 ………………………… 13
- 2.4 案例2：扫雷游戏 …………………………… 15
- 2.5 案例3：螺旋矩阵 …………………………… 18

第3章 基础算法3：递推和递归

- 3.1 递推和递归 …………………………………… 22
- 3.2 案例1：数的计算 …………………………… 23
- 3.3 案例2：整数划分问题 ……………………… 25
- 3.4 案例3：三角形的个数 ……………………… 28
- 3.5 函数及递归函数设计 ……………………… 30

第4章 基础算法4：贪心算法

- 4.1 贪心算法的思想 …………………………… 34
- 4.2 案例1：活动安排问题 ……………………… 34
- 4.3 贪心算法的基本要素 ……………………… 37
- 4.4 0-1背包问题和部分背包问题 …………… 38
- 4.5 案例2：公路 ………………………………… 40
- 4.6 案例3：纪念品分组 ………………………… 42

第5章 基础算法5：分治法

- 5.1 分治法的思想 ………………………………… 45
- 5.2 案例1：棋盘覆盖问题 ……………………… 46
- 5.3 案例2：幂次方 ……………………………… 50
- 5.4 案例3：分形 ………………………………… 52

第6章 基础算法6：二分法及应用

- 6.1 二分法 ………………………………………… 56
- 6.2 二分查找 ……………………………………… 56
- 6.3 二分答案 ……………………………………… 57
- 6.4 C++中的二分查找函数 …………………… 58
- 6.5 案例1：复合单词 …………………………… 59
- 6.6 案例2：垦田计划 …………………………… 62
- 6.7 案例3：跳石头 ……………………………… 65

第7章 进制的思想及进制转换

- 7.1 数位和计数单位 …………………………… 70
- 7.2 进制及进制转换 …………………………… 70
- 7.3 实现进制转换的库函数 …………………… 71
- 7.4 标准模板库中的位组（bitset） ………… 72

7.5	案例1：统计好数	74
7.6	案例2：优秀的拆分	76
7.7	案例3：回文数	78

第8章 位运算及应用

8.1	位运算	81
8.2	位运算的应用	83
8.3	案例1：关灯游戏	84
8.4	案例2：格雷码	87
8.5	案例3：动物园	90

第9章 编码问题及处理

9.1	从ASCII编码说起	94
9.2	字符编码问题	95
9.3	案例1：圆括号编码	95
9.4	案例2：莫尔斯电码	98
9.5	案例3：Vigenère密码	101

第10章 数列问题及处理

10.1	数列及相关问题	105
10.2	等差数列和等比数列	105
10.3	案例1：数列1, 1, 2, 1, 2, 3	105
10.4	案例2：中位数数列	107
10.5	案例3：数列	108

第11章 高精度1：高精度计算的基本原理

11.1	高精度数	112
11.2	用字符型数组或整型数组实现算术运算	112
11.3	高精度计算原理	113
11.4	高精度计算要点	114
11.5	案例1：统计加法运算的进位次数	115
11.6	案例2：skew二进制	117
11.7	案例3：双塔问题	118

第12章 高精度2：高精度数加减法和乘法

12.1	高精度数的加减法和乘法	122
12.2	高精度运算的压位处理	122
12.3	案例1：高精度数的加法	123
12.4	案例2：高精度数的乘法	125
12.5	案例3：麦森数	127

第13章 字符及字符串处理（1）

13.1	字符串处理函数	131
13.2	字符串类string	133
13.3	字符转换	134
13.4	案例1：ISBN	135
13.5	案例2：解密	136
13.6	案例3：打字纠错	138

第14章 字符及字符串处理（2）

14.1	回文字符串	141
14.2	案例1：构造回文	141
14.3	案例2：镜像回文	142
14.4	案例3：回文日期	146

第15章 字符及字符串处理（3）

15.1	子串与子序列的处理	150
15.2	案例1：字符串包含问题	150
15.3	案例2：字符串的幂	151

15.4 案例3：统计单词数 ······ 154

第16章 时间和日期的处理

16.1 时间和日期处理的相关问题 ······ 157
16.2 案例1：相隔天数 ······ 160
16.3 案例2：黑色星期五 ······ 162
16.4 案例3：儒略日 ······ 163

第17章 数据结构1：数组和向量

17.1 数据结构基本概念 ······ 169
17.2 标准模板库 ······ 169
17.3 向量 ······ 170
17.4 案例1：明明的随机数 ······ 170
17.5 案例2：中位数 ······ 172
17.6 案例3：公交换乘 ······ 173

第18章 数据结构2：栈

18.1 栈 ······ 178
18.2 n个元素有多少种出栈顺序 ······ 179
18.3 案例1：括号串匹配 ······ 179
18.4 案例2：奇特的火车站 ······ 181
18.5 案例3：表达式求值 ······ 183

第19章 数据结构3：队列

19.1 队列 ······ 187
19.2 案例1：约瑟夫环问题 ······ 187
19.3 案例2：海港 ······ 189
19.4 案例3：等待时间 ······ 192

第20章 数据结构4：集合

20.1 数学上的集合 ······ 195
20.2 STL中的集合 ······ 195
20.3 案例1：第N个回文数 ······ 197
20.4 案例2：集合的递归定义 ······ 199
20.5 案例3：考勤刷卡 ······ 201

第21章 数据结构5：用数组模拟链表

21.1 数据结构的物理顺序和逻辑顺序 ······ 204
21.2 线性数据结构和非线性数据结构 ······ 204
21.3 顺序结构和链式结构 ······ 204
21.4 线性表：顺序表和链表 ······ 205
21.5 案例1：链表结点的物理/逻辑顺序 ······ 206
21.6 用数组模拟链表 ······ 208
21.7 案例2：好友关系 ······ 209
21.8 案例3：队列安排 ······ 212

第22章 数据结构6：树的概念及存储

22.1 非线性数据结构——树 ······ 217
22.2 图结构和树结构 ······ 218
22.3 二叉树 ······ 219
22.4 树和二叉树的存储 ······ 220
22.5 二叉树的遍历 ······ 222
22.6 案例1：二叉树深度 ······ 224
22.7 案例2：新二叉树 ······ 225
22.8 案例3：FBI树 ······ 227

第23章 排序及排序函数的使用

23.1 排序及排序算法 ······ 231
23.2 排序的应用 ······ 232

| 23.3 | 排序函数sort的用法 ········ 233
| 23.4 | 案例1：快乐的蠕虫 ········ 234
| 23.5 | 案例2：英文姓名排序 ······ 237
| 23.6 | 案例3：图书馆管理员 ······ 238

第24章 排序算法原理及应用

| 24.1 | 归并排序算法 ············ 242
| 24.2 | 快速排序算法 ············ 244
| 24.3 | 案例1：求逆序对问题 ······ 246
| 24.4 | 案例2：Freda的越野跑 ···· 248
| 24.5 | 案例3：求第k小的数 ····· 250

第25章 搜索1：深度优先搜索

| 25.1 | 深度优先搜索的思想 ········ 253
| 25.2 | 案例1：油田 ············· 254
| 25.3 | 案例2：最大的泡泡串 ······ 257
| 25.4 | 案例3：选数 ············· 259
| 25.5 | 深度优先搜索技巧 ········· 262

第26章 搜索2：广度优先搜索

| 26.1 | 广度优先搜索的思想 ········ 265
| 26.2 | 案例1：马走日 ··········· 266
| 26.3 | 案例2：电影系列之《预见未来》 268
| 26.4 | 案例3：回家 ············· 271

第27章 搜索3：搜索的剪枝优化

| 27.1 | 搜索的剪枝优化 ··········· 276
| 27.2 | 案例1：骨头的诱惑 ········ 276
| 27.3 | 案例2：小木棍 ··········· 283
| 27.4 | 案例3：棋盘 ············· 285

第28章 DP1：动态规划的基本思路

| 28.1 | 动态规划算法的引入——从数字网格说起 ········ 291
| 28.2 | 动态规划算法的思想 ········ 292
| 28.3 | 动态规划算法的4个要素 ···· 295
| 28.4 | 案例1：数字网格 ·········· 295
| 28.5 | 动态规划算法的变形——备忘录方法 ·············· 296
| 28.6 | 案例2：单调回文分解 ······ 297
| 28.7 | 案例3：最大子段和 ········ 300

第29章 DP2：一维和二维动态规划

| 29.1 | 一维和二维动态规划 ········ 304
| 29.2 | 案例1：积木画 ············ 304
| 29.3 | 案例2：最大的子矩阵和 ···· 308
| 29.4 | 案例3：最大正方形的边长 ·· 311

第30章 DP3：背包类型动态规划

| 30.1 | 背包问题及求解算法 ········ 316
| 30.2 | 案例1：0-1背包问题 ······· 316
| 30.3 | 案例2：比谁猜得准 ········ 321
| 30.4 | 案例3：砝码称重 ·········· 323

第31章 数论1：整除理论及应用

| 31.1 | 自然数与整数 ············· 327
| 31.2 | 整除 ···················· 327
| 31.3 | 筛选法求质数 ············· 329
| 31.4 | 哥德巴赫猜想 ············· 329
| 31.5 | 案例1：半质数 ············ 330
| 31.6 | 案例2：筛选法求质数 ······ 331
| 31.7 | 案例3：哥德巴赫猜想 ······ 334

第32章 数论2：最大公约数理论及应用

- **32.1** 最大公约数、互质、最小公倍数 …… 338
- **32.2** 带余数除法与辗转相除法 …………… 338
- **32.3** 最大公约数理论 ………………………… 341
- **32.4** 案例1：等差数列 ……………………… 342
- **32.5** 案例2：最大公约数和最小公倍数 … 344
- **32.6** 格点问题 ………………………………… 345
- **32.7** 案例3：兔八哥与猎人 ………………… 346

第33章 数论3：唯一分解定理及应用

- **33.1** 唯一分解定理 …………………………… 350
- **33.2** 符号$[x]$，$n!$的分解式 ……………… 350
- **33.3** 案例1：求标准质因数分解式 ………… 352
- **33.4** 案例2：正除数个数和正除数的和 … 354
- **33.5** 案例3：$n!$的标准质因数分解式 …… 355

第34章 数论4：同余理论及应用

- **34.1** 同余 ……………………………………… 359
- **34.2** a对模m的逆 ……………………… 360
- **34.3** 同余类（剩余类）……………………… 361
- **34.4** 同余方程 ………………………………… 361
- **34.5** 中国剩余定理 …………………………… 362
- **34.6** 案例1：各位数字全为1的数 ………… 363
- **34.7** 案例2：Niven数 ……………………… 364
- **34.8** 案例3：韩信点兵 ……………………… 366

第35章 组合数学1：加法原理和乘法原理

- **35.1** 加法原理和乘法原理 …………………… 370
- **35.2** 排列和组合公式 ………………………… 370
- **35.3** 全排列及排列的字典序 ………………… 370
- **35.4** 生成序列全排列的函数 ………………… 371
- **35.5** 案例1：网格路径 ……………………… 372
- **35.6** 案例2：产生数 ………………………… 374
- **35.7** 案例3：过河卒 ………………………… 377

第36章 组合数学2：用DFS求解排列组合问题

- **36.1** 用DFS求解排列组合问题 …………… 381
- **36.2** 案例1：质数环问题 …………………… 381
- **36.3** 案例2：方形硬币 ……………………… 385
- **36.4** 案例3：正方形 ………………………… 388

第37章 图论1：图的基本概念和图的存储

- **37.1** 哥尼斯堡七桥问题 ……………………… 392
- **37.2** 小世界理论 ……………………………… 392
- **37.3** 图的基本概念 …………………………… 393
- **37.4** 图的存储表示 …………………………… 397
- **37.5** 案例1：求顶点度数 …………………… 401
- **37.6** 编程解题时灵活地存储图 ……………… 402
- **37.7** 用向量数组实现邻接表并求顶点度数 …………………………… 403
- **37.8** 案例2：道路网络 ……………………… 404
- **37.9** 案例3：共同好友数 …………………… 405

第38章 图论2：图的深度优先搜索

- **38.1** 图的深度优先搜索 ……………………… 409
- **38.2** 图的深度优先搜索的实现 ……………… 410
- **38.3** 案例1：红与黑 ………………………… 411
- **38.4** 案例2：七段码数码管 ………………… 414

- 38.5 用向量数组实现加权图的邻接表 ……… 416
- 38.6 案例3：道路修建 …………………… 416

第39章 图论3：图的广度优先搜索

- 39.1 图的广度优先搜索 ………………… 421
- 39.2 图的广度优先搜索的实现 ………… 422
- 39.3 案例1：奇怪的电梯 ……………… 423
- 39.4 案例2：迷宫 ……………………… 425
- 39.5 案例3：医院选址问题 …………… 428

第40章 图论4：DAG和拓扑排序

- 40.1 AOV网络和拓扑排序 ……………… 432
- 40.2 拓扑排序算法 ……………………… 433
- 40.3 案例1：拓扑排序实现 …………… 435
- 40.4 关于拓扑排序的进一步说明 ……… 437
- 40.5 案例2：将所有元素排序 ………… 438
- 40.6 案例3：最大食物链计数 ………… 441

附录A 标识符命名规范与代码规范 … 444

附录B 课程资源使用说明 ………… 447

参考文献 …………………………… 450

第 1 章
基础算法 1：枚举算法

本章内容

本章将介绍枚举算法的思想以及实现要点，并通过案例讲解枚举算法的实现方法。

1.1 枚举算法的思想及实现要点

1. 枚举算法的思想

枚举（又称为**穷举**，数学中称为列举法）是一种基础的算法设计思想。当需要求解的问题存在大量可能的候选解（或中间过程），且难以通过逻辑推理快速排除无效候选解时，必须通过逐一验证这些候选解来寻找正确答案，这就是枚举算法的思想。

用枚举算法解题时，首先要确定需要枚举的量，简称为**枚举量**。大部分用枚举算法求解的题目，很容易确定枚举量。但也有些很难的题目，不容易确定枚举量。通常，有几个枚举量，就需要几重循环实现。

例如，将12根相同的棒棒糖分成3堆，每堆至少有2根，请问有几种不同的分法？

由于堆和堆是不区分的，为了避免求得重复的答案，我们可以约定3堆棒棒糖的数量依次为a、b、c，且$a \leq b \leq c$。枚举a的取值，$a = 2, 3, 4$，对a的每个取值，再枚举b的取值。在这个例子中，a和b就是枚举量，所以需要用二重循环实现。对a和b的每一对取值，可以确定c的值为$c = 12 - a - b$，所以不需要枚举c的值。分棒棒糖的枚举过程如图1.1所示。

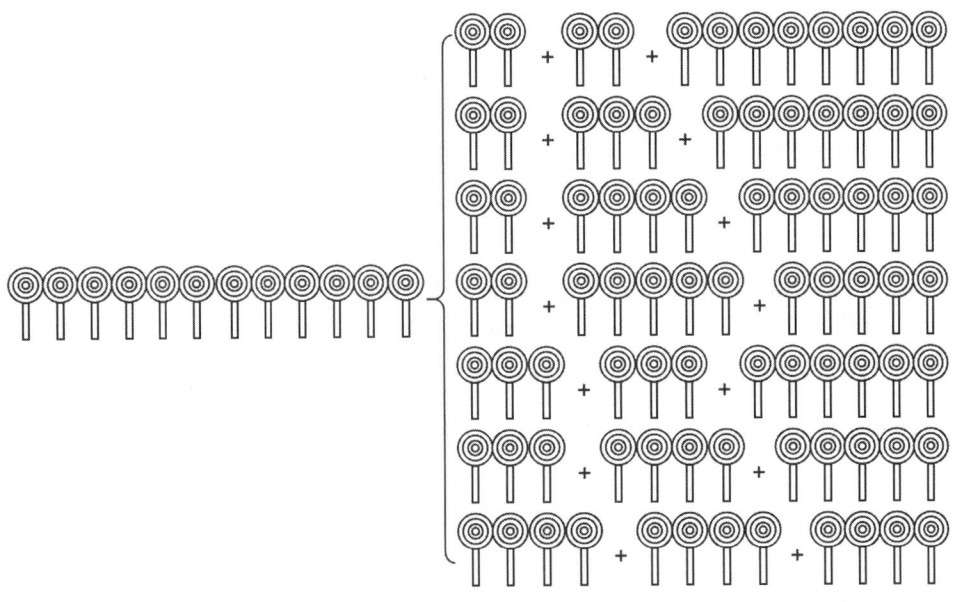

图1.1 分棒棒糖的枚举过程

2. 枚举算法的实现要点

在实现枚举算法时，一定要注意以下关键点：为保证结果正确，应做到既不重复又不遗漏；正确确定每个枚举量的终值；为减少程序运行时间，应尽量减少枚举的次数；要考虑是否可以做预处理。

（1）既不重复又不遗漏

枚举时如果遗漏了一些解，得到的答案肯定是错的。此外，若题目中互换枚举量的值视为同一组解，这时就必须做到不重复枚举和统计。例如，在前面的分棒棒糖问题中，由于堆和堆是不区分的，所以(3, 4, 5)和(4, 3, 5)是同一组解，那么每次在枚举b的取值时不能总是从2开始，否则得到的解就有重复，b的取值应该从当前a的值开始枚举。

（2）正确确定每个枚举量的终值

正确确定每个枚举量的终值，不仅可以避免判断每组取值的合法性，还可以减少枚举次数。例如，在前面的分棒棒糖问题中，如果a和b的最大值都取到12，那么对a和b的每个取值组合都要判断求得的c是否合法，这样容易出错且很多枚举是多余的。那么怎么确定a和b的终值呢？由于$a+b+c=12$且约定了$a \leq b \leq c$，当a、b、c的值相等时，a取到最大值，因此a最大只能取到12/3=4。对a的每个取值，当b和c相等时，b取到最大值，因此$b \leq (12-a)/2$。

注意，如果棒棒糖的数量是一个变量n，为了避免除法及可能存在的浮点数运算，变量a的取值限定为$3 \times a \leq n$，变量b的取值限定为$a+2 \times b \leq n$。

（3）尽量减少枚举次数

枚举算法的时间复杂度通常较高。例如，假设问题的规模n为10000，如果一个枚举算法需要用二重循环实现、每个循环变量都是从1取到n，则枚举次数为10000×10000。如果评测系统1秒钟只能执行1亿次运算，则该算法可能就会超时。

所以，采用枚举算法解题时通常要尽可能减少枚举次数。减少枚举次数一般有两种方法，第一种是减少枚举量（循环层数），第二种是减少枚举的范围（某层循环的执行次数）。

对于第一种方法，有一种情形是，如果内层循环的量可以由外层循环的量确定，那么内层循环就可以取消了。例如，"百钱百鸡"问题：1只公鸡值5钱，1只母鸡值3钱，3只小鸡值1钱，某人用100钱买了100只鸡，问公鸡、母鸡、小鸡各有多少只。因为已知公鸡、母鸡、小鸡的总数为100，所以可以不枚举小鸡的数量，直接由公鸡和母鸡的数量确定小鸡的数量，这样就将三重循环简化为二重循环。

又如，在前面的分棒棒糖问题和本章的案例1中，只需枚举a和b的取值组合，不需要枚举c的值。

对于第二种方法，通常的做法是如果能提前知道某种方案不可能求出解，则不进行枚举或提前结束当前的枚举，以减少不必要的枚举。前面第（2）点，正确确定每个枚举量的终值，目的之一也是减少不必要的枚举。

（4）枚举算法中的预处理

枚举要用循环实现，如果每一次枚举还需要复杂的计算，则计算量会急剧上升，很容易超出时间上限。如果每次枚举的全部计算或部分计算是相同的，则可以在枚举前预先计算好，避免在每次枚举时重复计算，详见本章案例3。

1.2 案例1：积木

【题目描述】

有一套积木共n个，每个积木都是一个立方体，长宽高均为1厘米。现在要把这些积木放入一个长方体里，用牛皮纸包装起来运输，请问，至少需要多大的牛皮纸？

【输入描述】

输入占一行，为一个正整数n，表示需要包装的积木数量。

【输出描述】

输出占一行，为包装这n个积木所需牛皮纸的最小表面积，单位为平方厘米。

【样例输入1】	【样例输出1】
9	30

【样例输入2】	【样例输出2】
26	82

【样例输入/输出1说明】

当n=9时，可以包装成尺寸为1×1×9、1×3×3两种大小的长方体，其表面积分别是38和30，所以最小的表面积是30。

【样例输入/输出2说明】

当n=26时，可以包装成尺寸为1×1×26、1×2×13两种大小的长方体，其表面积分别是106和82，所以最小的表面积是82。

【数据规模与约定】

对于20%的数据，1≤n≤10。

对于50%的数据，1≤n≤100。

对于80%的数据，1≤n≤500。

对于100%的数据，1≤n≤1000。

【分析】

题目的意思是要使n个积木"堆满"整个长方体，不能有空隙。

假设长方体的长宽高分别为a、b、c（均为整数），把a视为最短的棱，b其次，c是最长的棱，则更好理解。枚举长方体的长度a，a从1开始取值，a的取值要满足a*a*a<=n；对a的每个取值，枚举长方体的宽度b，b从a开始取值，b的取值要满足a*b*b<=n；对a和b的每一对取值，如果n%(a*b)不为0，则跳过，否则c = n/(a*b)，从而求长方体的表面积。最后取最小的表面积。

注意，本题在实现时如果还需要枚举c，则只能通过80%的数据的评测。

当 $n = 26$ 时枚举过程如表1.1所示，得到的两种立方体如图1.2所示。

表1.1 枚举两条棱 a 和 b 的过程

枚举 a 的取值	枚举 b 的取值
a 取值为1	b 取值为1时，c 为26，此时表面积为106； b 取值为2时，c 为13，此时表面积为82； b 取值为3时，$n\%(a*b)$ 不为0，跳过； …
a 取值为2 …	…

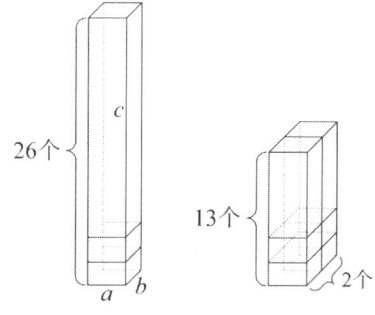

图1.2 积木

按照上述方法枚举时，a、b、c 的其他取值都不能使26个积木堆满一个长方体，因此最小表面积为82。代码如下。

```
#include <bits/stdc++.h>
using namespace std;
int main( )
{
    int n;            // 积木的个数
    int a, b, c;      // 循环变量
    int s, mn;        // 表面积及最小表面积
    cin >>n;
    mn = 1000*1000*1000;
    for( a=1; a*a*a<=n; a++ ){
        for( b=a; a*b*b<=n; b++ ){
            if( n%(a*b) )   continue;     // 如果n不能被a*b整除，则跳过
            c = n/(a*b);    s = 2*a*b + 2*a*c + 2*b*c;
            if( s < mn )   mn = s;
        }
    }
    cout <<mn <<endl;
```

```
        return 0;
}
```

1.3 案例2：自我数

【题目描述】

1949年，印度数学家卡普耶卡（D. R. Kaprekar）发现了一类特殊的数，称为自我数(self number)。其定义如下：对于任意正整数n，定义$d(n)$为n加上n的每一位数字之和。例如，$d(75) = 75 + 7 + 5 = 87$。取任意正整数n为出发点，可以构造一个无穷的正整数序列：$n, d(n), d(d(n)), d(d(d(n))), \cdots$。

例如，从33开始，下一个数字是$33 + 3 + 3 = 39$，再下一个是51，…。如此便产生了一个整数数列：33, 39, 51, 57, 69, 84, 96, 111, 114, 120, 123, 129, 141, …。

数字n被叫作整数$d(n)$的生成器。在上述的数列中，33是39的生成器，39是51的生成器，等等。有些数可能有多个生成器，如101有两个生成器，91和100。

而没有生成器的数字则称为自我数。100以内的自我数有13个：1, 3, 5, 7, 9, 20, 31, 42, 53, 64, 75, 86, 97。

【输入描述】

输入占一行，为一个正整数n。

【输出描述】

输出所有小于或等于n的正的自我数，以升序排列，并且每个数占一行。

【样例输入】	【样例输出】
10	1
	3
	5
	7
	9

【数据规模与约定】

对于50%的数据，$n \leqslant 1000$。

对于100%的数据，$n \leqslant 1000000$。

【分析】

前面一些自我数分别是1, 3, 5, 7, 9, 20, 31, 42, 53, 64, 75, 86, 97, 108, 110, 121, 132, 143, 154, 165, 176, 187, 198, 209, 211, …。

观察上述自我数，似乎有一些规律：10以内的自我数是奇数（1, 3, 5, 7, 9），从9开始，连续加

9次11，得到9个自我数（20, 31,…, 97），然后加1次2，得到一个自我数（108），然后连续加9次11（110, 121,…,198），再加1次2得到一个自我数（209）。但是，1006、1021也是两个连续的自我数，它们相差15，随着自我数越来越大，还有更多的规律。所以，本题无法找到通用的规律，不能用规律求解。

本题的求解思路是，枚举1～N的每个数n产生的d(n)，用一个布尔型数组self记下来。约定：self[i]的值为0表示i为自我数；self[i]的值为1表示i不是自我数；初始时，self[i]为0。

具体方法为：从n=1开始，因为self[1]为0，即1是自我数，所以输出1，接着产生d(1)=2，则将self[2]的值设为1；因为self[2]为1，即2不是自我数，所以不会输出，接着产生d(2)=4，则self[4]=1；因为self[3]为0，即3是自我数，所以要输出3，接着产生d(3)=6，则self[6]=1；一直到n=N为止。

现在的问题是，对某个数n，如果产生了d(n)，要不要继续产生d(d(n)), d(d(d(n))),…？

答案是不需要。因为对n来说，产生了d(n)；则在后续的某次循环中，会对整数n'=d(n)，产生d(n') = d(d(n))；及对整数n"=d(n')，产生d(n") = d(d(d(n))),…。代码如下。

```
#include <bits/stdc++.h>
using namespace std;
int main( )
{
    bool self[1000001] = { 0 };   //self[i] 为 0 表示 i 是自我数
    int n, sm, t;   //sm: 累加各位数字和；  t: 用来取出各位上数字的临时变量
    int N;   cin >>N;
    for( n=1; n<=N; n++ ) {
        if( !self[n] )   cout <<n <<endl;
        t = n;   sm = n;
        while( t ) {     // 累加 n 各位的数字和
            sm += t%10;
            if( sm>N )   break;
            t /=10 ;
        }
        if( sm<=N )   self[sm] = 1;
    }
    return 0;
}
```

1.4 案例3：龙虎斗

【题目描述】

轩轩和凯凯正在玩一款叫《龙虎斗》的游戏，游戏的棋盘是一条线段，线段上有n个兵营（从

左至右编号为1～n），相邻编号的兵营之间相隔1厘米，即棋盘长度为n-1厘米的线段。i号兵营里有c_i位工兵。图1.3为n=6的示例。

轩轩在左侧，代表"龙"；凯凯在右侧，代表"虎"。他们以m号兵营作为分界，靠左的工兵属于龙势力，靠右的工兵属于虎势力，而**第m号兵营中的工兵很纠结，他们不属于任何一方**。

一个兵营的气势为：该兵营中的工兵数×该兵营到m号兵营的距离。参与游戏一方的势力定义为：属于这一方所有兵营的气势之和。

在图1.4的示例中，n=6，m=4，其中有灰色背景的兵营为m号兵营，m号兵营左边的兵营为龙方，右边的兵营为虎方。

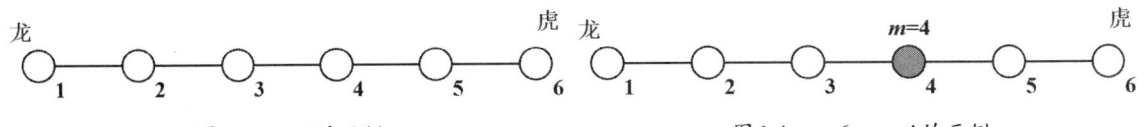

图1.3　n=6的示例　　　　　　　　图1.4　n=6，m=4的示例

在游戏过程中，某一刻天降神兵，共有s_1位工兵突然出现在了p_1号兵营。作为轩轩和凯凯的朋友，你知道如果龙虎双方气势差距太悬殊，轩轩和凯凯就不愿意继续玩下去了。为了让游戏继续，你需要选择一个兵营p_2，并将你手里的s_2位工兵**全部派往兵营p_2**，使双方气势差距尽可能小。

注意，你手中的工兵落在哪个兵营，就和该兵营中的其他工兵有相同的势力归属（如果落在m号兵营，则不属于任何势力）。

【输入描述】

输入文件的第一行包含一个正整数n，代表兵营的数量。

接下来的一行包含n个正整数，相邻两数间以一个空格分隔，第i个正整数代表编号为i的兵营中起始时的工兵数量c_i。

再下面的一行包含4个正整数，相邻两数间以一个空格分隔，分别代表m、p_1、s_1、s_2。

【输出描述】

输出文件占一行，包含一个正整数，即p_2，表示你选择的兵营编号。如果存在多个编号同时满足最优，取最小的编号。

【样例输入1】

```
6
2 3 2 3 2 3
4 6 5 2
```

【样例输出1】

```
2
```

【样例输入2】

```
6
1 1 1 1 1 16
5 4 1 1
```

【样例输出2】

```
1
```

【样例输入/输出1说明】

见题目描述中的图1.4。

双方以m=4号兵营为分界，有s_1=5位工兵突然出现在p_1=6号兵营。

龙方的气势为：2×(4-1) + 3×(4-2) + 2×(4-3) = 14。

虎方的气势为：2×(5-4)+(3+5)×(6-4)=18。

当你将手中的s_2=2位工兵派往p_2=2号兵营时，龙方的气势变为：14+2×(4-2)=18。此时双方气势相等。

【样例输入/输出2说明】

双方以m=5号兵营为分界，有s_1=1位工兵突然出现在p_1=4号兵营。

龙方的气势为：1×(5-1)+1×(5-2)+1×(5-3)+(1+1)×(5-4)=11。

虎方的气势为：16×(6-5)=16。

当你将手中的s_2=1位工兵派往p_2=1号兵营时，龙方的气势变为：11+1×(5-1)=15。此时可以使双方气势的差距最小。

【数据规模与约定】

$1<m<n$，$1 \leq p_1 \leq n$。

对于20%的数据，n=3，m=2，c_i=1，s_1，$s_2 \leq 100$。

另有20%的数据，$n \leq 10$，p_1=m，c_i=1，s_1，$s_2 \leq 100$。

对于60%的数据，$n \leq 100$，c_i=1，s_1，$s_2 \leq 100$。

对于80%的数据，$n \leq 100$，c_i，s_1，$s_2 \leq 100$。

对于100%的数据，$n \leq 10^5$，c_i，s_1，$s_2 \leq 10^9$。

【分析】

把s_2位工兵派往哪个兵营才能使双方气势之差最小呢？其实程序也不知道，但一定是1~n个兵营中的某一个；也可能有多个兵营使双方气势之差都取到最小，此时要输出编号最小的兵营。因此，本题只需要枚举兵营编号p_2为1~n，计算把s_2位工兵派往p_2号兵营时双方的气势之差，当气势之差取到最小值时的兵营编号就是要选择的兵营编号。因为$n \leq 10^5$，这种方法是可行的。

本题要求：如果存在多个编号同时满足最优，取最小的编号。这一点其实很容易做到：从1开始枚举兵营编号，只有当双方气势之差比当前记录的最优值更小时才会更新最优兵营编号p_2的值，相等则不更新。

由于n最大可以取到10^5，所以必须要做预处理，而不能在枚举每个兵营编号时用for循环来统计双方气势之差。本题之所以可以预处理，是因为不管把s_2位工兵派往哪个兵营，初始n个兵营中的工兵及天降的s_1位工兵对双方气势之差的"贡献"是不变的，可以预先计算。在枚举每个兵营编号时只需再加上s_2位工兵的"贡献"即可。另外，龙方和虎方工兵的"贡献"可以统一计算，都是：兵营中的工兵数×该兵营到m号兵营的距离。代码如下：

```
#include <bits/stdc++.h>
```

```cpp
using namespace std;
typedef long long LL;
const int N = 100010;
int n, m, p1;          // 兵营数量，m号兵营，s1位工兵出现的兵营
LL c[N], s1, s2;       // 每个兵营的工兵数量，天降工兵数量，你手里的工兵数量
int main( )
{
    cin >>n;
    for (int i = 1; i <= n; ++i)  cin >>c[i];
    cin >>m >>p1 >>s1 >>s2;
    LL mn = LLONG_MAX;                // 双方气势之差的最小值（最优值）
    LL sm = (m - p1) * s1;            //s1位工兵"天降"p1号兵营
    // 预处理：双方各自所有兵营的气势之和的差
    for (int i = 1; i <= n; ++i) //m号兵营左边兵营的气势为正，右边为负
        sm += (m - i) * c[i];
    int p2 = -1;      // 选择的兵营编号
    for (int i = 1; i <= n; ++i) {
        LL t = abs(sm + (m - i) * s2);
        if (t < mn) {
            mn = t;   p2 = i;
        }
    }
    cout <<p2 <<endl;
    return 0;
}
```

第 2 章
基础算法 2：模拟算法

本章内容

本章将介绍模拟算法的思想及实现要点。模拟是求解问题的一种通用方法，即模拟求解问题的步骤或过程，最终得到答案。

 **模拟算法的思想及实现要点**

1. 模拟算法的思想

现实中有些问题难以找到公式或规律来求解，只能按照一定的步骤不停地"模拟"下去，最后才能得到答案。对于这类问题，用计算机求解十分合适，只要让计算机模拟人在解决此问题时的行为即可。这种求解问题的方法，可以称为"**模拟算法**"。

模拟是求解程序设计竞赛题目时经常采用的方法。适合采用模拟算法求解的题目大多带有游戏性质，求解此类问题的关键是理解游戏的规则和过程，在用程序实现时用适当的数据结构表示题目的状态，然后按照游戏规则模拟游戏过程。

因此，**模拟算法**的本质是：采用合适的数据结构，模拟游戏过程或问题求解过程，在此过程中进行一定的判断或记录，从而求解题目。

2. 模拟算法的实现要点

采用模拟思路求解程序设计竞赛题目时，要特别注意以下几点。

（1）采用合适的数据结构来表示问题。例如，迷宫问题可以采用二维数组存储迷宫地图。常用的数据结构包括数组、结构体、队列、栈、树、二叉树、图等。当然，最简单的且最适合问题求解的数据结构就是最好的数据结构。

（2）在模拟过程中通常需要记录或更新问题的中间状态，以便下一步在此状态的基础上继续模拟。

（3）采用模拟法求解问题时，可能出现的一种情形是：当问题规模很小时直接模拟即可，当问题规模较大时直接模拟会超时或内存超出限制。这时就要分析问题的规律，直接根据规律求解，或把问题的规模变小再模拟。详见本章的案例3。

（4）如果采用普通的模拟思路求解，提交答案后被评判为超时，那就要分析题目是否符合分治、动态规划、贪心等优化算法的适用条件，可能需要用这些算法求解。

 **笛卡儿坐标系和网格中的坐标系**

为了表示地图中一个点的位置，需要引入坐标系。常用的坐标系是笛卡儿坐标系。例如，我们可以以自己当前所处的位置为原点，记为 O；由西向东画一条射线，记为 x 轴，由南向北再画一条射线，记为 y 轴，两条射线的夹角为 $90°$。因此，笛卡儿坐标系也称为直角坐标系。

假设树人小学东门位于原点西南方向，如图 2.1（a）所示，在水平方向上离原点 500 米，在竖直方向上离原点 300 米，则树人小学东门的坐标可记为 (−500, −300)。也就是说，在笛卡儿坐标系中，一个点的坐标可以表示为(x, y)，x坐标在前，y坐标在后。x坐标表示该点在水平方向与原点的距离，x坐标为正表示在原点的东面，x坐标为负表示在原点的西面。y坐标表示该点在竖直方向与原点的距离，y坐标为正表示在原点的北面，y坐标为负表示在原点的南面。

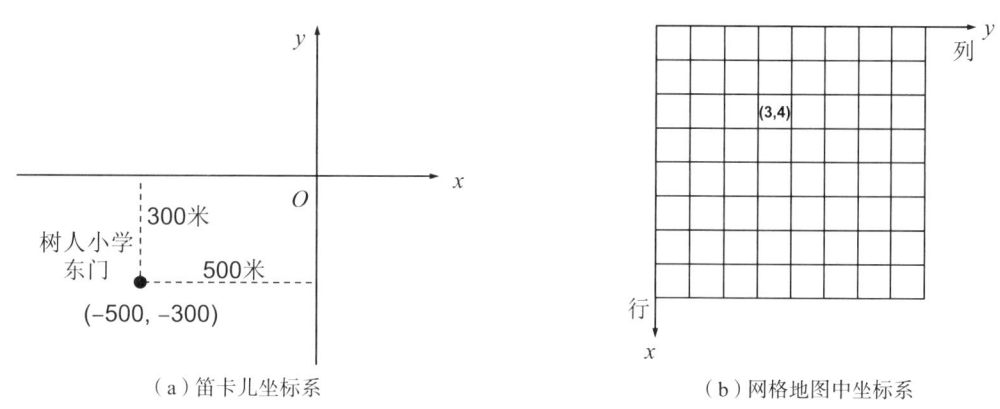

（a）笛卡儿坐标系　　　　　　　　　　（b）网格地图中坐标系

图2.1　笛卡儿坐标系和网格中的坐标系

迷宫、棋盘的地图往往是n行m列的规则网格状地图，地图中每一个格子称为一个方格。如图2.1（b）所示，第3行第4列的方格，其坐标可记为(3, 4)。如果用数组存储网格地图，行和列的序号从0开始，但可以选择从第1行第1列开始存储地图。一般地，网格中一个方格的坐标可记为(x, y)，x表示行坐标，y表示列坐标，但是x坐标轴是竖直向下的，y坐标轴是水平向右的，网格坐标系中的x坐标（行）相当于笛卡儿坐标系中的y坐标（但方向相反）、y坐标（列）相当于x坐标。

为了避免混淆，一般建议用(i, j)或(r, c)表示网格地图中的坐标，其中i、r表示行，j、c表示列。

案例1：醉酒的狱卒

【题目描述】

某个监狱有一排牢房，共n间，编号为$1 \sim n$。每间牢房关着一名囚犯，每间牢房的门刚开始时都是关着的。有一天晚上，狱卒决定玩一个游戏。游戏的第1轮，他喝了一杯酒，然后沿着监狱把所有牢房的门全部打开；游戏的第2轮，他又喝了一杯酒，然后沿着监狱把编号为偶数的牢房的门关上；游戏的第3轮，他又喝了一杯酒，然后沿着监狱对编号为3的倍数的牢房，如果牢房的门开着，则关上，否则打开；游戏第i轮，狱卒对编号为i的倍数的牢房进行上述相同操作；狱卒重复游戏n轮。游戏结束后，他喝下最后一杯酒，然后醉倒了。

这时，囚犯才意识到他们牢房的门可能是开着的，而且狱卒醉倒了，所以他们越狱了。

给定牢房的数目，求越狱囚犯的人数。

【输入描述】

输入占一行，为一个整数n，表示牢房的数目。

【输出描述】

输出占一行，为越狱的囚犯人数。

【样例输入1】	【样例输出1】
5	2

【样例输入2】	【样例输出2】
100	10

【数据规模与约定】

对于100%的测试数据，$5 \leq n \leq 100$。

【分析】

在本题中，游戏规则和过程都很简单。游戏有n轮，第i轮游戏是将编号为i的倍数的牢房状态变反，原来是开着的，则关上，原来是关着的，则打开，$i = 1, 2, 3, \cdots, n$，如图2.2所示。这些规则和过程用程序能较容易地实现，所以适合采用模拟算法求解。

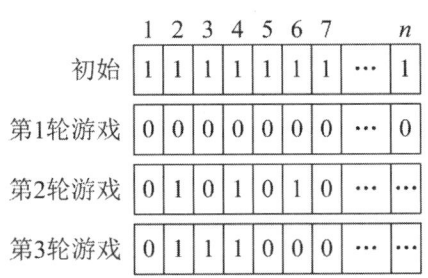

图2.2 醉酒的狱卒

具体实现时可以定义一个一维数组p，每个元素表示对应牢房的状态，初始值为1，表示牢房门是锁着的，如图2.2所示。模拟n轮游戏过程：第i轮时，改变牢房编号为i的倍数的牢房状态，为0则改为1，为1则改为0。n轮游戏后，统计状态为0的牢房数即可。

注意，由于牢房状态只取1或0，修改牢房状态的方法除以下程序中的方法外，还有一个更好的方法：$p[t] = 1 - p[t]$。代码如下。

```
#include <bits/stdc++.h>
using namespace std;
int main( )
{
    int n, i;        // 牢房的个数，循环变量
    int p[101];      //n个牢房（编号从1~n）的状态,1表示牢房门是关着的
    cin >>n;
    for( i=1; i<=n; i++ )  p[i] = 1; // 初始时各牢房都是关着的
    for( i=1; i<=n; i++ ) { // 游戏进行n轮
        int t = i;
        while( t<=n ) {
            p[t] = (p[t]==1) ? 0 : 1;  t += i;
        }
```

```
    }
    int cnt = 0;        // 游戏结束后,门开着的牢房的数目
    for( i=1; i<=n; i++ )
        if( !p[i] )   cnt++;
    cout <<cnt <<endl;
    return 0;
}
```

本题还有更简单的求解方法：n轮游戏后，哪些牢房的门是开着的，其实有规律可循。这需要用到一个结论：平方数的正约数（正的因数）的个数一定是奇数，非平方数的正约数的个数一定是偶数，详见本书第31章。在本题中，牢房序号为1~n，初始时都是关着的，序号为平方数的牢房的状态变反次数为奇数，因此n轮游戏后，变为打开的状态；序号不为平方数的牢房的状态变反次数为偶数，因此n轮游戏后，仍然为关闭的状态。因此，本题的答案其实就是1~n范围内的平方数的个数，即$\sqrt{n}$。代码如下。

```
#include <bits/stdc++.h>
using namespace std;
int main( )
{
    int n;  cin >>n;     // 牢房的个数
    int k = sqrt(n);
    cout <<k <<endl;
    return 0;
}
```

2.4 案例2：扫雷游戏

【题目描述】

扫雷游戏是在$n×n$的网格内进行的，其中藏有m颗地雷，这些地雷分布在不同的位置。游戏者不停地点开网格中的位置，如果点开了地雷，则引爆地雷，游戏失败。如果点开了没有地雷的位置，则显示一个0~8的整数，表示这个位置的8个相邻位置中地雷的数目。图2.3显示了某次游戏中的几个步骤。

在图2.3中，n为8，m为10。图中空白的位置代表整数0，凸起的位置表示还没点开，类似于"*"的符号代表地雷。图2.3（a）表示点开了部分位置。从图2.3（a）到图2.3（b），游戏者已经点开了2个位置，都没有点到地雷。但在图2.3（c）中，游戏者就没那么幸运了，他点中了藏有地雷的位置(7,5)，游戏失败。如果游戏者将所有没有地雷的位置都点开，只有m个藏有地雷的位置没点

开，则游戏成功。你的任务是读入地雷分布图及游戏者的点击信息，输出显示给游戏者看的地图。

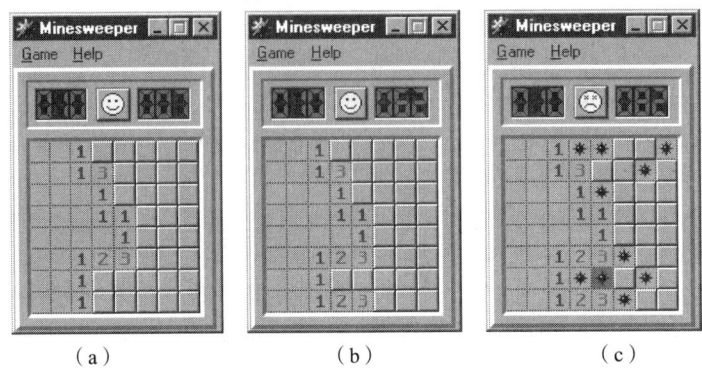

图2.3 扫雷游戏

【输入描述】

输入数据的第1行为正整数 n，$n \leq 10$，表示该扫雷游戏的地图大小为 $n \times n$。接下来 n 行描绘了地雷的位置。每一行有 n 个字符，每个字符为"."或"*"，其中，"."表示没有地雷，"*"表示有地雷。接下来又是 n 行，每一行有 n 个字符，每个字符为"x"或"."，其中，"x"表示已经点开的位置，"."表示没有点开的位置。例如，样例数据描绘的地图对应图2.3（b）。

【输出描述】

输出显示给游戏者看的地图，每个位置都用正确的符号填充：已经点开且没有地雷的位置用 0～8的整数表示，如果某个位置藏有地雷且被点开了，则将所有地雷的位置都用"*"表示；对没有点开的其他位置都用"."表示。

【样例输入】　　　　　　　　　【样例输出】

```
8                              001.....
...**..*                       0013....
......*.                       0001....
...*....                       00011...
....*...                       00001...
........                       00123...
.....*..                       001.....
...**.*.                       00123...
.....*..
xxx.....
xxxx....
xxxx....
xxxxx...
xxxxx...
xxxxx...
xxx.....
xxxxx...
```

【分析】

这是一道很有意思的题目，模拟的是扫雷游戏。输入的是标明地雷位置的地图及游戏者已经点开的位置，要求输出显示给游戏者看的地图。

首先要根据输入的地图（第一个 n 行所描绘的地图），统计某个位置的 8 个相邻位置上地雷的数目，可以设计一个函数来实现。对位置 (r, c) 来说，它的 8 个相邻位置从左上角开始按顺时针顺序依次为：$(r-1, c-1)$、$(r-1, c)$、$(r-1, c+1)$、$(r, c+1)$、$(r+1, c+1)$、$(r+1, c)$、$(r+1, c-1)$、$(r, c-1)$。可以定义二维方向数组 d，存储 8 个相邻位置相对于当前位置在行坐标和列坐标上的增量。

在下面的代码中，函数 ww(int r, int c) 用于统计 (r, c) 位置周围 8 个相邻位置上的地雷数。但在本题中，并非需要统计所有位置，只需要统计已点开过且没有地雷的位置。在统计过程中，还可以判断是否引爆了地雷。

然后要根据统计的结果输出显示给游戏者看的地图：如果没有引爆地雷，则点开过的位置显示其周围 8 个位置上的地雷总数，未点开的位置显示"."；如果引爆了地雷，则所有地雷都输出"*"，其他位置的处理跟没有引爆地雷时的处理一样。例如图 2.3（c）就引爆了地雷，该图对应的输出如下。

```
001**..*
0013..*.
0001*...
00011...
00001...
00123*..
001**.*.
00123*..
```

代码如下。

```cpp
#include <bits/stdc++.h>
using namespace std;
#define maxn 20
char mp[maxn][maxn];         // 表示地雷的位置,'*' 表示有地雷,'.' 表示没有地雷
char p[maxn][maxn];          // 已经点开的位置用 'x' 表示, 没有点开的位置用 '.' 表示
int mines[maxn][maxn];       // 周围 8 个位置上地雷的个数
int n;                       // 扫雷游戏的地图,n<=10
//8 个相邻位置:左上,上,右上,右,右下,下,左下,左
int d[8][2] = {{-1,-1}, {-1,0}, {-1,1}, {0,1}, {1,1}, {1,0}, {1,-1}, {0,-1}};
int ww( int r, int c )       // 统计 (r,c) 位置周围 8 个位置上的地雷数
{
    int tr, tc, cnt = 0;     // 计数器
    for(int i=0; i<8; i++){  // 检查 8 个相邻位置
        tr = r + d[i][0];   tc = c + d[i][1];
        if(mp[tr][tc]=='*')  cnt++;
    }
```

```
        return  cnt;
}
int main( )
{
    int i, j, flag = 0;    //flag为引爆地雷的标志变量，值为0表示没有引爆，为1表示引爆
    cin >>n;
    for( i=1; i<=n; i++ )   cin >>mp[i]+1;    //从第1行第1列开始存储地图
    for( i=1; i<=n; i++ )   cin >>p[i]+1;
    for( i=1; i<=n; i++) {    //判断是不是被引爆，并统计每个位置周围8个相邻位置的地雷数
        for( j=1; j<=n; j++ ) {
            if( p[i][j]=='x' ) {       //点开过
                if( mp[i][j]!='*' )    //不是地雷
                    mines[i][j] = ww( i, j );
                else   flag = 1;       //是地雷，点开了，被炸
            }
        }
    }
    for( i=1; i<=n; i++ ) {    //输出
        for( j=1; j<=n; j++ ) {
            if( !flag ) {    //没有引爆地雷，未点开的位置都是'.'号
                if( p[i][j]=='.' )   cout <<".";    //未点开
                else   cout <<mines[i][j];
            }
            else {                    //引爆了地雷
                if( mp[i][j]=='*' )   cout <<"*";
                else if( p[i][j]=='.' )   cout <<".";
                else   cout <<mines[i][j];
            }
        }
        cout <<endl;
    }
    return 0;
}
```

2.5 案例3：螺旋矩阵

【题目描述】

一个 *n* 行 *n* 列的螺旋矩阵可由如下方法生成。

从矩阵的左上角（第1行第1列）出发，初始时向右移动；如果前方是未曾经过的格子，则继

续前进，否则右转；重复上述操作直至经过矩阵中的所有格子。根据经过的顺序，在格子中依次填入 1, 2, 3, ···, n^2，便构成了一个螺旋矩阵。

以下是一个 $n=4$ 时的螺旋矩阵。

$$
\begin{array}{cccc}
1 & 2 & 3 & 4 \\
12 & 13 & 14 & 5 \\
11 & 16 & 15 & 6 \\
10 & 9 & 8 & 7 \\
\end{array}
$$

现给出矩阵大小 n 及 i 和 j，请你求出该矩阵中第 i 行第 j 列的数是多少。

【输入描述】

输入占一行，包含三个整数 n, i, j，每两个整数之间用一个空格隔开，分别表示矩阵大小、待求的数所在的行号和列号。

【输出描述】

输出一个整数，表示相应矩阵中第 i 行第 j 列的数。

【样例输入】　　　　　　　　　　　　　　【样例输出】

4 2 3　　　　　　　　　　　　　　　　　14

【数据规模与约定】

对于 50% 的数据，$1 \leq n \leq 100$。

对于 100% 的数据，$1 \leq n \leq 30000$，$1 \leq i \leq n$，$1 \leq j \leq n$。

【分析】

对 50% 的数据，我们可以模拟在一个矩阵中填数字的过程，将数字填满整个矩阵，然后输出第 i 行 j 列的数即可。首先定义 $n \times n$ 大小的二维数组，各个元素初值为 0，然后在第 1 行第 1 列的位置上填数字 cnt = 1。接下来就是模拟填一圈圈数字的过程，每一圈都是：先往右填数字 ++cnt，超出边界或遇到非零的数字就停下来；从当前位置继续往下填数字 ++cnt，超出边界或遇到非零的数字就停下来；从当前位置继续往左填数字 ++cnt，超出边界或遇到非零的数字就停下来；从当前位置继续往上填数字 ++cnt，超出边界或遇到非零的数字就停下来。每一圈的填数过程就是一次循环，当 cnt 达到 n^2 后，循环就结束了。

但是，对 100% 的数据，n 最大可以取到 30000，程序中无法定义这么大的数组，即便能定义这么大的数组，填数所花的时间也会超过 1 秒。那么怎么办呢？

先考虑一种最简单的情形，如果第 i 行第 j 列这个位置在最外层这一圈，那就容易推算出这个位置上的数，只需要知道这一圈左上角的数字，再根据这个位置位于哪条边就可以推算出来，初始最外层一圈左上角 (1, 1) 的数字就是 1。当 $n=6$ 时，可以根据图 2.4（a）所示的最外层来推算当 (i, j) 位置分别位于四条边时的数字。

注意，最外层一圈只有 $4 \times (n-1)$ 个数字，想一想，这是为什么？

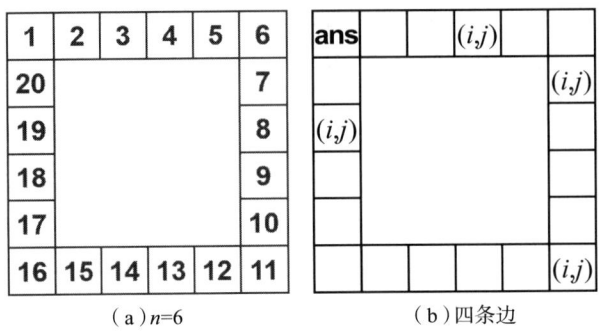

（a）n=6　　　　　　　　（b）四条边

图2.4　最外层的一圈数字

当(i,j)位置不是最外层时，我们可以把n阶矩阵变成一个$n-2$阶的矩阵（注意，因为去掉了2行2列，所以是$n-2$），就像剥洋葱一样，剥掉一层，看(i,j)位置是否位于新矩阵的最外层，原先的i行j列就变成了此时的$i-1$行$j-1$列，第1行第1列的元素（左上角的元素）就变成了原本的$a[1][1]+4\times n-4$。

如果剥掉一层，(i,j)位置还不是最外层，就再剥掉一层，一直到(i,j)位置位于最外层。这时根据左上角元素的值，再判断(i,j)位置位于哪条边，就容易推算出(i,j)位置上的数字了，如图2.4（b）所示。代码如下。

```cpp
#include <bits/stdc++.h>
using namespace std;
int main( )
{
    int n, i, j;
    cin >>n >>i >>j;
    int ans = 1;
    // 当 (i, j) 位置不是最外层时，就剥掉一层
    while(i!=n && j!=n && i>1 && j>1){ // 直到 (i, j) 位置位于最外层
        i--;  j--;
        ans += (4*(n-1)); // 每一圈有 4*(n-1) 个数字
        n -= 2;           // 每剥掉一层，n要减 2
    }
    // 执行到这里，(i,j) 位置位于 "剥掉" 若干层后的最外层
    // 且这个最外层左上角 (1,1) 位置的数字为 ans
    if(i==1)  ans += j-1;     //(i, j) 位置位于最外层上边
    else if(i>1 && i!=n){
        if(j==1)  ans += (4*n-5-i+2);  //(i, j) 位置位于最外层左边
        else  ans += (n+i-2);          //(i, j) 位置位于最外层右边
    }
    else  ans += (3*n-2-j);            //(i, j) 位置位于最外层下边
    cout <<ans <<endl;
    return 0;
}
```

第 3 章
基础算法 3：递推和递归

本章内容

本章将介绍递推和递归的思想及实现，以及递归函数存在的问题和解决方法等。

3.1 递推和递归

递推是指从已知的初始条件出发,按照递推关系式逐步计算后续各项,直到求得问题的解,如图 3.1 所示。**递归**是指将问题分解为规模更小但形式相同的子问题,通过递归函数调用自身解决,直到递归结束条件,递归需要用递归函数实现。

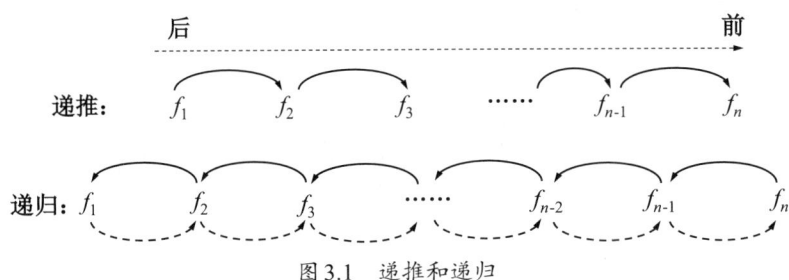

图 3.1 递推和递归

有些问题能找到递推式子求解。比较经典的是斐波那契(Fibonacci)数列,$f_1 = f_2 = 1$,当 $n>2$ 时,有 $f_n = f_{n-1} + f_{n-2}$。求斐波那契数列第 n 项,有以下两种方法。

(1)递推。为了求 f_n,可以从 $f_1 = f_2 = 1$ 出发,求出 $f_3, f_4, f_5, \cdots$,一直到求出 f_n。在用程序实现时,只需用三个变量 f_1, f_2, f_3 表示连续的 3 项,递推 $n-2$ 次,就能求出 f_n。如果用一个数组存储斐波那契数列的每一项会更直观,也更容易实现。有些问题则不得不用数组存储递推出的每一项。例如,在本章的案例 1 中,$f_n = 1 + f_1 + f_2 + \cdots + f_{n/2}$,显然必须用数组把递推出的每一项存储起来。

(2)递归。为了求 f_n,可以转而去求 f_{n-1} 和 f_{n-2},而求 f_{n-1} 要转而去求 f_{n-2} 和 f_{n-3},求 f_{n-2} 要转而去求 f_{n-3} 和 f_{n-4}。如果有一个函数 fun(n) 能求出 f_n,则 fun(n) 要调用 fun($n-1$) 和 fun($n-2$),因此 fun(n) 是递归函数。

递归函数存在的问题是:可能会有许多重复的计算。例如,求斐波那契数列的第 n 项就有许多重复的计算,如图 3.2 所示。据测算,求斐波那契数列的第 21 项时,fun(n) 函数递归调用次数就高达 21891 次。

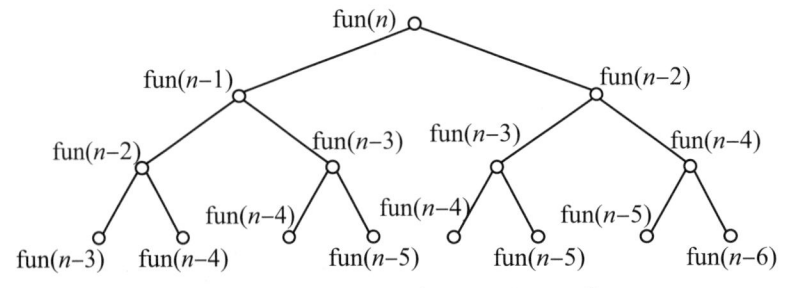

图 3.2 递归函数可能有许多重复的计算

解决这个问题的方法如下。

（1）定义一个数组 f 存储求得的每一项。

（2）在 fun(n) 函数中，先在 f 数组中检查第 n 项的值是否已经求出来了，如果已经求出来了，直接返回其值，没有求出来才会递归求解。

（3）接下来在每种情形中，都要把求得的解先存储起来再返回。

3.2 案例1：数的计算

【题目描述】

请找出具有下列性质的数的个数（包含输入的正整数 n）。

先输入一个正整数 n（$n \leq 1000$），然后对此正整数按照如下方法进行处理。

（1）不做任何处理。

（2）在它的左边拼接一个正整数，但该正整数不能超过原数，也不能超过上一个被拼接的数的一半。

（3）加上一个数后，继续按此规则进行处理，直到不能再加正整数为止。

【输入描述】

输入占一行，为一个正整数 n（$n \leq 1000$）。

【输出描述】

输出一个整数，表示具有该性质的数的个数。

【样例输入】　　　　　　　　　　【样例输出】

6　　　　　　　　　　　　　　　6

【样例输入/输出说明】

满足条件的数为：6，16，26，126，36，136。

【分析】

首先要理解本题拼接数的过程。以样例数据为例，给定的正整数 n 为6，在它的左边可以拼接1、2或3，如果拼接3，就得到36，36是符合要求的一个数。如果要继续在左边拼接数字，就只能拼接1了，得到136，这也是符合要求的一个数。但不能再拼下去了，如图3.3所示。

图 3.3　6能拼出的数

进一步分析，从6出发可以拼出6个数，这6个数的组成有什么规律呢？除了6本身外，其他5个数，分别是1能拼接出的1个数+2能拼接出的2个数+3能拼接出的2个数。

令 $f[n]$ 表示从正整数 n 出发，能够拼成的数的个数，则有 $f[n] = 1 + f[1] + f[2] + \cdots + f[n/2]$，其中 1 表示 n 本身。对 $n = 6$，就有 $f[6] = 1 + f[1] + f[2] + f[3]$。

方法 1：递推求解。本题可以直接根据递推公式计算。注意，因为是从 $f[1]$ 开始递推到 $f[n]$ 的，所以在求 $f[i]$ 时，所有小于 i 的那些数 j，$f[j]$ 的值都已经被计算出来了。代码如下。

```
#include <bits/stdc++.h>
using namespace std;
const int maxn = 1010;
int n, f[maxn];
int main()
{
    cin >> n;
    for(int i = 1; i <= n; i++){
        f[i] = 1;    //i 本身就是符合要求的一个数
        for(int j = 1; j <= i/2; j++)    //f[i] = 1+f[1]+f[2]+…+f[i/2]
            f[i] += f[j];
    }
    cout <<f[n] << endl;
    return 0;
}
```

方法 2：递归求解。本题也可以用递归函数来实现，但是当 n 值较大的时候，会有大量的重复计算。所以，必须用数组把已经求得的 $f[n]$ 值存起来。具体实现方法是：在递归函数 fun(int $n1$) 中，首先判断 $f[n1]$ 是否有值，如果有值，直接返回 $f[n1]$；否则通过递归调用 fun(1), fun(2),…, fun($n1/2$)，求出 ans = 1+fun(1)+fun(2)+…+fun($n/2$)，在返回 ans 之前先把 ans 存入 $f[n1]$，这一点很重要。试想 f 数组最开始是没有值的，如果求出 ans 后不存入 f 数组，那 fun 函数里的 if 语句能起到作用吗？代码如下。

```
#include <bits/stdc++.h>
using namespace std;
const int maxn = 1010;
int n, f[maxn];
int fun(int n1)
{
    if(f[n1])   return f[n1];
    int ans = 1;
    for(int i=1; i<=n1/2; i++)    //f[n1] = 1+fun(1)+fun(2)+…+fun(n1/2)
        ans += fun(i);
    return f[n1] = ans;
}
int main()
{
```

```
    int n;  cin >> n;
    cout <<fun(n)<< endl;
    return 0;
}
```

3.3 案例2：整数划分问题

【题目描述】

将正整数 n 表示成一系列正整数之和：$n = n_1 + n_2 + \cdots + n_k$，其中 $n_1 \geq n_2 \geq \cdots \geq n_k \geq 1$，$k \geq 1$。正整数 n 的这种表示称为 n 的划分。n 的不同划分个数称为 n 的划分数，记为 $p(n)$。例如，6 有以下 11 种不同的划分，所以 $p(6) = 11$。

6；

5 + 1；

4 + 2，4 + 1 + 1；

3 + 3，3 + 2 + 1，3 + 1 + 1 + 1；

2 + 2 + 2，2 + 2 + 1 + 1，2 + 1 + 1 + 1 + 1；

1 + 1 + 1 + 1 + 1 + 1。

输入 n，求 n 的划分数 $p(n)$。

【输入描述】

输入占一行，为一个整数 n，$1 \leq n \leq 400$。

【输出描述】

输出占一行，为 n 的划分数 $p(n)$。

【样例输入1】	【样例输出1】
120	1844349560

【样例输入2】	【样例输出2】
400	6727090051741041926

【分析】

引入记号 $q(n,m)$，表示在正整数 n 的所有不同划分中，最大加数 n_1 不超过 m（$n_1 \leq m$）的划分个数。本题要求的 $p(n)$，实际上就是 $q(n,n)$。

分析整数 6 的 11 种不同划分的构成，可以得到一个最重要的递推式子：当 $1 < m < n$ 时，$q(n,m) = q(n-m,m) + q(n,m-1)$。

如图 3.4 所示。当 $n=6$, $m=3$ 时，有 $q(6,3) = q(6-3,3) + q(6,2)$，$q(6,3)$ 表示最大加数不超过 3 的划分数，即虚线以下 3 行包括的划分。其中第一行是 3 开头的划分，个数是 $q(6-3,3)$，即从 6 中扣除 3，剩下的值 (3) 的最大加数不超过 3 的划分，后两行是 $q(6,2)$，表示最大加数不超过 2 的划分数。

```
                6;
                5 + 1;
                4 + 2; 4 + 1 + 1;
q(6,3):    ┌─────────────────────────────┐      q(3,3): 去掉3以后，剩下的部分(为
最大加数   │ ③ + 3; ③ + 2 + 1; ③ + 1 + 1 + 1; │ ──→  6-3=3)的最大加数不超过3的划分
不超过3    │ 2 + 2 + 2; 2 + 2 + 1 + 1; 2 + 1 + 1 + 1 + 1; │ ─┐ q(6,2): 最大加数
的划分数   │ 1 + 1 + 1 + 1 + 1 + 1;                        │ ─┘ 不超过2的划分数
           └─────────────────────────────┘
```

图 3.4　整数的划分

再补充一些边界情形，就可以建立 $q(n,m)$（n,m 均为 ≥ 1 的整数）的递归关系了。

（1）当 $n=1$ 或 $m=1$ 时，$q(n,m) = 1$。

当最大加数 n_1 不大于 $m=1$ 时，任何正整数 n 只有一种划分形式，即 $n = 1 + 1 + \cdots + 1$。

而当 $n=1$ 时，也只有一种划分形式，即 $n = 1$。

（2）当 $m>n$ 时，$q(n,m) = q(n,n)$。

最大加数 n_1 实际上不能大于 n，因此当 $m>n$ 时，$q(n,m) = q(n,n)$。

（3）当 $n=m$ 时，$q(n,m) = q(n,n) = 1 + q(n,n-1)$。

正整数 n 的划分由 $n_1 = n$ 的划分（只有 1 种划分，就是 n 本身）和 $n_1 \leq n-1$ 的划分组成。

（4）当 $n>m>1$ 时，$q(n,m) = q(n,m-1) + q(n-m,m)$。

正整数 n 的最大加数 n_1 不大于 m 的划分个数 $q(n,m)$，由 $n_1 = m$ 的划分个数 $q(n-m,m)$ 和 $n_1 \leq m-1$ 的划分个数 $q(n,m-1)$ 组成。

因此，可以得到下式所示的递推关系。

$$q(n,m) = \begin{cases} 1 & n=1 \text{或} m=1 \\ q(n,n) & n<m \\ 1+q(n,n-1) & n=m \\ q(n,m-1)+q(n-m,m) & n>m>1 \end{cases}$$

上述递推式子很容易转换成一个递归函数，因而本题可以用递归方法求解。代码如下。

```cpp
#include <bits/stdc++.h>
using namespace std;
long long q( int n, int m )
{
    if( n<1 || m<1 )  return 0;
    else if( n==1 || m==1 )  return 1;
    else if( n<m )  return q(n, n);
```

```
        else if( n==m )   return ( q(n,n-1)+1 );
        else    return ( q(n,m-1) + q(n-m,m) );
}
int main( )
{
    int n;
    cin >>n;
    cout <<q(n, n) <<endl;
    return 0;
}
```

上述代码很容易超时。可以测算出,仅仅是算 $p(150)$,即 $q(150, 150)$,所需时间就超过300秒,具体时间取决于所用的计算机。

下面对上述代码做一些改进,其中粗体字为新增的代码。

```
#include <bits/stdc++.h>
using namespace std;
long long r[401][401];          // 全局变量,编译器将各元素值初始化为0
long long q( int n, int m )
{
    if(r[n][m])   return r[n][m];
    if( n<1 || m<1 )  return r[n][m] = 0;
    if( n==1 || m==1 )  return r[n][m] = 1;   // 每个分支都是return,可以不写else
    if( n<m )   return r[n][m] = q(n, n);
    if( n==m )   return r[n][m] = q(n,n-1)+1;
    return r[n][m] = q(n,m-1) + q(n-m,m);
}
int main( )
{
    int i, j, n;
    cin >>n;
    cout <<q(n, n) <<endl;
    /*for( i=1; i<=400; i++ ) {   // 求出所有的 q(i, j)
        for( j=1; j<=i; j++ )   r[i][j] = q(i,j);
    }*/
    return 0;
}
```

以上代码首先定义了一个二维数组 r,用 $r[n][m]$ 记录求得的 $q(n, m)$;然后在递归函数 q 里增加了一条语句:当 $r[n][m]$ 的值非 0(意味着已经求出了 $r[n][m]$),则不递归求解,而是直接返回其值。另外,每个条件分支里都是先对 $r[n][m]$ 赋值,再返回 $r[n][m]$ 的值。

在main函数中（被注释的代码部分），可以通过二重循环求出所有$q(n, m)$的值，其中$m \leq n \leq 400$，即只求出二维数组r的主对角线及以下元素的值。图3.5给出了求得的r数组部分元素的值，根据这些值，也可以验证上述递推式子。需要说明的是，在r数组中，对角线上的元素值实际上就是整数1～400的划分数。

性能方面，经过实际测算，上述代码计算$p(1)$～$p(400)$总共仅需几毫秒的时间。这种实现方式虽然牺牲了少量存储空间，但换来的是计算效率的显著提升。

	1	2	3	4	5	6	7	8	9	10
1	1									
2	1	2								
3	1	2	3							
4	1	3	4	5						
5	1	3	5	6	7					
6	1	4	7	9	10	11				
7	1	4	8	11	13	14	15			
8	1	5	10	15	18	20	21	22		
9	1	5	12	18	23	26	28	29	30	
10	1	6	14	23	30	35	38	40	41	42

图3.5　r数组部分元素的值

3.4　案例3：三角形的个数

【题目描述】

用等边三角形拼成图3.6（a）所示的$n=2$层图形，图3.6（a）一共有5个三角形。用等边三角形拼成图3.6（b）所示的$n=3$层图形，图3.6（b）一共有13个三角形。用等边三角形拼成图3.6（c）所示的$n=4$层图形，图3.6（c）一共有27个三角形。

输入三角形的层数n，输出三角形的个数。

【输入描述】

输入占一行，为一个正整数n，$n \leq 100$。

【输出描述】

输出占一行，为一个正整数，为求得的答案。

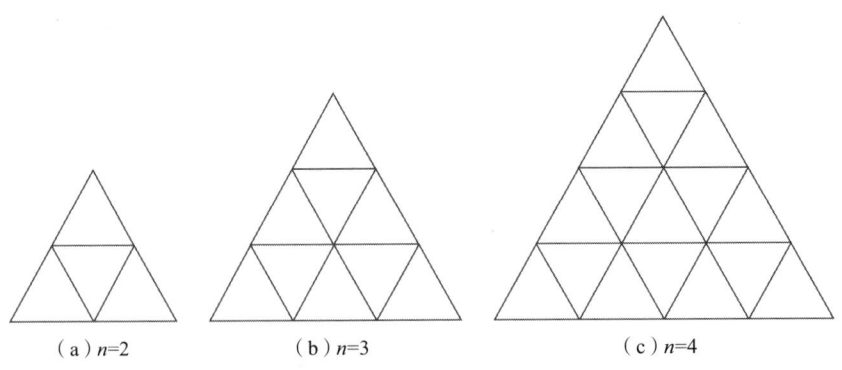

图3.6　$n=2, 3, 4$时的图形

【样例输入1】

2

【样例输出1】

5

【样例输入2】

3

【样例输出2】

13

【样例输入3】

4

【样例输出3】

27

【分析】

有 $n-1$ 层的小三角形，在下面增加一层小三角形，变成 n 层的小三角形，会多出多少个三角形？假设有 n 层小三角形，所有三角形的个数为 $f(n)$。要实现从 $f(n-1)$ 递推到 $f(n)$。

为了求 $f(n)$，可以在 $f(n-1)$ 的基础上，加上多出来的三角形。

首先，第 n 层小三角形是多出来的，有 $2n-1$ 个。其次，以第 n 层小三角形底边为下底、高度为2层的三角形有 $n-1$ 个，如图3.7（a）所示；以第 n 层小三角形底边为下底、高度为3层的三角形有 $n-2$ 个，如图3.7（b）所示，……，可知这些多出来的三角形其实就是 $1+2+3+\cdots+(n-1)=n(n-1)/2$。

此外，当 $n \geq 4$ 时，还有新增的倒立三角形。从 $f(n-1)$ 递推到 $f(n)$，只能加上多出来的倒立三角形，即以第 n 层小三角形为顶点的倒立三角形。如图3.8所示，以第 n 层小三角形为顶点，高度为2层的倒立三角形，个数是 $n-2-1$；高度为3层的倒立三角形，个数是 $n-3-2$；以此类推。这是一个首项为 $n-3$，公差为 -2 的等差数列。如果 n 为奇数，最后一项为2；如果 n 为偶数，则最后一项为1。可以用while循环求这个等差数列的和。也容易推导出公式：如果 n 为奇数，这个等差数列的和是 $(n-3)(n-1)/4$；如果 n 为偶数，这个等差数列的和是 $(n-2)(n-2)/4$。

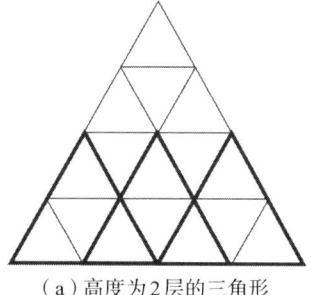 

（a）高度为2层的三角形　　　　（b）高度为3层的三角形

图3.7　以第 n 层小三角形底边为下底、高度分别为2层、3层的三角形

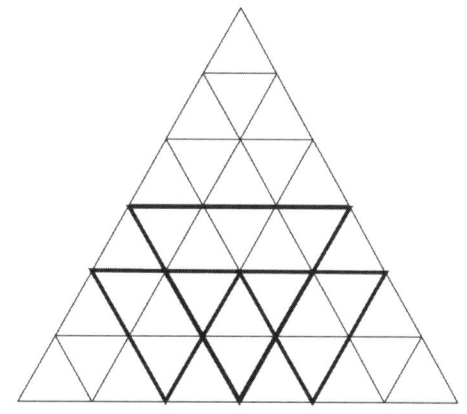

图3.8　以第 n 层小三角形为顶点，高度为2层、3层的倒立三角形

根据上述分析，可以用递归函数求 $f(n)$，递归结束条件是 $f(1)=1$。

此外，也可以推导出直接求 $f(n)$ 的公式。

易知，$f(n) = f(n-1)+(2n-1)+n(n-1)/2 + g(n), f(1) = 1$。

$$g(n) = \begin{cases} (n-3)(n-1)/4 & n\text{为奇数} \\ (n-2)(n-2)/4 & n\text{为偶数} \end{cases}$$

根据上述公式，可以推导出求 $f(n)$ 的公式。

$$f(n) = \begin{cases} (n+1)(2n^2+3n-1)/8 & n\text{为奇数} \\ n(n+2)(2n+1)/8 & n\text{为偶数} \end{cases}$$

所以，本题也可以直接根据上述公式求解。代码如下。

```cpp
#include <bits/stdc++.h>
using namespace std;
int f(int n){            // 求有 n 层小三角形时各种三角形的个数
    if(n==1)   return 1;
    int cnt = f(n-1);
    cnt += 2*n-1;        // 第 n 层小的三角形
    cnt += n*(n-1)/2;    // 以第 n 层小三角形为底边的大的三角形
    int k = n-3;         // 以第 n 层小三角形为顶点，高度为 2 层的倒立三角形
    while(k>0){          //(n-3) + (n-5) + …
        cnt += k;   k -= 2;
    }
    return cnt;
}
int f1(int n){
    if(n%2)   return (n+1)*(2*n*n+3*n-1)/8;
    else   return n*(n+2)*(2*n+1)/8;
}
int main()
{
    int n;   cin >>n;
    cout <<f(n) <<endl;
    //cout <<f1(n) <<endl;
    return 0;
}
```

3.5 函数及递归函数设计

1. 函数的设计

函数是所有编程语言都会提供的基本语法结构，用户不仅可以调用编程语言内置的系统函数，也可以自定义函数。很多初学者对函数的使用存在困惑，主要体现在以下几个方面。

（1）不清楚什么时候需要定义函数。

（2）不确定函数是否需要参数，需要几个参数，以及是否需要返回值。

（3）不理解函数要处理的数据是哪些，不明白函数形参的作用是什么，形参的值是在什么时候被"赋予"的。初学者经常在函数内部通过输入语句给形参赋值。

（4）不知道什么时候要调用自己定义的函数，不知道怎么确定函数的实参。

对于第（1）个问题，"函数"这个词的英文名称是"Function"，顾名思义，函数的作用就是实现某个具体的功能，通常只实现一个功能，而不会把多个功能糅合到一个函数里。通常，为了避免程序入口函数（如C/C++语言中的main函数）的代码过于庞大，我们需要把程序的功能分解，定义专门的函数来实现每个具体的功能。此外，如果某个功能被反复执行，为了避免这些功能代码反复出现，也需要定义函数来实现，每次执行该功能只需调用对应函数即可。

对于第（2）个问题，程序设计者希望采用怎样的形式去调用函数，这种函数调用形式里有几个参数，分别是什么类型，以此来确定函数的形参个数和类型；程序设计者是否希望函数执行以后得到一个结果，这个结果是什么类型的，是什么含义，这个结果是否需要返回到主调函数中，以此来确定函数的返回值及其类型、含义等。

对于第（3）个问题，函数形参是在函数调用时，通过实参与形参之间的数据传递，从而被赋予了值。只要没有函数调用发生，就不会给形参分配存储空间，所以定义函数时的参数才称为形式参数，简称"形参"。当函数调用发生时，为形参分配存储空间，并把实参的值传递给形参。所以，函数形参的作用是接收传递过来的实参的值。

不同编程语言，实参和形参之间传递数据的方式有差异。对C/C++语言，不管参数是普通数据类型还是指针类型，实参和形参之间传递数据的方式都是"值的传递"，简单地说，就是将实参的值赋给形参。在C++语言里，形参还可以引用，调用这样的函数时，实参和形参是同一个变量。

对于第（4）个问题，求解问题时如果需要执行设计函数时确定的功能，就需要调用函数。由于函数形参的值是由实参传递过去的，因此，实参的值其实就是执行该函数时形参的初始值。

2. 递归函数的设计和调用

（1）理解递归函数。理解递归函数时需要注意以下问题。

①递归函数的调用和执行过程。普通函数的调用通常只有一两层，但递归函数的调用可能有很多层。

②递归函数存在的问题。如果递归调用次数太多或调用层次太深，因函数调用发生的时空代价可能无法容忍。

③递归思想和递归函数的应用场合。能够找到递推关系式子，可以将规模较大的原始问题划分成若干个规模较小的相似子问题（如分治法、动态规划算法等），具有递归结构的问题（如树形结构、深度优先搜索等）。

（2）递归函数的设计。与普通函数的设计相比，递归函数的设计要注意以下问题。

①需要将什么信息传递给下一层递归调用，由此确定递归函数有几个参数、各参数的含义是什么。

注意，在C/C++语言里，这些信息有时可以以全局变量的形式提供，此时可能就不需要相应的参数了。

②每一层递归函数调用后会得到一个怎样的结果，这个结果是否需要返回到上一层，由此确定递归函数的返回值及返回值的含义。

例如，本章案例2的递归函数q，需要将求得的$q(n, m)$返回到上一层。

③在每一层递归函数的执行过程中，在什么情形下需要递归调用下一层。这一点应视不同问题而定。

④递归前该做什么准备工作，递归返回后该做什么恢复工作。很多用深度优先搜索算法求解的题目都涉及这两个问题。

⑤递归函数执行到什么程度就不再需要递归调用下去了。

递归函数应该在适当的时候终止继续递归调用，也就是要确定递归的终止条件。如果递归函数的调用不能终止，会造成栈内存溢出，从而导致程序出错并终止运行。

（3）递归函数的调用。解题时应明确在main函数（或其他函数）中采取怎样的形式调用递归函数，也就是从怎样的初始状态出发进行递归调用，通常也就是确定实参的值。

第 4 章
基础算法 4：贪心算法

本章内容

本章将介绍贪心算法的思想和案例解析。

4.1 贪心算法的思想

在日常生活中能找到很多"贪心"的例子，如硬币找零。

在移动支付盛行之前，找零是我们生活中经常碰到的问题。例如，顾客去小超市买了1元2角的商品，顾客给老板10元，老板要给顾客找8元8角的零钱。这是最常见的找零场景。为了使问题简化，我们假设钱币全部为硬币，而且每种面值的硬币都有很多个。

情形1：假设硬币面值有5元、2元、1元、5角、2角、1角。很自然的一种策略是：要找8元8角的零钱，取1个5元，再取1个2元、1个1元，最后取1个5角、1个2角、1个1角的硬币，总共要找6枚硬币。我们发现，这个策略是"贪心"的：总是选取不超过当前差额的最大面值的硬币。得到的结果也是最优的：找零所需的硬币数是最少的。请你尝试其他找零方案，看需要多少枚硬币。

但是在其他面值情形下，这种策略求得的找零方案也是最优的吗？

情形2：同样是要找8元8角的零钱，假设可供选择的硬币面值有5元、4元、1元、5角、4角、1角。按照前面的策略，则找零过程为5元+1元×3+5角+1角×3，需要8枚硬币。而另一种找零方案，4元×2+4角×2，只需要4枚硬币。由此可见，在这种面值方案下，上述"贪心"策略不一定能达到最优的结果。

什么是贪心算法？顾名思义，**贪心算法**总是做出在当前看来最好的选择。也就是说贪心算法并不从整体最优考虑，它做出的选择只是在某种意义上的局部最优选择。当然，当我们用贪心算法来求解问题时，希望得到的最终结果也是整体最优的。

虽然贪心算法不能对所有问题都得到整体最优解，但对许多问题它都能产生整体最优解。活动安排问题和部分背包问题就是两个经典的能采用贪心算法求解的问题。

4.2 案例1：活动安排问题

【背景知识】

活动安排问题就是要在所给的活动集合中选出最大的相容活动子集合（所选活动数量最多），该问题要求高效地安排一系列争用某一公共资源的活动。

设有 n 个活动的集合 $E = \{1, 2, \cdots, n\}$，其中每个活动都要使用同一资源，如演讲会场等，而在同一时间内只有一个活动能使用这一资源。每个活动 i 都有一个要求使用该资源的起始时间 s_i 和一个结束时间 t_i，且 $s_i < t_i$。如果选择了活动 i，则它在半开的时间区间 $[s_i, t_i)$ 内独占资源。注：$[s_i, t_i)$ 表示 $\geq s_i$ 且 $< t_i$。

若区间 $[s_i, t_i)$ 与区间 $[s_j, t_j)$ 不相交，则称活动 i 与活动 j 是相容的。也就是说，当 $s_i \geq t_j$（活动 j 在前，活动 i 在后）或 $s_j \geq t_i$（活动 i 在前，活动 j 在后）时，活动 i 与活动 j 相容。

例如，给定包含12个活动的集合 E = {<0, 4>, <1, 3>, <2, 5>, <4, 7>, <4, 9>, <3, 8>, <8, 16>, <9, 13>, <10, 12>, <10, 14>, <13, 17>, <14, 19>}，<s_i, t_i>表示一个活动，序号从1开始计起，这12个活动的结束时间都不一样。首先对所有活动按结束时间从早到晚排序，如图4.1所示。

求最大的相容活动子集的贪心策略是：首先选择排序后排在最前面的活动，即2号活动；接着从后续的、与当前所选活动相容的活动中选择结束时间最早的，其实也是后续的、与2号活动相容的第一个活动，即4号活动；然后从后续的、与4号活动相容的活动中选择结束时间最早的，即9号活动；最后从后续的、与9号活动相容的活动中选择结束时间最早的，即11号活动，此后无法再选择活动了。因此，在这个例子中，最大相容活动子集就是{2, 4, 9, 11}。

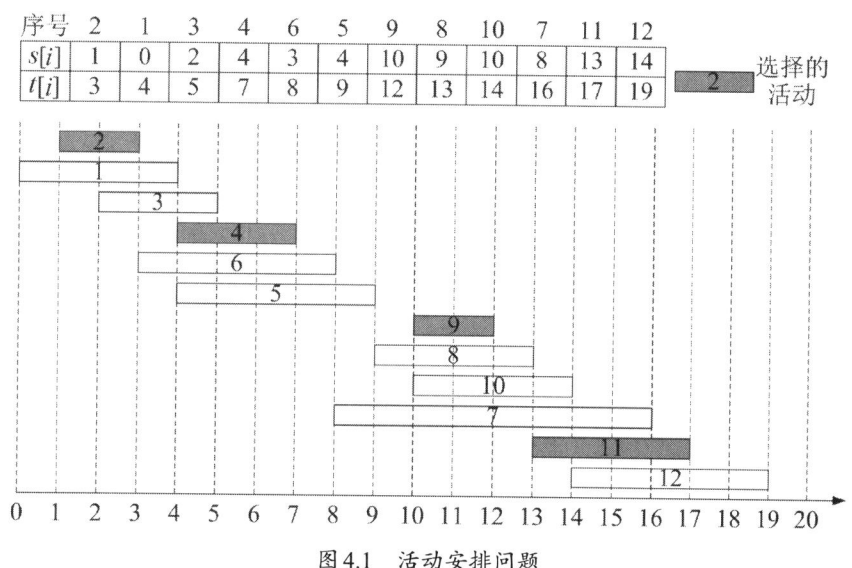

图4.1 活动安排问题

【题目描述】

有一组活动，都要使用某一公共资源。已知每个活动的起止时间（都是整数），且每个活动的结束时间不一样，求最大相容活动子集，输出最终所选活动数量。

【输入描述】

输入数据第1行是一个整数n，$1 \leq n \leq 100$，代表活动数量，这些活动的编号为$1 \sim n$，第2行依编号顺序给出每个活动的起始时间，第3行依编号顺序给出每个活动的结束时间。

【输出描述】

输出占一行，为最终所选活动数量。

【样例输入】   【样例输出】

```
12                        4
0 1 2 4 4 3 8 9 10 10 13 14
4 3 5 7 9 8 16 13 12 14 17 19
```

【分析】

本题要求最终所选活动数量，有些题目可能还要求输出所选活动的原始编号。在用贪心算法求活动安排问题时，需要对所有活动按结束时间从早到晚排序，因此应将每个活动的编号、起止时间视为一个整体，以此定义结构体 Act 表示活动。读入活动信息后，按上述贪心策略求解即可。代码如下。

```cpp
#include <bits/stdc++.h>
using namespace std;
#define MAXN 102
struct Act
{
    int no, s, t;          // 活动的编号，开始时间和结束时间
}Acts[MAXN];               // 存放读入的每个活动
bool cmp(Act A, Act B)     // 按活动结束时间从早到晚排序
{
    return A.t < B.t;
}
int main( )
{
    int i, n, f[MAXN] = {0};      //f[i]=1 表示活动 i 最终要选择
    int cnt;        // 最多能安排的活动数目
    int k;          // 当前选中的活动的序号（该活动序号是排序后的序号）
    cin >>n;
    for( i=1; i<=n; i++ ) {
        Acts[i].no = i;  cin >>Acts[i].s;
    }
    for( i=1; i<=n; i++ )  cin >>Acts[i].t;
    // 按每个活动结束时间进行非递减顺序排序
    sort( Acts+1, Acts+n+1, cmp );
    // 注意排序后，活动顺序变了，所以必要时需要使用活动的原始编号 Acts[i].no
    f[Acts[1].no] = 1;  k = 1;  cnt = 1;
    for( i=2; i<=n; i++ ) {              // 贪心
        if( Acts[i].s>=Acts[k].t ) {     // 第 i 个活动跟第 k 个活动相容
            k = i;  f[Acts[i].no] = 1;  cnt++;
        }
    }
    cout <<cnt <<endl;
    return 0;
}
```

知识点

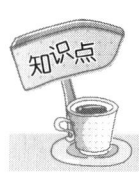

关于活动安排问题的进一步讨论

（1）对于活动安排问题，贪心求解算法总是选择具有最早完成时间的相容活动。贪心选择的意义是：使剩余的可安排时间段最大化，以便安排尽可能多的相容活动。

（2）案例1中提到每个活动的结束时间不一样，如果存在结束时间一样的活动，那在选择下一个相容活动时可能有多个选择，选择活动的方案可能不唯一，但活动数量一定是唯一的。

例如，在图4.2中，选择8号活动后，后续的10、7、11号活动的结束时间一样，且都和8号活动相容，所以选择这3个活动中的任何一个均可，选择活动的方案不唯一，但活动数量是唯一的。

序号	**2**	1	3	**4**	6	5	9	**8**	10	7	**11**	**12**
$s[i]$	**1**	3	0	**5**	3	5	6	**8**	12	14	**10**	**17**
$t[i]$	**4**	5	6	**7**	8	9	10	**10**	15	15	**15**	**18**

2	
1	选择的
4	活动

图4.2　存在结束时间一样的活动，选择活动的方案不唯一

（3）如果存在结束时间一样的活动，可以先保证安排的活动数目最多，再尽可能使这些活动“占据”的时间总和最长（资源的利用率最高）。那么从后续的、与前一个已选择的活动相容的活动中选择结束时间最早的活动时，如果有多个活动满足要求，则应选择开始时间最早的活动。例如，在图4.3中，选择8号活动后，接下来11、10、7号活动满足要求，则应从中选择11号活动，因为它的开始时间最早。怎么实现呢？只需在排序时先按结束时间从早到晚排序，对结束时间相同的活动，再按起始时间从早到晚排序，最后按案例1的贪心策略解题即可。

序号	**2**	1	3	**4**	6	5	9	**8**	**11**	10	7	**12**
$s[i]$	**1**	3	0	**5**	3	5	6	**8**	**10**	12	14	**17**
$t[i]$	**4**	5	6	**7**	8	9	10	**10**	**15**	15	15	**18**

2	
1	选择的
4	活动

图4.3　存在结束时间一样的活动，可以求利用率最高的方案

（4）如果n个活动中的某个活动必须安排，如图4.4所示，要使除该活动外，能安排的活动数目最多，又该如何贪心？可行的方案是：把必须安排的活动的开始时间之前、结束时间之后的这两段时间分别采用贪心算法求最大相容活动子集合。

序号	2	1	3	4	6	5	**9**	8	11	10	7	12
$s[i]$	1	3	0	5	3	5	**6**	8	9	8	10	17
$t[i]$	4	5	6	7	8	9	**10**	11	12	14	15	18

9	
6	必须安排
10	的活动

图4.4　有一个活动必须安排的活动安排问题

4.3 贪心算法的基本要素

对于一个具体的问题，怎么知道是否可用贪心算法求解此问题，以及能否得到问题的最优解呢？这个问题很难给予肯定的回答。但是，从许多可以用贪心算法求解的问题中，可以看到，这类问题

一般具有两个重要的性质：**贪心选择性质**和**最优子结构性质**。

1. 贪心选择性质

贪心选择性质是指所求问题的整体最优解可以通过一系列局部最优的选择，即贪心选择来实现。这是贪心算法的第一个基本要素，也是贪心算法与动态规划算法的主要区别。

贪心选择性质要求贪心策略具备**无后效性**，即待求解问题的某个状态以前的过程不会影响以后的状态，只与当前的状态有关。例如，在活动安排问题中，前面选择的活动会影响当前活动的选择，但不会影响以后活动的选择。

对一个具体问题，要证明贪心算法是错的，只要找到一个**反例**就可以了，详见4.4节的0-1背包问题。要证明贪心策略是正确的，一般可以采用**反证法**：假设有一种算法不采用贪心策略求得的方案是最优的，证明把这个方案替换为贪心策略求得的方案结果会更好（至少不会更差）。

活动安排问题贪心算法的证明：在对活动按结束时间从早到晚排序后，每一步如果不选择结束时间最早的相容活动，而是选择其他活动，如选择持续时间最长的活动，就不能保证剩余时间最长，也就不能保证最终选择的活动数量最多。

部分背包问题贪心算法的证明：假设不是在背包中放入单价高的物品，而是放入单价低的物品，最终达到了所选物品总价值最高，那么可以用同等重量的单价高的物品替换背包中单价低的物品，显然总价值更高了，与最优解矛盾。所以，部分背包问题按单价从高到低选择物品装入的贪心策略是正确的。

2. 最优子结构性质

当一个问题的最优解包含其子问题的最优解时，则称此问题具有**最优子结构性质**。问题的最优子结构性质是该问题可用动态规划算法或贪心算法求解的关键特征。

动态规划算法通常以自底向上（由小规模到大规模）的方式求解各子问题，而贪心算法则通常以自顶向下（由大规模到小规模）的求解方式进行，以迭代的方式做出相继的贪心选择，每做一次贪心选择就将所求问题简化为规模更小的子问题。

4.4 0-1背包问题和部分背包问题

贪心算法和动态规划算法都要求问题具有最优子结构性质，这是这两类算法的一个共同点。但是，对于具有最优子结构的问题应该选用贪心算法还是动态规划算法求解？能用动态规划算法求解的问题是否也能用贪心算法求解？我们通过以下两个经典的组合优化问题来分析。

1. 0-1背包问题

给定n种物品和一个背包，物品i的重量是W_i，其价值为V_i，背包的容量为C（指能装入总重量为C的物品），应如何选择装入背包的物品，使装入背包中物品的总价值最大？在选择装入背包的物品时，对每种物品i只有两种选择，即装入背包或不装入背包。不能将物品i装入背包多次，也不

能只装入物品 i 的一部分。因此，该问题称为0-1背包问题。

2. 部分背包问题

部分背包问题与0-1背包问题类似，不同的是在选择将物品 i 装入背包时，可以选择物品 i 的一部分，$1 \leq i \leq n$。即每种物品都可以任意切割，只选一部分，例如散装白糖，而不一定要全部装入背包，因此，该问题称为部分背包问题。

这两类问题都具有最优子结构性质，极为相似。

（1）0-1背包问题：设集合 A 是能够装入容量为 C 的背包的最大价值的物品集合，其中包括物品 j，则 $A_j = A - \{j\}$ 是 $n-1$ 个物品 $1, 2, \cdots, j-1, j+1, \cdots, n$ 可装入容量为 $C - W_j$ 的背包的具有最大价值的物品集合。

（2）部分背包问题：若它的一个最优解包含物品 j，物品 j 可能只有一部分，设物品 j 的那部分重量为 W，则从最优解中去掉重量为 W 的物品 j 后得到的方案，是 n 种物品可装入容量为 $C - W$ 的背包，且具有最大价值的方案，这 n 种物品的重量依次为 $W_1, W_2, \cdots, W_{j-1}, W_j-W, W_{j+1}, \cdots, W_n$。

部分背包问题可以用贪心算法求解，而0-1背包问题却不能用贪心算法求解。

用贪心算法求解部分背包问题的基本步骤如下。

（1）计算每种物品的单价 V_i/W_i；

（2）按物品的单价从高到低对 n 种物品进行排序。

（3）依贪心选择策略，将尽可能多的单位重量价值最高的物品装入背包。若将这种物品全部装入背包后，背包内的物品总重量未超过 C，则选择单位重量价值次高的物品并尽可能多地装入背包。如果在选择某种物品时总重量超过 C，则该物品就只能装一部分，显然剩下的物品不用再考虑了。以此策略一直进行下去，直到背包装满为止。

对于0-1背包问题，能否也采用按单价从高到低选择物品装入的贪心策略呢？我们举一个反例。假设背包容量是50，即最多能装入总重量为50的物品。有4种物品的重量和价值分别如下。

① (10, 60)。
② (20, 100)。
③ (30, 120)。
④ (15, 45)。

按照上述贪心策略，依次装入第①、②、④种物品，装入物品的总重量为45（没有装满但无法再装其他物品了）、总价值为205。另一种方案是，依次装入第②、③种物品，装入物品的总重量为50、总价值为220。

0-1背包问题之所以不能采用上述贪心策略，是因为这种策略无法保证最终能将背包装满，部分闲置的背包空间使每公斤背包空间的价值降低了。

事实上，在考虑0-1背包问题时，应比较选择该物品和不选择该物品所导致的最终方案，然后做出最好的选择。由此就出现了许多互相重叠的子问题，这正是该问题可用动态规划算法求解的另一重要特征。实际上也是如此，动态规划算法的确可以有效地解决0-1背包问题。

关于动态规划算法，详见本书第28至第30章。

4.5 案例2：公路

【题目描述】

小苞准备开车沿着公路自驾。

公路上一共有 n 个站点，编号为从 1 到 n。其中站点 i 与站点 $i+1$ 的距离为 v_i 公里。

公路上每个站点都可以加油，编号为 i 的站点一升油的价格为 a_i 元，且每个站点只出售整数升的油。

小苞想从站点 1 开车到站点 n，一开始小苞在站点 1 且车的油箱是空的。已知车的油箱足够大，可以装下足够多的油，且每升油可以让车前进 d 公里。问小苞从站点 1 开到站点 n，至少要花多少钱加油？

【输入描述】

输入的第 1 行包含两个正整数 n 和 d，分别表示公路上站点的数量和每升油可以让车前进的距离。第 2 行包含 $n-1$ 个正整数 $v_1, v_2, \cdots, v_{n-1}$，分别表示站点间的距离。第 3 行包含 n 个正整数 $a_1, a_2, \cdots, a_n$，分别表示在不同站点加油的价格。

【输出描述】

输出占一行，仅包含一个正整数，表示从站点 1 开到站点 n，小苞至少要花多少钱加油。

【样例输入】   【样例输出】

```
5 4                         79
10 10 10 10
9 8 9 6 5
```

【样例输入/输出说明】

最优方案：小苞在站点 1 买了 3 升油，在站点 2 买了 5 升油，在站点 4 买了 2 升油。

【数据规模与约定】

对于所有测试数据保证：$1 \leq n \leq 10^5$，$1 \leq d \leq 10^5$，$1 \leq v_i \leq 10^5$，$1 \leq a_i \leq 10^5$。

【分析】

考虑最开始的情况：在起始位置，车的油箱是空的，所以在站点 1 必须要加油。那么加多少呢？

很自然，根据贪心思想，找到下一个站点 j，如果站点 j 的油价比站点 1 的油价便宜（$a[j]<a[1]$），那么在 1 号站点加的油只要能开到站点 j 就可以了，然后在站点 j 继续加油。

证明一下贪心算法的正确性：从站点 1 开始，只有一种最优的加油方案，就是加最少的油跑到下一个便宜的加油站。以此类推，跑完全程，每一次加油都是最便宜的方案，因此总方案也是最便宜的。代码如下。

```cpp
#include <bits/stdc++.h>
using namespace std;
typedef long long LL;
const int MAXN = 100010;
LL v[MAXN];         //站点间的距离
LL a[MAXN];         //站点的油价
LL n, d;            //站点数，每升油能开的距离
LL mf;              //总花费
LL r = 0;   //当前油箱剩余的油可以跑的公里数
LL solve(int begin, int end)
{
    LL len = 0;
    for (int i = begin; i < end; i++)
        len += v[i];
    if (r >= len) {   //不用加油
        r -= len;  return 0;
    }
    //需要加油，计算加多少油：油箱的油还有剩余，还能跑几公里
    LL add = (int) ceil(1.0*(len - r) / d);
    LL fee = a[begin] * add;   //计算加油费用
    r = add * d + r - len;         //跑到end,油箱的油还能跑几公里
    return fee;
}
int main( )
{
    cin >> n >> d;
    for (int i = 1; i < n; i++)   cin >> v[i];
    for (int i = 1; i <= n; i++)  cin >> a[i];
    int i = 1;
    while (i < n) {
        int j = i + 1;
        while(j <= n && a[j] >= a[i])   //找到下一个便宜的加油站
            j++;
        mf += solve(i, j);   //计算从站点i到j的费用
        i = j;
    }
    cout << mf << endl;
    return 0;
}
```

4.6 案例3：纪念品分组

【题目描述】

元旦快到了，校学生会让乐乐负责新年晚会的纪念品发放工作。为使参加晚会的同学所获得的纪念品价格相对均衡，他要把购来的纪念品根据价格进行分组，但每组最多只能包括两件纪念品，并且每组纪念品的价格之和不能超过一个给定的整数。为了保证在尽量短的时间内发完所有纪念品，乐乐希望分组的数目最少。

请编写一个程序，找出所有分组方案中分组数最少的一种，输出最少的分组数目。

【输入描述】

输入共n+2行。第1行包括一个整数w，为每组纪念品价格之和的上限。第2行为一个整数n，表示购买的纪念品的总件数。第3~n+2行，每行包含一个正整数$P_i(5 \leq P_i \leq w)$，表示所对应纪念品的价格。

【输出描述】

输出占一行，包含一个整数，即最少的分组数目。

【样例输入】　　　　　　　　　　　　【样例输出】

```
100                                 6
9
90
20
20
30
50
60
70
80
90
```

【数据规模与约定】

50%的数据满足：$1 \leq n \leq 15$。

100%的数据满足：$1 \leq n \leq 30000$，$80 \leq w \leq 200$，$5 \leq P_i \leq w$。

【分析】

本题限制了每组纪念品的数量（不超过2）和价格（不超过w），没有限制分组数目，而是要求分组数目的最小值。显然，对某一件纪念品a，我们找另一件纪念品b，和a凑成一组，b为满足$a+b \leq w$的最大值。这样，对剩余纪念品的分组有利无害。这种贪心策略肯定是正确的。

具体做法是：将所有纪念品的价格存储在数组 v 中，按从小到大排序；然后按价格从小到大遍历每个纪念品 a，将纪念品 a 作为较小的元素，找与 a 相加不超过 w 的、最大的那件纪念品 b，和 a 凑成一对；剩下的就单独作为一件。实现时用数组 v 存储 n 件纪念品，a 和 b 是数组 v 中的下标，从 $a = 0$，$b=n-1$ 开始从两头往中间遍历数组 v，如果 $v[a] + v[b] <= w$，就将 a 和 b 凑成一组，否则 b 单独成一组(因为已经找不到和它凑成一组的纪念品了)；最后如果 $a==b$，意味着剩下最后一件纪念品，也单独成一组。代码如下。

```cpp
#include <bits/stdc++.h>
using namespace std;
const int maxn = 30030;
int w, n;     // 每个分组的价格上限，纪念品数量
int v[maxn], cnt;    //v: 存储每种纪念品的价格；cnt: 求得的最小分组数目
int main()
{
    cin >> w >> n;
    for(int a = 0; a < n; a++)
        cin >> v[a];
    sort(v, v+n);    // 从小到大排序
    int a = 0, b = n-1;
    while(a < b) {   // 循环条件是 a<b, 确保 a 和 b 是两件不同的纪念品
        if(v[a] + v[b] <= w){    //a 和 b 凑成一组
            a++;   b--;   cnt++;
        }
        else{    //b 单独成一组 (已经找不到和它凑成一组的纪念品了)
            b--;   cnt++;
        }
    }
    if(a == b)   cnt++;    // 剩下一件，单独成一组
    cout <<cnt <<endl;
    return 0;
}
```

第 5 章
基础算法 5：分治法

本章内容

本章将介绍分治法的思想，总结能用分治法求解的问题一般具备的特征，以及案例解析。

5.1 分治法的思想

"分治"一词源自《孙子兵法》中的"分而治之，各个击破"，英文可以翻译成"divide and conquer"。举个通俗的例子，有32支足球队参加世界杯，要决出一个冠军。如果让这32支球队一起举行联赛，那么一年的时间恐怕也比不完，因为32支球队打联赛要进行62轮。所以把32支球队分成8个小组，每个小组4支球队，先在每个小组里决出一个第一名。然后8个第一名又分成2个小组，每个小组也是4支球队，这两个小组又分别决出一个第一名。这样就剩下2支球队，只需再比赛一场就能决出冠军了。注意，这里描述的规则跟实际世界杯的规则不完全一样。

分治法重在"分"，其思想是将一个难以直接求解的大问题分割成一些规模较小的子问题，以便分而治之，各个击破。如果原问题可分割成若干个子问题，且这些子问题都可解，并可以利用这些子问题的解求出原问题的解，那么这种分治法就是可行的。图5.1（a）将规模为n的问题分割成若干个规模为$n/2$的子问题。注意，不一定是两个规模为$n/2$的子问题，详见本章案例1。

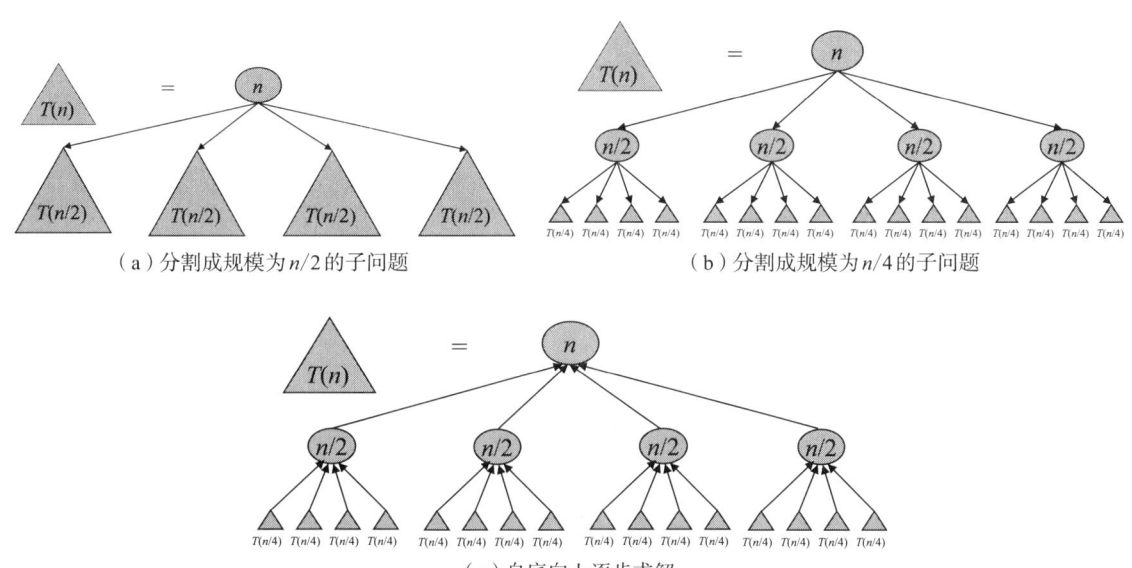

（a）分割成规模为$n/2$的子问题　　　　（b）分割成规模为$n/4$的子问题

（c）自底向上逐步求解

图5.1　分治法的思想

对子问题分别求解。如果子问题的规模仍然不够小，则将每个子问题再划分为若干个更小规模的子问题，如图5.1（b）所示；如此递归地进行下去，直到问题规模足够小，很容易求出其解为止。最后将求出的小规模的问题的解合并为一个更大规模的问题的解，自底向上逐步求出原来问题的解，如图5.1（c）所示。这种分解通常是可复制的，即分解模式是一样的，只是规模不断变小，这就为使用递归技术提供了便利。因此，分治与递归像一对孪生兄弟，经常同时应用在算法设计中。

能用分治法求解的问题一般具有以下几个特征。

（1）该问题的规模缩小到一定的程度就可以容易地解决。因为问题的计算复杂性一般是随着问题规模的增加而增加，因此大部分问题满足这个特征。

（2）该问题可以分解为若干个规模较小的子问题，即该问题具有**最优子结构性质**。这条特征是应用分治法的前提，反映了递归思想的应用。

（3）利用该问题分解出的子问题的解可以合并为该问题的解。能否利用分治法取决于问题是否具有这条特征，如果具备了前两条特征，而不具备这一条特征，则可以考虑贪心算法或动态规划。

（4）该问题分解出的**各个子问题是相互独立的**，即子问题没有重复。对本章案例1的棋盘覆盖问题，将规模为 k 的棋盘分割成4个规模为 $k-1$ 的子棋盘，但这4个子棋盘是不一样的，因为特殊方格的位置不一样，这个特征涉及分治法的效率。如果各个子问题不是独立的，即子问题有重复，则分治法要做许多不必要的工作，要重复地求解公共的子问题，此时虽然也可用分治法，但一般用动态规划算法效率更高。

5.2 案例1：棋盘覆盖问题

【题目描述】

在一个由 $2^k \times 2^k$ 个方格组成的棋盘中，恰有一个方格与其他方格不同，称该方格为特殊方格，且称该棋盘为特殊棋盘。图5.2（a）所示为 $k=3$ 的棋盘，其中黑色方格为特殊方格，坐标为(3, 3)。在棋盘覆盖问题中，要用图5.2（b）所示的4种不同形态的L形骨牌覆盖给定的特殊棋盘上除特殊方格以外的所有方格，且任何两个L形骨牌不得重叠覆盖。图5.2（c）给出了图5.2（a）所示棋盘的一种覆盖方案。

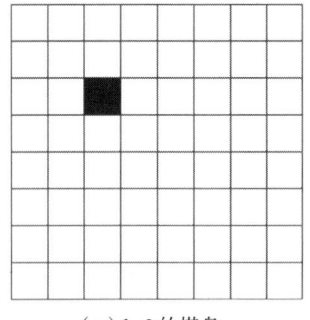

（a）$k=3$ 的棋盘

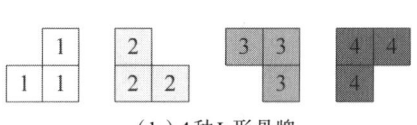

（b）4种L形骨牌

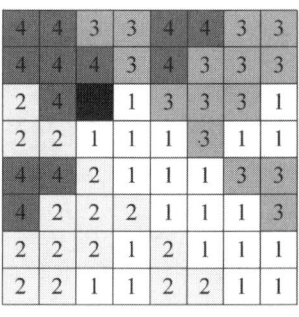

（c）一种覆盖方案

图5.2 棋盘覆盖问题

【输入描述】

输入数据占2行。第1行为正整数 k，表示棋盘大小，$0<k \leq 10$；第2行为 $x\ y$，为特殊方格的坐标（x 为行坐标，y 为列坐标），行和列均从1开始计起。

【输出描述】

输出棋盘覆盖方案：按L形骨牌填充的顺序输出每一个骨牌，每个骨牌占一行，用 x y c 表示，x 和 y 为L形骨牌拐角方格的行坐标和列坐标，c 为L形骨牌的形态编号（为1～4）。

【样例输入】　　　　　　　　　【样例输出】

```
3                              5 5 1
3 3                            2 2 4
                               1 1 4
                               1 4 3
                               4 1 2
                               4 4 1
                               2 7 3
                               1 5 4
                               1 8 3
                               3 6 3
                               4 8 1
                               7 2 2
                               5 1 4
                               6 3 2
                               8 1 2
                               8 4 1
                               7 7 1
                               6 6 1
                               5 8 3
                               8 5 2
                               8 8 1
```

【样例输入/输出说明】

样例输入对应的棋盘如图5.2（a）所示，它的覆盖方案如图5.2（c）所示。按照棋盘覆盖求解过程填充L形骨牌的顺序，第1块填充的L形骨牌占据的3个方格坐标分别是(4, 5)、(5, 4)和(5, 5)，拐角的方格为(5, 5)，该L形骨牌为形态1，所以第1行输出 5 5 1。

【分析】

$2^k \times 2^k$ 大小的棋盘，除去1个特殊位置外，一共有 (4^k-1) 个空位置，需要用 $(4^k-1)/3$ 个L形骨牌来覆盖。

(4^k-1) 一定能被3整除。这是因为 $4^k-1 = (2^k)^2 - 1 = (2^k - 1)(2^k + 1)$，而 $(2^k - 1)$、2^k、$(2^k + 1)$ 是3个连续的自然数，其中 2^k 不可能被3整除，所以 $(2^k - 1)$ 和 $(2^k + 1)$ 必有一个是3的倍数。

(4^k-1) 个空位置必能用 $(4^k-1)/3$ 个L形骨牌来覆盖。这一点可用数学归纳法证明。

当 $k = 1$ 时，4^k-1 个位置本身就是一个L形骨牌。

当 $k = 2$ 时，$2^2 \times 2^2$ 大小的棋盘可以分成4个 $2^1 \times 2^1$ 大小的子棋盘，其中特殊方格位于某一个子棋盘中,用一个L形骨牌覆盖其他3个子棋盘的汇合处,则对于4个子棋盘,剩余的空位置都是一个L形骨牌。

一般地,当$k \geq 2$时,可将$2^k \times 2^k$棋盘分割为4个$2^{k-1} \times 2^{k-1}$子棋盘,如图5.3(a)所示。特殊方格必位于4个较小的子棋盘之一中,假设位于右上角的子棋盘中,其余3个子棋盘中无特殊方格。为了将这3个无特殊方格的子棋盘转化为特殊棋盘,可以用一个L形骨牌覆盖这3个较小子棋盘的汇合处,如图5.3(b)所示,从

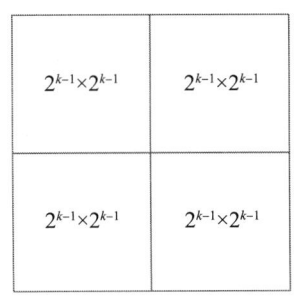 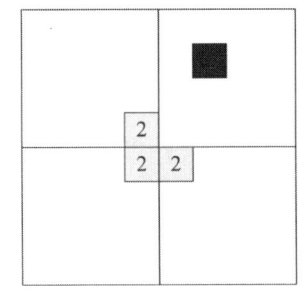

(a)分成4个子棋盘　　　(b)在子棋盘汇合处放置L形骨牌

图5.3　棋盘覆盖问题化为4个子棋盘覆盖问题

而将原问题转化为4个较小规模的棋盘覆盖问题。注意,如果特殊方格位于其他子棋盘中,则需要用不同的L形骨牌覆盖另外3个子棋盘的汇合处。递归地使用这种分割,直至棋盘简化为规模$k = 1$的棋盘,就可以直接用一块L形骨牌覆盖了。

按照这种求解思路,放置的第1块L形骨牌是用于覆盖原始$2^k \times 2^k$棋盘的3个没有特殊方格的子棋盘的汇合处,所选用的L形骨牌也是确定的;放置的第2块L形骨牌是用于覆盖左上角$2^{k-1} \times 2^{k-1}$棋盘的3个没有特殊方格的子棋盘的汇合处,所选用的L形骨牌也是确定的,以此类推。因此,本题的解是唯一的。

在本题的程序中,solve函数的功能是求解棋盘覆盖问题,其中5个参数的含义分别是:棋盘左上角方格的坐标为(tr, tc),特殊方格的坐标为(dr, dc),棋盘大小为size×size,行号和列号均从1开始计起。solve函数首先根据特殊方格的坐标确定它位于哪个子棋盘,由此决定用哪种L形骨牌覆盖其他3个子棋盘的汇合处,而且可以判断所选用L形骨牌的形态及拐角方格的坐标;然后4次递归调用solve函数求解4个子棋盘覆盖问题(提供不同的参数),4个if…else语句只有一个if语句的条件成立,其他3个if语句的条件都不成立,这3个if语句都会执行else分支,每个else分支都会在汇合处的方格里填入数字t,即在没有包含特殊方格的3个子棋盘汇合处放一个对应的L形方格。代码如下。

```
#include <bits/stdc++.h>
using namespace std;
#define MAXK 1030
int bd[MAXK][MAXK] = { 0 };   //记录每个方格填入骨牌的序号(tile的值)
int tile = 1;        //L形骨牌序号,根据填入的顺序给L形骨牌编序号
//tr: 棋盘左上角方格的行号; tc: 棋盘左上角方格的列号
//dr: 特殊方格所在的行号; dc: 特殊方格所在的列号
//size: 棋盘大小为size×size (行号和列号均从1开始计起)
void solve( int tr, int tc, int dr, int dc, int size )
{
```

```
    if( size==1 )    return;
    int t = tile++;    //L形骨牌号
    int s = size/2;    //子棋盘大小为 s×s
    //判断特殊方格位于哪个子棋盘，由此决定用哪种L形骨牌覆盖其他3个子棋盘的汇合处
    //而且可以判断所选用L形骨牌的形态，及拐角方格的坐标
    if( dr < tr + s && dc < tc + s )              //特殊方格在左上角子棋盘
        cout <<tr+s <<" " <<tc+s <<" " <<1 <<endl;         //形态1的L形骨牌
    else if( dr < tr + s && dc >= tc + s )        //特殊方格在右上角子棋盘
        cout <<tr+s <<" " <<tc+s-1 <<" " <<2 <<endl;       //形态2的L形骨牌
    else if( dr >= tr + s && dc < tc + s )        //特殊方格在左下角子棋盘
        cout <<tr+s-1 <<" " <<tc+s <<" " <<3 <<endl;       //形态3的L形骨牌
    else    //特殊方格在右下角子棋盘
        cout <<tr+s-1 <<" " <<tc+s-1 <<" " <<4 <<endl;     //形态4的L形骨牌
    //覆盖左上角子棋盘
    if( dr < tr + s && dc < tc + s )              //特殊方格在此棋盘中
        solve( tr, tc, dr, dc, s );
    else {    //此棋盘中无特殊方格
        bd[tr + s - 1][tc + s - 1] = t;           //用t号L形骨牌覆盖该子棋盘的右下角
        solve( tr, tc, tr+s-1, tc+s-1, s );       //覆盖其余方格
    }
    //覆盖右上角子棋盘
    if( dr < tr + s && dc >= tc + s )             //特殊方格在此棋盘中
        solve( tr, tc+s, dr, dc, s );
    else {    //此棋盘中无特殊方格
        bd[tr + s - 1][tc + s] = t;               //用t号L形骨牌覆盖该子棋盘的左下角
        solve( tr, tc+s, tr+s-1, tc+s, s );       //覆盖其余方格
    }
    //覆盖左下角子棋盘
    if( dr >= tr + s && dc < tc + s )             //特殊方格在此棋盘中
        solve( tr+s, tc, dr, dc, s );
    else {    //此棋盘中无特殊方格
        bd[tr + s][tc + s - 1] = t;               //用t号L形骨牌覆盖该子棋盘的右上角
        solve(tr+s, tc, tr+s, tc+s-1, s);         //覆盖其余方格
    }
    //覆盖右下角子棋盘
    if( dr >= tr + s && dc >= tc + s )            //特殊方格在此棋盘中
        solve( tr+s, tc+s, dr, dc, s );
    else {    //此棋盘中无特殊方格
        bd[tr + s][tc + s] = t;                   //用t号L形骨牌覆盖该子棋盘的左上角
        solve(tr+s, tc+s, tr+s, tc+s, s);         //覆盖其余方格
    }
}
```

```
int main( )
{
    int x, y, k;        // 棋盘大小是2^k×2^k
    cin >>k >>x >>y;
    int size = int(pow(2, k));
    solve( 1, 1, x, y, size );              // 最大的棋盘，左上角为 (1,1)
    /*for( int i=1; i<=size; i++ ) {        // 输出 bd 数组
        for( int j=1; j<=size; j++ )
            cout <<setw(2) <<bd[i][j] <<" ";
        cout <<endl;
    }*/
    return 0;
}
```

根据该程序的输出，可以看出规模 $k = 3$、特殊方格位于$(3, 3)$时，棋盘覆盖问题的解如图5.4所示。注意，图5.4（a）和图5.4（b）中数字的含义不一样。图5.4（a）显示的是bd数组各元素的值，这些值表示依次填入的骨牌的序号，一共用了$(2^3 \times 2^3 - 1)/3 = 21$块L形骨牌。图5.4（b）为每块骨牌的形态编号。

3	3	4	8	8	9	9
3	2	2	4	8	7	7	9
5	2	0	6	10	10	7	11
5	5	6	6	1	10	11	11
13	13	14	1	1	18	19	19
13	12	14	14	18	18	17	19
15	12	12	16	20	17	17	21
15	15	16	16	20	20	21	21

4	4	3	3	4	4	3	3
4	4	4	3	4	4	3	3
2	4		1	3	3	3	1
2	2	1	1	1	3	1	1
4	4	2	1	1	1	3	3
4	2	2	2	1	1	1	3
2	2	1	2	1	1	1	1
2	2	1	1	2	1	1	1

（a）bd数组各元素的值　　　　（b）每块骨牌的形态编号

图5.4　棋盘覆盖问题的解

5.3　案例2：幂次方

【题目描述】

任意一个正整数都可以用2的幂次方表示，例如$137=2^7+2^3+2^0$。

同时约定指数用括号来表示，即a^b可表示为$a(b)$。

由此可知，137可表示为$2(7)+2(3)+2(0)$。

进一步：$7=2^2+2+2^0$(2^1用2表示)，并且$3=2+2^0$。

所以137可表示为2(2(2)+2+2(0))+2(2+2(0))+2(0)。

又如$1315=2^{10}+2^8+2^5+2+1$。

所以1315可表示为2(2(2+2(0))+2)+2(2(2+2(0)))+2(2(2)+2(0))+2+2(0)。

【输入描述】

输入占一行，表示一个正整数n。

【输出描述】

输出符合约定的n的0, 2表示（在表示中不能有空格）。

【样例输入】　　　　　【样例输出】

1315　　　　　　　　2(2(2+2(0))+2)+2(2(2+2(0)))+2(2(2)+2(0))+2+2(0)

【数据规模与约定】

对于100%的数据，$1 \leq n \leq 2 \times 10^4$。

【分析】

由于一个数可以分成多个2的幂次方之和，所以可以将其划分为多个子问题，再对每个子问题递归求解，这就是分治法的精髓。在本题中，分治的最小子问题就是2^0和2^1，对于其他的子问题可以继续递归处理。代码如下。

```cpp
#include <bits/stdc++.h>
using namespace std;
void solve(int n)    // 将n分解成2的幂次方表示
{
    if(n==0)  return;
    int i = 0, t = 1;
    while(t<=n){   // 找出n中包含的最大的二次幂2^i
        t *= 2;  i++;
    }
    i--;
    if(i==0)   cout <<"2(0)"; // 最小的子问题，递归结束条件
    else if(i==1)  cout <<"2";   // 最小的子问题，递归结束条件
    else{  //i>1
        cout <<"2(";
        solve( i );   // 分解指数
        cout <<")";
    }
    n -= pow(2, i);    //2^i 已经表示完了，看还有没有剩余
    if(n){  // 当n还有剩余不为0的部分时，需要加 "+"
        cout <<"+";
        solve( n );
```

```
        }
    }
}
int main( )
{
    int n;   cin >>n;
    solve( n );
}
```

5.4 案例3：分形

【题目描述】

分形通常被定义为"一个粗糙或零碎的几何形状，可以分成数个部分，且每一部分都（至少近似地）是整体缩小后的形状"，即具有自相似的性质。

本题中的分形定义如下。

度为1的分形很简单，为：

$$X$$

度为2的分形为：

$$X\ X$$
$$X$$
$$X\ X$$

如果用 $B(n-1)$ 代表度为 $n-1$ 的分形，则度为 n 的分形可以递归地定义为：

$$B(n-1) \quad \quad B(n-1)$$
$$B(n-1)$$
$$B(n-1) \quad \quad B(n-1)$$

你的任务是输出度为 n 的分形。

【输入描述】

输入占一行，表示一个正整数 n，$n \leq 7$。

【输出描述】

用符号"X"输出分形，在每行的末尾不要输出任何多余的空格。

【样例输入1】	【样例输出1】
2	X X
	X
	X X

【样例输入2】

3

【样例输出2】

```
X X     X X
 X       X
X X     X X
    X X
     X
    X X
X X     X X
 X       X
X X     X X
```

【分析】

首先注意到度为 n 的分形，其大小是 $3^{n-1} \times 3^{n-1}$。可以用字符数组来存储分形中的各字符。因为 $n \leq 7$，而 $3^6 = 729$，因此可以定义一个字符数组 $f[730][730]$ 来存储度不超过 7 的分形。

其次，度为 n 的分形可以由以下递推式子表示：

$$B(n) = \begin{matrix} B(n-1) & & B(n-1) \\ & B(n-1) & \\ B(n-1) & & B(n-1) \end{matrix}$$

因此，可以用一个递归函数来设置度为 n 的分形。假设需要在 (x, y) 位置开始设置度为 n 的分形，它由 5 个度为 $n-1$ 的分形组成，其起始位置分别为 $(x+0, y+0)$、$(x+2*L0, y+0)$、$(x+L0, y+L0)$、$(x+0, y+2*L0)$ 和 $(x+2*L0, y+2*L0)$，其中 $L0 = 3^{n-2}$。该递归函数的结束条件是：当 $n = 1$ 时，即度为 1 的分形，只需在 (x, y) 位置设置一个 "X" 字符。

另外，题目中提到在每行的末尾不要输出任何多余的空格，因此在字符数组 f 的每行最后一个 "X" 字符之后，应该设置串结束符标志 '\0'。代码如下。

```cpp
#include <bits/stdc++.h>
using namespace std;
#define MAXN 730        //n 为最大值 7 时，分形的大小是 3^6×3^6，而 3^6 = 729
char f[MAXN][MAXN];     // 存储度为 n 的分形
// 函数功能：从 (x,y) 位置开始设置度为 n 的分形
// 即对分形中的每个 x，在字符数组 f 的相应位置设置字符 "x"
void setf( int x, int y, int n )
{
    if( n==1 )  f[x][y] = 'X';
    else {
        int L0 = pow(3,n-2);
        setf( x+0, y+0, n-1 );
        setf( x+2*L0, y+0, n-1 );
        setf( x+L0, y+L0, n-1 );
```

```cpp
            setf( x+0, y+2*L0, n-1 );
            setf( x+2*L0, y+2*L0, n-1 );
        }
    }
    int main( )
    {
        int i, j, n;         // 分形的大小
        cin >>n;
        int m = (int)pow(3, n-1);        //"盒形"分形大小
        setf( 0, 0, n );
        for( i=0; i<m; i++ ) {   // 保证每行最后的'X'后是串结束符标志'\0'
            int mx = 0;
            for( j=0; j<m; j++ ) {   // 找到每行最后的'X'
                if(f[i][j]=='X')   mx = j;
            }
            for( j=0; j<mx; j++ ) {  // 非'X'的位置上为空格
                if(f[i][j]!='X')   f[i][j] = ' ';
            }
            f[i][mx+1] = 0;          // 在每行最后的'X'后添上串结束符标志'\0'
        }
        for( i=0; i<m; i++ )   cout <<f[i] <<endl;
        return 0;
    }
```

第 6 章
基础算法 6：二分法及应用

本章内容

本章介绍二分查找的原理、C++中的二分查找函数的使用方法、二分答案的原理及适用条件，以及案例解析。

6.1 二分法

二分法是分治法的一种典型特例。分治法的基本思想是将一个规模为 N（通常比较大）的问题分解为若干个规模较小的子问题，这些子问题相互独立且与原问题性质相同。通过递归地求解这些子问题，并将子问题的解合并，即可得到原问题的解。

在分治法中，若将原问题分解成两个规模大致相等的子问题，每个子问题再递归地分解成两个更小的子问题，这种分治法称为**二分法**。由于二分法划分简单且效率较高，因此在实际应用中非常广泛。二分法的经典应用包括**二分查找**和**二分答案**。

6.2 二分查找

假设有一个整型数组 a，其元素个数为 100，这些元素已经按照从小到大的顺序排好序了。要在该数组中查找某个数 num，可以采用**顺序查找**。具体方法是：依次将数组元素与该数进行比较，如果相等，则找到。假设要查找的数出现在数组中每个位置的概率相同，那么顺序查找该数平均需要比较 100/2 = 50 次。如果数组中有 1000000 个整数，需要在数组中反复查找，则这种方法很费时。另外，这种方法并没有利用数组元素有序这个重要的信息。

二分查找主要应用于数据量比较大时的频繁查找。因为二分查找是针对一组有序的数据，所以通常情况下要先排序。

二分查找的思想是：先将 num 与数组 a 中间的元素进行比较，如果相等，则已经找到；如果 num 存在且比中间的元素还要小，则肯定位于前半段，不可能位于后半段，所以不需要考虑后半段；否则，num 肯定位于后半段。在前半段(或后半段)查找时，再将 num 与中间的元素进行比较……一直到找到 num，或者判断 num 不存在为止。

二分查找的执行过程如图 6.1 所示。假设数组中有 10 个元素：15、17、18、22、35、51、60、88、93、99，这些数已经按照从小到大的顺序排好序了。在二分查找里，有 3 个量很关键：low、mid 和 high，分别表示数组中某一段元素的最前面、中间及最后的元素的下标。

图 6.1（a）演示了在数组 a 中查找 num=18 的执行过程。

第 1 次比较时，low = 0, high = 9, mid = (low+high)/2 = 4，num 的值小于 a[mid]，所以如果 num 存在，则必然位于前半段，将 high 的值更新为 mid−1=3，low 的值不变。

第 2 次比较时，low = 0, high = 3, mid = (low+high)/2 = 1，num 的值大于 a[mid]，所以如果 num 存在，则必然位于后半段，将 low 的值更新为 mid+1=2，high 的值不变。

第 3 次比较时，low = 2, high = 3, mid = (low+high)/2 = 2，num 的值等于 a[mid]。至此，找到 num。

以上过程要用循环来实现。现在的问题是什么时候退出循环？

图6.1（b）以在上述数组中查找num=90的情形解释了这个问题。当第3次比较完以后，因为num的值小于a[mid]，所以如果num存在，则必然位于前半段，需要将high的值更新为mid-1=7，而low的值不变，此时high<low。这意味着num不存在，应该退出循环了。

因此，退出循环的条件是high<low。

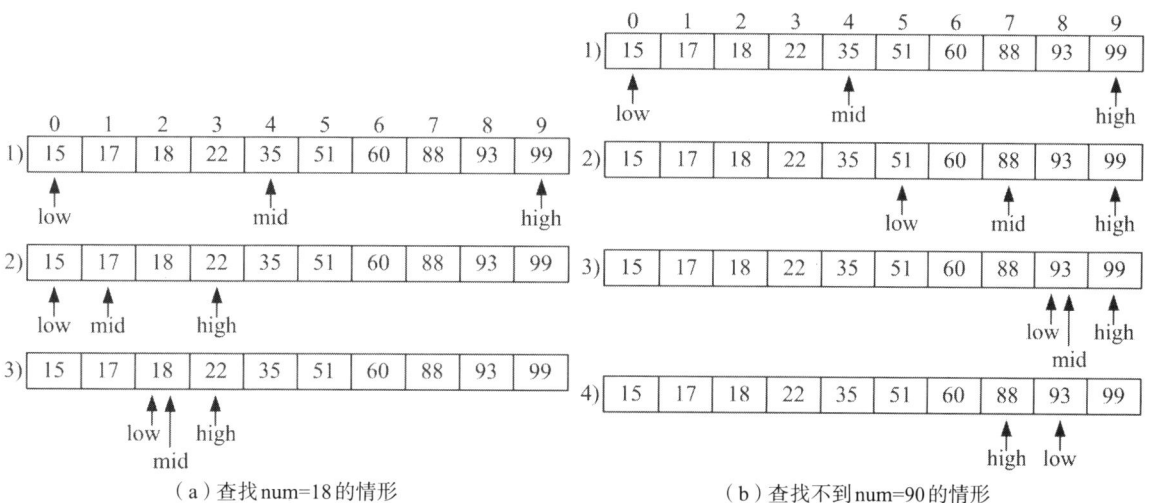

（a）查找num=18的情形　　　　　　　　　　（b）查找不到num=90的情形

图6.1　二分查找的执行过程

根据上述分析，可以写出实现二分查找的函数，代码如下。

```
int search(int a[], int n, int num)    // 在数组a(n个元素，从小到大排序）中二分查找 num
{
    int low=0, high=n-1, mid;
    while( low <= high ) {
        mid = ( low + high ) / 2;
        if( num<a[mid] )   high = mid-1;           // 如果num比中间的数还小，则在前半段
        else if( num >a[mid] )   low = mid+1;      // 如果num比中间的数还大，则在后半段
        else   return mid;
    }
    return -1;   // 没有查找到
}
```

6.3　二分答案

有些题目使用暴力求解（枚举或搜索）会超时。如果问题的答案有确定的范围，就可以考虑另一种方法——枚举答案并验证答案是否可行。

实际上，枚举答案有时候也会超时。这就好比从一本词典上查一个单词，从头到尾一页一页地翻着找，这样可以保证一定能找到，但是最坏的情况是把整本词典都翻一遍。

有什么改进的方法吗？当然有。把这个词典从中间分开，看一下中间页有哪些单词，然后判断要找的单词应该在左半部分还是右半部分，再去那一部分查找。同样地，在另一部分查找时也是要进行判断和划分。这样一直进行下去，便能很快找到答案，根本不需要翻遍整本词典。

可以证明，如果一页一页地找，最多要找 n 次，但用这个方法，最多找 $\text{ceil}(\log_2 n)$ 次。

我们把这个方法叫作**二分答案**。顾名思义，它用二分的方法枚举答案，并且枚举时判断这个答案是否可行。但是，二分答案并不是在所有情况下都可用，使用二分答案需要满足**两个条件：一个是有界，另一个是单调**。

首先，二分答案应该是在一个单调闭区间上进行的。也就是说，最后得到的答案应该是某个范围内的一个确定值，而不会出现多个解。二分答案一般用来解决最优解问题。

可以这样想，在一个区间上有很多数，这些数可能是问题的解也可能不是，换句话说，这里有很多不合法的解，也有很多合法的解。我们只考虑合法解，并称之为可行解。考虑所有可行解，我们肯定是要从这些可行解中找到一个最好的解作为我们的答案，这个答案称为最优解。最优解一定可行，但可行解不一定最优。

其次，**二分答案要求问题具有单调性**。即如果一个数 x 为可行解，那么所有的 $x'(x'<x)$ 都是可行解；如果一个数 y 是非法解，那么所有的 $y'(y'>y)$ 都是非法解。反之亦然：如果一个数 x 为可行解，那么所有的 $x'(x'>x)$ 都是可行解；如果一个数 y 是非法解，那么所有的 $y'(y'<y)$ 都是非法解。

 C++中的二分查找函数

在C++的头文件 <algorithm> 中定义了以下3个二分查找函数。

（1）lower_bound(begin, end, num)：要求数列中的元素从小到大排序，从数列的 begin 位置到 end-1 位置二分查找第一个大于或等于 num 的元素，返回该元素的地址，如图 6.2 所示。

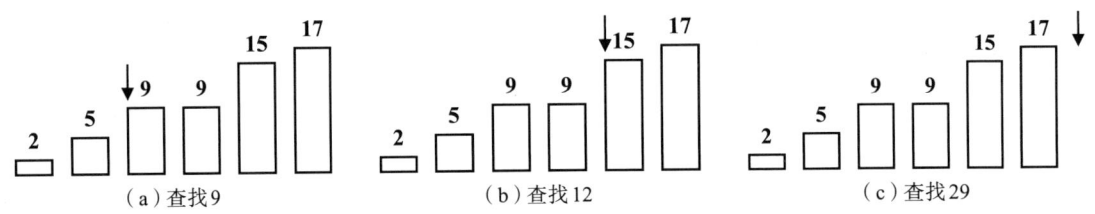

图 6.2 二分查找函数 lower_bound 的示意图

（2）upper_bound(begin, end, num)：要求数列中的元素从小到大排序，从数列的 begin 位置到 end-1 位置二分查找第一个大于 num 的元素，返回该元素的地址，如图 6.3 所示。

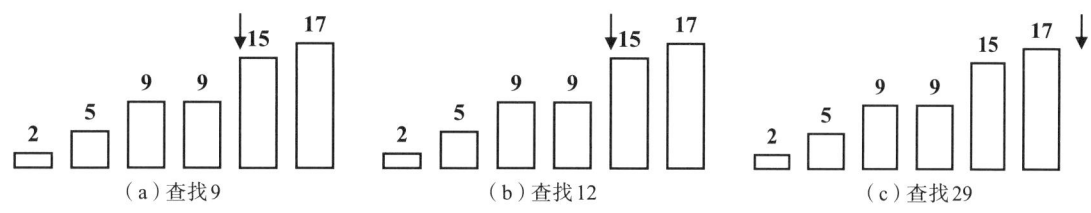

图 6.3 二分查找函数 upper_bound 的示意图

（3）binary_search(begin, end, num)：返回是否存在 num 这么一个数，是一个 bool 值。

注意，lower_bound 和 upper_bound 函数的区别是，前者查找的是第一个大于或等于 num 的元素，后者查找的是第一个大于 num 的元素；lower_bound 和 upper_bound 函数返回的都是地址，必须减去起始地址，得到的才是位置；如果没有找到符合要求的元素，lower_bound 和 upper_bound 函数就会返回一个假想的插入位置。详见以下例子。

```
int a[6] = { 2, 5, 9, 9, 15, 17 };
int p1 = lower_bound(a, a+6, 9) - a;
int p2 = lower_bound(a, a+6, 12) - a;
int p3 = lower_bound(a, a+6, 29) - a;
cout <<p1 <<endl;    // 输出 2 ( 第 1 个元素 9 的下标 )
cout <<p2 <<endl;    // 输出 4 ( 元素 15 的下标 )
cout <<p3 <<endl;    // 输出 6 (29 应该插在 17 后，得到的是这个位置的下标 )
p1 = upper_bound(a, a+6, 9) - a;
p2 = upper_bound(a, a+6, 12) - a;
p3 = upper_bound(a, a+6, 29) - a;
cout <<p1 <<endl;    // 输出 4 ( 元素 15 的下标 )
cout <<p2 <<endl;    // 输出 4 ( 元素 15 的下标 )
cout <<p3 <<endl;    // 输出 6 (29 应该插在 17 后，得到的是这个位置的下标 )
```

6.5 案例 1：复合单词

【题目描述】

编程找出字典中的所有复合单词。复合单词被定义为由字典中两个单词连接而成的单词。

【输入描述】

输入文件中包含若干行，每行为一个由小写字母组成的单词，单词按字典序排列，最多不超过 120000 个单词。

【输出描述】

按字典序输出所有的复合单词，每个单词占一行。

【样例输入】

```
a
alien
born
less
lien
never
nevertheless
new
newborn
the
zebra
```

【样例输出】

```
alien
newborn
```

【分析】

如果有 num 个单词，需要从中找出复合单词。可以采取的一种策略是：用一个二重循环将第 i 个单词和第 j 个单词拼接成一个新单词，然后在字典中查找，如果查找到，则新单词是一个复合单词。但是本题中最多有 120000 个单词，所以这种方法肯定会超时。

题目中说，字典中的单词是按字典序排列的，这极大地简化了复合单词的查找。以下代码的策略是：对第 i 个单词，从第 $j = i+1$ 开始判断第 j 个单词，如果第 j 个单词的前半部分（长度为第 i 个单词的长度）跟第 i 个单词一样（可以用 strncmp 函数实现），则以二分查找法在字典中查找第 j 个单词的后半部分。如果查找到，则找到一个复合单词。

以上策略需要进行如下说明。

（1）因为字典中的单词是按字典序排列的，如果第 j 个单词的前半部分跟第 i 个单词一样，则第 j 个单词就在第 i 个单词的后边（可能有多个，但不会太多），如样例输入中的 a 与 alien、new 与 newborn。对前半部分跟第 i 个单词不一样的单词，不用考虑。

（2）因为字典中的单词是有序的，所以在查找第 j 个单词的后半部分时，可以采用二分法来查找。

时间复杂度分析：最坏情况下为 $O(n\log n)$。

假设用 out 数组存储所有的复合单词。题目要求按字典序输出所有的复合单词。样例数据似乎表明，每找到一个复合单词就添加在 out 数组最后面，这样 out 数组中的单词就已经是按字典序排序了。但事实上，这种方法不能保证 out 数组中的单词是字典序的，这是因为字典序靠后的单词有可能先被找到。例如，address 是 ad 和 dress 复合的，addend 是 add 和 end 复合的，address 先于 addend 被找到。因此，找到一个复合单词后，还需要把它插入合适的位置。

另外，本题还有一个需要注意的地方：同一个复合单词，可能由多组单词组合而成。例如，bagel 可以由 ba 和 gel 组合而成，也可以由 bag 和 el 组合而成。

以上两个问题可以统一处理：用 out 数组存储所有找到的复合单词且按字典序排列；每次找到一个复合单词 w 后，在 out 数组中从后往前找第一个小于或等于 w 的单词 w1，注意，字符串也可以比较大小关系。如果w1等于w，就不插入，否则把w1后的每个单词后移，然后把w插入w1后面。

说明：本题读入的每一行为一个单词(一直到文件尾)，以下代码采用标准输入，无法得到输出结果，这是因为标准输入无法模拟一直到文件尾的情形，只能把测试数据放到文件中，然后使用freopen语句重定向到文件输入，才能得到输出结果。当然，在OJ上提交时，必须注释这两行代码。代码如下。

```cpp
#include <bits/stdc++.h>
using namespace std;
#define MAX 120005
char dict[MAX][20] = {0}, tmp[20];      //dict 用来存储字典中的单词
char out[MAX][20] = {0};   // 存储复合单词
int n = 0, m = 0;                 // 字典中单词个数及复合单词个数
int search( char w[] )      // 在字典中以二分法查找 w 所指向的单词
{
    int high, low, mid, j;    high = n-1;  low = 0;
    while( high>=low ) {
        mid = low+(high-low)/2;    j = strcmp( w, dict[mid] );
        if( j ) {
            if( j<0 )  high = mid - 1;
            else   low = mid + 1;
        }
        else   break;      //w 和 dict[mid] 相等
    }
    if( high>=low )   return 1;   // 查找到 w
    return 0;   // 没有查找到 w
}
int main( )
{
    //freopen("compound.in", "r", stdin);
    //freopen("compound.out", "w", stdout);
    int i, j, k, r;
    while(cin >>tmp)    // 读入字典中的单词
        strcpy(dict[n++], tmp);
    for( i=0; i<n; i++ ) {
        for( j=i+1; j<n && !strncmp(dict[i], dict[j], strlen(dict[i])); j++ ) {
            //dict[j] 单词中前 strlen(dict[i]) 个字母跟单词 dict[i] 一样
            // 在字典中找 dict[j] 后半部分
            if( search( dict[j]+strlen(dict[i]) ) ) {
                for( k=m-1; k>=0 && strcmp(dict[j], out[k]) < 0; k-- )
                    ;       // 找到一个复合单词 dict[j]，找一个合适的位置存放
                if( k<0 || strcmp(dict[j], out[k]) ) {
                    // 把第 k+1 个及以后的复合单词后移一个位置
```

```
                    for( r=m-1; r>k; r-- )    //最后一个复合单词下标是m-1
                        strcpy( out[r+1], out[r] );
                    strcpy( out[k+1], dict[j] );    //存dict[j]
                    m++;
                }
            }
        }
    }
    for( i=0; i<m; i++ )    //输出每个复合单词
        cout <<out[i] <<endl;
    return 0;
}
```

6.6 案例2：垦田计划

【题目描述】

顿顿共选中了n块区域准备开垦田地，由于各块田地区域大小不一，开垦所需时间也不尽相同。据估算，其中第i块（$1 \leq i \leq n$）区域的开垦耗时为t_i天。这n块区域可以同时开垦，所以总耗时t_{Total}取决于耗时最长的区域，即$t_{Total}=\max\{t_1, t_2, \cdots, t_n\}$。

为了加快开垦进度，顿顿准备在部分区域投入额外资源来缩短开垦时间。具体如下。

（1）在第i块区域每投入c_i单位资源，便可将其开垦耗时缩短1天。

（2）耗时缩短天数以整数记，即第i块区域投入资源数量必须是c_i的整数倍。

（3）在第i块区域最多可投入$c_i \times (t_i-k)$单位资源，将其开垦耗时缩短为k天。

（4）这里的k表示开垦一块区域的最少天数，满足$0 < k \leq \min\{t_1, t_2, \cdots, t_n\}$；换言之，如果无限制地投入资源，所有区域都可以用$k$天完成开垦。

现在顿顿手中共有m单位资源可供使用，试计算开垦n块区域最少需要多少天。

【输入描述】

从标准输入读入数据。

输入共$n+1$行。

输入的第一行包含空格分隔的3个正整数n、m和k，分别表示待开垦的区域总数、顿顿手上的资源数量和每块区域的最少开垦天数。

接下来n行，每行包含空格分隔的2个正整数t_i和c_i，分别表示第i块区域开垦耗时和将耗时缩短1天所需资源数量。

【输出描述】

输出到标准输出。

输出一个整数,表示开垦 n 块区域的最少耗时。

【样例输入1】

```
4 9 2
6 1
5 1
6 2
7 1
```

【样例输出1】

```
5
```

【样例输入/输出1说明】

垦田计划耗时如表6.1所示,投入5单位资源即可将总耗时缩短至5天。此时顿顿手中还剩余4单位资源,但无论如何安排,也无法使总耗时进一步缩短。

表6.1 垦田计划耗时

i	基础耗时	t_i(缩减1天所需资源)	投入资源数量	实际耗时
1	6	1	1	5
2	5	1	0	5
3	6	2	2	5
4	7	1	2	5

【样例输入2】

```
4 30 2
6 1
5 1
6 2
7 1
```

【样例输出2】

```
2
```

【样例输入/输出2说明】

投入20单位资源,恰好可将所有区域开垦耗时均缩短为 $k=2$ 天;受限于 k,剩余的10单位资源无法使耗时进一步缩短。

【数据规模与约定】

对于70%的测试数据,$0<n, t_i, c_i \leq 100$ 且 $0<m<10^6$。

对于全部的测试数据,$0<n, t_i, c_i \leq 10^5$ 且 $0<m<10^9$。

【分析】

本题要求的是,在使用的资源不超过 m 的前提下,将 n 块区域统一缩短至 $\leq x$ 天,求 x 的最小值。

x 不能小于 k。

本题可以用枚举求解，从 $x=k$ 开始枚举答案，尝试着将 n 块区域统一缩短至 $\leq x$ 天，看资源够不够用，如果不够用，就将 x 加 1，但这种枚举思路可能会超时。

进一步分析，我们发现这个问题具有**单调性**：如果能将 n 块区域统一缩短至 $\leq x$ 天，那么对于所有的 $x'(x'>x)$，肯定也是一个可行解，也就是说能将 n 块区域统一缩短至 $\leq x'$ 天；如果不能将 n 块区域统一缩短至 $\leq x$ 天，那么对于所有的 $x'(x'<x)$，肯定也不是一个可行解，也就是说不能将 n 块区域统一缩短至 $\leq x'$ 天。

这种单调性意味着我们可以用二分答案替代枚举答案，加快求出答案的过程。具体思路如下：初始化 le = k，ri = $\max(t_1, t_2, \cdots, t_n)$，每次取 mid = (le+ri)/2，判定 mid 是否是一个可行解，如果是可行解，说明资源够用，尝试着找更小的答案，因此把 ri 改为 mid−1；如果 mid 不是可行解，说明资源不够用，尝试找更大的答案，因此把 le 改为 mid + 1。

二分答案的思路是将求最优答案的问题转换成判定 x 天是否为一个可行解的问题，也就是判断将 n 块区域统一缩短至 $\leq x$ 天，资源是否够用。判定方法如下：累计将 n 块区域统一缩短至 $\leq x$ 天所需的资源数，注意，如果一块区域的开垦耗时 $t_i \leq x$，要跳过，否则累加 $(t_i-x) \times c_i$；如果消耗的总资源 $\leq m$，则 x 是一个可行解；否则，x 不是一个可行解。代码如下。

```
#include <bits/stdc++.h>
using namespace std;
typedef long long ll;
const int N = 1e5+10;
int n, m, k;          //n: 待开垦的区域总数；m: 资源数量；k: 每块区域的最少开垦天数
int t[N], c[N];       //t[i]: 第 i 块区域开垦耗时；c[i]: 将耗时缩短 1 天所需资源数量
int mx, ans;          //mx: t[i] 的最大值；ans: 本题的答案
bool check(int x)     // 判断将所有区域的开垦天数缩短到 x 天，资源是否够用
{
    ll sum = 0;
    for(int i=1; i<=n; i++){
        if(t[i]<=x)  continue;
        sum += 1ll*(t[i]-x)*c[i];
        if(sum>m)    return 0;    // 资源不够用
    }
    return 1;    // 资源够用
}
int main( )
{
    cin >>n >>m >>k;
    for(int i=1; i<=n; i++){
        cin >>t[i] >>c[i];
        mx = max(mx, t[i]);
```

```
    }
    int le = k, ri = mx;
    while(le<=ri){
        int mid = (le+ri)/2;
        if(check(mid))  ans = mid, ri = mid - 1;    // 资源够用，尝试找更小的答案
        else   le = mid + 1;    // 资源不够用，尝试找更大的答案
    }
    cout <<ans <<endl;          // 本题的答案就是二分过程中求得的最后的可行解 mid
    return 0;
}
```

二分答案需要注意以下几个问题。

（1）**在二分答案过程中怎么更新枚举的区间？** 方法是：如果可行解越小越好（如本题要求的是最小的天数），当check(mid)返回1，说明mid是一个可行解，则应该在mid的左边寻找更好的可行解，因此将ri修改为mid-1，check(mid)返回0就将le修改为mid+1；如果可行解越大越好，当check(mid)返回1，将le修改为mid+1，check(mid)返回0就将ri修改为mid-1。

（2）**二分答案while的循环条件是le≤ri**，因此退出while循环时一定是le>ri。

（3）**退出while循环时，答案是什么？** 由于每次都是检查mid是否为可行解，如果为可行解，可以先暂时将mid存为答案，退出while循环时，mid所代表的可行解就一定是最优解。

 6.7 案例3：跳石头

【题目描述】

一年一度的"跳石头"比赛要开始了！这项比赛将在一条笔直的河道中进行，河道中分布着一些巨大的岩石。组委会已经选择好了两块岩石作为比赛的起点和终点，在起点和终点之间有N块岩石（不含作为起点和终点的岩石）。在比赛过程中，选手们将从起点出发，每一步跳向相邻的岩石，直至到达终点。

为了提高比赛难度，组委会计划移走一些岩石，使选手们在比赛过程中的最短跳跃距离尽可能长。由于预算限制，组委会至多从起点和终点之间移走M块岩石（不能移走起点和终点的岩石）。

【输入描述】

输入第1行包含3个整数L、N、M，分别表示起点到终点的距离、起点和终点之间的岩石数，以及组委会至多移走的岩石数，$L \geq 1$ 且 $N \geq M \geq 0$。

接下来N行，每行有一个整数，第i行的整数D_i($0<D_i<L$)表示第i块岩石与起点的距离。这些石头按与起点的距离从小到大的顺序排列，且不会有两块岩石出现在同一个位置。

【输出描述】

输出一个整数,即最短跳跃距离的最大值。

【样例输入】

```
25 5 2
2
11
14
17
21
```

【样例输出】

```
4
```

【样例输入/输出说明】

将与起点距离为2和14的两块岩石移走后,最短的跳跃距离为4(从与起点距离17的岩石跳到距离21的岩石,或者从距离21的岩石跳到终点)。

【数据规模与约定】

对于20%的数据,$0 \leq M \leq N \leq 10$。

对于50%的数据,$0 \leq M \leq N \leq 100$。

对于100%的数据,$0 \leq M \leq N \leq 50000$,$1 \leq L \leq 1000000$。

【分析】

本题如果使用暴力搜索直接求解肯定会超时。实际上,最短跳跃距离显然不能超过一个范围,而这个范围就是$[1, L]$。本题可以采用二分答案。

本题为什么可以采用二分答案呢?注意题目:使选手们在比赛过程中的最短跳跃距离尽可能长。如果题目规定了有"最大值最小"或"最小值最大"的东西,那么这个东西应该就满足二分答案的有界性(显然)和单调性(能看出来)。

因此本题可以采用**二分跳跃距离**x,把这个跳跃距离x看作最短的跳跃距离,然后以这个距离x为标准去移石头。使用一个judge函数判断x是不是可行解。如果x是可行解,那么有可能会有比这更优的解,我们就去它的右边二分。为什么去右边?因为本题要求的是最短跳跃距离的最大值,显然右边的值肯定比左边大,我们就有可能找到比这更优的解,直到找不到,那么就有理由认为最后找到的解是区间内最优解。反过来,如果二分到x是一个非法解,我们就不可能再去右边找了。因为根据单调性,右边的解一定全都是非法解。那么我们就应该去左边找解。整个过程看起来很像递归,实际上,这个过程可以写成递归形式,也可以写成非递归形式。

judge怎么实现呢?judge函数每个题有不同的写法,但大体上的思想应该都是一样的——想办法检测这个解是不是合法。就本题而言,我们去判断如果以这个距离为最短跳跃距离需要移走多少块石头,先不必考虑限制移走多少块,等全部拿完再把拿走的数量和限制进行比对,如果超出限制,那么这就是一个非法解,反之就是一个合法解。

可以去模拟这个跳石头的过程。最开始跳石头的人在$i(i=0)$位置,在跳下一步的时候去判断当前跳跃的距离,如果这个跳跃距离比二分出来的mid小,那这块石头就应该移走。为什么呢?我们二分的是最短跳跃距离,小于最短跳跃距离的石头都要移走。移走之后要把计数器加上1,再考虑向前跳。然后去看移走之后的下一块石头,再次判断跳过去的距离,如果这次的跳跃距离比最短的长,那么这样跳是完全可以的,我们就跳过去,继续判断,如果跳过去的距离不合法就再拿走,不断进行这个操作,直到 $i = n+1$(终点)。模拟完这个过程,我们查看计数器的值,这个值的含义是我们以mid作为答案需要移走的石头数量,然后判断这个数量是不是超过 M。如果超过了就返回false,没有超过就返回true。代码如下。

```cpp
#include <bits/stdc++.h>
#define maxn 500010
using namespace std;
int L, N, M;    //L:起点到终点的距离(右边界);N:岩石数(不含起点终点);M:移走的岩石数
int a[maxn];    //N块岩石与起点的距离
int le, ri, mid, ans;    // 二分左边界,右边界,中点,答案
bool judge( int x )        //x:代表当前二分出来的答案
{
    int tot = 0;    // 计数器,记录以当前答案需要移走的实际石头数
    int i = 0;      // 下一块石头的编号
    int now = 0;    // 跳石头的人当前位置
    while(i < N+1){    //N不是终点,N+1才是
        i++;
        if(a[i] - a[now] < x)    // 判断距离,二者之间的距离 < 当前答案
            tot++;              // 把这块石头拿走,继续考虑下一块石头
        else
            now = i;    // 距离大于x,这块石头不用拿走,跳过去,再考虑下一块
    }
    if (tot > M)  return false;
    else   return true;    //x是可行解
}
int main( )
{
    cin >>L >>N >>M;
    for(int i=1; i<=N; i++)
        cin >>a[i];
    a[N+1] = L;            // 终点岩石到起点的距离,注意,第N块石头不是终点
    le = 1;   ri = L;      // 二分的左边界和右边界
    while(le <= ri){
        mid = (le+ri) / 2;
        if(judge(mid)){    // 判断mid是不是可行解
            ans = mid;   le = mid + 1;
        }
```

```
        else  ri = mid - 1;
    }
    cout <<ans <<endl;
    return 0;
}
```

第 7 章
进制的思想及进制转换

本章内容

本章介绍进制的思想、进制转换和相关的库函数，标准模板库中的位组（bitset）以及案例解析。

 **数位和计数单位**

计数单位：用来计量数字的单位。个（一）、十、百、千、万……亿都是计数单位。同一个数字，例如，6出现在个位，表示6个一；6出现在十位，表示6个十；6出现在百位，表示6个一百，等等，如表7.1所示。

数位：在用数字表示数的时候，这些计数单位要按照一定顺序排列起来，它们所占的位置叫作数位。

表7.1 数位与计数单位

数位	千位	百位	十位	个位
	4	3	1	5
计数单位	千	百	十	一

$$89 = 8×10 + 9$$
$$4315 = 4×1000 + 3×100 + 1×10 + 5×1$$
$$= 4×10^3 + 3×10^2 + 1×10^1 + 5×10^0$$

 **进制及进制转换**

所谓进位计数制（简称为进制），是指用一组固定的符号和统一的规则来表示数值的方法，按进位的方法进行计数。进位计数制包含以下3个要素。

（1）数码：计数使用的符号。

（2）基数：使用数码的个数。

（3）位权：数码在不同位上的权值。

例如，日常生活中使用的十进制，它使用的数码是0,1,2,3,4,5,6,7,8,9共10个；基数就是"十"（10）；个位的位权是1（10^0），十位的位权是10（10^1），百位的位权是100（10^2）等。

在计算机中进行运算采用的是二进制，它使用的数码只有0和1；基数就是"二"（2）；第i位的位权是2^i，$i=0,1,2,\cdots$。

熟记二进制的位权：

$$2^0, 2^1, 2^2, 2^3, 2^4, 2^5, 2^6, 2^7, 2^8, 2^9, 2^{10},\cdots, 2^{15}, 2^{16},\cdots$$
$$(1, 2, 4, 8, 16, 32, 64, 128, 256, 512, 1024,\cdots, 32768, 65536,\cdots)$$

二进制位权有以下规律。

（1）**每个位权都比前面所有的位权的和刚好大1**。例如，1 + 2 + 4 = 7，刚好比8小1；1 + 2 + 4 + 8 + 16 + 32 + 64 + 128 + 256 + 512 = 1023，刚好比1024小1。

（2）**两个相同的位权相加，一定等于下一个位权**。例如，2 + 2 = 4, 128 + 128 = 256。著名的2048游戏就是根据这个规律设计的，两个权值挨在一起就能变成下一个权值，例如，两个8相邻，就能变成一个16。

除了以上介绍的两种进制外，常用的还有八进制和十六进制，在程序设计竞赛题目中可能还有其他进位计数制。各种进制之间的转换主要有两种形式：将**其他进制的数转换成十进制**；将**十进制数转换成其他进制**。

对于第一种转换，规则很简单，只需"按权值展开"即可。例如：$(1101.11)_2 = 1×2^3 + 1×2^2 + 0×2^1 + 1×2^0 + 1×2^{-1} + 1×2^{-2} = 8 + 4 + 0 + 1 + 0.5 + 0.25 = (13.75)_{10}$。

对于第二种转换，以十进制转换成二进制为例进行讲解。方法是：对整数部分，除以2取余数，注意将**先得到的余数放在低位，后得到的余数放在高位**，余数0不能舍去；对小数部分，乘以2取整数，注意将**先得到的整数放在高位，后得到的整数放在低位**，整数0不能舍去。例如，将十进制数29.375转换成二进制的过程如图7.1所示。因此，$(29.375)_{10}=(11101.011)_2$。

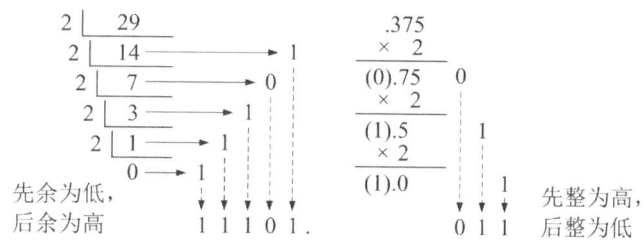

图7.1　十进制数转换成二进制

将十进制转换成其他任何一种进制，其原理与将十进制转换成二进制的原理是一样的。注意，将十进制负整数转换成二进制时，由于涉及补码，直接转换很麻烦，可借助bitset类实现，详见7.4节。

7.3　实现进制转换的库函数

本节介绍的这些函数仅存在于Windows平台，属于非标准C/C++扩展功能，在NOI Linux环境下可能无法使用。在头文件<stdlib.h>中，有一类函数可以实现将一个十进制整数转换成另一种进制，并将转换结果存储在一个字符串中。以下是这些函数的原型。

```
char * _itoa( int value, char *string, int radix );        //32位整数的转换
char * _i64toa( __int64 value, char *string, int radix );  //64位整数的转换
// 无符号64位整数的转换
```

```
char * _ui64toa( unsigned __int64 value, char *string, int radix );
```

在以上函数中，参数value为待转换的十进制数；参数string为存储转换结果的字符串（转换完后在末尾自动加上串结束标志）；参数radix为指定的进制，范围为2～36。函数的返回值就是形参指针string，也就是保存转换结果的字符串。如果radix的值为10，且value的值为负，则在存储转换结果的字符数组中，第0个字符是负号"-"。

以上是函数的使用例子。以下代码段实现了将十进制整数123456转换成二进制、五进制并输出（输出内容为"11110001001000000""12422311"）。

```
char str[40];
cout <<_itoa(123456, str, 2) <<endl;
cout <<_itoa(123456, str, 5) <<endl;
```

另外，在<stdlib.h><math.h>等头文件中，还存在其他一些数据转换函数。

```
int atoi( const char *string );           // 将一个由数字字符组成的字符串转换成32位整数
double atof( const char *string );        // 将一个由数字字符组成的字符串转换成浮点数
__int64 _atoi64( const char *string );    // 将一个由数字字符组成的字符串转换成64位整数
long atol( const char *string );          // 将一个由数字字符组成的字符串转换成长整数
```

以上几个函数都是将一个数字字符串视为十进制，将其转换成一个整数，详见以下例子。

```
long long a = _atoi64( "9223372036854775807" );
int b = atoi( "987654321" );
cout <<a <<" " <<b <<endl;
```

7.4 标准模板库中的位组（bitset）

标准模板库（Standard Template Library，STL）是C++标准库的核心组件（详见17.2节），不用单独安装。它基于模板机制，实现了通用的数据结构和算法，具有高度的类型安全性和可复用性。

bitset是STL中的一个容器，用于表示固定大小的二进制位序列。"bitset<1000> b"表示定义一个1000位的二进制位集合b。

bitset类可以很方便地将一个十进制数转换成二进制。详见以下例子。

```
int n = 52792;
bitset<16> b(n);        // 将整数n转换成16位二进制，也可以写成bitset<16> b = n;
string str1=b.to_string();   // 将b转换成一个字符串
```

注意，对于十进制负整数，bitset类也能将其转换成二进制，此时得到的是该负整数的补码。

bitset可以通过"[ ]"运算符直接得到第k位二进制的值，也可以通过赋值运算符改变该位的值。

例如，b[k]=1表示将二进制数b的第k位置为1。注意，最右侧（最低位）为第0位。

bitset常用的成员函数如下。

（1）count()：统计有多少位为1。

（2）any()：若至少有一位为1，则返回true。

（3）none()：若所有位均为0，则返回true。

（4）set()：将所有位置为1。

（5）set(k)：将第k位置为1。

（6）set(k, val)：将第k位的值设为val，即b[k] = val。

（7）reset()：将所有位置为0。

（8）flip()：将所有位按位取反。

（9）size()：返回大小（位数）。

（10）to_ulong()：返回对应的unsigned long值，如果值超出范围，则报错。

（11）to_string()：返回二进制字符串表示。

和int型、double型一样，也可以定义bitset数组。

```
bitset<1010> s[10010];   //bitset数组，有10010个bitset数，每个bitset数有1010位
```

bitset类型支持按位运算，例如，s[i]&s[j]，得到的结果也是一个bitset类型。

注意，可以把一个32位/64位的有符号整数或无符号整数赋值给一个bitset数，负整数在bitset中存储的是补码。反过来，不能直接将bitset赋值给整数类型，只能通过to_ulong()函数得到这个bitset数转换为unsigned long的结果，如果超出范围，则报错。也就是说，只能将bitset数里存储的多位二进制视为一个无符号长整数，还不能超出范围。不能把bitset数里存储的多位二进制想象为一个负整数的补码进行赋值或其他处理。

可以输出一个bitset，输出结果就是在该bitset中存储的二进制数。代码如下。

```
#include <bits/stdc++.h>
using namespace std;
int main()
{
    bitset<3> s1;
    bitset<4> s2;
    for(int i=-4; i<=3; i++){   //3位的二进制
        s1 = i;
        cout <<s1 <<endl;
    }
    for(int i=-8; i<=7; i++){   //4位的二进制
        s2 = i;
        cout <<s2 <<endl;
    }
```

```
    return 0;
}
```

输出结果如下。

```
100     //3位二进制，能表示的最小的负数，-4
101
110
111     // 这是-1的补码
000
001
010
011     //3位二进制，能表示的最大的正数，3
1000    //4位二进制，能表示的最小的负数，-8
1001
1010
1011
1100
1101
1110
1111    // 这是-1的补码
0000
0001
0010
0011
0100
0101
0110
0111    //4位二进制，能表示的最大的正数，7
```

7.5 案例1：统计好数

【题目描述】

对于一个二进制数，如果数字1的个数多于数字0的个数，这个二进制数就称为好数。示例如下。

$(1101)_2$，其中1的个数为3，0的个数为1，则此数是好数。

$(1010)_2$，其中1的个数为2，0的个数也为2，则此数不是好数。

$(11000)_2$，其中1的个数为2，0的个数为3，则此数不是好数。

输入n，统计n位二进制中好数的个数。注意，在表示一个二进制数时，最高位可以为0。

本题要求分别用进制转换和bitset实现。

【输入描述】

输入占一行,为一个正整数n,$n \leq 20$。

【输出描述】

输出数据占一行,为求得的答案。

【样例输入】	【样例输出】
10	386

【分析】

n位二进制数的取值范围是 $0 \sim (2^n-1)$(十进制),枚举这个范围内的每个数,转换成二进制,判断是否为好数并计数。代码如下。

```
#include <bits/stdc++.h>
using namespace std;
int main( )
{
    int n;   cin >>n;
    int pn = 1 << n;     //2^n
    int cnt = 0;    // 好数的个数
    for(int i=0; i<pn; i++){   //n位二进制数的取值
        int t = i;
        int cnt0 = 0, cnt1 = 0;
        while(t){
            if(t%2)   cnt1++;
            t /= 2;
        }
        cnt0 = n - cnt1;
        if(cnt1>cnt0)   cnt++;
    }
    cout <<cnt <<endl;
    return 0;
}
```

本题也可以用bitset实现,代码更简单。代码如下。

```
#include <bits/stdc++.h>
using namespace std;
int main( )
{
    int n;   cin >>n;
    int pn = 1 << n;     //2^n
    int cnt = 0;         // 好数的个数
```

```
    for(int i=0; i<pn; i++){    //n 位二进制数的取值
        bitset<30> bt = i;
        int cnt1 = bt.count();
        int cnt0 = n - cnt1;
        if(cnt1>cnt0)    cnt++;
    }
    cout <<cnt <<endl;
    return 0;
}
```

注意，本题还可以用位运算实现。位运算详见下一章。

7.6 案例2：优秀的拆分

【题目描述】

一般来说，一个正整数可以拆分成若干个正整数的和。例如，$1 = 1$，$10 = 1 + 2 + 3 + 4$ 等。

对于正整数 n 的一种特定拆分，我们称它为"优秀的"，即 n 被分解为若干个**不同的2的正整数次幂**。注意，当且仅当 x 能通过正整数个 2 相乘得到，它才能被表示成 2 的正整数次幂。

例如，$10 = 8 + 2 = 2^3 + 2^1$ 是一个优秀的拆分。但是，$7 = 4 + 2 + 1 = 2^2 + 2^1 + 2^0$ 就不是一个优秀的拆分，因为 1 不是 2 的正整数次幂。

现在，给定正整数 n，你需要判断这个数的所有拆分中，是否存在优秀的拆分。若存在，请你给出具体的拆分方案。

【输入描述】

输入只有一行，为一个正整数 n，代表需要判断的数。

【输出描述】

如果这个数的所有拆分中存在优秀的拆分，那么，你需要从大到小输出这个拆分中的每一个数，相邻两个数之间用一个空格隔开。可以证明，在规定了拆分数字的顺序后，该拆分方案是唯一的。

若不存在优秀的拆分，输出 "-1"（不包含双引号）。

【样例输入1】	【样例输出1】
6	4 2

【样例输入2】	【样例输出2】
7	-1

【样例输入/输出1说明】

$6 = 4 + 2 = 2^2 + 2^1$ 是一个优秀的拆分。注意，$6 = 2 + 2 + 2$ 不是一个优秀的拆分，因为拆分成的

3个数不满足每个数互不相同。

【数据规模与约定】

对于20%的数据,$n \le 10$。

对于另外20%的数据,保证n为奇数。

对于另外20%的数据,保证n为2的正整数次幂。

对于80%的数据,$n \le 1024$。

对于100%的数据,$1 \le n \le 10^7$。

【分析】

根据题意,优秀拆分方案中的每个加数均为偶数。因此,奇数不存在优秀拆分。

那么,偶数是否一定具有优秀拆分?如何求出拆分方案?

偶数一定存在优秀拆分,即每个偶数n可以表示成2的正整数次幂的和。

证明:n可以用$n/2$个2的和来表示;如果加数中有两个相同的2的整数次幂(2^k),则这两个加数可合成一个数(2^{k+1})。经过相同数合并,即可产生每个数互不相同的优秀方案。因此,偶数一定具有优秀拆分。

事实上,把一个偶数n转换成二进制,把二进制位为1的位权加起来,就是优秀拆分方案。代码如下。

```
#include <bits/stdc++.h>
using namespace std;
int main( )
{
    int w[32] = {0}, b[32] = {0};   //w:二进制位权; b:转换后得到的二进制各位
    int n;   cin >> n;
    w[0] = 1;
    for(int i = 1; i < 32; i++)        // 计算2的正整数次幂(二进制位权)
        w[i] = w[i - 1] * 2;
    if(n % 2)   cout <<-1 <<endl;      // 奇数不存在优秀的拆分
    else{
        int j = 0;
        while(n > 0){                  // 将n转换成二进制
            b[j++] = n % 2;   n /= 2;
        }
        j--;   cout <<w[j];            // 输出每个1对应的位权(最后一个二进制位一定是1)
        for(j--; j > 0; j--)
            if(b[j])   cout <<" " <<w[j];
        cout <<endl;
    }
    return 0;
}
```

7.7 案例3：回文数

【题目描述】

当且仅当一个数从左往右读和从右往左读都是一样的，这个数才是回文数，如75457。当然，这种性质取决于这个数是在什么进制下。比如，17在十进制下不是一个回文数，但在二进制下是一个回文数（10001）。输入一个十进制数，验证它分别在二进制和十六进制下是否是回文数。

【输入描述】

输入占一行，为十进制的一个正整数n，$0<n<50000$。

【输出描述】

如果n在某些进制下是回文数，则输出"Number n is a palindrom in basis"，后接这些基数，其中n是给定的整数。如果n在二进制和十六进制下都不是回文数，则输出"Number n is not a palindrom"。

【样例输入1】	【样例输出1】
17	Number 17 is a palindrom in basis 2 4 16

【样例输入2】	【样例输出2】
19	Number 19 is not a palindrom

【分析】

对读入的十进制数n，依次判断n在二进制和十六进制下是否为回文数并输出，如果都不是则输出"Number n is not a palindrom"。

在判断十进制数n在b进制下是否为回文数时，首先要将十进制数n转换成b进制：将n除以b取余数。存储余数时要注意以下两个问题。

（1）十进制以上的进制中的数码除了0～9外，还有字母，例如十六进制的数码为0～9，以及A、B、C、D、E、F。那么是否需要将得到的余数以字符形式存放呢？

（2）进制转换时，得到的余数排列顺序是先得到的余数为低位，后得到的余数为高位。是否有必要严格按照这个顺序存储得到的余数？即是否需要逆序？

对于第（1）个问题，答案是不需要，更方便的做法是在取余数时把得到的余数以整数形式存放到一个整型数组里。例如，在判断十进制数2847在十五进制下是否为回文数时，依次得到的余数是：12、9和12。其中第1个余数和第3个余数在十五进制下为字符C。但在本题中，并不需要得到真正的十五进制数，只需要判断各位数码中的某些位是否相等，所以按整数存储是可以的。

对于第（2）个问题，答案也是不需要。因为如果一个数是回文数，则各位逆序后仍然是回文数，因此在取余时可以按先后顺序存放到整型数组里，然后判断数组中的数是否构成回文数。

另外，本题的输出也很特别：如果 n 在某些进制下是回文数，则输出这些进制；如果 n 在二进制和十六进制下都不是回文数，则是另一种输出。所以需要设置一个状态变量 f，如果 f 为 false，则表示 n 在二进制和十六进制下都不是回文数。初始时 f 为 false，如果首次判断出 n 在某进制下是回文数，则将 f 的值置为 true，并开始输出进制信息。最后 f 的值如果仍为 false，才会输出 "Number n is not a palindrom"。代码如下。

```cpp
#include <bits/stdc++.h>
using namespace std;
// 判断 num 在 b 进制下是否为回文数, 如果是, 返回 true
bool IsPal( int num, int b )
{
    //num 不超过 50000, 转换成二进制不超过 16 位
    int a[16];                      // 将十进制数 num 转换成 b 进制数得到的每一位数字
    int i = 0, j = 0, k;            // 循环变量
    while( num ) { a[i++] = num % b;   num /= b; }
    int len = i;   k = len/2;       //len: 转换到 b 进制后的位数
    while( j < k ) {                // 判断转换后的数是否为回文数
        if( a[j] != a[len-1-j] )  return false;
        j++;
    }
    return true;
}
int main( )
{
    int n;       // 读入的正整数
    bool f;      // 如果 f 为 false, 则表示 n 在二进制和十六进制下都不是回文数
    cin >>n;
    f = false;
    for( int i = 2; i <= 16; i++ ) {
        if( IsPal(n, i) ) {
            if( !f ) {
                f = true;
                cout <<"Number " <<n <<" is a palindrom in basis";
            }
            cout <<" " <<i;
        }
    }
    if( !f ) cout <<"Number " <<n <<" is not a palindrom";
    cout <<endl;
    return 0;
}
```

第 8 章
位运算及应用

本章内容

本章介绍位运算,包括四种按位逻辑运算和两种移位运算,以及位运算的应用。

8.1 位运算

位运算也称为**按位运算**，是C/C++语言中的一类特殊运算，它是以二进制位为单位进行运算的，因此位运算只能用于整型数据和字符型数据。

十进制整数的加减法是以十进制位为单位进行运算的，而且有进位和借位。相比之下，二进制的按位运算没有进位或借位。此外，一个十进制数乘以1000，如8317×1000，相当于左移3位（8317000），类似于二进制移位运算。

C/C++语言提供了6种基本位运算符。

（1）&：按位与。

（2）|：按位或。

（3）^：按位异或。

（4）~：按位取反。

（5）<<：左移。

（6）>>：右移。

上面6种位运算可以分为**按位逻辑运算**和**移位运算**两类，其中前面4种属于按位逻辑运算，后面2种属于移位运算。另外，位运算符还可以与赋值运算符组合形成复合赋值运算符，如&=、|=、^=、>>=、<<=等。下面分别介绍上述6种位运算。

注意，本节是以无符号整数为例来讲解按位运算的。有符号整数也可以执行按位运算，但是在计算机中有符号整数是以补码形式存储的，其按位运算比较复杂。

1. 按位与运算

按位与运算符"&"是双目运算符。其功能是将参与运算的两数对应的各二进制位相与，即只有当对应的两个二进制位均为1时，运算结果中的对应位才为1，否则为0，即1&1=1、1&0=0、0&1=0、0&0=0。

例如，用1个字节表示11和13，那么"11&13"的运算过程如下，如果用4个字节表示，运算过程类似。

   0 0 0 0 1 0 1 1
  & 0 0 0 0 1 1 0 1
结果：0 0 0 0 1 0 0 1

因此，"11&13"的运算结果为9，得到的结果是一个整数。

按位与运算通常用来对特定位清零或保留特定位。例如，假设无符号整型变量 a 占4个字节，要取 a 的最低字节，可做"a&255"运算，因为255的二进制形式为"00000000 00000000 00000000 11111111"。如果要取最高字节，可做"a&4278190080"运算，因为4278190080的二进制形式为

"11111111 00000000 00000000 00000000"，注意，此时a必须定义成unsigned int型。

因此，按位与运算通常有以下两种应用。

（1）**清零整数a中的特定位**，可做运算"a = a&mask"，其中mask称为"掩模"，此时需要将mask中的对应位设置为0，其他位设置为1。

（2）**取整数a中的特定位**，可做运算"a = a&mask"，此时需要将mask中的对应位设置为1，其他位设置为0。

2. 按位或运算

按位或运算符"|"是双目运算符。其功能是将参与运算的两个数对应的各二进制位相或，即只要对应的两个二进制位有一个为1时，运算结果中的对应位就为1，否则为0，即 1 | 1=1、1 | 0=1、0 | 1=1、0 | 0=0。

例如，用1个字节表示11和13，那么"11|13"的运算过程如下。

　　　 0 0 0 0 1 0 1 1
　　|　0 0 0 0 1 1 0 1

结果： 0 0 0 0 1 1 1 1

因此，"11|13"的运算结果为15，得到的结果是一个整数。

按位或运算通常用来将整数a中的某些位设置为1，其他位不变。可做运算"a = a|mask"，此时需要将mask中的对应位设置为1，其他位设置为0。

3. 按位异或运算

按位异或运算符"^"是双目运算符。其功能是将参与运算的两个数对应的各二进制位相异或，即当对应的两个二进制位不相同时，运算结果中的对应位才为1，否则为0，即1^1=0、1^0=1、0^1=1、0^0=0。也就是说，相同则为0，不同则为1。

例如，用1个字节表示11和13，那么"11^13"的运算过程如下。

　　　 0 0 0 0 1 0 1 1
　　^　0 0 0 0 1 1 0 1

结果： 0 0 0 0 0 1 1 0

因此，"11^13"的运算结果为6，得到的结果也是一个整数。

按位异或运算通常用来将整数a中的某些特定位取反，其他位不变。可做运算"a = a^mask"，此时需要将mask中的对应位设置为1，其他位设置为0。

4. 按位取反运算

按位取反运算符"~"为单目运算符。其功能是对参与运算的数的各二进制位求反，0变成1，1变成0，即~1=0、~0=1。

例如，用1个字节表示9，那么"~9"的运算过程为~(00001001)，结果为11110110，即246。

对n位二进制数取反，跟用2^n-1减去这个数，效果是一样的。

5. 左移运算

左移运算符"<<"是双目运算符。其形式为"a<<k",其功能是把整数a的各二进制位全部左移k位,高位丢弃,低位补0,**每左移1位相当于将a乘以2**,其实就是乘以$(10)_2$。注意,如果左移前a的最高位为1,左移后要溢出。

例如,"9<<2"的运算结果为00100100,即36。

其实,任何一个M进制数左移一位都相当于乘以M进制下的$(10)_M$。例如,$(78901)_{10}$左移一位,得到$(789010)_{10}$,也相当于在十进制里乘了10。

6. 右移运算

右移运算符">>"是双目运算符。其形式为"a>>k",其功能是把整数a的各二进制位全部右移k位,**每右移1位相当于将a除以2**。对于左边移出的空位,如果是无符号数,则空位补0,这种右移称为逻辑右移;如果是有符号数,则根据符号位补0或1,以保持数的符号,如果是正数则补0,如果是负数则补1,这种右移称为算术右移。

例如,"9>>2"的运算结果为00000010,即2。

8.2 位运算的应用

本节总结位运算在程序设计竞赛中的应用。

(1)判断正整数n的二进制形式的第i位是否为1,详见本章案例2,有以下两种写法。

①可以用if(n & 1<<i)。原理是:将1左移i位,得到一个二进制形式第i位为1、其他位为0的整数,再跟n进行按位与运算,这样如果n的第i位为1,得到的结果为一个不为0的整数,如果n的第i位为0,得到的结果为0。注意,<<的优先级高于&。

②也可以用if(n>>i & 1)。这种写法是把正整数n右移i位,即把第i位变成第0位,再跟1进行按位与运算,这样如果n的第i位为1,得到的结果为1,如果n的第i位为0,得到的结果为0。

举个例子:有32个学生上体育课,排成一排,每个学生可能戴了红领巾也可能没戴,老师想检查某个学生(从右边数过来第i个学生,i = 0, 1,…, 31)有没有戴红领巾,老师最初和第0个学生对齐,如图8.1所示。有以下两种检查方法。

a.学生不动,老师左移i位,这样老师就和第i个学生对齐了,这是n & 1<<i。

图8.1 老师检查学生有没有戴红领巾

b.老师不动,学生整体向右移i个位置,最右边的i个学生就出队列了,第i个学生出现在第0个位置,这个学生也和老师对齐了,这是n>>i & 1。

(2)判断正整数n的二进制形式的第i位是否为0:if(!(n & 1<<i))。详见本章案例3。

（3）2^k的表示：1 << k，将1左移k位，得到的整数为2^k。注意不要溢出。

（4）将正整数n除以2，n >> 1。注意，这是整数的除法。

（5）判断正整数n是否为奇数：if(n & 1)。

（6）判断正整数n是否为偶数：if(!(n & 1))。

（7）**统计正整数n的二进制形式中有多少个1**：n &= n − 1的功能是将n的二进制表示中最低位的1变为0，例如，n = 00110100，则n − 1 = 00110011。

  00110100 (n)
 & 00110011 (n−1)
 = 00110000

继续，n = 00110000，则n − 1 = 00101111

  00110000 (n)
 & 00101111 (n−1)
 = 00100000

继续，n = 00100000，则n − 1 = 00011111

  00100000 (n)
 & 00011111 (n−1)
 = 00000000

因此，通过反复对n进行上述处理直至n为0，就可以统计出n的二进制形式有多少个1。注意，对负整数，采用这种方法也能统计其补码形式中有多少个1。

（8）**保留正整数n的二进制形式中最低位的1**：n &= (−n)。

注意，由n的补码求−n的补码，方法是从n的补码出发，最右侧所有的0及第1个1保持不变，其余位（包括符号位）全部变反。

例如，n = 00110100，则−n = 11001100

  00110100 (n)
 & 11001100 (−n)
 = 00000100

8.3　案例1：关灯游戏

【题目描述】

有一个5行6列按钮组成的矩阵，每个按钮下有一盏灯。当按下一个按钮后，该按钮和相邻4个按钮（上、下、左、右）的灯状态变反（如果是开着的，则关闭；如果是关闭的，则开启）。例如，在图8.2（a）中，如果做了"X"标记的按钮被按下，则各灯的状态如图8.2（b）所示，在该图中，阴影表示灯是开着的。游戏的目的是，从给定的初始状态出发，按下某些按钮使所有灯都关闭。请编写程序实现这一目的。

注意，按下一个按钮可能会取消另一个按钮被按下的效果。如图8.3所示，按下第2行第3列和第5列的按钮后，第2行第4列的按钮的灯由关变成开，又由开变成关。

另外请注意以下几点。

（1）按钮被按下的顺序不会影响最终的效果。

（2）如果一个按钮被按下两次，则第2次按下的效果只是取消了第1次按钮被按下的效果，没有意义，所有没有哪个按钮需要按下2次。

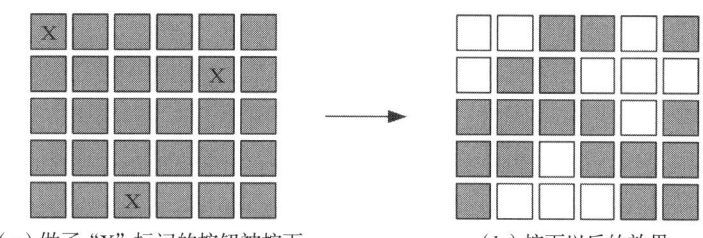

图8.2　关灯游戏增强版(阴影表示灯是开着的)

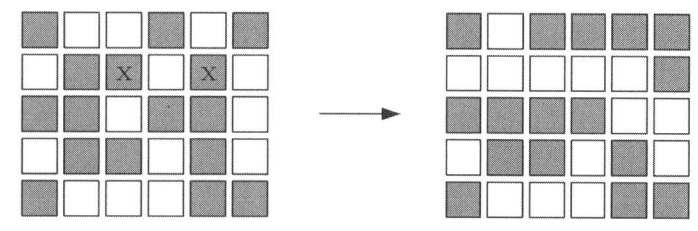

（a）做了"X"标记的按钮被按下　　　　（b）按下以后的效果

图8.3　关灯游戏增强版：按下一个按钮会取消另一个按钮被按下的效果

（3）要使第1行的灯全关闭，只需要按下第2行中对应的按钮即可，重复这一过程，可以使前面4行的灯全部关闭。同理，通过按下第2～6列的按钮，可以使第1～5列的灯全部关闭。

【输入描述】

输入占5行，每行有6个整数，这些整数用空格隔开，取值为0或1，0表示初始时灯是关闭的，1表示初始时灯是开着的。

【输出描述】

输出5行，每行有6个整数，这些整数用空格隔开，取值也为0或1。这里的0和1含义跟上面不一样，1表示该按钮要按下，0表示不按下。

【样例输入】　　　　　　　　　　　　【样例输出】

```
0 1 1 0 1 0                           1 0 1 0 0 1
1 0 0 1 1 1                           1 1 0 1 0 1
0 0 1 0 0 1                           0 0 1 0 1 1
1 0 0 1 0 1                           1 0 0 1 0 0
0 1 1 1 0 0                           0 1 0 0 0 0
```

【分析】

本题可按以下思路求解。

（1）对于任意初始状态，解是唯一的。

（2）要使第1行灯全部关闭，可以通过按下第2行相应的按钮来实现，因此依次按下第2～5行的按钮，可以使前面4行的灯全部关闭，但这时第5行可能还有些灯是开着的。所以这种方法行不通，原因是第1行的按钮没有被按下。

（3）第1行6盏灯，按下与否一共有 $2^6 = 64$ 种可能。按下第1行按钮后，为了使第1行的灯全部关闭，第2行各按钮的按下与否就确定下来了；同样为了使第2行的灯全部关闭，第3行各按钮的按下与否也就确定下来了；一直到第5行，其按法及各灯的状态也确定下来了。

（4）枚举第1行6盏灯的64种按法，也就是6盏灯按下与否的64种状态，从000000～111111，当某种按法使第5行的灯全部关闭时，就找到解了。因为矩阵为5×6，规模很小，所以尽管需要枚举很多种情况，也不会超时。对第 z 种状态（z 取 0～63），用 z & (1<<y) 就可以判断第0行第 y 列（y 取 0～5）的灯是否按下。注意，在程序实现时，行和列的序号从0开始计起；对第0行6个按钮的第 z 种状态，要通过位运算确定各列的按钮按下与否，此时最右边才是第0列，process函数中的代码"press(0, y)"本来应该是"press(0, 5-y)"，为什么用press(0, y)也是对的呢？原因是：z 的取值从0～63，把第0行6盏灯按下与否的64种状态全部枚举到了，以样例数据为例，第0行要以101001这个状态按下才能使5行灯全部关闭，如果用代码"press(0, 5-y)"，这个状态对应 $z=41$；如果用代码"press(0, y)"，当枚举到 $z = 37 = (100101)_2$ 时，也对应101001这个状态。代码如下。

```
#include <bits/stdc++.h>
using namespace std;
int lights[5][6];      // 记录灯状态，0灭，1亮
int ans[5][6];         // 记录求得的结果，若在第x行第y列点击，ans[x-1][y-1]=1
void press( int x, int y )     // 按下 (x,y) 按钮
{
    ans[x][y] = 1;     // 记录操作
    lights[x][y] = 1 - lights[x][y];         // 本身状态求反
    if( x>0 )   lights[x-1][y] = 1 - lights[x-1][y];   //4个相邻位置状态也求反
    if( y>0 )   lights[x][y-1] = 1 - lights[x][y-1];
    if( x<4 )   lights[x+1][y] = 1 - lights[x+1][y];
    if( y<5 )   lights[x][y+1] = 1 - lights[x][y+1];
}
void output( )         // 输出结果
{
    int x, y;
    for( x=0; x<5; x++ ) {
        cout <<ans[x][0];
        for( y=1; y<6; y++ )   cout <<" " <<ans[x][y];   // 最后一个元素后没有空格
        cout <<endl;
    }
}
void process( )
{
    int x, y, z, t[5][6];
```

```
        for( x=0; x<5; x++ )            // 读入初始状态
            for( y=0; y<6; y++ )   cin >>t[x][y];
        for( z=0; z<64; z++ ) {          // 枚举第1行的64种按下状态
            memcpy( lights, t, sizeof(lights) );   memset( ans, 0, sizeof(ans) );
            for( y=0; y<6; y++ ) {       // 根据z求第0行的各按钮是否按下,<<是按位左移运算符
                if( z & (1<<y) )         // 如果z右起第y个bit位是1,则按下第0行第y列按钮
                    press( 0, y );
            }
            for( x=1; x<5; x++ ) {       // 根据规则,通过按下第1~4行,使前一行灯全灭
                for( y=0; y<6; y++ )
                    if( lights[x-1][y]==1 )   press(x,y);
            }
            for( y=0; y<6; y++ ) {       // 判断最后一行是否全灭
                if( lights[4][y]==1 )   break;
            }
            if( y>=6 ){     // 最后一行全灭,找到解,输出结果
                output( );   break;
            }
        }
    }
}
int main( )
{
    process( );
    return 0;
}
```

 **8.4　案例2：格雷码**

【题目描述】

通常，人们习惯将所有 n 位二进制串按照字典序排列，例如，所有2位二进制串按字典序从小到大排列为00, 01, 10, 11。

格雷码（Gray Code）是一种特殊的 n 位二进制串排列法，它要求相邻的两个二进制串间**恰好**有一位**不同**，特别地，第一个串与最后一个串也算作相邻。

所有2位二进制串按照格雷码排列的一个例子为00, 01, 11, 10。

n 位格雷码不止一种，下面给出其中一种格雷码的生成算法。

（1）1位格雷码由两个1位二进制串组成，顺序为0, 1。

（2）$n+1$ 位格雷码的前 2^n 个二进制串，可以由依此算法生成的 n 位格雷码（共 2^n 个 n 位二进制串）

按顺序排列，并在每个串前加一个前缀 0 构成。

（3）$n+1$ 位格雷码的后 2^n 个二进制串，可以由依此算法生成的 n 位格雷码（共 2^n 个 n 位二进制串）**按逆序**排列，并在每个串前加一个前缀 1 构成。

综上，$n+1$ 位格雷码，由 n 位格雷码的 2^n 个二进制串按顺序排列再加前缀 0，和逆序排列再加前缀 1 构成，共 2^{n+1} 个二进制串。另外，对于 n 位格雷码中的 2^n 个二进制串，我们按上述算法得到的排列顺序将它们从 $0 \sim 2^n-1$ 编号。

按该算法，2 位格雷码可以按以下步骤推出。

（1）已知 1 位格雷码为 0,1。

（2）前两个格雷码为 00, 01。后两个格雷码为 11, 10，合并得到 00, 01, 11, 10，编号依次为 $0 \sim 3$。

同理，3 位格雷码可以按以下步骤推出。

（1）已知 2 位格雷码为 00, 01, 11, 10。

（2）前四个格雷码为 000, 001, 011, 010。后四个格雷码为 110, 111, 101, 100。合并得到 000, 001, 011, 010, 110, 111, 101, 100，编号依次为 $0 \sim 7$。

现在给出 n、k，请你求出按上述算法生成的 n 位格雷码中的第 k 个二进制串。

【输入描述】

输入仅一行，为两个整数 n 和 k，意义见题目描述。

【输出描述】

输出仅一行，为一个 n 位二进制串，表示答案。

【样例输入 1】	【样例输出 1】
2 3	10

【样例输入 2】	【样例输出 2】
3 5	111

【样例输入 3】	【样例输出 3】
44 1145141919810	00011000111111010000001001001000000001100011

【样例输入/输出 1 说明】

2 位格雷码为 00, 01, 11, 10，编号依次为 $0 \sim 3$，因此 3 号串是 10。

【样例输入/输出 2 说明】

3 位格雷码为 000, 001, 011, 010, 110, 111, 101, 100，编号依次为 $0 \sim 7$，因此 5 号串是 111。

【数据规模与约定】

对于 50% 的数据，$n \leq 10$。

对于 80% 的数据，$k \leq 5 \times 10^6$。

对于 95% 的数据，$k \leq 2^{63}-1$。

对于100%的数据，$1 \leqslant n \leqslant 64$，$0 \leqslant k < 2^n$。

【分析】

本题给出了由$n-1$位格雷码生成n位格雷码的算法。当n值较小时，可以从1位格雷码出发，按本题给出的算法生成所需的n位格雷码。方法是：把2^{n-1}个$n-1$位格雷码逆序复制一遍，在前2^{n-1}个格雷码前补0，在后2^{n-1}个格雷码前补1。但是本题n最大可以取到64，64位格雷码有2^{64}个。显然，当n值较大时会超时。

按照本题给出的算法及3位格雷码，可以写出16个4位格雷码，并从上往下排列，可以看到格雷码的规律。如图8.4所示，从k的二进制形式高位往低位看，如果k的当前位为0，则格雷码对应位也为0；如果k的当前位为1，则格雷码对应位也为1，但是后续就要反过来了，相当于把k的剩余位取反再处理。

因此，本题最简便的处理方法是：把k转换成二进制，从第$n-1$位开始扫描，遇到0就输出0；遇到1就输出1，然后把k的剩余位取反，直接将k取反也是可以的，因为从第$n-1$位到第i位（当前处理位）不用再处理了，继续往右操作。

本题涉及的按位运算如下。

（1）判断正整数k的第i位是否为1：将k右移i位，这样原先的第i位变为第0位，再和1执行按位与运算，即$(k >> i)\&1$，如果运算结果为1，则k的第i位为1。

（2）将k取反：$k = \sim k$。

代码如下。

	k
0 0 0 0	0 (0 0 0 0)
0 0 0 1	1 (0 0 0 1)
0 0 1 1	2 (0 0 1 0)
0 0 1 0	3 (0 0 1 1)
0 1 1 0	4 (0 1 0 0)
0 1 1 1	5 (0 1 0 1)
0 1 0 1	6 (0 1 1 0)
0 1 0 0	7 (0 1 1 1)
1 1 0 0	8 (1 0 0 0)
1 1 0 1	9 (1 0 0 1)
1 1 1 1	10(1 0 1 0)
1 1 1 0	11(1 0 1 1)
1 0 1 0	12(1 1 0 0)
1 0 1 1	13(1 1 0 1)
1 0 0 1	14(1 1 1 0)
1 0 0 0	15(1 1 1 1)

图8.4　4位格雷码

```
#include <bits/stdc++.h>
using namespace std;
int main( )
{
    unsigned long long n, k;
    cin >> n >> k;
    for(int i = n-1; i >= 0; --i) {
        if((k >> i)&1) {        //k 的第 i 位为 1，输出 1，将 k 取反
            cout << "1";
            k = ~k;             //将 k 取反
        }
        else  cout << "0";      //k 的第 i 位为 0，输出 0
    }
    return 0;
}
```

8.5 案例3：动物园

【题目描述】

动物园里饲养了很多动物，饲养员小A会根据饲养动物的情况，按照《饲养指南》购买不同种类的饲料，并将购买清单发给采购员小B。

具体而言，动物世界里存在2^k种不同的动物，它们被编号为$0 \sim 2^k-1$。动物园里饲养了其中的n种，其中第i种动物的编号为a_i。

《饲养指南》中共有m条要求，第j条要求形如"如果动物园中饲养着某种动物，满足其编号的二进制表示的第p_j位为1，则必须购买第q_j种饲料"。其中饲料共有c种，它们从$1 \sim c$编号。本题中我们将动物编号的二进制表示视为一个k位01串，第0位是最低位，第$k-1$位是最高位。

根据《饲养指南》，小A将会制订饲料清单交给小B，由小B购买饲料。清单形如一个c位01串，第i位为1时，表示需要购买第i种饲料；第i位为0时，表示不需要购买第i种饲料。实际上根据购买到的饲料，动物园可能可以饲养更多的动物。更具体地，如果将当前未被饲养的编号为x的动物加入动物园饲养后，饲料清单没有变化，那么我们认为动物园当前还能饲养编号为x的动物。

现在小B想请你帮忙算算，动物园目前还能饲养多少种动物。

【输入描述】

第1行包含4个以空格分隔的整数n, m, c, k，分别表示动物园中的动物数量、《饲养指南》要求数、饲料种数、动物编号的二进制表示位数。

第2行包含n个以空格分隔的整数，其中第i个整数表示a_i。

接下来m行，每行有两个整数p_i, q_i，表示一条要求。

需保证所有的a_i互不相同，所有的q_i互不相同。

【输出描述】

输出仅一行，为一个整数，表示答案。

【样例输入1】	【样例输出1】
3 3 5 4 1 4 6 0 3 2 4 2 5	13

【样例输入2】	【样例输出2】
2 2 4 3 1 2 1 3 2 4	2

【样例输入/输出 1 说明】

动物园里饲养了编号为 1, 4, 6 的 3 种动物，《饲养指南》上的 3 条要求如下。

（1）若饲养的某种动物的编号的第 0 个二进制位为 1，则需购买第 3 种饲料。

（2）若饲养的某种动物的编号的第 2 个二进制位为 1，则需购买第 4 种饲料。

（3）若饲养的某种动物的编号的第 2 个二进制位为 1，则需购买第 5 种饲料。

饲料购买情况如下。

（1）编号为 1 的动物的第 0 个二进制位为 1，因此需要购买第 3 种饲料。

（2）编号为 4, 6 的动物的第 2 个二进制位为 1，因此需要购买第 4, 5 种饲料。

由于在当前动物园中加入编号为 0, 2, 3, 5, 7, 8, …, 15 之一的动物，购物清单都没有改变，因此答案为 13。

【数据规模与约定】

对于 20% 的数据，$k \leq n \leq 5$，$m \leq 10$，$c \leq 10$，所有的 p_i 互不相同。

对于 40% 的数据，$n \leq 15$，$k \leq 20$，$m \leq 20$，$c \leq 20$。

对于 60% 的数据，$n \leq 30$，$k \leq 30$，$m \leq 1000$。

对于 100% 的数据，$0 \leq n, m \leq 10^6$，$0 \leq k \leq 64$，$1 \leq c \leq 10^8$。

【分析】

做题之前，先讲个故事。小 A 班里总共有 N 个同学，每个同学的星座是已知的。小 A 过生日想在家里开派对，邀请同学来家里玩，加上自己一共 n 人，现在要采购派对需要的饮料、食品等。假设同学们的爱好可以按十二星座来区分，小 A 按星座列了个爱好的清单，比如：水瓶座的同学喜欢喝可乐，狮子座的同学喜欢喝雪碧，水瓶座的同学还喜欢吃鸡腿……小 A 让他妈妈按清单采购，清单里没有提到的食品无须采购。现在问：在不增加采购食品种类的情况下，最多还可以再邀请多少个同学？我们考虑哪些星座的同学不能邀请。例如，爱好清单里提到"狮子座的同学喜欢喝雪碧"，但是已经邀请的同学里没有狮子座的，本来不需要采购雪碧，如果额外再邀请狮子座的同学，就需要采购雪碧了，那是不是狮子座的同学不能邀请呢？这就是求解本题的思路。

本题最多可以多加进 2^k-n 种动物，但有些位上有限制（要多买饲料），且现在还没有那种饲料，该位上就不能填。要算出 k 位里有多少位能填，记为 cnt，答案为 $2^{cnt}-n$。

以样例输入 1 为例，添加第 0 位为 1 的动物，不会多买饲料，因此第 0 位没有限制；第 2 位也是这样；添加第 1 位或第 3 位为 1 的动物，《饲养指南》上没有买饲料的需求，所以第 1、3 位也没有限制，这样就有 4 位能填，因此答案是 $2^4 - 3 = 13$。

那怎么判断某一位有没有限制呢？最关键的是看《饲养指南》。如果《饲养指南》里的某条提到"存在编号二进制第 p 位为 1 的动物，则必须购买第 q 种饲料"，但是目前动物园里没有编号二进制第 p 位为 1 的动物，则第 p 位就被限制了。

因为《饲养指南》是以动物编号的二进制位（且为 1）为标准来购买饲料的，所以先将 n 个动物编号求按位或，得到 st（st 汇总了所有动物编号的二进制位 1）；对于每条饲养指南（第 p 位为 1 要

买第 q 种饲料），如果 st 的第 p 位为 0，则该位要被限制。还是以样例输入 1 为例，3 种动物编号求按位或后得到 0111（二进制形式），初始 cnt = 4，3 条饲养指南都不会限制某位，因此 cnt 的值最终还是 4，答案是 $2^4 - 3 = 13$。

本题还有一种特殊情况要考虑，如果求得 cnt=64，而用 1<<64 求 2^{64} 得到 0，这是不对的。单独处理一下即可。代码如下。

```cpp
#include <bits/stdc++.h>
#define LL unsigned long long
using namespace std;
LL n, m, c, k;      // 动物园动物数量，《饲养指南》要求数，饲料种数，动物编号的二进制表示位数
LL a, p, q;         //a:n 种动物的编号；p,q:《饲养指南》中的数据
LL cnt, v[100];     //cnt:有多少位没有限制；v:记录每个二进制位有无限制
LL st, ans;         //st:n 种动物编号的按位或；ans:求得的答案
int main( )
{
    cin >>n >>m >>c >>k;
    if( n==0 && m==0 && k==64 ){
        cout <<"18446744073709551616" <<endl;   return 0;
    }
    for(int i=1; i<=n; i++){    // 将 n 种动物的编码求按位或，得 st
        cin >>a;   st |= a;
    }
    cnt = k;
    for(int i=1; i<=m; i++){
        cin >>p >>q;    // 存在某种动物，其编号的二进制第 p 位为 1，则必须购买第 q 种饲料
        //v[p] 初值为 0，即假设没有限制，如果动物园里没有编号二进制第 p 位为 1 的动物
        if( !((st>>p)&1) && !v[p]){      // 则第 p 位要被限制
            v[p] = 1;   // 将 v[p] 置为 1 是为了避免重复计算
            cnt--;
        }
    }
    if(cnt==64){   //18446744073709551615 = 2^64 - 1
        ans = 18446744073709551615ull;
        cout <<ans-n+1 <<endl;   return 0;
    }
    ans = 1ull << cnt;
    cout <<ans-n <<endl;
}
```

第 9 章
编码问题及处理

本章内容

本章介绍字符编码及相关问题,以及案例解析。

9.1 从ASCII编码说起

在计算机中，所有数据最终都需要以二进制形式存储和处理。整数需要转换成二进制才能存储。在C/C++语言中，整数分为无符号和有符号两种，有符号整数是以补码形式存储的。浮点数则遵循IEEE 754等标准转换为二进制表示；而英文字符、中文字符、图片、音频、视频等多媒体数据，则需要通过特定编码方案转换为二进制序列才能存储和传输。

ASCII（American Standard Code for Information Interchange，美国信息交换标准代码）是一种基于拉丁字母的字符编码标准，最初设计用于显示现代英语和其他西欧语言。作为计算机发展早期的重要标准，ASCII至今仍是许多文本编码系统的基础。ASCII编码表如表9.1所示。

表9.1 ASCII编码表

ASCII值	控制字符	含义	ASCII值	字符	ASCII值	字符	ASCII值	字符
000	NULL	空字符	032	(space)	064	@	096	`
001	SOH	标题开始	033	!	065	A	097	a
002	STX	正文开始	034	"	066	B	098	b
003	ETX	正文结束	035	#	067	C	099	c
004	EOT	传输结束	036	$	068	D	100	d
005	ENQ	请求	037	%	069	E	101	e
006	ACK	响应	038	&	070	F	102	f
007	BEL	响铃	039	'	071	G	103	g
008	BS	退格	040	(	072	H	104	h
009	HT	水平制表符	041	)	073	I	105	i
010	LF	换行	042	*	074	J	106	j
011	VT	垂直制表符	043	+	075	K	107	k
012	FF	换页	044	,	076	L	108	l
013	CR	回车	045	-	077	M	109	m
014	SO	不用切换	046	.	078	N	110	n
015	SI	启用切换	047	/	079	O	111	o
016	DLE	数据链路转义	048	0	080	P	112	p
017	DC1	设备控制1	049	1	081	Q	113	q
018	DC2	设备控制2	050	2	082	R	114	r
019	DC3	设备控制3	051	3	083	S	115	s
020	DC4	设备控制4	052	4	084	T	116	t
021	NAK	拒绝接收	053	5	085	U	117	u
022	SYN	同步空闲	054	6	086	V	118	v
023	ETB	结束传输块	055	7	087	W	119	w
024	CAN	取消	056	8	088	X	120	x
025	EM	介质中断	057	9	089	Y	121	y
026	SUB	置换	058	:	090	Z	122	z
027	ESC	溢出	059	;	091	[	123	{
028	FS	文件分隔符	060	<	092	\	124	|
029	GS	组分隔符	061	=	093	]	125	}
030	RS	记录分隔符	062	>	094	^	126	~
031	US	单元分隔符	063	?	095	_	127	DEL

ASCII编码表的一些规律如下。

（1）编码值0～31和127是控制字符，是不可以显示的，必须用转义字符来表示。例如，'\n'表示换行字符。

（2）编码值为0的字符是空字符，在C语言中用作字符串结束标志'\0'。注意：'\0'的数值就是0。

（3）编码值为32的字符是空格字符。

（4）数字字符'0'对应的编码值是48（二进制为0110000B），'0'～'9'的编码值连续递增，数字字符'0'到'9'的ASCII码值减去'0'（48）可得到对应的数值（如'5'-'0'=5）。

（5）大写英文字母的编码值比对应小写英文字母的编码值小32。

（6）'A'的ASCII码值是65，'B'是66，以此类推，'Z'的ASCII码值是90。

（7）'a'的ASCII码值是97，'b'是98，以此类推，'z'的ASCII码值是122。

字符编码问题

字符编码是将字符集中的每个字符按照特定的编码规则映射为一个整数的过程。编码系统为每个字符分配唯一的数字标识，以便计算机存储和处理文本信息。例如，在ASCII编码中，大写字母'A'被编码为65，'Z'被编码为90；而在字母序号编码方案中，可以将'A'映射为1，'Z'映射为26。

案例1：圆括号编码

【题目描述】

令$S=s_1 s_2 \cdots s_{2n}$是一个正则的圆括号串。S可以编码成以下两种不同的形式。

（1）编码成一个整型序列$P=p_1 p_2 \cdots p_n$，p_i代表在S序列中第i个右圆括号前的左圆括号数量（记作P-序列）。

（2）编码成一个整型序列$W=w_1 w_2 \cdots w_n$，对每一个右圆括号a，编码成一个整数w_i，表示从与之匹配的左圆括号开始到a（包括a本身）之间的右圆括号的数目（记作W-序列）。

示例如下。

$$S \quad ((((\ )(\ )(\ ))))$$

P-序列：4 5 6 6 6 6（注：第1个右圆括号前有4个左圆括号，第2个右圆括号前有5个左括号……）。

W-序列：1 1 1 4 5 6（注：第1个右圆括号是与它旁边的左圆括号匹配的，则这两个圆括号之间有1个右圆括号，即第1个右圆括号本身）。

编写一个程序，把一个正则圆括号串的 P-序列转化为 W-序列。

【输入描述】

输入数据的第1行是一个整数 $n(1 \leq n \leq 20)$，第2行是一个正则圆括号串的 P-序列，包含 n 个正整数，以空格分隔。

【输出描述】

对输入数据所表示的 P-序列，输出一行，包含 n 个整数，表示对应的 W-序列。

【样例输入1】

```
5
4 5 5 5 5
```

【样例输出1】

```
1 1 3 4 5
```

【分析】

在本题中，所谓正则的圆括号串，是指圆括号串是匹配的，每个左圆括号都有与之匹配的右圆括号。

注意，根据编码规则可知 P-序列是非减序列，但 W-序列不一定是非减序列。将一个正则圆括号串的 P-序列转化成 W-序列分为以下两个步骤。

（1）把 P-序列还原成原始圆括号串。

（2）把圆括号串编码成 W-序列。

假设把读入的 n 个整数保存在 p 数组中，这 n 个整数是 $p[0] \sim p[n-1]$。

（1）把 P-序列还原成原始圆括号串：对 $p[0]$ 的处理是，先写 $p[0]$ 个左圆括号，然后写1个右圆括号；对 $p[1]$ 的处理是，先写 $p[1]-p[0]$ 个左圆括号，然后写1个右圆括号……对 $p[i]$ 的处理是，先写 $p[i]-p[i-1]$ 个(可能为0个)左圆括号，然后写1个右圆括号……

现以样例测试数据为例加以解释，在该测试数据中，n 为5，读入的5个整数 $p[0] \sim p[4]$ 分别为 4 5 5 5 5。

对 $p[0]$ 的处理：先写4个左圆括号，再写1个右圆括号，得到的圆括号串为：

$$((((()$$

对 $p[1]$ 的处理：先写 $5-4=1$ 个左圆括号，再写1个右圆括号，得到的圆括号串为：

$$(((()()$$

对 $p[2]$ 的处理：先写 $5-5=0$ 个左圆括号，再写1个右圆括号，得到的圆括号串为：

$$(((()())$$

对 $p[3]$ 的处理：先写 $5-5=0$ 个左圆括号，再写1个右圆括号，得到的圆括号串为：

$$(((()()))$$

对 $p[4]$ 的处理：先写 $5-5=0$ 个左圆括号，再写1个右圆括号，得到的圆括号串为：

$$(((()())))$$

所以得到的原始圆括号串为：

$$(((()()))$$

（2）把圆括号串编码成W-序列：对圆括号串中的第i个圆括号，如果是右圆括号（设为R），则从R往左边扫描前面的所有圆括号，记录为匹配当前扫描到的右圆括号序列所需的左圆括号数left（初值为1）；如果当前扫描到的圆括号为左圆括号"("且left的值刚好为1，则这个左圆括号就是与R匹配的左圆括号，扫描结束。记录这个扫描过程中扫描到的右圆括号数，这个值就是R的编码值。

以前面分析中得到的原始圆括号串为例加以解释，圆括号下方的数字表示该圆括号在圆括号串中的序号（从0开始计起）。

$$(((()()))$$
$$0\ 1\ 2\ 3\ 4\ 5\ 6\ 7\ 8\ 9$$

以第7个圆括号为例，它是一个右圆括号"）"（这就是前面假设的R），left值为初始值1。

往左遍历，第6个圆括号为右圆括号"）"，则left加1为2。

第5个圆括号为左圆括号"("，left减1为1。

第4个圆括号为右圆括号"）"，则left加1为2。

第3个圆括号为左圆括号"("，left减1为1。

第2个圆括号为左圆括号"("，且此时left的值为1，扫描结束。这个左圆括号"("就是与R匹配的左圆括号。在这个扫描过程中扫描到的右圆括号的个数为3，所以R的编码值为3。

对原始圆括号串(((()())))中的每个右圆括号都按上述方法处理，得到最终的W-序列为1 1 3 4 5。代码如下。

```
#include <bits/stdc++.h>
using namespace std;
int main( )
{
    int p[21] = {0}, w[21] = {0};    // 读入的P-序列，以及转换后的W-序列
    char str[41] = {0};              // 读入的P-序列对应的正则圆括号串
    int j, k, n;       // n：测试数据所表示的P-序列中整数的个数
    cin >>n;
    for( j=0; j<n; j++ )   cin >>p[j];    // 读入n个整数
    int t1 = 0, t2 = p[0];      // 写左括号的起始位置和结束位置
    for( j=0; j<n; j++ ) {     //(1)把读入的P-序列还原成原始圆括号串
        for( k=t1; k<t2; k++ )   str[k] = '(';
        str[k] = ')';
        t1 = k+1;   t2 = p[j+1] - p[j] + t1;
    }
    int left;      // 为匹配当前扫描到的右圆括号所需的左圆括号数
```

```
        int cnt;        // 对每个右圆括号 a，从与之匹配的左圆括号开始到 a 之间的右圆括号的数目
        int m=0;        // 将第 m 个右圆括号编码成 w[m]
        for( j=0; j<strlen(str); j++ )    { //(2) 把圆括号串编码成 W- 序列
            if( str[j]==')' ) {      // 碰到 ")" 时开始处理
                cnt = 1; left = 1;
                for( k=j-1; k>0; k-- ) {    // 遍历 ")" 之前的括号情况
                    // 当前扫描到的为 "("，且仅需一个 "(" 时跳出，这个 "(" 即为所需
                    if( str[k]=='(' && left==1 )  break;
                    // 当扫描到一个 "(" 时，即可以匹配掉一个 ")"，所以 left--
                    if( str[k]=='(' )   left--;
                    // 当扫描到一个 ")" 时，所需左圆括号数 left++
                    if( str[k]==')' ){ left++;   cnt++; }
                }
                w[m++] = cnt;
            }
        }
        for( j=0; j<n-1; j++ )    cout <<w[j] <<" ";   // 输出前 n-1 个数
        cout <<w[j] <<endl;      // 输出最后一个数
        return 0;
}
```

9.4 案例2：莫尔斯电码

【题目描述】

莫尔斯电码是一种使用短信号（"."）和长信号（"–"）的不同组合来表示字母、数字及标点符号的变长编码系统。在实际编码时，电文中的字符用空格隔开。表9.2是莫尔斯电码中各字符对应的电码。

表9.2 莫尔斯电码表

字符	电码	字符	电码	字符	电码	字符	电码	字符	电码
A	.-	G	--.	M	--	S	...	Y	-.--
B	-...	H	....	N	-.	T	-	Z	--..
C	-.-.	I	..	O	---	U	..-		
D	-..	J	.---	P	.--.	V	...-		
E	.	K	-.-	Q	--.-	W	.--		
F	..-.	L	.-..	R	.-.	X	-..-		

注意，在标准莫尔斯电码中，有4个未使用的短信号和长信号组合。本题将这4个组合分配给以下字符：下画线..--；点号---.；逗号.-.-；问号----。

因此，电文"ACM_GREATER_NY_REGION"被编码为".- -.-. -- ..- .-- . .- - . .-. ..-. ... -. -.-- .-. . --. .. --- -."。

M.E.Ohaver基于莫尔斯电码提出了一种加密方法。这种方法的思路是去掉字符间的分隔空格，并且在编码后给出每个字符编码的长度。例如电文"ACM"编码成".--.-.--242"。

Ohaver的加密（解密也是一样的）方法分为以下3个步骤。

（1）将原文转换成莫尔斯电码，去掉字符间的分隔空格，然后把每个字符长度的信息添加在后面。

（2）将表示各字符长度的字符串反转。

（3）按照反转后的各字符长度，解释短信号和长信号序列，得到密文。

例如，假设密文为"AKADTOF_IBOETATUK_IJN"，解密步骤如下。

（1）将密文转换成莫尔斯电码，去掉字符间的分隔空格，添加各字符长度组成的字符串，得到".--.-.--.....--..-...----.-..-...-...----.232313442431121334242"。

（2）将字符长度字符串反转，得到"242433121134244313232"。

（3）对字符长度字符串反转后的编码字符串，用莫尔斯电码解释该字符串，得到原文为"ACM_GREATER_NY_REGION"。

本题的目的是实现Ohaver的解密算法。

【输入描述】

输入占一行，为一个用Ohaver加密算法加密后的密文。密文中允许出现的符号为大写字母，下画线，逗号，点号和问号。密文长度不超过100个字符。

【输出描述】

对输入的密文，输出解码后的原文。

【样例输入1】

AKADTOF_IBOETATUK_IJN

【样例输出1】

ACM_GREATER_NY_REGION

【样例输入2】

?EJHUT.TSMYGW?EJHOT

【样例输出2】

TO_BE_OR_NOT_TO_BE?

【分析】

本题也属于字符串编码问题，编码和解码规则题目已告知，这是著名的莫尔斯电码。在实现时与具体的解码规则还是有些细微的差别。首先在第（1）步，编码后每个字符的长度信息并不需要添加到莫尔斯电码后面，而是用一个len[ ]数组记录；第（2）步和第（3）步可以合并，解码时，按len[ ]数组（从后往前）中记录的长度对莫尔斯电码进行解码并输出各字符。代码如下。

```cpp
#include <bits/stdc++.h>
using namespace std;
//A-Z、_、.、,、?的莫尔斯电码
char morse[30][5] = { ".-", "-...", "-.-.", "-..", ".", "..-.", "--.", "....",
                      "..", ".---", "-.-", ".-..", "--", "-.", "---", ".--.",
                      "--.-", ".-.", "...", "-", "..-", "...-", ".--", "-..-",
                      "-.--", "--..", ".--.-", "---.", ".-.-", "----" };
int key( char a )    //返回字符A-Z、_、.、,、?的序号
{
    if( a=='_' )  return 26;
    if( a=='.' )  return 27;
    if( a==',' )  return 28;
    if( a=='?' )  return 29;
    return (a - 'A');
}
int main( )
{
    char s[401] = {0}, m[401] = {0};    //s:密文; m:密文的莫尔斯电码
    int len[101];    //len[0], len[1], ..., 密文中每个字符的编码长度
    cin >>s;         // 读入密文
    // 将密文转换成莫尔斯电码，并记录各字符编码串的长度
    for( int i=0; i<strlen(s); ++i ){
        int k = key(s[i]);
        len[i] = strlen(morse[k]);
        strcat( m, morse[k] );   //把字符s[i]的莫尔斯电码追加在m后面
    }
    int pos = 0;   //在莫尔斯电码中取编码串的起始位置
    // 按len[]数组(从后往前)中记录的长度对莫尔斯电码进行解码并输出
    for( int i=strlen(s)-1; i>=0; --i ){
        char t[10] = {0};          // 必须将t初始化为0，否则提交是WA
        // 拷贝n个字符时，不会在t的末尾加上串结束标记'\0'
        strncpy( t, m+pos, len[i] );
        pos += len[i];
        for( int j=0; j<30; ++j ){
            if( strcmp(t, morse[j])==0 ){
                if( j==26 )   cout <<"_";
                else if( j==27 )  cout <<".";
                else if( j==28 )  cout <<",";
                else if( j==29 )  cout <<"?";
                else  cout <<(char)('A'+j);
            }
        }
    }
}
```

```
    }
    cout <<endl;
    return 0;
}
```

9.5 案例3：Vigenère密码

【题目描述】

16世纪法国密码学家Blaise de Vigenère设计了一种多表替换加密算法，称为Vigenère密码。该密码的加密解密算法简单易用且破译难度比较高，曾在美国南北战争中被南方军队广泛使用。

在密码学中，我们把需要加密的原始信息称为明文，用M表示；加密后的信息称为密文，用C表示；而密钥是一种参数，是将明文转换为密文或将密文转换为明文的算法中的输入数据，记为k。在Vigenère密码中，密钥k是一个字母串，k = $k_1, k_2, \cdots, k_n$。当明文M = $m_1, m_2, \cdots, m_n$时，得到的密文C = $c_1, c_2, \cdots, c_n$，其中c_i = m_iⓇRk_i，运算Ⓡ的规则如图9.1所示。

图9.1 运算Ⓡ的规则

Vigenère加密在操作时需要注意以下几点。

（1）Ⓡ运算忽略参与运算的字母的大小写，并保持字母在明文M中的大小写形式。

（2）当明文M的长度大于密钥k的长度时，将密钥k重复使用。

例如，明文M = "Helloworld"，密钥k = "abc"时，密文C = "Hfnlpyosnd"，如表9.3所示。

表9.3 运算®的规则

明文	H	e	l	l	o	w	o	r	l	d
密钥	a	b	c	a	b	c	a	b	c	a
密文	H	f	n	l	p	y	o	s	n	d

【输入描述】

输入共2行。

第1行为一个字符串，表示密钥k，长度不超过100，其中仅包含大小写字母。

第2行为一个字符串，表示经加密后的密文，长度不超过1000，其中仅包含大小写字母。

【输出描述】

输出一个字符串，表示输入密钥和密文所对应的明文。

【样例输入】   【样例输出】

```
CompleteVictory                    Wherethereisawillthereisaway
Yvqgpxaimmklongnzfwpvxmniytm
```

【数据规模与约定】

对于100%的数据，输入密钥的长度不超过100，输入密文的长度不超过1000，且都仅包含英文字母。

【分析】

本题要理解运算 $c_i = m_i ® k_i$。

观察运算®的规则发现，当 k_i 为'A'或'a'时，$c_i = m_i$；当 k_i 为'B'或'b'时，c_i 就是 m_i 的下一个字母；当 k_i 为'C'或'c'时，c_i 就是 m_i 后面的第2个字母……

注意，本题是实现解密，即已知密文，要求原文。因此，转换规则为：当 k_i 为'A'或'a'时，$m_i = c_i$；当 k_i 为'B'或'b'时，m_i 就是 c_i 的前一个字母；当 k_i 为'C'或'c'时，m_i 就是 c_i 前面的第2个字母……

总结：解密规则就是，设 k_i 是字母表里第 $t(0 \leq t \leq 25)$ 个字母，则将 c_i 变成它前面第 t 个字母。

根据密钥字符k可以算出它是字母表里第t个字符：t = k>='a'&&k<='z' ? k - 'a' : k - 'A'。

如果密文字符c是小写字母，则可以求出原文字符m = (c + 26 - t - 'a')%26 + 'a'。

如果密文字符c是大写字母，则可以求出原文字符m = (c + 26 - t - 'A')%26 + 'A'。

上述两个公式用到了程序设计竞赛中经常要用到的一种运算——通过取余使线性序列构成环状序列。就本题而言，要将c变成字母表前t个字母且构成环状，(c-t)肯定要对26取余，但对26取余，结果为[0, 25]，肯定不对，所以取余前要先减去'a'，取余后再加上'a'。为了避免出现负数，加26再取余，因此公式就是：m = (c + 26 - t - 'a')%26 + 'a'。

图9.2演示的是将每个字母转换成字母表前第5个字母且

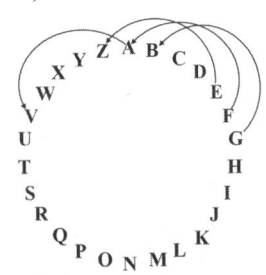

图9.2 将字母转换成前面第5个字母

构成环状。例如，'F'转换成'A'，'G'转换成'B'……'Z'转换成'U'，'A' 'B' 'C' 'D' 'E'分别转换成'V' 'W' 'X' 'Y' 'Z'。

最后，怎么实现当密文C的长度大于密钥k的长度时，将密钥k重复使用呢？其实很简单，对于密文第i个字符$C[i]$，它对应的密钥字符为$k[i\%Lk]$，其中Lk代表密钥的长度。代码如下。

```cpp
#include <bits/stdc++.h>
using namespace std;
char decrypt(char c, char k){   // 提供密文和密钥字符，返回原文字符
    int t = k>='a'&&k<='z' ? k - 'a' : k - 'A';
    if(c>='a' && c<='z')
        return (c + 26 - t - 'a')%26 + 'a';
    else  return (c + 26 - t - 'A')%26 + 'A';
}
int main( )
{
    char k[105], C[1005];          // 密钥和密文
    cin >>k >>C;
    int Lk = strlen(k), Lc = strlen(C);
    for(int i=0; i<Lc; i++)
        cout <<decrypt(C[i], k[i%Lk]);
    cout <<endl;
    return 0;
}
```

# 第 10 章
数列问题及处理

本章内容

本章介绍数列问题及案例解析。

10.1 数列及相关问题

数列是一组排列有序的数,数列中的每一个数都叫作这个数列的**项**。排在第一位的数称为这个数列的第1项(通常也叫作首项),排在第二位的数称为这个数列的第2项,以此类推,排在第 n 位的数称为这个数列的第 n 项。

数列的例子如下。

$1, 2, 3, \cdots, n, \cdots$

$1, 3, 5, 7, 9, \cdots, 2n+1, \cdots$

$1, 2, 4, 8, 16, \cdots$

数列的相关问题包括:求数列的第 n 项、数列前 n 项和。

(1)根据数列各项的规律,由已知的第1项(或第1项、第2项等)出发,可以推算出第 n 项的值。

(2)求数列前 n 项和 $S_n = a_1 + a_2 + \cdots + a_n$,$a_i$ 为数列中的项。

10.2 等差数列和等比数列

等差数列是指从第2项起,每一项与它的前一项的差等于同一个常数的一种数列。这个常数叫作等差数列的公差,公差通常用 d 表示。例如:$1, 3, 5, 7, 9, \cdots, 2n-1$ 就是一个等差数列,公差 d 为2。

设等差数列首项为 a_1,公差为 d,等差数列 a_n 的通项公式为 $a_n = a_1 + (n-1)d$。前 n 项和为 S_n,则有

$$S_n = na_1 + \frac{n(n-1)d}{2} \text{ 或 } S_n = \frac{n(a_1 + a_n)}{2}$$

等比数列是指从第2项起,每一项与它的前一项的比值等于同一个常数的一种数列。这个常数叫作等比数列的公比,公比通常用字母 q 表示($q \neq 0$)。等比数列的首项 $a_1 \neq 0$。例如:$1, 2, 4, 8, 16, 32, 64, \cdots$,就是一个等比数列,公比为2。

设等比数列首项为 a_1,公比为 q,末项 $a_n = a_1 q^{n-1}$,前 n 项和为 S_n,则有

$$S_n = \begin{cases} n \times a_1 & q = 1 \\ a_1 \frac{1-q^n}{1-q} \text{ 或 } \frac{a_1 - a_n q}{1-q} & q \neq 1 \end{cases}$$

10.3 案例1:数列1, 1, 2, 1, 2, 3

【题目描述】

求数列 $1, 1, 2, 1, 2, 3, 1, 2, 3, 4, \cdots$ 的第 n 项。

【输入描述】

输入占一行，为n的值，$1 \leq n \leq 10000$。

【输出描述】

输出占一行，为该数列第n项的值。

【样例输入】	【样例输出】
12	2

【分析】

如图10.1所示，该数列有这样的特点，它是由长度分别为1，2，3，4，5，6，…的子序列构成的，长度为j的子序列为1，2，3，…，j。假设前面若干个完整的子序列总长度为k，则k的取值分别为1、1+2、1+2+3、1+2+3+4。对于输入的n值，第n项落在哪个子序列？这个子序列一定满足：k首次大于或等于n。因此只需在while循环中累加求出k的值，循环条件是$k<n$，这样退出while循环时一定是k首次大于或等于n。

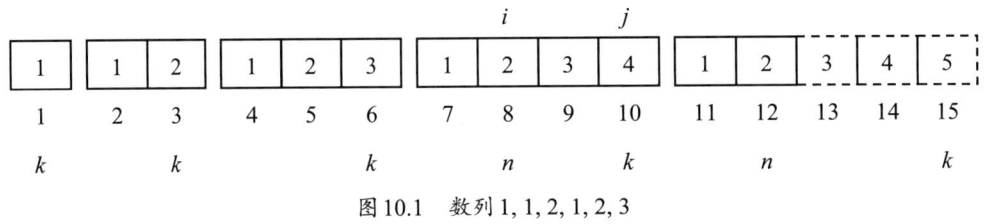

图10.1 数列1, 1, 2, 1, 2, 3

进一步，退出while循环时，如果$k==n$，则第n项就是最后一个完整子序列的最后一项，为j（但由于j在while循环中会加1，所以j要减1）；否则，即$k>n$，则要减去多余的数，多余的数是$k-n$，就是最后一个子序列1，2，3，…，$j-1$还多了$k-n$个数，因此答案是$j-1-(k-n)$。其实这两种情形可以统一处理，当$k==n$时，$j-1$其实就是$j-1-(k-n)$，跟第二种情形是一样的。代码如下。

```
#include <bits/stdc++.h>
using namespace std;
int main( )
{
    int n;  cin >>n;
    int i, j = 1,  k = 0;
    while(k < n){          // 退出while循环时,k==n或k>n
        k = k + j;         // k是每个j值的累加
        j = j + 1;         // j = 1, 2, 3, ...
    }
    if(k==n)  i = j - 1;
    else  i = j-1 - (k - n);    // 要减去多余的数
```

```
cout <<i <<endl;
return 0;
}
```

10.4 案例2：中位数数列

【题目描述】

将1～N^2共N^2个数分成N组（N为奇数），每组有N个数，构成一个数列，这个数列必然有一个中位数。中位数的定义：将N个数按从小到大排序后，中间的那个数就是中位数。

这N个中位数又构成另一个数列，也必然有一个中位数，求这个中位数的最大值。

例如，当$N=7$时，这N^2个数为1～49，将它们分成以下7组，每组数已经按从小到大排序了。

2	13	18	23	31	41	49
5	7	14	27	30	45	48
4	8	10	19	25	37	38
1	3	20	21	34	35	40
11	12	28	32	36	42	44
15	16	24	26	29	43	46
6	9	17	22	33	39	47

这样，7个中位数为23 27 19 21 32 26 22，将它们从小到大排序后为19 21 22 23 26 27 32，这个数列的中位数为23。现在要求这个中位数的最大值。

【输入描述】

输入占一行，为一个正整数N，N为奇数，且$N<1000$。

【输出描述】

输出占一行，为所求得的最大的中位数。

【样例输入】   【样例输出】

7   34

【分析】

以$N=7$为例进行分析，不管将1至49怎么分成7组，总是可以将每组整数递增排列，然后把每组整数按中位数从小到大排列（每组整数的中位数也是递增的），如图10.2所示。

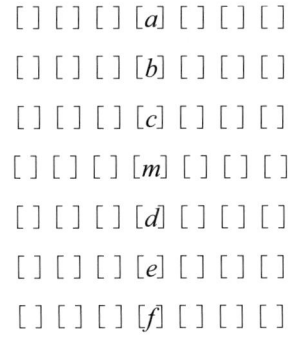

图10.2 中位数数列

请读者思考一下，在图10.2所示的位置中，哪些位置一定比[m]大？哪些位置一定比[m]小？哪些位置可以比[m]大，也可以比[m]小？

[m]就是7个中位数所构成的数列的中位数。要使[m]最大，就要使比[m]大的数尽可能少，而比[m]大的数至少有[m]所在行的后三个数，以及[d]、[e]、[f]所在行的后四个数（包含[d]、[e]、[f]），共3+3×4=15个。所以最大的[m]为49-15=34。

对输入的N值，假设$N = 2 \times k+1$，则比[m]大的数至少有$k+k \times (k+1)$个，因此本题的答案就是$N \times N-k-k \times (k+1)$。代码如下。

```
#include <bits/stdc++.h>
using namespace std;
int main( )
{
    int N;  cin >>N;
    int k = N/2;
    cout <<N*N - k - k*(k+1) <<endl;
    return 0;
}
```

10.5 案例3：数列

【题目描述】

给定一个正整数$k(3 \leq k \leq 15)$，把所有k的方幂及有限个互不相等的k方幂之和构成一个递增的序列。例如，当$k=3$时，这个序列是：

$$1, 3, 4, 9, 10, 12, 13, \cdots$$

（该序列实际上就是：$3^0, 3^1, 3^0+3^1, 3^2, 3^0+3^2, 3^1+3^2, 3^0+3^1+3^2, \cdots$）

请你求这个序列的第N项的值（用十进制数表示）。

例如，对于 $k=3$，$N=100$，正确答案应该是981。

【输入描述】

输入只有1行，为2个正整数，用一个空格隔开：k N。

k、N的含义与上述问题描述一致，且 $3 \leq k \leq 15$，$10 \leq N \leq 1000$。

【输出描述】

输出占一行，为计算结果，是一个正整数（在所有的测试数据中，结果均不超过 2.1×10^9）。整数前不要有空格和其他符号。

【样例输入】   【样例输出】

3 100   981

【分析】

对于N，如果将其转换成二进制数是 $a_m a_{m-1} \cdots a_1 a_0$，其中 a_i 为1表示结果中包含k进制的位权 k^i，a_i 为0表示结果中不包含 k^i。

那么我们可以发现：N对应的数 > $N-1$对应的数 > $N-2$对应的数 > …… > 1对应的数 > 0对应的数。

这是很显然的，因为 $[N]_{10} = [a_m a_{m-1} \cdots a_1 a_0]_2$，$N$等于二进制各位数字 a_i 乘以二进制位权 2^i。这里把二进制位权 2^i 换成 k 进制的位权 k^i。当N的取值为0, 1, 2, 3, …, 10, 11, …时，所构成的数一定就是本题中的数列，而且一定就是按从小到大排序的。所以本题的答案就是N对应的二进制中各位数字 a_i 与 k 进制的位权 k^i 相乘的和，如果 $a_i=0$，乘以位权 k^i 还是0，不影响，所以可以统一处理。

本题的求解方法是：对读入的k和N，把k进制的位权先求出来，存放在w数组中；然后将N转换成二进制；最后把各位数字 a_i 与 k 进制的位权 k^i 相乘。

本题还需要估算一下数据的范围，$N \leq 1000$，转换成二进制，最多10位（最高位为第9位），w数组长度定义为10；k最大取到15，$15^9 = 38443359375$，所以需要用long long型。代码如下。

```
#include <bits/stdc++.h>
using namespace std;
int N, k;                    //输入数据
long long w[10] = {0};       //k进制各位权值
int b[10];                   //b：存储N的二进制形式中的各位数字
long long ans;
int main( )
{
    int i, t;
    cin >>k >>N;
    w[0] = 1;
    for(i=1; i<10; i++)   w[i] = w[i-1]*k;
    i = 0;   t = N;
```

```
    while(t){
        b[i++] = t%2;   t /= 2;
    }
    for(i--; i>=0; i--)
        ans += b[i]*w[i];
    cout << ans << endl;
    return 0;
}
```

本题也有更简洁的做法：不需要存储 k 进制的权值，也不需要存储 N 转换后的二进制位，而是在进制转换过程中把权值算出来，并把二进制位乘以权值的结果累加起来。代码如下。

```
#include <bits/stdc++.h>
using namespace std;
int main( )
{
    int k, N; cin >>k >>N;
    long long ans = 0, w = 1;
    while(N){
        ans += (N%2)*w;   N /= 2;   w*=k;
    }
    cout <<ans <<endl;
    return 0;
}
```

第 11 章
高精度 1：
高精度计算的基本原理

本章内容

　　本章介绍高精度数的概念、高精度计算的原理及实现要点，以及案例解析。

 ## 11.1 高精度数

在计算机系统中，32位有符号整数对应C/C++语言的int类型，用4个字节存储，其取值范围是 $-2^{31} \sim 2^{31}-1$，即 $-2147483648 \sim 2147483647$，范围是±21亿。32位无符号整数的取值范围是 $0 \sim 2^{32}-1$，即 $0 \sim 4294967295$，范围是 $0 \sim 42$亿。64位有符号整数对应C/C++语言的long long类型，使用8个字节存储，其范围是 $-2^{63} \sim 2^{63}-1$，即 $-9223372036854775808 \sim 9223372036854775807$，范围是±19位数。64位无符号整数的范围是 $0 \sim 2^{64}-1$，即 $0 \sim 18446744073709551615$，范围是 $0 \sim 20$位数。对于超过这些范围的数据，可以使用浮点数（double）来表示。但需注意，浮点数的取值范围也是有限的，特别是浮点数的精度即有效数字的位数是非常有限的，最多只能表示十进制的16位有效数字。例如，用double型变量存储50的阶乘时，得到的结果是不精确的。

这些位数很多的数据（包括小数精度很高的浮点数）通常称为**高精度数**，俗称"**大数**"。

注意，不同的编程语言对高精度数运算的支持程度不同。Java语言中的BigDecimal、BigInteger等类，可以实现高精度数的表示及运算。在Python语言中，浮点数的范围是有限的，精度也非常有限；但对整数，Python支持不限位数且准确地计算。本章基于C/C++语言讨论高精度数的处理，C/C++语言对高精度数运算的支持较弱，一般只能用本章介绍的方法来处理。

高精度数运算涉及的基础知识包括进制转换，使用字符型数组或整型数组进行算术运算。在整型数据的处理中经常涉及进制转换；另外有些问题无法通过直接运算来求解，如统计加法运算中进位的次数等，这就需要用字符型数组或整型数组来实现算术运算。

 ## 11.2 用字符型数组或整型数组实现算术运算

将两个整数直接相加，通常只能得到最终的结果。例如，假设有两个int型变量 a 和 b，它们的值分别是7543和976210，计算"$a+b$"只能得到最终的结果，即983753。

如果要得到运算过程，或者每一位的运算结果，比如，进位，那就需要把整数的每一位存储到数组里，每个数组元素相当于整数中的某一位，然后按数组元素中的值进行每一位的运算，如图11.1所示。

a	7	5	4	3				
b	9	7	6	2	1	0		

图11.1 用数组存储整数的每一位

在将整数的每一位存储到数组时，可以选择整型数组，也可以选择字符型数组，具体选择应视题目而定。但字符型数组存储在以下3个方面要比整型数组存储方便得多。

（1）如果用字符型数组存储，则整数的总位数就是字符型数组中所存储字符串的长度，而用整型数组存储时要得到整数的总位数要稍微麻烦一些。

（2）输入时，用字符型数组读入整数很方便；而如果用整型数组存储整数的每一位，则要将读

入的整数的每一位先取出来再存储到整型数组中。另外，如果整数很大，超过了int型或long long型数据的表示范围，则只能采用字符型数组读入。

（3）如果整数保存在字符型数组中，那么在输出时也很方便。

本章的案例1就是用字符型数组存储整数，以便统计加法运算过程中进位的次数。

不过，对于用字符型数组读入整数这种方式，初学者往往难以理解，现举例解释。对于整数"976210"，采取以下这种方式读入：

```
int a;   cin >>a;              // 将整数读入到整型变量中
```

则整数"976210"以二进制形式存储到整型变量 *a* 所占的4个字节中。

如果采取以下方式读入：

```
char str[10];   cin >>str;   // 用字符型数组读入整数
```

则是将每位数字 '9' '7' '6' '2' '1' '0' 以数字字符形式读入并存储到字符型数组str中。当然，要得到每位数字字符对应的数值，以及整个字符数组所表示的数值，要进行一定的转换，详见本章案例。

 **高精度计算原理**

在初等数学中，我们学过加、减、乘、除四则运算，图11.2演示了四则运算的运算过程。其中图11.2（a）是加法过程，减法过程类似，只是由进位改为借位；图11.2（b）和图11.2（c）分别是乘法和除法运算过程。

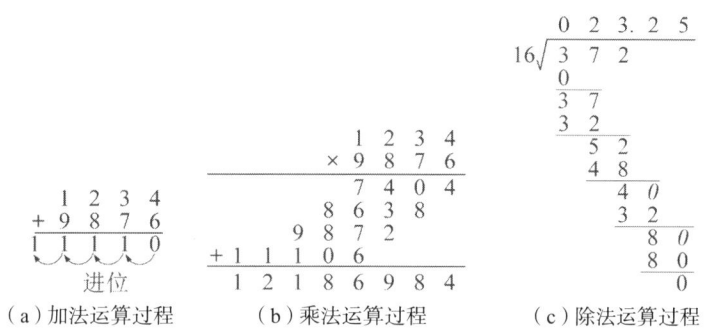

图11.2 初等数学中四则运算的运算过程

高精度数四则运算的基本原理是用字符型数组或整型数组存储参与运算的操作数，用数组元素代表每一位数，并模拟初等数学中的四则运算过程。理论上说，可以对任意多位数进行运算，只要有足够多的存储空间。

1. 加减法原理

如图11.2（a）所示，加减法的运算过程是：将两个操作数右对齐，即第0位对齐，从低位到高位（从右往左）进行每一位的运算。对于加法，如果某一位运算的结果超过10（对于其他进制的运算，则是超过进制的基数），则往高位进一位，同时该位的运算结果要减去10。对于减法，如果被减数某一位小于减数对应位，则被减数要往高位借位，如果高位为0，则要往更高位借位。一旦某一位被借位，则该位的值要减1。从相邻高位借来的1放在当前位，视为10。

2. 乘法原理

如图11.2（b）所示，乘法运算的原理和过程是：将多位数的乘法转换成1位数的乘法及整数的加法来实现，即把第2个乘数的每位数乘以第1个乘数，把得到的中间结果累加起来；第2个乘数的每位数进行乘法运算得到的中间结果，是与第2个乘数参与运算的位右对齐的。

3. 除法原理

如图11.2（c）所示，除法运算的原理和过程是：从被除数的最高位开始，用被除数的最高位除以除数，得到商的最高位（可能为0），以后每步都是把上一步得到的余数跟当前被除数中的位组合，并除以除数，得到商和余数。

需要注意的是，高精度的一些运算可能需要转换成除法运算来实现。例如，将八进制小数转换成十进制小数，直接实现比较困难，所以转换成除法运算。

4. 高精度计算的基本思路

高精度计算的基本思路是：用数组存储参与运算的数的每一位，在运算时以数组元素所表示的位为单位进行运算。可以采用字符型数组，也可以采用整型数组存储参与运算的数，具体应视具体题目而定。

11.4 高精度计算要点

下面介绍在进行高精度运算时需要注意的一些问题。

1. 是否需要逆序

不管是加减法还是乘法运算，都是从操作数的第0位开始进行的，需要将两个操作数从第0位对齐。但是，将高精度数以数字字符串读入时，通常在数组第0个元素中存储的是高精度数的最高位。所以，在进行加减法和乘法运算之前，通常需要将高精度数逆序，即在数组第0个元素中存储的是最低位。运算完毕后，再将运算结果逆序后输出。

2. 对齐问题

在加减法和乘法运算过程中，都可能存在对齐问题。对于加减法运算，如果读入的高精度不进行逆序（第0个元素表示最高位），则要找到两个操作数的最低位，对齐后再运算（通常这样运算要更麻烦一些），如本章的案例1。在乘法运算过程中，第2个乘数的每位数乘以第1个乘数，得到的中间结果是与第2个乘数参与运算的位右对齐的，如果没有对齐，得到的结果就是错误的。

11.5 案例1：统计加法运算的进位次数

【题目描述】

给定两个加数，统计加法运算过程中进位的次数。

【输入描述】

输入占一行，为两个无符号整数，少于10位。

【输出描述】

对输入的两个加数，计算它们进行加法运算时进位的次数并输出。具体输出格式详见样例输出。

【样例输入1】

123 456

【样例输出1】

No carry operation.

【样例输入2】

555 555

【样例输出2】

3 carry operations.

【样例输入3】

123 594

【样例输出3】

1 carry operation.

【分析】

正如前面分析的那样，本题可以采用字符型数组来存储读入的两个加数。注意，每个加数的最低位（个位）在字符型数组的末尾。

对两个加数进行加法运算时，要注意以下两点。

（1）要得到每个数字字符对应的数值，方法是将数字字符减去字符'0'。

（2）从两个加数的最低位开始按位求和，如果和大于9，则会向前一位进位。要注意某一个加数的每一位都运算完毕，但另一个加数还有若干位没有运算完毕的情形。

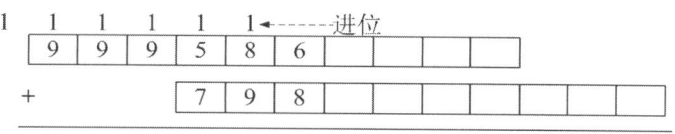

图11.3 用字符数组实现算术运算

如图11.3所示，999586 + 798，这两个加数分别有6位数和3位数。当第2个加数的最低3位数都运算完毕时，还会向前面进位，这时第1个加数还有3位没有运算完毕，由于进位的存在，这3位在运算时都还会产生进位。

另外，本题并不需要存储加法运算的结果，如果需要存储，通常需要将两个加数逆序后再进行运算，详见下一章。代码如下。

```
#include <bits/stdc++.h>
using namespace std;
```

```
int main( )
{
    char a1[1010], a2[1010];        // 读入的两个加数
    cin >>a1 >>a2;
    int cnt = 0;        // 进位次数
    int i1 = strlen(a1) - 1, i2 = strlen(a2) - 1, c = 0;        //c:进位
    while( i1>=0 && i2>=0 ) {        // 从两个加数的右边开始对每位进行加法运算
        if( a1[i1]-'0'+a2[i2]-'0'+c>9 ) { cnt++;   c = 1; }
        else   c = 0;
        i1--;   i2--;
    }
    // 如果第 1 个加数还有若干位没有运算完
    while( i1>=0 && c==1 ) {        // 如果 c 为 0 则没有必要继续循环了
        if( a1[i1]-'0'+c>9 ) { cnt++;   c = 1; }
        else   c = 0;
        i1--;
    }
    // 如果第 2 个加数还有若干位没有运算完
    while( i2>=0 && c==1 ) {        // 如果 c 为 0 则没有必要继续循环了
        if( a2[i2]-'0'+c>9 ) { cnt++;   c = 1; }
        else   c = 0;
        i2--;
    }
    if( cnt>1 )    cout <<cnt <<" carry operations." <<endl;
    else if( cnt==1 )   cout <<"1 carry operation." <<endl;
    else   cout <<"No carry operation." <<endl;
    return 0;
}
```

注意，本题中告诉了读入的无符号整数少于10位，因此可以用unsigned int 变量（其取值范围是0～4294967295）a 和 b 来保存读入的整数，并依次取它们的个位并相加，以此模拟两个数加法运算过程并统计进位次数。代码如下。

```
#include <bits/stdc++.h>
using namespace std;
int main( )
{
    unsigned int a, b, c = 0, cnt = 0;        //c:进位；cnt:进位次数
    cin >>a >>b;
    while(1){
        if(a%10 + b%10 + c>=10){        // 取 a 和 b 当前个位并相加
            c = 1;    cnt++;        // 如果 a 或 b 为 0，取出来的数字为 0，不影响运算
        }
```

```
        else  c = 0;
        if(a==0 && b==0)  break;    // 当a和b均为0,就可以退出了
        a = a/10;  b = b/10;         // 能保证a和b要运算的位是对齐的
    }
    if(cnt==0)       cout <<"No carry operation." <<endl;
    else if(cnt==1)  cout <<"1 carry operation." <<endl;
    else   cout <<cnt <<" carry operations." <<endl;
    return 0;
}
```

11.6 案例2：skew二进制

【题目描述】

在skew二进制里，第k位的权值为$2^{(k+1)} - 1$，skew二进制的数码为0和1，最低的非0位可以取2。例如：

$$10120_{(skew2)} = 1 \times (2^5 - 1) + 0 \times (2^4 - 1) + 1 \times (2^3 - 1) + 2 \times (2^2 - 1) + 0 \times (2^1 - 1)$$
$$= 31 + 0 + 7 + 6 + 0 = 44$$

skew二进制的前10个数为0、1、2、10、11、12、20、100、101和102。

【输入描述】

输入占一行，为skew二进制下的一个非负整数n。

【输出描述】

对输入的skew二进制数，输出对应的十进制数。n的最大值对应到十进制为$2^{31} - 1 = 2147483647$。

【样例输入1】   【样例输出1】

10120   44

【样例输入2】   【样例输出2】

1000000000000000000000000000000   2147483647

【分析】

很明显，对输入的skew二进制数，不能采用整数形式（int）读入，必须采用字符型数组。那么需要定义多长的字符型数组呢？题目中提到输入的skew二进制数最大值对应的十进制为$2^{31} - 1 = 2147483647$，正如样例输入数据所示，十进制数2147483647对应的skew二进制数为1000000000000000000000000000000，因此存储输入文件中的skew二进制数可以采用长度为40的字符型数组。

在把skew二进制数转换成十进制时,只需把每位按权值展开求和即可。在本题中,skew二进制里第k位的权值为$2^{(k+1)} - 1$,本题代码巧妙地表示了每位的权值。定义变量w,初值为2,w每次乘以2,第k位的权值为w-1。

本题采用字符型数组存储高精度数,求高精度数的总位数及取出每位上的数码都是很方便的。注意,2^{31}已经超出了int型范围,所以本题必须用unsigned int或long long。代码如下。

```
#include <bits/stdc++.h>
using namespace std;
int main()
{
    char str[40];   cin >>str;    // 读入的每个skew二进制数,用字符型数组存放
    unsigned int len = strlen(str),  num = 0;     //num为对应的十进制数
    unsigned int w = 2;            // 每位的权值为w-1,w每次要乘以2
    for( int i=len-1; i>=0; i-- ) {
        num += (str[i]-'0')*( w - 1 );   w *= 2;
    }
    cout <<num <<endl;
    return 0;
}
```

11.7 案例3:双塔问题

【题目描述】

给定A、B、C三根足够长的细柱,A柱上放有$2n$个中间有孔的圆盘,共有n个不同的尺寸,每个尺寸都有两个相同的圆盘,注意这两个圆盘是不加区分的,图11.4所示为n=3的情形。

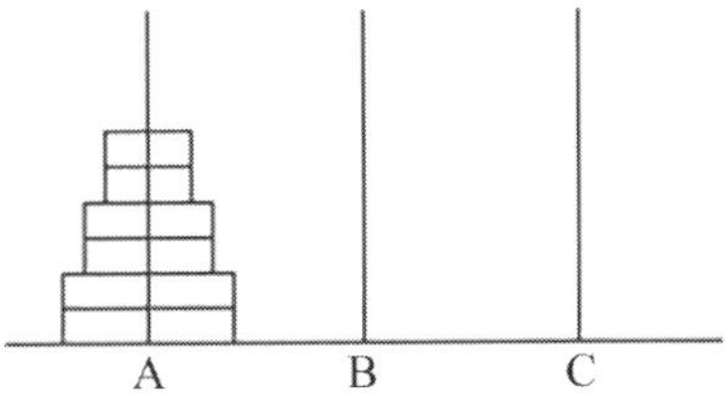

要将这些圆盘移到C柱上,在移动过程中可放在B柱上暂存。要求如下。

(1)每次只能移动一个圆盘。

(2)A、B、C三根细柱上的圆盘都要保持上小下大的顺序。

任务:设A_n为$2n$个圆盘完成上述任务所需的最少移动次数,对输入的n,输出A_n。

图11.4 双塔问题

【输入描述】

输入一个正整数n,表示在A柱上放有$2n$个圆盘。

【输出描述】

输出一个正整数,为完成上述任务所需的最少移动次数A_n。

【样例输入1】

1

【样例输出1】

2

【样例输入2】

2

【样例输出2】

6

【数据规模与约定】

对于50%的数据，$1 \leq n \leq 25$；对于100%的数据，$1 \leq n \leq 200$。

【提示】

设法建立A_n与A_{n-1}的递推关系式。

【分析】

递归经典问题——汉诺塔问题的递推公式是$A_n = 2 \times A_{n-1} + 1$。

汉诺塔问题：A柱上有n个圆盘，如图11.5（a）所示，依次由大至小、从下往上堆放，要求将它们全部移到C柱上；在移动过程中可以利用B柱暂存，但每次只能移动一个圆盘，且必须使三个柱子上始终保持大盘在下、小盘在上的状态。当A柱上有n个圆盘时，至少需要移动多少步？

将n个圆盘从A柱移到C柱可以分解为以下3个步骤。

（1）将A柱上$n-1$个圆盘借助C柱先移到B柱上，如图11.5（b）所示。

（2）将A柱上剩下的1个圆盘移到C柱上，如图11.5（c）所示。

（3）将B柱上的$n-1$个圆盘借助A柱移到C柱上，如图11.5（d）所示。

$n-1$个圆盘的移动又可以分解为两次$n-2$个圆盘的移动和一次1个圆盘的移动。以此类推。设移动n个圆盘至少需要A_n步，则存在递推式子：$A_n = 2 \times A_{n-1} + 1$。这个递推式子的结束条件是：当$n = 1$时，只有一个圆盘，只需一次移动即可。

按照这样的递推关系，可以求出移动n个圆盘至少需要$A_n = 2^n - 1$步。

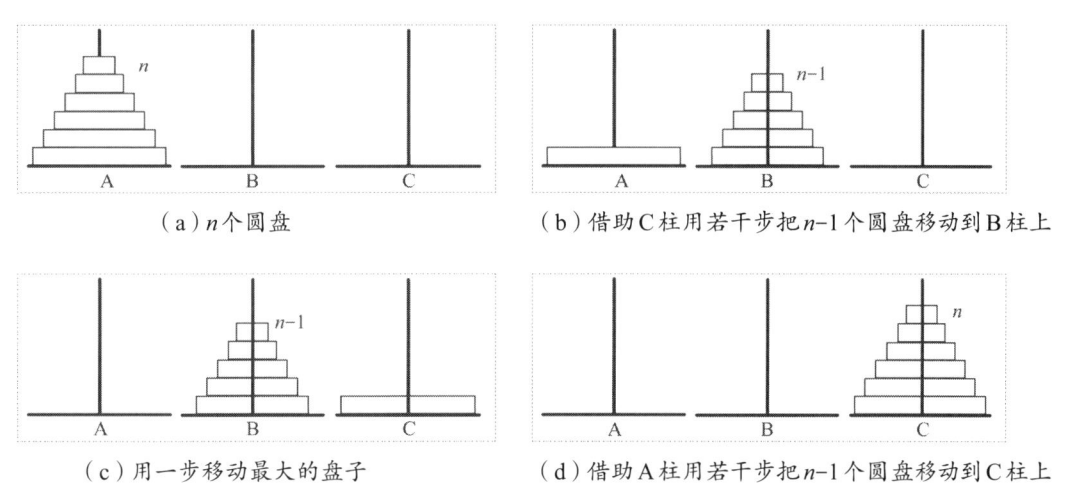

（a）n个圆盘　　　　　　　　　　（b）借助C柱用若干步把$n-1$个圆盘移动到B柱上

（c）用一步移动最大的盘子　　　　（d）借助A柱用若干步把$n-1$个圆盘移动到C柱上

图11.5　汉诺塔问题的分解

按照类似于汉诺塔问题递归公式的求法，也能推导出本题双塔问题的递推公式，就是 $A_n = 2 \times A_{n-1} + 2$。这个递推式子的结束条件是：当 $n = 1$ 时，只有 2 个相同大小的圆盘，只需 2 次移动即可（将 2 个圆盘依次直接从 A 柱移到 C 柱上）。因此，移动 $2n$ 个圆盘至少需要：$A_n = 2^1 + 2^2 + 2^3 + \cdots + 2^n = 2^{n+1} - 2$ 步。

因为 n 最大可以取到 200，$2^{10} = 1024 \approx 1000 = 10^3$，$2^{201} = 2 \times 2^{200} = 2 \times (2^{10})^{20} \approx 2 \times (10^3)^{20} = 2 \times 10^{60}$，所以需要使用高精度，保存 A_n 的数组的长度定义成 100 就可以了。

以下代码用数组 A 存储 A_n 的每一位数字，从 A[0] = 2 开始递推 $n-1$ 次。因为是从 $A_1 = 2$ 递推到 A_n，所以需要递推 $n-1$ 次。每次递推将数组 A 的每个元素乘以 2，再加 2，这个 2 可以直接加到 A[0] 上，然后模拟从低位向高位进位（注意，乘以 2 后位数可能增加 1，要判断）。代码如下。

```
#include <bits/stdc++.h>
using namespace std;
const int maxn = 100;
int A[maxn], len, n;
void init()    //初始化
{
    A[0] = 2;  len = 1;
}
void mul2()    //将数组 A 表示的高精度数乘以 2
{
    for(int i = 0; i < len; i ++)  A[i] *= 2;   //各位乘以 2
    A[0] += 2;
    for(int i = 0; i < len; i ++) {              //往前进位
        A[i+1] += A[i] / 10;
        A[i] %= 10;
    }
    if(A[len])  len++;    //A[len] 不为 0, 位数加 1
}
int main()
{
    cin >>n;
    init();
    while(--n)  mul2();   //f(n) = 2*f(n-1)+2, 递推 n-1 次
    for(int i = len-1; i >= 0; i--)  cout <<A[i];
    cout << endl;
    return 0;
}
```

第 12 章
高精度 2：
高精度数加减法和乘法

本章内容

本章介绍高精度数加减法和乘法的实现原理，以及案例解析。

 高精度数的加减法和乘法

1. 高精度数的加减法

高精度数加减法需要把两个数的个位对齐，按位进行加法或按借位进行减法运算。对于加法，需要注意进位处理；对于减法，需要进行借位处理。对于非十进制的情况（如二进制、八进制等），需要按照对应进制的规则进行进位或借位操作。

2. 高精度数的乘法

联想初等数学中的乘法运算过程，如图12.1（a）所示。该运算过程有以下特点。

（1）多位数的乘法是转换成1位数的乘法及加法来实现的，即把第2个乘数的每位数乘以第1个乘数，把得到的中间结果累加起来。

（2）第2个乘数的每位数进行乘法运算得到的中间结果，是与第2个乘数参与运算的位右对齐的。如图12.1（a）所示，第2个乘数的第2位为"7"，参与乘法运算得到的中间结果"8638"是和"7"对齐的。

在用程序实现乘法运算时，要特别注意以上两点。

另外，在初等数学中，乘法运算得到的每个中间结果都是已经处理了进位的：在中间结果里，一出现进位马上累加到高一位，如图12.1（a）中的中间结果"11106"是已经处理了进位的结果。

但是，为方便程序实现，对中间结果的进位处理，更方便的做法是等全部中间结果运算完后再统一处理。如图12.1（b）所示，每个中间结果"6 12 18 24" "7 14 21 28" "8 16 24 32" "9 18 27 36"都是没有处理进位的，都是第2个乘数的每位乘以第1个乘数每位的原始乘积。等这些中间结果累加后，再一位一位地处理进位。

```
            1 2 3 4
          ×   9 8 7 6
          ─────────
            7 4 0 4
          8 6 3 8
        9 8 7 2
      + 1 1 1 0 6
      ─────────
      1 2 1 8 6 9 8 4
```

```
                1 2 3 4
              ×   9 8 7 6
              ─────────
              6 12 18 24
            7 14 21 28
          8 16 24 32
      + 9 18 27 36
      ─────────────
      9 26 50 80 65 46 24
              ⇓
      1 2 1 8 6 9 8 4
```

（a）初等数学中的乘法运算过程　　　（b）更适合程序实现的乘法运算过程

图12.1　高精度数的乘法

 高精度运算的压位处理

高精度运算的基本原理是用数组存储参与运算的高精度数的每一位数字，以数组元素为单位进行运算。如果采用整型数组存储每一位数字，事实上，每一个数组元素可以存储不止一位数。上

一章和本章的一些案例就利用了这一点。例如，在上一章的案例3中，对数组A的每个元素乘以2，每个数组元素可能不止一位数，然后从低位往高位进位。又如，本章案例2实现了两个高精度数的乘法运算，存储中间结果的t数组，每个元素也不止一位数字。

高精度运算的压位处理把上述思想执行得更彻底：用数组存储高精度数，每个数组元素存储多位数字，通常是位数相同的数字，例如每个数组元素存储5位数字。举个例子，对十进制高精度数9326480872302348750292357801 9283，可以用一个数组元素存储一位数字（有点大材小用），如图12.2（a）所示；也可以用一个数组元素存储5位数字，如图12.2（b）所示。数组元素上方的数字代表数组元素的下标。

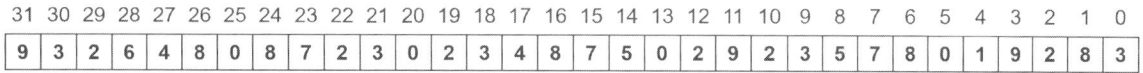

（a）每个数组元素存储1位数字

6	5	4	3	2	1	0
93	26480	87230	23487	50292	35780	19283

（b）每个数组元素存储5位数字

图12.2 高精度数的压位处理

对高精度数进行压位处理有两个好处：节省存储空间和加快运算。

例如，对一个1000位的整数循环处理1000次，如果一个数组元素存储1位数字，则需要执行1000×1000 = 1000000（100万）次运算。如果一个数组元素存储5位数字，则只需要执行1000×200 = 200000（20万）次运算。

 案例1：高精度数的加法

【题目描述】

十进制高精度数的加法运算。

【输入描述】

输入数据最多包含100行。每一行由一个非常长的十进制正整数组成，这个整数的长度不会超过100个字符而且只包含数字。最后一行为0，表示输入数据结束，这一行数据不用加起来。

【输出描述】

除最后一行的0外，求所有正整数的和并输出。

【样例输入】　　　　　　　　　　　　　　　　【样例输出】

999992789612 57987　　　　　　　　　　　　1099080400800349616

```
126792340765189
998954329065419876
432906541
23
0
```

【分析】

首先，题目中提到，整数的长度不会超过100位，所以这些整数只能采用字符数组读入。但在对每位进行求和时，可以采用字符形式，也可以采用整数形式。本题用整数形式处理更方便：对读入的字符数组，以逆序的方式将各字符转换成对应的数值存放到整数数组，整数数组中剩余元素的值为0，然后以整数方式求和，最后将求和的结果以相反的顺序输出各位数字。

例如样例输入中的那组数据，逆序转换后每个大数对应一个整数数组，数组元素表示大数的各位，如图12.3所示。注意第0位表示整数的最低位（个位）。

进位--→		2	3	2	2	1	2	1	2	1	2	2	1	2	1	2	1	1	1	0
	7	8	9	7	5	2	1	6	9	8	7	2	9	9	9	9	9	0	0	0	…
	9	8	1	5	6	7	0	4	3	2	9	7	6	2	1	0	0	0	0	0	…
	6	7	8	9	1	4	5	6	0	9	2	3	4	5	9	8	9	9	0	0	…
	1	4	5	6	0	9	2	3	4	0	0	0	0	0	0	0	0	0	0	0	…
+	3	2	0	0	0	0	0	0	0	0	0	0	0	0	0	0	0	0	0	0	…
	6	1	6	9	4	3	0	0	8	0	0	4	0	8	0	9	9	0	1	0	…

图12.3　高精度数的加法

求和时，从各整数数组的第0个元素开始累加，并计算进位。在本题的求和过程中要注意以下两点。

（1）计算每位和时，得到的进位可能大于1，如图12.3所示。

（2）累加各大数得到的和，其位数可能会比参与运算的大数的位数还要多。稍加分析即可得出结论，如果参与求和运算的大数最大长度为mlen，因为参加求和运算的大数个数不超过100个，所以求和结果长度不超过mlen+2。因此求和时可以一直求和到mlen+2位，然后去掉后面的0，再以相反的顺序输出各位整数即可。如图12.3所示，这组数据求和的结果逆序后为1099080400800349616。代码如下。

```
#include <bits/stdc++.h>
using namespace std;
int main( )
{
    char buf[200];              //存储（以字符形式）读入的每个整数
    int a[200][200] = {0};      //逆序后的大数（每位是整数形式）
    int ans[200] = {0};         //及求得的和
```

```
    int n, len, mlen;           // 整数的个数，每个整数的长度，及这些整数的最大长度
    int sm, c, d;               // 每位求和运算后得到的总和，进位，及该位的结果
    int i, j;
    mlen = -1;
    for( n = 0;  ; n++ ) {      // 读入每个大整数
        cin >>buf;
        if( strcmp(buf, "0") == 0 )  break;
        len = strlen(buf);
        if( len>mlen )  mlen = len;
        for( i = 0; i < len; i++ )        // 逆序存放大数的每位（整数形式）
            a[n][i] = buf[len - 1 - i] - '0';
    }
    c = 0;
    for( i = 0; i < mlen+2; i++ ) {       // 对这些整数的每位进行求和
        sm = c;
        for( j = 0; j < n; j++ )  sm += a[j][i];
        d = sm % 10;  c = sm / 10;  ans[i] = d;
    }
    for( i = mlen+2; i >= 0; i-- )        // 统计求和结果的位数
        if( ans[i] != 0 )  break;
    while( i >= 0 )  cout <<ans[i--];     // 逆序输出求和的结果
    cout <<endl;
    return 0;
}
```

12.4 案例2：高精度数的乘法

【题目描述】

给定两个位数不超过100位的正整数，求它们的乘积。

【输入描述】

输入占两行，分别为一个正整数，每个正整数的位数不超过100位。

【输出描述】

输出占一行，为两个正整数的乘积。

【样例输入1】   【样例输出1】

981567   32368350686967
32976201

【样例输入2】　　　　　　　　　　　【样例输出2】

　123456789　　　　　　　　　　　　121932631112635269
　987654321

【分析】

两个长度不超过100位的正整数必须用字符数组 a 和 b 来读入，其乘积不超过200位。大整数的乘法运算过程可分为以下几个步骤。

（1）对读入的字符形式的大整数，把其各位上的数值以整数形式取出来，以相反的顺序存放到一个整型数组里，如图12.4所示。

（2）把第2个乘数中的每位乘以第1个乘数，把得到的中间结果累加起来，注意对齐方式，以及累加每位运算的中间结果时暂时不进位。

（3）把累加的中间结果，由低位向高位进位。把最终结果按相反的顺序转换成字符串输出。

整个过程如图12.4所示，图中的标号①、②、③对应上述3个步骤。

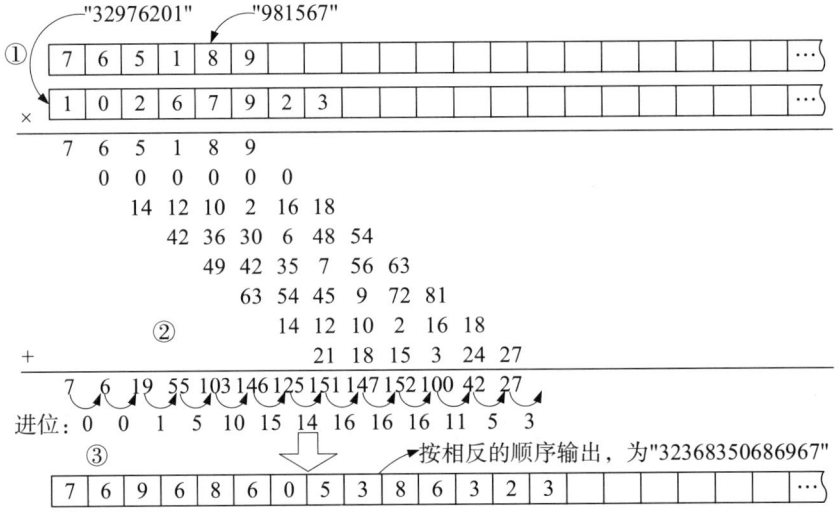

图12.4　高精度数的乘法运算过程的实现

代码如下。

```
#include <bits/stdc++.h>
using namespace std;
char a[101], b[101];      // 输入的两个正整数（字符形式）
int lena, lenb;            // 输入的正整数长度
int ai[101], bi[101];     // 输入的两个正整数（以整数形式存储每一位）
int t[202];                // 每一位乘法的中间结果
char p[201];               // 乘积
void reverse( char s[ ], int si[] )    // 以逆序顺序将大数中的各位数存放到整型数组 si
{
```

```
    int len = strlen(s);
    for( int i=0; i<len; i++ )   si[len-1-i] = s[i]-'0';
}
int main( )
{
    int i, j;
    cin >>a >>b;
    lena = strlen(a);   lenb = strlen(b);   reverse(a, ai);   reverse(b, bi);
    for( i=0; i<lenb; i++ ) {      //用大整数b的每位去乘大整数a
        int start = i;             //得到的中间结果跟大整数b中的位对齐
        for( j=0; j<lena; j++ ) t[start++] += ai[j]*bi[i];
    }
    for( i=0; i<202; i++ ) {       //低位向高位进位
        if( t[i]>9 ) { t[i+1] += t[i]/10;   t[i] = t[i]%10; }
    }
    for( i=201; i>=0; i-- ){ if( t[i] )  break; }       //求乘积的长度
    int lenp = i+1;                //乘积的长度
    for( i=0; i<lenp; i++ )        //将乘积各位转换成字符形式
        p[lenp-1-i] = t[i]+'0';
    p[lenp] = 0;                   //串结束符标志
    cout <<p <<endl;
    return 0;
}
```

12.5 案例3：麦森数

【题目描述】

形如 2^P-1 的质数称为麦森数，这时 P 一定也是质数。但反过来不一定，即如果 P 是质数，2^P-1 不一定也是质数。到1998年底，人们已找到了37个麦森数，最大的一个是 $P=3021377$，它有909526位。麦森数有许多重要应用，它与完全数密切相关。

任务：从文件中输入 P（1000<P<3100000），计算 2^P-1 的位数和最后500位数字（用十进制高精度数表示）。

【输入描述】

输入占一行，为一个整数 P（1000<P<3100000）。

【输出描述】

第1行：十进制高精度数 2^P-1 的位数。

第2～11行：十进制高精度数 2^P-1 的最后500位数字（每行输出50位，共输出10行，不足500

位时高位补0）。

不必验证2^P-1与P是否为质数。

【样例输入】　　　　　　【样例输出】

```
1279                    386
                        00000000000000000000000000000000000000000000000000
                        00000000000000000000000000000000000000000000000000
                        00000000000001040793219466439908192524032736408553
                        86152622472667048053191123504036080596733602980122
                        39441732324184842421613954281007791383566248323464
                        90813990660567732076292412950938922034577318334966
                        15835504729594205476898112116936771475484788669625
                        01384438260291732348885311160828538416585028255604
                        66622483189091880184706822203140521026698435488773
                        29580288780508697361869007147207105557031687290871
```

【分析】

对输入的正整数P，本题要求2^P-1的位数与最后500位数字。

首先是位数，因为$P>1000$，2^P的个位至少为2（因$2^P \bmod 10 \in \{2, 4, 6, 8\}$），因此$2^P-1$的位数和$2^P$的位数是一样的。假设$2^P = 10^Q$，则$Q = \log_{10}(2^P) = P \times \log_{10}(2)$，因为$10^n$的位数为$n+1$，所以$2^P$的位数为$\lfloor P \times \log_{10}(2) \rfloor +1$，直接输出就可以。

其次求2^P-1的最后500位数字，因为P最大可以取到3100000，2^P最大会超过909526位，因此直接按高精度数乘法从1开始每次乘以2，执行P次，最坏情况下，运算次数近似为3100000×909526，肯定会超时。一种改进方法是每次乘以2时只执行最后500位的运算，运算次数近似为3100000×500，这依然会超时。所以要继续改进，采用压位处理，数组开100，压5位刚好，运算次数近似为3100000×100，仍然可能会超时。继续改进。

本题关键是求2^P，就是从1开始每次乘以2，执行P次。为了进一步加快运算，可以每次"乘以2" 10次，而这个运算可以通过对每个数组元素按位左移10次、再处理进位来实现，这样就只需执行$P/10$次，最后执行$P\%10$次乘以2的运算即可，最坏情况下，运算次数近似为310000×100，能在1秒钟内结束。代码如下。

```cpp
#include <bits/stdc++.h>
#define maxn 100000
using namespace std;
int main( )
{
    int i, j, a[102] = {0};
    int P;   cin >>P;
    cout <<(int)(P*log10(2.0)+1) <<endl;   // 直接输出位数
    int left = P%10;
```

```
    P = P/10;   a[0]=1;
    for(i=1; i<=P; i++){    // 执行 P（已经除以 10 了）次，每次乘以 2^10
        for(j=0; j<=100; j++)           // 注意只能先乘移位，不能同时进行，下面也一样
            a[j] <<= 10;                // 用按位左移实现乘以 2^10
        for(j=0; j<=100; j++){          // 低位向高位进位
            if(a[j]>=maxn){
                a[j+1] += a[j]/maxn;
                a[j] %= maxn;
            }
        }
    }
    for(i=1; i<=left; i++){
        for(j=0; j<=100; j++)           // 同上
            a[j] <<= 1;
        for(j=0; j<=100; j++){
            if(a[j]>=maxn){
                a[j+1] += a[j]/maxn;
                a[j] %= maxn;
            }
        }
    }
    a[0]--;                             // 记得最后一位要减一
    for(i=99; i>=0; i--){   // 倒序输出
        cout <<setw(5) <<setfill('0') <<a[i];
        if(i%10==0)   cout <<endl;
    }
    return 0;
}
```

第13章
字符及字符串处理（1）

本章内容

在C++语言中，字符串的存储和处理可以用字符数组或string类型，前者需要使用字符串处理函数，后者提供了丰富的函数。本章介绍字符及字符串处理的基本问题，以及案例解析。

13.1 字符串处理函数

头文件<string.h>定义了一些与字符串处理相关的函数,常用的有以下几个。

注意,这些函数的参数和返回值使用char*类型(字符指针)。如果没有学过指针但学过字符数组,也是可以理解的。字符数组名在函数调用时会自动退化为指向其首元素的字符指针。在以下函数中,如果形参为字符指针,调用函数时实参可以是字符数组;如果返回值是字符指针,实际返回的就是保存字符串的地址。

1. 字符串连接函数strcat

原型:

```
char* strcat(char *dest, const char *src);
```

功能:第1个参数dest是目标字符串,第2个参数src是源字符串,把src指向的字符串连接到dest指向的字符串后面。

返回值:返回连接后得到的字符串的首地址,即第1个参数dest的值。

函数说明如下。

① 第1个参数dest指向的存储空间必须足够大,能够容纳这两个字符串(包括结束符'\0')。

② 连接前,两个字符串均以'\0'结束;连接后,dest字符串原先的'\0'会被覆盖,在新的dest字符串最后加'\0'。

2. 字符串复制函数strcpy和strncpy

原型:

```
char* strcpy(char *dest, const char *src);
```

功能:第1个参数dest是目标字符串,第2个参数src是源字符串,把src指向的字符串复制到dest指向的存储空间里,将原有的字符覆盖。

返回值:返回复制后得到的字符串的首地址,即第1个参数dest的值。

函数说明如下。

① 第1个参数指向的存储空间必须足够大,能够容纳第2个字符串。

② 会复制src的结束符'\0'。

如果不想复制src整个字符串,可以指定复制的字符数,需要使用strncpy函数。

strncpy函数原型:

```
char* strncpy(char *dest, const char *src, size_t n );
```

strncpy函数比strcpy函数多了参数n,用来指定复制的字符数。

注意,strncpy函数在将源字符串中的n个字符复制到目标字符串后,不会在目标字符串末尾加串结束标志'\0'，这个细节上的差别可能会导致程序输出奇怪的字符，甚至导致程序运行结果不正确。示例如下。

```
char s1[20] = "Hello world!"; char s2[20];
strncpy(s2, s1, 5);    // 复制后, s2 中存储了 "Hello", 但后面没有串结束标志
cout <<s2 <<endl;      // 输出 Hello, 后面还有一些奇怪的字符
```

解决上述问题的方法是：在调用strncpy函数前将目标字符串清空，即将所有元素的值置为0。对上面的程序，可以按下面的方式定义s2数组。

```
char s2[20] = {0};
```

另一个例子：第9章的案例2需要按以下方式定义字符数组t。如果定义字符数组t时不将元素值置为0，程序就是错的，因为在调用strncpy函数复制n个字符到字符数组t时，不会在t的末尾加串结束标志'\0'。

```
char t[10] = {0};
```

3. 字符串长度函数strlen

原型：

```
unsigned int strlen(const char *string);
```

功能：计算字符串长度。

返回值：返回字符串实际长度，不包括'\0'在内。

4. 字符串比较函数strcmp和strncmp

原型：

```
int strcmp(const char *s1, const char *s2);
```

功能：比较两个字符串的大小。

比较规则：对两个字符串从左向右逐个字符比较（ASCII码），直到遇到不同字符或'\0'为止。

返回值：返回int型整数，若字符串s1<字符串s2，返回-1；若字符串s1>字符串s2，返回1；若字符串s1==字符串s2，返回0。注意，用strcmp函数比较两个字符串s1和s2时，如果返回值为0，就表示s1和s2是同一个字符串。

如果不想比较到字符串末尾，可以指定比较的字符数，需要使用strncmp函数。

strncmp函数原型：

```
int strncmp( const char * s1, const char * s2, size_t n );
```

strncmp函数比strcmp函数多了参数n，用来指定比较的字符数，比较的规则和返回值含义和strcmp函数一样。

5. 存储空间赋值函数 memset

原型：

```
void* memset( void *dest, int c, int count );
```

功能：把空类型指针变量 dest 指向的存储空间的前 count 个字节设置成整数 c。memset 函数可以快速实现将一个整型或 char 型数组的各元素初始化为 0 或 –1（如果是整型数组，不能初始化为其他值），用法如下。

返回值：返回值就是参数 dest 指向的存储空间的地址。

```
int a[100];   memset(a, 0, sizeof(a));      // 将数组 a 的每个字节（各个元素）赋值为 0
int b[100];   memset(b, 0xff, sizeof(b));   // 将数组 b 的各个元素赋值为 –1
```

6. 存储空间拷贝函数 memcpy

原型：

```
void *memcpy(void *dest, void *src, unsigned n);
```

功能：从源内存地址的起始位置开始复制 n 个字节到目标内存地址中。

另外，使用"cin >> 数组名"的形式输入字符串时，是以空格、Tab 键、回车键作为输入结束的。如果要读入包含空格的字符串，要使用 cin.getline() 函数，该函数的用法为：

```
cin.getline(字符数组名，读入字符数的最大数量);
```

注意，读入字符的数量包括最后的串结束标志 '\0'。因此，cin.getline(s, 10) 最多只能读入 9 个字符。

此外，在用 cin.getline() 函数读入一行字符时，如果前一行有输入数据，即有回车换行，则 cin.getline( ) 会读入上一行的换行符，必须用 getchar() 函数或其他方法跳过这个换行符，才能正确地读入一行字符，详见下一节。

13.2 字符串类 string

C++ 标准库提供的 string 类封装了动态字符串操作，功能强大。string 类型的字符串可以直接输入、输出，可以用 <、<=、>、>=、== 比较大小，也可以用"+"号拼接两个字符串，还可以通过下标访问字符串中的字符等。string 类也提供了丰富的函数，以下列出一些常用的函数。这些函数都是通过一个字符串（设为 s1）来调用的，如 s1.size( )。

```
int size()const;         // 返回字符串 s1 的大小，即长度
int length()const;       // 返回字符串 s1 的长度
bool empty()const;       // 判断字符串 s1 是否为空
```

```
void swap(string &s2);       // 交换字符串 s1 与 s2 的值
string substr(int pos);      // 返回从 pos 开始一直到末尾的子串
string substr(int pos = 0,int n = npos) const; // 返回从 pos 开始的 n 个字符组成的字符串
int find(char c, int pos = 0) const;     // 从 pos 开始查找字符 c 在字符串 s1 中的位置
int find(const char *s, int pos = 0) const;
                                         // 从 pos 开始查找字符串 s 在字符串 s1 中的位置
int find(const char *s, int pos, int n) const;
// 从 pos 开始查找字符串 s 中前 n 个字符组成的字符串在字符串 s1 中的位置,成功时返回所在位置,失
败时返回 string::npos 的值(npos 是一个常量,用来表示不存在的位置)
int find(const string &s, int pos = 0) const;
                                         // 从 pos 开始查找字符串 s 在字符串 s1 中的位置
清空字符串的方法: s1=""; s1.clear(); s1.erase()。
字符串逆序的方法: reverse(s1.begin(), s1.end())。
将字符串里的字符按字母顺序排序: sort(s1.begin(), s1.end())。
```

注意,

(1)用 cin 读入 string 类型的字符串时,也是以空格、Tab 键、回车键这 3 类空白字符作为输入结束的。如果要将包含空格的字符串读入 string 类型的字符串 s,需要使用 getline(cin, s),这种输入方式是以换行符表示输入结束。

(2)用 getline 函数读入 string 类型的字符串 s 时,如果前面有输入数据,则会读入上一行的换行符,这时需要专门用 getchar() 等方法跳过上一行的换行符,详见下面的例子。

```
int n;   string s1, s2;
cin >>n;            // 先读入一个整数,如 25
// 跳过上一行的换行符,可以用以下任意一种方法
getchar();          //(1) 只读入换行符,但不存储
//char c; c = getchar();  //(2) 读入换行符并保存到一个临时变量中,不能用 cin >>c;
getline(cin, s1);   // 假设输入 "a b c"
getline(cin, s2);   // 假设输入 "aaa bbb ccc"
cout <<s1 <<endl    // 输出: a b c
cout <<s2 <<endl    // 输出: aaa bbb ccc
```

如果使用 cin.getline(s, 101) 读入一个字符串到字符数组 s,也存在这样的问题,处理方法是一样的。

 **13.3 字符转换**

字符转换和编码通常可以基于字符的 ASCII 编码值进行操作。这类题目通常比较简单,适合作为字符和字符串处理的入门练习。所谓字符转换就是将字符按照某种规律转换成对应的字

符。例如，把小写字母转换成字母表后面第4个字符，形成环状序列，即'w'、'x'、'y'、'z'分别变成'a'、'b'、'c'、'd'。这种简单的转换可以实现简单的加密，如本章的案例2。

 案例1：ISBN

【题目描述】

每一本正式出版的图书都对应一个国际标准书号（ISBN）。目前通用的ISBN-13标准由13位字符组成。但早期广泛使用的ISBN-10由10位字符组成，其规定格式如x-xxx-xxxxx-x，其中连字符"-"就是分隔符，前9位是数字，最后1位是校验码，如0-670-82162-4就是一个标准的ISBN编码。ISBN的首位数字表示出版语言，如0代表英语，7代表中文；第1个分隔符后的三位数字代表出版社代码，如670代表维京出版社；第2个分隔符后的五位数字代表该书在该出版社内的编号；最后一位为校验码。

校验码的计算方法如下：对前9位数字，从左至右分别乘以权重1到9，计算加权和：0×1+6×2+7×3+0×4+8×5+2×6+1×7+6×8+2×9 = 158，然后取158 mod 11的结果4作为校验码。若余数为10，则校验码为X；否则为余数本身。

你的任务是编写程序判断输入的ISBN中的校验码是否正确，如果正确，则输出Right；如果错误，则输出正确的ISBN。

【输入描述】

输入一个字符序列，表示一本书的ISBN（保证输入符合ISBN的格式要求）。

【输出描述】

输出占一行，假如输入的ISBN的识别码正确，那么输出Right，否则，按照规定的格式输出正确的ISBN（包括分隔符-）。

【样例输入1】	【样例输出1】
0-670-82162-4	Right

【样例输入2】	【样例输出2】
0-670-82162-0	0-670-82162-4

【分析】

很多比赛题目都有具体的背景，在本题中我们学到了图书ISBN编码的知识。

string类是C++标准库提供的用于处理字符串的强大工具，使用时需要包含头文件<string>，相较于字符数组，它有以下优势。

（1）使用getline函数可以读取包含空格的字符串。

（2）可以自动调整存储空间，相当于一个动态字符数组。

（3）支持运算符+，我们可以通过string1+=string/char将string/char追加到string1的结尾，或者用string1=string/char+string1将string/char添加到string1的开头。

本题用string类型存储读入的ISBN，取出前9个数字字符，将它们转化成数字，每一位与对应位数相乘，然后加起来取模。最后判断是否与校验码相等。代码如下。

```
#include <bits/stdc++.h>
using namespace std;
string s;
string check;
const int mod = 11;     // 将mod变为常量，能加快运算
int calc(string s)      // 计算ISBN码的校验码
{
    int res = 0;
    for(int i = 0; i < s.size(); i++) { //string类型的字符串中字符的下标是从0开始的
        res = (res + (s[i] - '0') * (i + 1)) % mod ;
    }
    return res;
}
int main( )
{
    cin >> s;
    // 除了最后一位的字符和 - 符号，其他的都存进待检测字符串中
    for(int i = 0; i < s.size() - 1; i++) {
        if (s[i] == '-')  continue;
        check += s[i];
    }
    int ans = calc(check);
    if(ans == (s[s.size() - 1] - '0') || (ans == 10 && s[s.size() - 1] ==
        'X'))    // 校验码是正确的
        cout << "Right" << endl;
    else{       // 否则，将最后一位改成正确的符号
        s[s.size() - 1] = ans == 10 ? 'X' : char(ans + '0');
        cout << s << endl;
    }
    return 0;
}
```

13.5 案例2：解密

【题目描述】

加密规则为：对原文中的每个字母进行替换，将字母表中的每个字母替换为字母表中向后移动

5位的字母,字母表是循环的,如原文中的字符为字母A,则密文中对应的字符为F。你的任务是解密,将密文翻译成原文。

ciphertext(密文): **A B C D E F G H I J K L M N O P Q R S T U V W X Y Z**

plaintext(原文): **V W X Y Z A B C D E F G H I J K L M N O P Q R S T U**

加密时,只有字母字符才按照上述规则进行加密。非字母字符保持不变,而且所有字母字符均为大写字母。

【输入描述】

输入数据由以下3行组成。

(1)首行为字符串"START"。

(2)第2行为密文,包含的字符个数大于等于1,小于等于200。

(3)第3行为字符串"END"。

【输出描述】

输出占一行,为解密出来的原文。

【样例输入】

```
START
NS BFW, JAJSYX TK NRUTWYFSHJ FWJ YMJ WJXZQY TK YWNANFQ HFZXJX
END
```

【样例输出】

```
IN WAR, EVENTS OF IMPORTANCE ARE THE RESULT OF TRIVIAL CAUSES
```

【分析】

本题针对的是大写字母,把每个字母转换成字母表前5个字母,形成环状序列。'F'转换成'A','G'转换成'B',…,'Z'转换成'U','A' 'B' 'C' 'D' 'E'分别转换成'V' 'W' 'X' 'Y' 'Z',如图13.1所示。

本题的转换式子是:

```
Cipher[i] = ((Cipher[i] - 5 - 65)%26 + 26)%26
 + 65
```

或

```
Cipher[i] = (Cipher[i] + 21 - 65)%26 + 65。
```

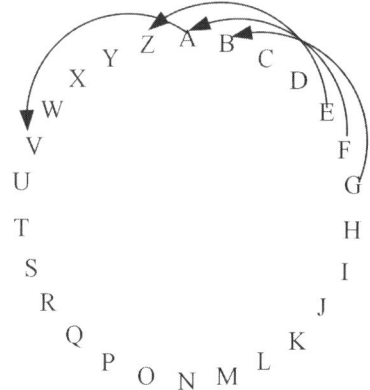

图13.1 将字母转换成字母表前第5个字母

第1个式子要做两次取余运算,因为第1次取余运算的结果可能为负数;如果不做第2次取余运算,提交到OJ的反馈结果可能为Wrong Answer。

本题还要特别注意输入数据的格式,输入数据占3行,但只有中间一行是需要处理的,在读入数据时要跳过第1行和第3行。而且，第2行的密文可能会包含空格，需要用cin.getline()函数来读入，但是这个函数会读入上一行的换行符，所以需要单独用getchar()读入上一行的换行符（但不保存也不处理），这样，后面的cin.getline()才能读入密文。代码如下。

```
#include <bits/stdc++.h>
using namespace std;
int main( )
{
    char s[210] = {0};          // 存储读入的每行字符串，每行字符串长度小于等于200
    cin >>s;                     // 第一次读，内容是："START"
    getchar();                   // 跳过上一行的换行符
    cin.getline( s, 205 );       // 第二次读，读入的是密文
    int i = 0;
    while( s[i]!='\0' ) {        // 字符转换
        if( s[i]>='A' && s[i]<='Z' )
            s[i] = (s[i] + 21 - 65)%26 + 65;
        i++;
    }
    cout <<s <<endl;             // 输出原文
    cin >>s;                      // 第三次读，内容是："END"
    return 0;
}
```

13.6 案例3：打字纠错

【题目描述】

一种常见的打字键入错误是将键盘上的键位错按成它右侧相邻的按键，如图13.2所示。比如想键入"Q"却误按成"W"，想键入"J"却误按成"K"。你的任务是对上述错误的打字方式进行正确地"解码"。

图13.2　键盘

【输入描述】

输入占一行，可以包含数字、空格、除"A""Z""Q"外的大写字母，以及除反引号"`"外的标点符号。此外，也不会错按到Tab、BackSpace、Control等标记了单词的按键。

【输出描述】

对输入的数据，将每个字母或标点符号用键盘上左边的字母或符号替换，输入中的空格原样输

出（空格不会键入错误）。

【样例输入1】

O S, GOMR YPFSU/

【样例输出1】

I AM FINE TODAY.

【样例输入2】

234567890-=WERTYUIOP[]

【样例输出2】

1234567890-QWERTYUIOP[

【数据规模与约定】

输入数据最多包含200个字符。

【分析】

本题的解题方法是：把所有可能误输入的字符按其在键盘上的先后顺序存放到一个字符数组里，然后对输入字符串中的每个字符，在数组里进行查找，如果查找到则输出数组中左边的字符；否则（没有查找到该字符）原样输出。注意右斜杠字符必须表示成"\\"。代码如下。

```
#include <bits/stdc++.h>
using namespace std;
char key[50] = "`1234567890-=QWERTYUIOP[]\\ASDFGHJKL;'ZXCVBNM,./";
int main( )
{
    char c, s[210];  cin.getline(s, 201);
    int i, j, len = strlen(s);
    for(i=0; i<len; i++){
        c = s[i];
        for( j=1; key[j] && key[j]!=c; j++ )  //在数组key中查找与读入字符相等的字符
            ;
        if( key[j] )  putchar(key[j-1]);      //查找到，输出左边的字符
        else  putchar(c);        //没有查找到，原样输出
    }
    cout <<endl;
    return 0;
}
```

第14章
字符及字符串处理（2）

本章内容

本章介绍回文字符串、回文日期、回文数的判断及处理，以及案例解析。

14.1 回文字符串

所谓回文（palindrome）字符串，是指从左向右读和从右向左读结果相同的字符串，如"abcba"。汉语里也有回文，例如，"上海自来水来自海上"，甚至还有回文诗句，如北宋著名文学家苏轼《菩萨蛮·回文》中的"峤南江浅红梅小，小梅红浅江南峤。窥我向疏篱，篱疏向我窥。老人行即到，到即行人老。离别惜残枝，枝残惜别离"。当然，编程解题主要处理英文字符串。

回文的判断与处理经常出现在程序设计竞赛题目中。本章的案例1实现了回文的构造：对于不是回文的字符串，通过在其后添加最少的字符，使其成为回文。本章的案例2是对回文字符串和镜像字符串的判断。

对于整数、日期等数据，如果将数字视为字符，也可以引入回文日期、回文数的概念，详见本章的案例3。

14.2 案例1：构造回文

【题目描述】

如果一个字符串不是回文，可以在其后面添加一些字符，使其变成一个回文。本题的目的是，给定一个字符串s，输出长度最小的字符串x，x添加在s的后面并使sx为回文。

【输入描述】

输入占一行，为一个字符串，只包含小写字母字符，长度不超过100个字符。

【输出描述】

对于输入的字符串s，如果该字符串为回文，则输出 "s is a palindrome!"，s为输入的字符串。如果s不是回文，则输出字符串x，x是添加在s后面并使sx为回文的最短字符串。

【样例输入1】　　　　　　　　　　【样例输出1】

abcba　　　　　　　　　　　　　　abcba is a palindrome!

【样例输入2】　　　　　　　　　　【样例输出2】

abcdc　　　　　　　　　　　　　　ba

【分析】

设字符串s的长度为n，如果s不是回文，则要构造回文，最多需要添加$n-1$个字符（取字符串中的前$n-1$个字符，按相反的顺序添加在字符串后面）。

本题要求最少需要添加多少个字符，则依次考察以下子串s_i：**从字符串的第i个字符开始，一直到最后一个字符所组成的子串**，$i = 0, 1, \cdots, n-1$。只要第一个子串s_i为回文，则需要添加的最少

字符就是第 i 个字符前的所有字符，顺序刚好相反。

例如，对样例输入2中的字符串"abcdc"，判断如下：

当 $i = 0$ 时，子串 s_i 为"abcdc"，不是回文；

当 $i = 1$ 时，子串 s_i 为"bcdc"，不是回文；

当 $i = 2$ 时，子串 s_i 为"cdc"，是回文，因此需要添加的长度最小字符串是"ba"，即第2个字符前的所有字符以相反的顺序组成的字符串；并且不需再判断下去了。代码如下。

```
#include <bits/stdc++.h>
using namespace std;
// 判断 s 字符串中从第 st 个字符开始共 n 个字符所组成的子串是否为回文
int judge( char s[], int st, int n )
{
    for( int i = 0; i < n/2; i++ ) {
        if( s[st+i] != s[st+n-i-1] )   return 0;
    }
    return 1;     // 回文
}
int main( )
{
    char s[101];   cin >>s;
    int i, j, len, d;
    len = strlen(s);
    for( i=0; i<len; i++ ){
        d = judge(s, i, len-i);
        // 从第 0 个字符到最后 1 个字符组成的子串（就是字符串本身）为回文
        if( i==0 && d ) { cout <<s <<" is a palindrome!\n";  break; }
        if( d ) {     // 从第 i 个字符到最后 1 个字符组成的子串为回文
            // 添加的字符为第 i 个字符前的所有字符，顺序刚好相反
            for( j=i-1; j>=0; j-- )   putchar(s[j]);
            putchar('\n');   break;
        }
    }
    return 0;
}
```

14.3 案例2：镜像回文

【题目描述】

回文串就是从前往后读与从后往前读完全一样的字符串，如"ABCDEDCBA"。

所谓镜像字符串，就是将字符串中的每个字符转换成它的相反字符（如果该字符存在相反字符的话），将得到的字符串从后往前读，跟原来的字符串一样。例如，各字符的相反字符如表14.1所示，则"3AIAE"就是一个镜像字符串，各字符转换成其相反字符后，变成"EAIA3"，这个字符串从后往前读，就是原来的字符串。这种字符串之所以称为镜像字符串，是因为原字符串和相反字符串沿"镜子"对称，如图14.1（a）所示。

镜像回文就是同时满足回文字符串和镜像字符串条件的字符串。例如，"ATOYOTA"就是一个镜像回文，因为这个字符串从后往前读跟原来的字符串是一样的，并且将字符串中的每个字符用它的相反字符替换，得到的字符串为"ATOYOTA"，该字符串从后往前读跟原来的字符串一样。当然，在这个字符串里，字符"A" "T" "O" "Y"的相反字符都是它们本身。

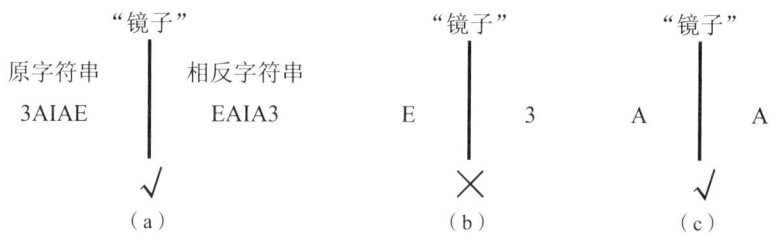

图 14.1　镜像字符串

在本题中，镜像字符串中允许出现的有效字符及对应的相反字符如表14.1所示。

表14.1　镜像字符串中允许出现的有效字符及对应的相反字符

有效字符	相反字符	有效字符	相反字符	有效字符	相反字符	有效字符	相反字符	有效字符	相反字符
A	A	H	H	O	O	V	V	3	E
B		I	I	P		W	W	4	
C		J	L	Q		X	X	5	Z
D		K		R		Y	Y	6	
E	3	L	J	S	2	Z	5	7	
F		M	M	T	T	1	1	8	8
G		N		U	U	2	S	9	

注意，数字'0'和字符'O'被认为是同一个字符，因此只有字符'O'才是有效的字符。

【输入描述】

输入占一行，为一个字符串，包含1～20个有效字符。

【输出描述】

对输入的字符串，首先从第1列开始输出字符串本身，然后根据情况输出以下字符串之一。

（1）" -- is not a palindrome." 如果这个字符串既不是回文，也不是镜像字符串。

（2）" -- is a regular palindrome." 如果这个字符串是回文，但不是镜像字符串。

（3）" -- is a mirrored string." 如果这个字符串不是回文，但它是镜像字符串。

（4）" -- is a mirrored palindrome." 如果这个字符串既是回文，又是镜像字符串。

【样例输入1】

```
NOTAPALINDROME
```

【样例输出1】

```
NOTAPALINDROME -- is not a palindrome.
```

【样例输入2】

```
ISAPALINILAPASI
```

【样例输出2】

```
ISAPALINILAPASI -- is a regular
palindrome.
```

【样例输入3】

```
2A3MEAS
```

【样例输出3】

```
2A3MEAS -- is a mirrored string.
```

【样例输入4】

```
ATOYOTA
```

【样例输出4】

```
ATOYOTA -- is a mirrored palindrome.
```

【分析】

前面的案例1已经实现了回文字符串的判断。在判断镜像字符串时，从表14.1可以看出，一个有效字符和它的相反字符互为相反字符。例如，字符"E"的相反字符是"3"，字符"3"的相反字符是"E"；有些字符的相反字符就是它本身，如字符"A"。假设字符串s的长度为n，判断镜像字符串的方法是：依次判断s的第i个字符与第$n-1-i$个字符的相反字符是否相等，$0 \leq i \leq n/2$。注意，i要取到$n/2$，因为当n为奇数时，$s[n/2]$是s中居中的字符，$s[n/2]$必须和它的相反字符一样，也就是必须是"A""T""Y"这种字符，不能是"E""3""B"等字符。此外，还要注意一种特殊情形：如果字符串长度为1，且$s[0]$没有相反字符或相反字符不是它自己，则该字符串不是镜像字符串，如图14.1（b）所示。只有$s[0]$的相反字符是它自己，该字符串才是镜像回文，如图14.1（c）所示。但是$i \leq n/2$包含了这种特殊情况，因为当$n=1$时，$n/2=0$，此时要判断$s[0]$和它的相反字符是否一样。另外，长度为1的字符串一定是回文。如果同时满足回文字符串和镜像字符串，则是镜像回文。

在以下代码中，check函数的返回值为0、1、2或3，分别表示输入的字符串为：不是回文也不是镜像字符串、是回文、是镜像字符串、既是回文又是镜像字符串。在main函数中，根据check函数的返回值输出二维字符数组msg中对应的信息。

思考：在check函数中，mi和pa起到状态变量的作用，mi取值为2和0分别表示是/不是镜像字符串，pa取值为1和0分别表示是/不是回文字符串，那么为什么这两个状态变量的取值不统一成1/0呢？

回答：pa对应二进制的第0位，该位为0和1分别代表0和1，mi对应二进制的第1位，该位为0和1分别代表0和2，mi+pa相当于两位的二进制，这样根据它的值就可以确定mi和pa的值，例如mi+pa = 3，则mi和pa的值肯定均为1。代码如下。

```cpp
#include <bits/stdc++.h>
using namespace std;
char c[36] = "ABCDEFGHIJKLMNOPQRSTUVWXYZ123456789";  // 字符集
char m[36] = "A   3   HIL JM O   2TUVWXY51SE Z  8 "; // 各字符对应的镜像字符
char s[80];                              // 读入的字符串
char msg[4][30] = {                      // 输出的信息
" -- is not a palindrome.",              // 不是回文，也不是镜像字符串
" -- is a regular palindrome.",          // 回文
" -- is a mirrored string.",             // 镜像字符串
" -- is a mirrored palindrome." };       // 回文，且是镜像字符串
char get( char ch )                      // 获得字符 ch 的镜像字符
{
    for( int i=0; ; i++ )
        if( c[i]==ch )  return( m[i] );
}
int check( void )        // 判断字符串：回文、镜像字符串、镜像回文等
{
    int i, n = strlen(s);
    int mi = 2,  pa = 1;                 //mi 表示镜像字符串，pa 表示回文字符串
    for( i = 0; i <= n/2; i++ ) {        // 判断镜像
        if(s[i] != get(s[n-1-i])){
            mi = 0;  break;
        }
    }
    for( i = 0; i < n/2; i++ ) {         // 判断回文
        if( s[i] != s[n-1-i] ) {
            pa = 0;  break;
        }
    }
    return(pa + mi);
}
int main(void)
{
    cin >>s;
    cout <<s <<msg[check()] <<endl;
    return 0;
}
```

14.4 案例3：回文日期

【题目描述】

在日常生活中，通过年、月、日这三个要素可以表示出一个唯一确定的日期。

牛牛习惯用8位数字表示一个日期，其中，前4位代表年份，接下来2位代表月份，最后2位代表日期。显然，一个日期只有一种表示，两个不同日期的表示不会相同。

牛牛认为，一个日期是回文的，当且仅当表示这个日期的8位数字是回文的。现在，牛牛想知道：在他指定的两个日期之间（包含这两个日期本身），有多少个真实存在的日期是回文的。

一个8位数字是回文的，当且仅当对于所有的$i(1 \leq i \leq 8)$，从左向右数的第i个数字和第$9-i$个数字（从右向左数的第i个数字）是相同的。

举例如下。

（1）对于2016年11月19日，用8位数字20161119表示，它不是回文的。

（2）对于2010年1月2日，用8位数字20100102表示，它是回文的。

（3）对于2010年10月2日，用8位数字20101002表示，它不是回文的。

每年都有12个月，其中，1、3、5、7、8、10、12月每个月有31天；4、6、9、11月每个月有30天；而对于2月，闰年有29天，平年有28天。

当且仅当一个年份满足以下两种情况中的一种时，它才是闰年。

（1）这个年份是4的整数倍，但不是100的整数倍。

（2）这个年份是400的整数倍。

举例如下。

（1）闰年：2000年、2012年、2016年。

（2）平年：1900年、2011年、2014年。

【输入描述】

输入两行，每行包括一个8位数字。

第1行表示牛牛指定的起始日期date1。

第2行表示牛牛指定的终止日期date2。

保证date1和date2都是真实存在的日期，且年份部分一定为4位数字，且首位数字不为0。保证date1一定不晚于date2。

【输出描述】

输出一个整数，表示在date1和date2之间，有多少个日期是回文的。

【样例输入1】　　　　　　　　　　【样例输出1】

20110101　　　　　　　　　　　　1
20111231

【样例输入2】

20000101
20101231

【样例输出2】

2

【样例说明】

对于样例1，符合条件的日期是20111102。

对于样例2，符合条件的日期是20011002和20100102。

子任务：

对于60%的数据，满足 date1 = date2。

【分析】

对于日期y年m月d日，如9220年02月29日，如果y的千位和d的个位一样、y的百位和d的十位一样、y的百位和m的个位一样、y的个位和m的十位一样，则是回文日期。

本题可以采取的一种方法是：枚举date1和date2之间的每一天，判断是否为回文日期。这种方法尽管不会超时，但实现起来非常复杂。

所以只能换一种枚举思路。从日期字符串的构成可以发现，前4位是年份，后4位是月份和日期，我们可以枚举月份和日期，反过来构造对应回文的年份，再判断这个年份是否落在date1和date2之间。这样我们最多通过枚举366次就能得到所有回文日期。

在枚举m月d日时，月份m的取值肯定是1至12，但每个月的天数不一样，怎么枚举呢？具体来说，就是在循环时循环变量d从1取到几？我们可以把每个月的天数存入一个数组days，这样，循环变量d的终值就是days[m]。

```
int days[13]={0, 31, 29, 31, 30, 31, 30, 31, 31, 30, 31, 30, 31};
                                                    // 闰年12个月的天数
```

2月的处理是本题一个难点。闰年的2月多了1天，即29日，而0229对应的回文日期年份为9220，正好为闰年，所以可以把2月看作29天。

最后判断构造出来的回文日期是否在date1和date2之间并计数。注意，用8位整数表示的日期如果位于[date1, date2]范围内，则该日期一定在date1和date2之间。代码如下。

```
#include <bits/stdc++.h>
using namespace std;
int date1, date2, year, date, cnt;
// 闰年12个月的天数
int days[13] = {0, 31, 29, 31, 30, 31, 30, 31, 31, 30, 31, 30, 31};
int main()
{
    cin >> date1 >> date2;
    for (int m = 1; m <= 12; m++){        // 枚举所有合法的月和日，如2月29日
```

```cpp
        for (int d = 1; d <= days[m]; d++) {
            // 根据月和日构造出来的年份（如m=2,d=29,year=9220）
            year = (d%10)*1000+(d/10)*100+(m%10)*10+m/10;
            date = year * 10000 + m*100 + d;        // 生成完整的回文日期
            if (date >= date1 && date <= date2)     // 判断
                cnt++;
        }
    }
    cout <<cnt <<endl;
    return 0;
}
```

第15章
字符及字符串处理（3）

本章内容

本章介绍子串与子序列的处理以及案例解析。

15.1 子串与子序列的处理

字符串中任意一个由连续的字符组成的字符序列称为该字符串的**子串**。从字符串中抽取不连续的字符所组成的字符序列称为字符串的**子序列**。本章的案例2是连续字符组成的子串，案例1是不连续字符组成的子序列。

需要说明的是，子串处理中的有些问题属于字符串模式匹配问题，可以用朴素的模式匹配算法或KMP算法实现。本章例题和练习题的求解均不需要采用这些算法。

15.2 案例1：字符串包含问题

【题目描述】

给定两个字符串s和t，判断s是否是t的子序列。也就是说，是否能通过从t中去掉一些字符，使剩余的字符构成的字符串是s。

【输入描述】

输入测试数据占一行，为两个字符串s和t，这两个字符串是由大小写字母字符构成的，两个字符串之间用空格隔开。

【输出描述】

对于输入的字符串s和t，判断s是否为t的子序列，如果是则输出Yes，否则输出No。

【样例输入1】	【样例输出1】
person compression	No

【样例输入2】	【样例输出2】
VERDI vivaVittorioEmanueleReDiItalia	Yes

【数据规模与约定】

字符串的长度不超过1000000个字符。

【分析】

本题的求解思路是：对字符串s的第0个字符s[0]，在字符串t中进行查找，假设查找到，其第一次出现的位置为t_0；从字符串t的t_0的下一个位置继续查找s[1]，假设查找到，其(第一次出现的)位置为t_1；从字符串t的t_1的下一个位置继续查找s[2]……如果s中的每个字符都能在t中查找到，则s是t的"子序列"；如果s中的某个字符在t中没有找到对应的字符，则s不是t的"子序列"。

例如，对第1个样例数据，在字符串t中查找到字符串s的前两个字符s[0]和s[1]，如图15.1（a）所示，接着在查找字符s[2]（为字符'r'）时没查找到，且字符串t已经扫描完毕，所以不会再继续查找字符串s中的其他字符，就可以得出结论：s不是t的"子序列"。

相反，在第2个样例数据中，对s中的每个字符，都能在t中查找到，如图15.1（b）所示，所以s是t的"子序列"。

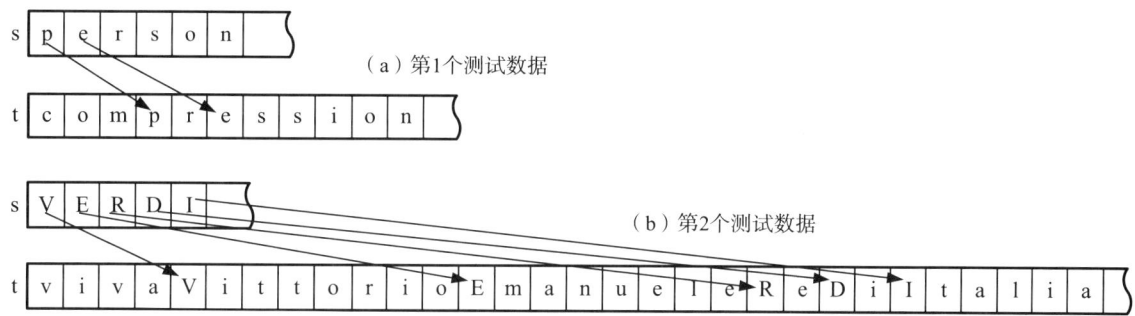

图15.1 依次在t中查找s中的每个字符

代码如下。

```
#include <bits/stdc++.h>
using namespace std;
char s[1000010], t[1000010];   //读入的字符串s, t
int main( )
{
    long ls, lt, ps, pt;          //字符串s和t的长度，字符串s和t的查找位置
    cin >>s >>t;
    ls = strlen(s);   lt = strlen(t);
    for( ps = pt = 0; ps < ls && pt < lt; pt ++ ) {
        if( s[ps] == t[pt])   ps++;
    }
    if( ps < ls )   cout <<"No" <<endl;//s字符串中的某些字符在t中没有找到对应的字符
    else   cout <<"Yes" <<endl;
    return 0;
}
```

15.3 案例2：字符串的幂

【题目描述】

给定两个字符串a和b，定义a*b为两个字符串的连接。例如，设a为字符串"abc"，b为字符串

"def",则 a*b = "abcdef"。如果将字符串的连接理解为乘法,则字符串的非负整数次幂递归地定义为:a^0 = "" (空串), a^(n+1) = a*(a^n)。

【输入描述】

输入占一行,为一个字符串 s,s 中的字符都是可显示的字符。s 的长度至少为1,最多不超过 1000000 个字符。

【输出描述】

输出占一行,为满足以下条件的最大整数 n:s = a^n,a 为某个字符串。

【样例输入1】　　　　　　　　　　　【样例输出1】

```
aaaa
```

4

【样例输入2】　　　　　　　　　　　【样例输出2】

```
ababab
```

3

【分析】

题目中虽然没有直接要求 a 为 s 的子串,但如果 a 不是 s 中由连续字符组成的子串,则不可能存在整数 n,使 s = a^n。另外,对任意字符串 s,满足条件的子串 a 及整数 n 总是存在的,因为如果 a 为字符串 s 本身,则 s = a^1 总是成立的。

本题的求解思路是:依次判断字符串 s 是否能分成 i 个长度相等的子串,i 从2开始计起并递增;如果 s 能分成 i 个长度相等的子串,但某些子串不相同,如图15.2(a)所示,则 i 递增1,再判断 s 是否能分成 i 个长度相等的子串。如果每个子串都相同,则再对第1个子串按照上述思路进行细分,如果不能再细分成更小的、相等的子串,则要求的 n 就是此时 i 的值,如图15.2(b)所示。如果第1个子串能再细分成更小的、相等的子串,则再进行细分,如图15.2(c)所示。在图15.2(c)中,求得的 n = 9。

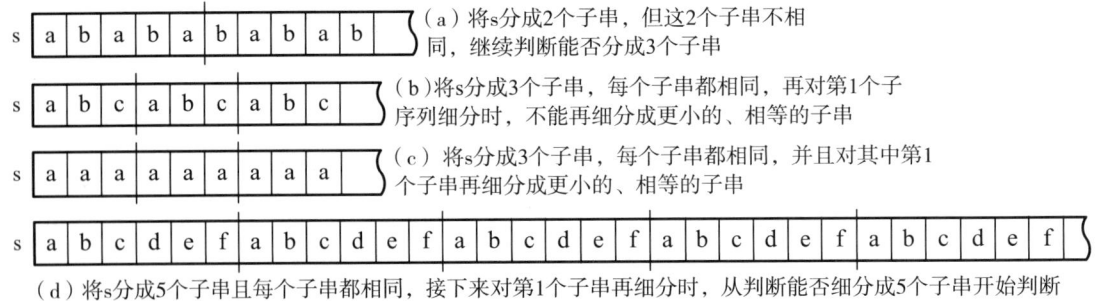

图 15.2 在 s 中查找满足条件的子串

由于字符串的长度最长可达1000000个字符,所以上述细分过程必须快速地结束。下面代码的思路是:如果字符串 s 能细分成 i 个长度相等的子串,且这 i 个子串都相同,则在对第1个子串再细分时,从判断能否细分成 i 个相等的子串开始判断能否细分成 i, i+1, … 个长度相等的子串。如图15.2(d)

所示，s分成5个子串且各子串都相等，则对第1个子串不需要判断是否能分成2～4个子串。这是因为如果该子串能细分成2～4个子串且各子串相同，则在前面对整个字符串的细分过程就能判断出这种情形。想象一下，假设每个子串都是"aaaaaa"，它的确可以再细分成2个子串且这2个子串相等，于是整个字符串分成5×2=10个相等的子串。但这种分法在前面将整个字符串分成2个长度相等的子串，再将每个子串细分成5个子串，总共也是10个子串且已经考察过了，不会等到这时才考察。

注：本题的解题过程包含了分治的思想，将s字符串逐渐细分成更小的字符串。

下面的代码在判断字符串s的i个子串是否都相同时采取的思路可以用图15.3来描述：每个子串长度为m/i，依次判断第0个与第m/i个字符是否相同，第1个与第$m/i+1$个字符是否相同……直至所有的字符对都相同，则这i个子串都相同。

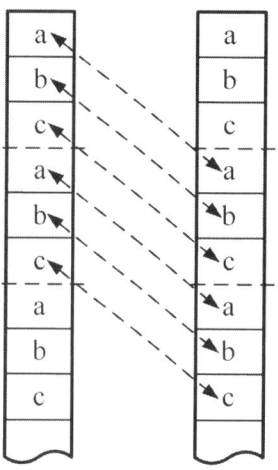

图15.3　判断字符串s的i个子串是否都相同

本题也可以借鉴字符串模式匹配算法KMP的思想，通过求字符串s的前缀函数来求解。代码如下。

```
#include <bits/stdc++.h>
using namespace std;
char s[1000002];     // 读入的字符串s
int main( )
{
    int i, j, m     //m 最终的值是将 s 分成 n 个子串时每个子串的长度，且n=strlen(s)/m
    int L;          //L 初始为 s 的长度，如果 s 能分成 i 个子串，则 L 的值缩小到 L/i
    cin >>s;
    m = L = strlen(s);
    for( i=2; i<=L; i++ ) {
        while( L%i == 0 ) {              //s 能分成 i 个子串，每个子串长度为 m/i
            L /= i;
            for( j=0; j<m-m/i; j++ )     // 判断 i 个子串是否都相同
                if( s[j] != s[j+m/i] )  break;
            if( j == m-m/i )             // 上述 for 循环正常结束，即这 i 个子串都相同
                m /= i;   // 则继续细分第 1 个子串 (长度为 m/i)，且从细分成 i 个子串开始判断
        }
    }
    cout <<strlen(s)/m <<endl;
    return 0;
}
```

15.4 案例3：统计单词数

【题目描述】

一般的文本编辑器都有查找单词的功能，该功能可以快速定位特定单词在文章中的位置，有的还能统计出特定单词在文章中出现的次数。

请编程实现这一功能，具体要求是：给定一个单词，请输出它在给定文章中出现的次数和第一次出现的位置。注意：在匹配单词时，不区分大小写，但要求完全匹配，即给定单词必须与文章中的某一独立单词在不区分大小写的情况下完全相同（参见样例输入1），如果给定单词仅是文章中某一单词的一部分则不算匹配（参见样例输入2）。

【输入描述】

第1行为一个字符串，其中只含字母，表示给定单词。

第2行为一个字符串，其中只能包含字母和空格，表示给定的文章。

【输出描述】

输出只有一行，如果在文章中找到给定单词则输出两个整数，两个整数之间用一个空格隔开，分别是单词在文章中出现的次数和第一次出现的位置（在文章中第一次出现时，单词首字母在文章中的位置，位置从0开始）；如果单词在文章中没有出现，则直接输出-1。

【样例输入1】

```
To
to be or not to be is a question
```

【样例输出1】

```
2 0
```

【样例输入2】

```
to
Did the Ottoman Empire lose its power at that time
```

【样例输出2】

```
-1
```

【样例输入/输出1说明】

输出结果表示给定的单词To在文章中出现了两次，第一次出现的位置为0。

【样例输入/输出2说明】

输出结果表示给定的单词to在文章中没有出现，输出-1。

【数据规模与约定】

1≤单词长度≤10。

1≤文章长度≤1000000。

【分析】

很多编辑软件（如Dev-C++）都具有搜索和替换功能，在这些功能里通常有两个选项：区分大小写和完全匹配（全字匹配），如图15.4所示。本题要实现完全匹配，就是说找到的单词前后都是空格，或者如果匹配位置为0，则前面不需要为空格，如果匹配子串末尾字符为文章中最后一个字符，则后面不需要为空格。

本题就是一道简单的字符串匹配问题。关于字符串匹配问题有一些经典的算法（如KMP等），但是本题数据量比较小，直接暴力比较也能通过评测。设单词长度为s、文章长度为t，则暴力比较的复杂度为$O(st)$，s最大为10，t最大为1000000，肯定能在1秒内结束。

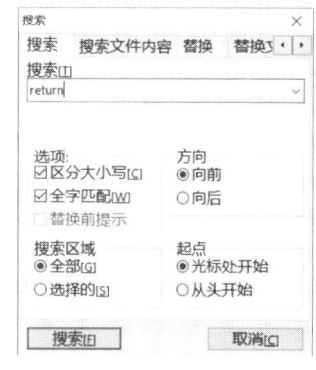

图15.4 搜索时的选项

另外，本题读入的文章包含空格，需要用cin.getline()函数读入。代码如下。

```cpp
#include <bits/stdc++.h>
using namespace std;
char P[12], T[1000010];    // 存储单词和文章
int lenP, lenT, cnt, idx;
int main( )
{
    cin.getline(P, 11);  cin.getline(T, 1000001);
    lenP = strlen(P);   lenT = strlen(T);
    for(int i = 0; i<lenP; i++)   P[i] = tolower(P[i]);
    for(int i = 0; i<lenT; i++)   T[i] = tolower(T[i]);
    for(int i = 0; i+lenP-1 < lenT; i++){   // 最大可能匹配位置
        // 由于P是一个不含空格的单词，所以要求匹配子串首尾为空格
        if((i+lenP==lenT || T[i+lenP]==' ') && (i==0 || (i>0&&T[i-1]==' '))){
            bool flag = true;
            for(int j = 0; j < lenP; j++){
                if(P[j] != T[i+j]){
                    flag = false;  break;
                }
            }
            if(flag){
                cnt++;
                if(cnt == 1)   idx = i;
            }
        }
    }
    if(cnt)   cout <<cnt <<" " <<idx <<endl;
    else    cout <<-1 <<endl;
    return 0;
}
```

第 16 章
时间和日期的处理

本章内容

本章介绍时间和日期处理的相关问题,以及案例解析。

16.1 时间和日期处理的相关问题

时间和日期处理一般都避免不了闰年判定问题。按现行历法，符合下面两个条件之一的年份为闰年：能被4整除，但不能被100整除；能被400整除。例如，2004年、2000年是闰年，2005年、2100年则不是闰年。

以图16.1为例，假设整个圆代表所有年份构成的集合。用条件（1）"能否被4整除"，将整个集合一分为二，其中子集Ⅰ表示的年份不能被4整除，该子集代表的年份不是闰年。对圆中剩下的部分，再施加条件（2）"能否被100整除"，又一分为二，其中子集Ⅱ表示的年份能被4整除，但不能被100整除，这些年份是闰年。对圆中剩下的部分，再施加条件（3）"能否被400整除"，又一分为二，其中子集Ⅲ表示的年份能被400整除，是闰年；子集Ⅳ表示的年份能被100整除，但不能被400整除，不是闰年。因此在图1中，子集Ⅱ和Ⅲ表示的年份是闰年。

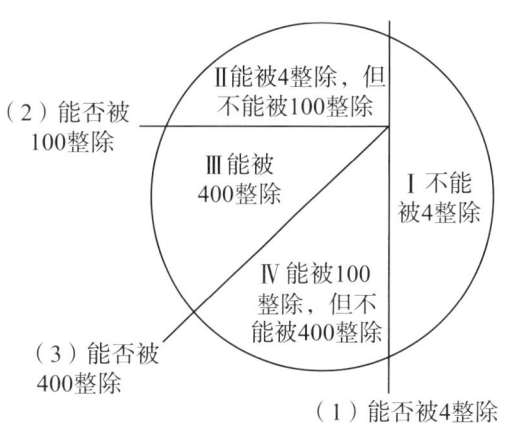

图16.1 闰年的判定

假设用year表示年份，可用下面的逻辑表达式来判定闰年。

```
(year % 4 == 0 && year % 100 != 0) || year % 400 == 0。
```

如果上述逻辑表达式的值为1，则year为闰年；如果值为0，则year为平年。

时间和日期处理主要有以下几类问题，本节将总结这些问题的求解方法。

1. 星期数计算

在程序设计竞赛中，经常出现根据公历日期（年、月、日）推算出星期几的问题。首先约定用数字代表星期几，这些数字称为**星期数**。星期数有以下几种计算方法。不同的方法对星期数有不同的约定，如约定星期日为0，星期一至星期六为1～6，或者**约定星期一到星期日为1～7**。本书统一约定采用后者，因此对有些算法的计算结果要转换。

（1）基姆拉尔森公式

$$w = (d + 2*m + 3*(m+1)/5 + y + y/4 - y/100 + y/400) \% 7$$

注意，这里的除法都是整数的除法，不保留余数。各符号含义如下。

w：星期数，0代表星期一，1代表星期二……6代表星期日；把求得的w值加1就符合本书的统一约定了。

y：年份。

m：月，$3 \leq m \leq 14$，某年的1、2月要看作上一年的13、14月来计算；3～12月，m的值依次为

3~12；如2019年1月1日，则 y = 2018，m=13。

d：日。

例如，2019年8月6日，w = (6+2*8+3*(8+1)/5+2019+2019/4−2019/100+2019/400) % 7 = (6+16+5+2019+504−20+5)%7 = 2535%7 = 1，w再加1等于2，因此是星期二。

以下weekday1函数实现了用基姆拉尔森公式求星期数。

```
int weekday1( int y, int m, int d )    //用基姆拉尔森公式求星期数
{
    if( m==1 || m==2 )  m+=12, y--;
    int w = ( d + 2*m + 3*(m+1)/5 + y + y/4 - y/100 + y/400)%7;
    return ++w;       // 加1是为了符合统一约定：用数字1~7代表星期一至星期天。
}
```

（2）蔡勒公式

$$w = (ty + ty/4 + c/4 − 2*c + 26*(m+1)/10 + d − 1 + 7)\%7$$

注意，这里的除法也都是整数的除法，不保留余数。各符号含义如下。

w：星期数，0代表星期日，1~6代表星期一到星期六；为了符合本节的统一约定，求得的w值需要转换，详见以下代码及注释。

ty：年份的后2位，即 ty = y%100。

c：年份的前2位，即 c = y/100。

m：月，值及含义与基姆拉尔森公式是一样的。

d：日。

例如，2019年8月6日，w = (19+4+5−2*20+26*(8+1)/10+6−1+7) % 7 = (19+4+5−40+23+6−1+7)%7 = 23%7 = 2，因此是星期二。

以下weekday2函数实现了用蔡勒公式求星期数。

```
int weekday2( int y, int m, int d )    //用蔡勒公式求星期数
{
    if( m==1||m==2 )   m+=12, y--;
    int c=y/100, ty=y%100;
    int w = (ty + ty/4 + c/4 - 2*c + 26*(m+1)/10 + d - 1)%7;
    return w%7==0?7:(w+7)%7;          // 转换，使w值符合统一约定，+7是考虑负数情况
}
```

（3）利用基准日期的星期数算给定日期的星期数

如果已知某个基准日期的星期数w（约定取值1~7代表星期一到星期日），以及自基准日期到给定日期的天数是days（给定日期在基准日期之后），则求给定日期的星期数无需采用基姆拉尔森公式或蔡勒公式，直接利用取余运算即可。本来取余的式子是$(w+days)\%7$，但对7取余落入范围[0, 6]，与本书约定不一致，所以要加1。为了抵消加1的效果，取余之前先减1，因此正确的计算式子是：

(w+days−1)%7+1。

如果给定日期在基准日期之前，且从给定日期到基准日期的天数是days，则计算公式为：((w−days−1)%7 + 7)%7+1。注意，第一次取余运算结果可能为负数，所以加7再取余。

2. 天数计算

天数计算问题包括以下几种。

（1）根据公历日期（年、月、日），推算出该日期是当年第几天。

（2）根据给定的公历日期（年、月、日），推算出该日期是某个基准日期（如2000年3月1日）后的第几天，假定给定日期在基准日期之后。

（3）给定两个公历日期，推算出两日期相差多少天。

（4）反过来，给定自某个日期起经过的天数，求现在的日期和星期数。

第（1）个问题比较简单，把前面几个月的天数累加（如果是闰年且包含了2月，则天数还要加1），再加上当月经过的天数即可。

第（2）个问题也比较简单，考虑一种特殊情况，给定日期和基准日期是同一年，先算这两个日期分别在当年是第几天，相减即可；如果不是同一年，则需要把基准日期到当年12月31日的天数、两个日期之间整年的天数（平年365天、闰年366天），以及给定日期在当年的天数累加起来。

第（3）个问题，如果题目告知了基准日期（如2000年1月1日），那也比较简单，先计算出这两个日期是该基准日期以来第几天，这两个值相减即为答案；如果题目没有告知基准日期，人为地将题目中日期数据范围以前的一个日期作为基准日期即可。

第（4）个问题，处理方法是：从给定的天数出发做减法，依次减去给定年份当年剩余天数、接下来每一年的天数，根据剩余天数够不够减，可以确定在哪一年；再从减法后剩余天数出发继续做减法，依次减去所确定年份的每个月的天数（注意，闰年2月加一天），根据剩余天数够不够减，可以确定在哪个月；最后确定在该月的哪一天。确定日期后，就可以计算出星期数。

3. 日期合法性判定

给定一个日期（年、月、日），判定是否为合法的公历日期，比如，2019/2/29、2019/3/32等都是非法的日期。另外，由于日期有多种格式，比如，年/月/日、月/日/年、日/月/年，如果年份只用后两位数，则一个日期可能有多种合法的解释，例如，02/03/04可能为2002年3月4日、2004年2月3日、2004年3月2日。

解答这类题目的方法是：首先确定年份是否合法，年份一般为4位数字，但有时也允许采用后2位数字来简化表示；再确定月份是否合法，月份必须是1～12月，但注意题目是否要求1～9月带前导0，比如，09；最后确定日期是否合法，如不能超过该月的天数，这里需要注意每个月的天数，以及闰年的2月多一天。

4. 日历转换

历史上各国提出了多种历法，现在多采用公历。案例3的题目描述中介绍了公历的起源。

所谓日历转换，就是两种日历（公历，其他人为设计或假想的历法）之间的转换，通常是给定一种历法下的一个日期，要求转换为另一种历法。解答这类题目的代码通常比较烦琐，也无特殊技巧可言，一般只需严格按历法的规则进行转换即可。

5. 时间表示及转换

我们通常采用的时间（时、分、秒）是六十进制，但其他人为设计或假想的时间制式可能是其他进制。时间表示及转换题目往往涉及以下3个问题。

（1）判断一个时间是否合法，如不能有61秒；及要注意中午（12小时制）和凌晨时间（24小时制）的特殊表示。

（2）计算两个时间之间相差的秒数，这个问题的解答和计算两个日期之间相差的天数有点类似，此处不再赘述。

（3）不同时间制式之间的转换，包括12小时制和24小时制之间的转换。

6. 其他问题

时间和日期问题还包括：统计两个日期之间某个星期数的个数、两个日期之间所有日期里某个数字出现的次数等。

16.2 案例1：相隔天数

【题目描述】

输入两个公历日期，输出两者相隔天数。

【输入描述】

输入占一行，为6个整数，前3个整数代表第1个日期（年、月、日），后3个整数代表第2个日期，测试数据保证为有效日期（年份不早于1900年），且第2个日期不早于第1个日期。

【输出描述】

输出占一行，为两个日期之间相隔的天数。

【样例输入1】　　　　　　　　　　　　【样例输出1】

2016 1 1 2016 1 2　　　　　　　　　　1

【样例输入2】　　　　　　　　　　　　【样例输出2】

2016 1 1 2016 3 2　　　　　　　　　　61

【分析】

首先统计出两个日期分别是所在年份的第几天。如果两个日期是同一年，则两个天数相减就是相差的天数。如果不是同一年，则需要累计3部分天数：第一个日期到当年年底的天数；两个日期之间整年的天数；第2个日期在当年的天数。代码如下。

```cpp
#include <bits/stdc++.h>
using namespace std;
int sum_day( int m, int d )    //统计平年某月某日在当年是第几天
{
    int i, d1 = d;
    int table[12] = {31, 28, 31, 30, 31, 30, 31, 31, 30, 31, 30, 31};
    for( i=0; i<m-1; i++ )   d1 += table[i];
    return (d1);
}
int leap( int year )  //判断是否为闰年
{
    int L = (year%4==0&&year%100!=0||year%400==0);   return L;
}
int main( )
{
    int y1, m1, d1, y2, m2, d2;   int span, days1, days2;
    int i, y;
    cin >>y1 >>m1 >>d1 >>y2 >>m2 >>d2;
    span = 0;
    days1 = sum_day(m1,d1);   //求第 1 个日期是第几天
    if( leap(y1) && m1>=3 )    //年份是闰年且月份大于等于3，则天数还要加1
        days1 = days1 + 1;
    days2 = sum_day(m2,d2);   //求第 2 个日期是第几天
    if( leap(y2) && m2>=3 )    //年份是闰年且月份大于等于3，则天数还要加1
        days2 = days2 + 1;
    if(y1==y2)   span += days2-days1;   //同一年
    else  {     //不同年
        for(y=y1+1; y<y2; y++) {         //整年的天数
            span += 365;
            if(leap(y))   span++;
        }
        span += 365-days1;        //加上第一个日期到当年 12 月 31 日的天数
        if(leap(y1))   span++;   //如果是闰年，则是 366-days1,或加 1
        span += days2;   //加上第二个日期在当年的天数
    }
    cout <<span <<endl;
    return 0;
}
```

16.3 案例2：黑色星期五

【题目描述】

输入年份，统计该年出现了多少次既是13号又是星期五（称为"黑色星期五"）的情形。已知1998年1月1日是星期四。

【输入描述】

输入只有一行，即某个特定的年份（大于或等于1998年）。

【输出描述】

输出只有一行，即在这一年中，出现了多少次"黑色星期五"。

【样例输入1】　　　　　　　　　　【样例输出1】

1998　　　　　　　　　　　　　　3

【样例输入2】　　　　　　　　　　【样例输出2】

2024　　　　　　　　　　　　　　2

【分析】

本题主要涉及星期数的计算，首先根据1998年1月1日是星期四，按照16.1节计算星期数的第（3）种方法，计算出 y 年1月1日的星期数，设为 w。然后手工计算出平年和闰年12个月的13号在当年是第几天，分别存储在数组 a 和数组 b 中。最后，根据 w 的值，计算出 y 年每个月13号的星期数，如果星期数为5，则计数器 cnt 加1。统计完毕，cnt 的值就是本题的答案。代码如下。

```
#include <bits/stdc++.h>
using namespace std;
int leap( int y )   // 判断是否为闰年
{
    int leap;
    leap = (y%4==0&&y%100!=0||y%400==0);
    return leap;
}
int week(int y)   // 求y年1月1日是星期几
{
    if(y==1998)   return 4;
    else{
        int sm=0;
        for(int i=1998; i<y; i++){
            if(leap(i))   sm += 366;
```

```
            else   sm += 365;
        }
        return (4+sm-1)%7 + 1;
    }
}
int f(int y,  int w)   //计算y年黑色星期五的个数，y年1月1日的星期数为w
{
    int cnt = 0;
    //平年和闰年，每个月13号是当年第几天（1号是第0天）
    int a[12] = {12, 43, 71, 102, 132, 163, 193, 224, 255, 285, 316, 346};
    int b[12] = {12, 43, 72, 103, 133, 164, 194, 225, 256, 286, 317, 347};
    if(leap(y)){
        for(int j=0; j<12; j++){
            if(((b[j]+w-1)%7+1)==5)
                cnt++;
        }
    }
    else{
        for(int j=0; j<12; j++){
            if(((a[j]+w-1)%7+1)==5)
                cnt++;
        }
    }
    return cnt;
}
int main( )
{
    int y;   cin >>y;
    cout<<f(y, week(y)) <<endl;
    return 0;
}
```

16.4 案例3：儒略日

【题目描述】

为了方便计算，天文学家们使用**儒略日**作为时间计量系统。儒略日的定义为从**公元前4713年1月1日正午12点到此后某一时刻所经过的连续天数**，不满一天的用小数表示。若利用这一天文学历法，则每一个时刻都将被均匀地映射到数轴上，从而可以很方便地计算它们的差值。

给定一个不含小数部分的儒略日，请你计算出该儒略日（一定是某一天的中午12点）对应的公历日期。

我们现行的公历为**格里高利历**，它是在公元1582年由教皇格里高利十三世在原有的**儒略历**的基础上修改得到的（注：儒略历与儒略日并无直接关系）。具体而言，现行的公历日期按照以下规则计算。

（1）公元1582年10月15日（含）以后：适用格里高利历。每月天数：1月31天、2月28天或29天、3月31天、4月30天、5月31天、6月30天、7月31天、8月31天、9月30天、10月31天、11月30天、12月31天。其中，闰年的2月有29天，平年的2月有28天。当年份是400的倍数，或年份是4的倍数但不是100的倍数时，该年为闰年。

（2）公元1582年10月5日（含）至10月14日（含）：这些日期被删除，该年10月4日之后为10月15日。

（3）公元1582年10月4日（含）以前：适用儒略历，每月天数与格里高利历相同，但只要年份是4的倍数就是闰年。

尽管儒略历于公元前45年才开始实行，且初期经过若干次调整，但今天人们习惯于按照儒略历最终的规则反推一切1582年10月4日之前的时间。注意，**公元零年并不存在**，即公元前1年的下一年是公元1年。因此，公元前1年、前5年、前9年、前13年……以此类推的年份应视为闰年。

【输入描述】

第一行为一个整数 Q，表示询问的组数。

接下来 Q 行，每行有一个非负整数 r_i，表示一个儒略日。

【输出描述】

对于每一个儒略日 r_i，输出一行表示日期的字符串 s_i。共计 Q 行。s_i 的格式如下。

（1）若年份为公元后，输出格式为 Day Month Year。其中日（Day）、月（Month）、年（Year）均不含前导零，中间用一个空格隔开。例如：公元2020年11月7日正午12点，输出为 7 11 2020。

（2）若年份为公元前，输出格式为 Day Month Year BC。其中年（Year）输出该年份的数值，其余与公元后相同。例如：公元前841年2月1日正午12点，输出为 1 2 841 BC。

【样例输入1】

```
3
10
100
1000
```

【样例输出1】

```
11 1 4713 BC
10 4 4713 BC
27 9 4711 BC
```

【样例输入2】

```
3
2000000
```

【样例输出2】

```
14 9 763
15 8 3501
```

```
3000000                                    12 7 6239
4000000
```

【数据规模与约定】

$Q \leq 10^5$，年份不超过10^9。

【分析】

首先要明白，公元前的日期是怎么一天接一天的。儒略日的起始日期是公元前4713年1月1日12：00：00，应该记为第0天；注意，公元前4713年是闰年，12月31日是当年最后1天，这一天的儒略日为365（因为从0开始计数）；随后是公元前4712年1月1日。图16.2列出了一些关键日期，圆括号内的数字是日期对应的儒略日。

由于本题查询次数Q最大可以取到10^5，年份最大可以取到10^9，所以不能一天一天地计算，甚至都不能一年一年地计算，只能按周期计算。

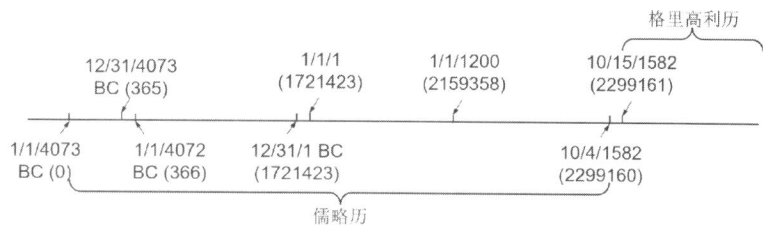

图16.2 儒略历和格里高利历

儒略历是4年一个周期，4年里有3个平年、1个闰年，总天数是1461天。

如果输入的儒略日$r_i \leq 2299160$，则表示是公元1582年10月4日（含）以前的日期，是儒略历。只要把r_i对1461取余，得到的整数就表示该日期位于哪个周期，余数表示不足一个周期的天数。

举例说明：假设6年级有17个班级（班级编号从0开始计起），人数分别是49、48、48、48、49、48、48、48、49、48、48、48、49、48、48、48、49（4个班的人数为一个周期，一个周期是193人），共821人，假设所有学生的学号是连续编号的，0班第0个学生的学号为0，17班最后一个学生的学号是820号。给定一个学生的学号x，如何计算他是几班几号？方法是："$x/193$"表示该学生位于第几个周期（周期编号也是从0开始），"$x/193*4$"表示该周期的起始班级（0班、4班、8班等），"$x\%193$"表示该学生位于周期内的序号，根据这个序号和周期内起始班级就可以推算出几班几号，可以预先在数组b和h中存储一个周期内193个学生的班级号和班级内的序号（从0班0号到3班47号）。例如，对$x=722$，$x/193*4 = 12$，$x\%193 = 143$，143是周期内2班46号，因此该学生是14班46号。对班级号和学号从1开始计起，也很容易实现。例如，在h数组里存储的学号从1开始就可以了。

格里高利历是400年一个周期，这400年里有(100-3)=97个闰年、303个平年，总天数是146097天。

如果输入的儒略日$r_i > 2299160$，则表示公元1582年10月15日（含）以后的日期，是格里高利历。由于儒略历和格里高利历的分界日期是10/15/1582，且10/5/1582～10/14/1582共10天被删除了，不便于处理。对于1582年，前面最近的一个400周期的起始年份是1200年，所以假设儒略历和格里高利历是在1200年1月1日分界，即1200年1月1日（含）按格里高利历算，且没有日期被删除。

在上述假设下，1200年1月1日的儒略日必须视为2159351，这样算下来1582年10月15日的儒略日才是2299161，如图16.3所示。

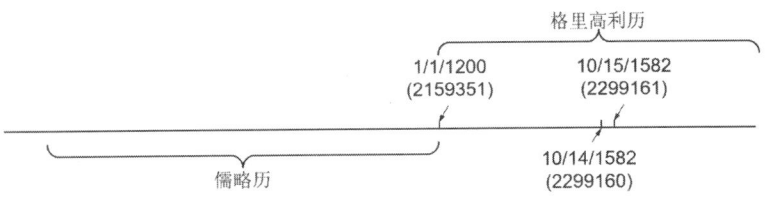

图16.3 假设儒略历和格里高利历在1200年1月1日分界且没有日期被删除

经过上面的分析，发现儒略历和格里高利历的处理是相似的，只是一个周期的天数不一样。此外，格里高利历要从1200年算起，儒略历要考虑公元前和公元后。

最后，我们还需要用day, month, year三个数组存储一个周期内的日月年。而且儒略历和格里高利历可以共用这三个数组。用这三个数组存储格里高利历一个周期内的日月年，即0年1月1日—399年12月31日，按格里高利历的规则判断闰年；刚好前面0年1月1日—3年12月31日是儒略历一个周期内的日月年，甚至都不需要按儒略历的规则去判断闰年。代码如下。

```cpp
#include <bits/stdc++.h>
using namespace std;
const int geli = 146097;  // 格里高利历 400 年的天数
const int ruli = 1461;     // 儒略历 4 年的天数
//day,month,year: 存0年1月1日—399年12月31日一个周期内的日月年
// 注意：对儒略历，共用0年1月1日—3年12月31日一个周期内的日月年
int day[geli], month[geli], year[geli];
int check(int y, int m)   // 根据年 (y) 月 (m)，返回该月天数
{
    if(m == 2)  return y % 4 ? 28 : y % 100 ? 29 : y % 400 ? 28 : 29;
    return m == 4 || m == 6 || m == 9 || m == 11 ? 30 : 31;
}
int main()
{
    month[0] = day[0] = 1;
    for(int i = 1; i < geli; i++) { //400年一个周期，共146097天
        day[i] = day[i - 1] + 1;        // 模拟天数增长
        month[i] = month[i - 1];         // 不到 30天 或 31天，月数不变
        year[i] = year[i - 1];           // 不到 365天 或 366天，年数不变
        if (day[i] > check(year[i], month[i])) { // 新的一个月开始了
            month[i]++;   day[i] = 1;
        }
        if (month[i] > 12) {  // 新的一年开始了
            year[i]++;   month[i] = 1;
        }
    }
}
```

```
    long long ri, t;    // 读入的儒略日，计算出来的年份
    int T;  cin >>T;
    while(T--){
        cin >>ri;
        if(ri > 2299160){    // 公元 1582 年 10 月 15 日 ( 含 ) 以后，是格里高利历
            ri -= 2159351;   // 假想 1200 年 1 月 1 日的儒略日是 2159351，其实是 2159358
            t = ri / geli * 400 + 1200;  //ri/geli，得到有几个 400 年，再乘回去
            ri %= geli;      // 抹去周期 (400 年 ) 的整数倍，保留零头
        }
        else{   // 公元 1582 年 10 月 4 日 ( 含 ) 以前，是儒略历
            t = ri / ruli * 4 - 4712; //ri/ruli，得到有几个 4 年，再乘回去
            ri %= ruli;      // 抹去周期 (4 年 ) 的整数倍，保留零头
        }
        if(t + year[ri] > 0)   //( 公元后 )... 年
            cout <<day[ri] <<" " <<month[ri] <<" " <<t + year[ri] <<endl;
        else   // 公元前 ... 年
            cout <<day[ri] <<" " <<month[ri] <<" " <<1 - t - year[ri] <<" BC" <<endl;
    }
    return 0;
}
```

第 17 章
数据结构 1：数组和向量

本章内容

数据结构是程序设计竞赛中非常重要的基础知识。本章介绍数据结构的基本概念、标准模板库、向量的使用方法等。

 ## 数据结构基本概念

数据是程序在求解问题时需要处理的对象，其表现形式可以是基本的数据类型（如整型、浮点型、字符/字符串），也可以是复合类型（如结构体、类对象）。此外，程序中的数据之间往往存在特定的逻辑关系，比如，一个接一个（线性结构）、一个对多个（树结构）、多个对多个（图结构）等。

通俗一点讲，**数据结构是指用于组织、存储和管理数据的容器或方式**，以便高效地进行数据访问和修改。最简单、最常用的数据结构是数组，大部分编程语言都直接支持数组。然而，数组的功能较为基础，存在一定的局限性。在Python中，数组的功能被更强大的列表所取代，而列表的功能非常强大，远非数组能比的。

除数组外，为了满足一些特殊需求，计算机科学中引入了一些特殊的数据结构，如栈、队列、优先级队列、集合、映射等。有时，开发者也需要根据具体问题设计自定义的数据结构。数据结构中存储的数据通常称为**结点**或**元素**。在C++语言中，同一数据结构中的所有结点一般只能是同一种类型。结构体可以包含不同类型的数据，这些数据称为成员；一个结构体数组里的元素仍然必须为同一种结构体类型。

为了管理存放的数据，数据结构通常会将数据的操作（增、删、查、改）封装在一起，因此要设计并编程实现一种数据结构，是比较复杂的。在程序设计竞赛中，如果要求选手现场编程实现解题时要用到的数据结构，这是不现实的。幸运的是，现代编程语言（如C++、Java、Python等）通常已经内置了常用的数据结构和算法，用户可以直接调用标准库（如C++的STL、Java的Collections框架、Python的list/dict等）来使用它们。以C++为例，这些数据结构和算法构成了STL库，程序可以直接调用STL中的数据结构和算法。

 ## 标准模板库

标准模板库（Standard Template Library，STL）是C++标准库的核心组件，不用单独安装。它基于模板机制，实现了通用的数据结构和算法，具有高度的类型安全性和可复用性。

STL包含三大核心组件：容器、迭代器和算法，开发者可以直接使用这些组件解决问题。容器就是一种数据结构，用来存储结点。不同类型的容器在其内部以不同的方式组织结点。

STL中常用的容器包括：向量（vector）、栈（stack）、队列（queue）、优先级队列（priority_queue）等。STL中的容器是用类模板实现的，这意味着用户可以指定容器中元素的类型。STL中的容器提供了丰富的成员函数，用以实现所需的功能。

STL中的迭代器用于引用存储在容器中的元素，它是一个通用型指针。注意，没有支持stack、

queue、priority_queue 容器的迭代器，因为这 3 种容器都是访问受限的，不允许任意引用容器中的元素。

STL 中的算法通过迭代器操作容器中的元素，实现排序、查找、遍历等功能。

17.3 向量

向量（vector）是 C++ 标准模板库提供的动态数组，可视为功能增强的传统数组。当编程语言提供的数组对数据处理的需求来说太简单而不足以胜任时，就可以考虑用向量了。

要使用 STL 中的向量，必须包含头文件 <vector>，并使用命名空间：using namespace std;。

定义向量的方法如下。

```
vector<char> v1;       //向量中的元素为字符
vector<int> v2;        //向量中的元素为整型数据
vector<point> v3;      //向量中的元素为自定义结构体 point 变量
```

说明，"<>" 内要填模板的参数，其实就是指定容器中元素的类型。

vector 常用的成员函数如下。

（1）push_back：在向量的末端插入新的元素。

（2）pop_back：删除向量末端的元素。

（3）begin：返回指向首元素的迭代器(指针)。

（4）end：返回指向尾元素后一位的迭代器(指针)。

（5）insert(pos, elem)：在 pos 处插入一个元素 elem，返回新元素的位置。

（6）insert(pos, n, elem)：在 pos 处插入 n 个元素 elem，无返回值。

（7）insert(pos, beg, end)：在 pos 处插入 [beg,end] 区间的数据，无返回值。

（8）erase(v.begin()+j)：在向量 v 中删除第 j 个元素（序号从 0 开始），后面的元素自动递补。

（9）clear()：清空向量中的元素。

17.4 案例 1：明明的随机数

【题目描述】

明明想在学校中请一些同学做一项问卷调查，为了实验的客观性，他先用计算机生成了 N 个 1 到 1000 之间的随机整数（$N \leqslant 100$），对于其中重复的数字，只保留一个，把其余相同的数去掉，不同的数对应不同的学生的学号。然后把这些数从小到大排序，按照排好的顺序去找同学做调查。请你协助明明完成"去重"与"排序"的工作。

【输入描述】

输入有两行，第1行为1个正整数，表示生成的随机数的个数N。

第2行有N个用空格隔开的正整数，为生成的随机数。

【输出描述】

输出也是两行，第1行为1个正整数M，表示不相同的随机数的个数。

第2行为M个用空格隔开的正整数，为从小到大排好序的不相同的随机数。

【样例输入1】　　　　　　　　　　　　　【样例输出1】

10   8

20 40 32 67 40 20 89 300 400 15   15 20 32 40 67 89 300 400

【数据规模与约定】

$N \leq 100$。

【分析】

我们需要输出去重后数字的个数与排序后的结果，也就是说相同数字的个数是不需要的信息。题目要求数字最大为1000，所以我们可以定义一个长度为1000的布尔数组st[ ]来记录所有出现过的数字。初始时，st[k]均为false；如果输入一个数字k时，st[k]为false，说明此前没有出现过k，那么就说明增加了一个数字，计数器cnt+1，并且使st[k]=true；否则，就说明这个数字曾经出现过，不对其进行处理。

下一步，我们可以从1枚举到1000，如果st[k]为true，说明出现过这个数字，那么就将k输出。这样就实现了从小到大排序输出。代码如下。

```
#include <bits/stdc++.h>
using namespace std;
const int N = 1010;
bool st[N];
int main( )
{
    int n, k;  cin >> n;
    int cnt = 0;
    for(int i = 1; i <= n; i++){
        cin >> k;
        if(!st[k]){
            st[k] = 1;  cnt++;
        }
    }
    cout <<cnt <<endl;
    for(int i = 1; i <= 1000; i++){
        if(st[i])
```

```
            cout <<i <<" ";
    }
    cout <<endl;
    return 0;
}
```

 案例2：中位数

【题目描述】

给出一个长度为N的非负整数序列A_i，对于所有$1 \leq k \leq (N+1)/2$，输出A_1，$A_1 \sim A_3$，$A_1 \sim A_5$，…，$A_1 \sim A_{2k-1}$的中位数，即前1, 3, 5,…, 2k–1个数的中位数。

【输入描述】

第1行为一个正整数N，表示了序列长度。第2行包含N个非负整数A_i。

【输出描述】

共$(N+1)/2$行，第k行为$A_1, A_2, \cdots, A_{2k-1}$的中位数。

【样例输入】   【样例输出】

```
7                              1
1 3 5 7 9 11 6                 3
                               5
                               6
```

【数据规模与约定】

对于20%的数据，$N \leq 100$。

对于40%的数据，$N \leq 3000$。

对于100%的数据，$N \leq 100000$，$0 \leq A_i \leq 10^9$。

【分析】

本题可以在输入数据的同时求解并输出。只要输入第$2k$–1个数，就可以求这$2k$–1个数的中位数并输出。这就要求实现有序插入，即每输入一个数A_{2k-1}，就把它插入正确的位置。把依次输入的数存入一个向量v中。当输入A_{2k-1}时，可以用upper_bound()函数找到前面已存入序列的数中大于A_{2k-1}的数，然后用vector的insert()函数插入，就可以实现有序插入了。

upper_bound(begin, end, num)：要求序列中的元素按从小到大排序，从序列的begin位置到end-1位置二分查找第一个严格大于num的元素，返回该元素的地址。代码如下。

```
#include <bits/stdc++.h>
```

```
using namespace std;
vector<int> v;
int n, x;
int main( )
{
    cin >>n;
    for(int i=1; i<=n; i++){
        cin >>x;
        v. insert(upper_bound(v.begin(),v.end(), x), x);
        if(i%2)   cout <<v[i/2] <<endl;
    }
    return 0;
}
```

17.6 案例3：公交换乘

【题目描述】

著名旅游城市B市为了鼓励大家绿色出行，推出了一种地铁换乘公交车的优惠方案。

（1）在搭乘一次地铁后可以获得一张优惠票，有效期为45分钟，在有效期内可以消耗这张优惠票，免费搭乘一次票价不超过地铁票价的公交车。有效期内是指开始乘公交车的时间与开始乘地铁的时间之差小于等于45分钟，即：

$$t_{bus} - t_{subway} \leq 45$$

（2）搭乘地铁获得的优惠票可以累积，即可以连续搭乘若干次地铁后再连续使用优惠票搭乘公交车。

（3）搭乘公交车时，如果可以使用优惠票一定要使用优惠票；如果有多张优惠票满足条件，则优先消耗最早获得的优惠票。

现在你得到了小轩最近的公共交通出行记录，你能帮他算算他的花费吗？

【输入描述】

输入文件的第一行包含一个正整数n，代表乘车记录的数量。

接下来的n行，每行包含3个整数，相邻两数之间以一个空格分隔。第i行的第1个整数代表第i条记录乘坐的交通工具，0代表地铁，1代表公交车；第2个整数代表第i条记录乘车的票价$price_i$；第3个整数代表第i条记录开始乘车的时间t_i（距0时刻的分钟数）。

我们保证出行记录是按照开始乘车的时间顺序给出的，且不会有两次乘车记录出现在同一分钟。

【输出描述】

输出文件有一行，包含一个正整数，代表小轩出行的总花费。

【样例输入1】　　　　　　　　　　【样例输出1】

```
6                                 36
0 10 3
1 5 46
0 12 50
1 3 96
0 5 110
1 6 135
```

【样例输入2】　　　　　　　　　　【样例输出2】

```
6                                 32
0 5 1
0 20 16
0 7 23
1 18 31
1 4 38
1 7 68
```

【样例输入/输出1说明】

第1条记录，在第3分钟花费10元乘坐地铁。

第2条记录，在第46分钟乘坐公交车，可以使用第1条记录中乘坐地铁获得的优惠票，因此没有花费。

第3条记录，在第50分钟花费12元乘坐地铁。

第4条记录，在第96分钟乘坐公交车，由于距离第3条记录中乘坐地铁已超过45分钟，所以优惠票已失效，花费3元乘坐公交车。

第5条记录，在第110分钟花费5元乘坐地铁。

第6条记录，在第135分钟乘坐公交车，由于此时手中只有第5条记录中乘坐地铁获得的优惠票有效，而本次公交车的票价为6元，高于第5条记录中地铁的票价5元，所以不能使用优惠票，花费6元乘坐公交车。

总共花费36元。

【样例输入/输出2说明】

第1条记录，在第1分钟花费5元乘坐地铁。

第2条记录，在第16分钟花费20元乘坐地铁。

第3条记录，在第23分钟花费7元乘坐地铁。

第4条记录，在第31分钟乘坐公交车，此时只有第2条记录中乘坐的地铁票价高于本次公交车票价，所以使用第2条记录中乘坐地铁获得的优惠票。

第5条记录，在第38分钟乘坐公交车，此时第1条和第3条记录中乘坐地铁获得的优惠票都可以使用，使用最早获得的优惠票，即第1条记录中乘坐地铁获得的优惠票。

第6条记录，在第68分钟乘坐公交车，使用第3条记录中乘坐地铁获得的优惠票。

总共花费32元。

【数据规模与约定】

对于30%的数据，$n \leq 1000$，$t_i \leq 10^6$。

对于15%的数据，$t_i \leq 10^7$，$price_i$都相等。

另有15%的数据，$t_i \leq 10^9$，$price_i$都相等。

对于100%的数据，$n \leq 10^5$，$t_i \leq 10^9$，$1 \leq price_i \leq 1000$。

【分析】

本题按题目要求模拟即可，有效时间45分钟。本题既用到了数组，也用到了向量。

由于n条乘车记录是按时间顺序给出的，超过45分钟的地铁票价不要重复遍历，因为后续肯定也不会再遍历，所以直接删除这种地铁票价。由于需要频繁添加和删除地铁票价，所以用向量实现更方便。

具体方法：定义结构体node表示交通工具（地铁和公交）票价，先读入n张交通工具票价。这n张票价保存下来的目的是依次检查每张票，所以可以保存在node类型的数组a中。然后按顺序遍历a中的每张票价，如果是地铁票价，则将它的价格累加到变量sm中，并把它插入向量v的后面；如果是公交票价，则在向量v中按顺序遍历第j张地铁票价（j=0, 1, ···, s-1，s为向量中元素的个数）。如果第j张地铁票时间超过了45分钟，从v中删除这张地铁票；如果第j张地铁票时间在45分钟内且价格大于当前公交票价，则使用第j张地铁票优惠，从而不需要支付公交车票价；如果遍历v结束都还没找到符合要求的地铁票价，则需要支付公交车票价。代码如下。

```
#include <bits/stdc++.h>
using namespace std;
struct node{                    // 交通工具（地铁和公交）票价
    long long type, p, t;       // 交通工具类型，价格，时刻
}a[200000];
vector<node> v;
int main()
{
    int n;   cin >>n;
    for(int i=1; i<=n; ++i)
        cin >>a[i].type >>a[i].p >>a[i].t;
    long long sm = 0;
    for(int i=1; i<=n; ++i){
        if(a[i].type==0){    // 第i条记录是乘坐地铁
```

```cpp
                sm += a[i].p;
                v.push_back(a[i]);
            }
            else{      //第i条记录是乘坐公交车
                bool flag = false;
                for(int j=0; j<v.size(); ++j){
                    if(a[i].t - v[j].t <= 45){   //第j次乘坐地铁的时间满足优惠条件
                        if(a[i].p <= v[j].p){    //第j次地铁的票价满足优惠条件
                            flag = true;
                            v.erase(v.begin() + j);   //清除第j次乘地铁的记录
                            break;
                        }
                    }
                    else{   //第j次乘坐地铁的时间不满足优惠条件
                        v.erase(v.begin() + j);   //清除第j次乘地铁的记录
                        j--;   //考虑下一条记录（由于清除了j,下一次还是j, j-- 和 j++ 抵消）
                    }
                }
                if(!flag)   sm += a[i].p;    //无法使用地铁优惠票，需要支付公交车票价
            }
        }
        cout <<sm <<endl;
        return 0;
    }
```

第 18 章
数据结构 2：栈

本章内容

本章介绍栈的原理，以及 STL 中的栈的使用方法，并通过案例诠释栈的应用。

18.1 栈

1. 什么是栈？

栈（stack）和下一章要讲的队列（queue）都是线性数据结构，但访问受限。栈限定在一端来插入和删除结点，这一端称为"栈顶"，如图18.1所示，另一端称为"栈底"。因此，先进入栈的结点往往后出来，这就是所谓的"**后进先出**（Last In，First Out，LIFO）"。另外，结点的插入称为"压栈"或"入栈（push）"；结点的删除称为"出栈（pop）"。

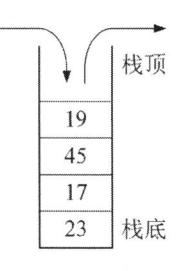

图 18.1 栈

在日常生活中，超市存放购物车的轨道，当轨道一端靠墙时，只能从另一端放入和取出购物车，此时轨道就是一个栈结构的实例。

2. 栈有什么用？

作为数据容器，栈主要用于存储处理过程中的结点。结点一般是随着数据处理的进行，逐步按顺序插入进来的，如果需要调整这些结点出去的顺序，就可能需要用到栈。

考虑往栈中按顺序插入23、17、45、19这4个结点，我们可以通过调整入栈和出栈操作的顺序，得到不同的出栈结点序列。举例如下。

（1）push 23; push 17; pop; pop; push 45; pop; push 19; pop。这4个结点的出栈顺序为17、23、45、19。

（2）push 23; pop; push 17; push 45; pop; push 19; pop; pop。这4个结点的出栈顺序为23、45、19、17。

注意，栈不能做到任意调整结点的出栈顺序。例如，在上面的例子中，"45、23、17、19"这样的出栈顺序是不可能实现的。固定结点的入栈顺序，关于如何判断一个结点序列是否属于合法的出栈顺序的算法，详见本章案例2。

3. STL 中的栈

要使用STL中的栈，必须包含头文件<stack>或者使用万能头文件，并使用std命名空间。

定义栈的方法如下。

```
stack<char> S1;    // 栈中的结点为字符
stack<int>  S2;    // 栈中的结点为整型数据
stack<pos>  S3;    // 栈中的结点为自定义结构体 pos 变量
```

stack常用的成员函数如下。

（1）push：入栈，参数为需要压入栈的结点。

（2）pop：出栈，该函数没有返回值。

（3）top：取得栈顶结点，返回值为栈顶结点，该操作并不会弹出栈顶结点。

(4) empty：判断栈是否为空，返回值为bool型。

(5) size：返回栈中结点的个数。

注意，当栈为空时，如果执行pop()操作，会造成Run Time Error(RTE)，而且这种错误在用样例数据测试时不易发现。因此，在执行pop()操作时，可以先用empty()函数检测一下，栈不为空才执行pop()操作。

 **n个元素有多少种出栈顺序**

n个元素不同排列的个数为$P(n, n) = n!$。

原始问题：给定n个元素及确定的入栈顺序，共有多少种不同的出栈顺序？

等价问题：给定圆括号对数n，有多少种匹配的括号对？例如，如果有3对圆括号，则()()()、(())等都是匹配的括号对，而(()))(、)()(等都不是匹配的括号对。

以上两个问题的答案都是：$C_{2n}^{n} - C_{2n}^{n+1} = C_{2n}^{n} / (n+1)$，也是第n个卡特兰数的值。

以上两个问题等价的原因是：可以将"("视为入栈、将")"视为出栈。

合法的出栈序列问题和圆括号匹配问题可以扩展出以下问题。

(1) 给定n个元素及确定的入栈顺序，输出所有可能的出栈顺序。

(2) 给定n个元素及确定的入栈顺序，再给定n个元素的某种顺序，问是否为合法的出栈顺序。

(3) 给定圆括号对数，输出所有匹配的括号对。

 **案例1：括号串匹配**

【题目描述】

给定一串括号，允许包括圆括号()、方括号[]、花括号{}，判断括号串是否匹配。

匹配例子：(()()())()、{()[]{[()]}}。

不匹配例子：(()()))()、{{[]}、{()[]}。

【输入描述】

输入占一行，不超过50个字符，除括号外没有其他字符。

【输出描述】

对输入数据，如果括号串匹配，则输出yes，否则输出no。

【样例输入1】   【样例输出1】

{()[]{[()]}}   yes

【样例输入2】   【样例输出2】

{()[]]}   no

【分析】

判断括号串是否匹配需要用栈实现。具体方法是：依次读入每个括号，如果是左括号，则压入栈中；如果是右括号，则判断栈顶元素是否是与之匹配的左括号，如果是，则弹出该左括号，如果不是或栈为空，则可以判定括号不匹配。

注意，在所有的字符都处理完毕后，还要再判断栈是否为空，如果栈非空，也是不匹配的情形。代码如下。

```cpp
#include <bits/stdc++.h>
using namespace std;
int main( )
{
    char s[50];  cin >>s;    // 读入的括号串
    int len, i;
    stack<char> stk;         // 存左括号的栈
    bool match = true;       // 是否匹配的状态变量
    len = strlen(s);
    for( i=0; i<len; i++ ) {
        if( s[i]=='(' || s[i]=='{' || s[i]=='[' )        // 左括号
            stk.push(s[i]);
        else {   // 右括号
            if( stk.empty( ) ) { match = false;  break; }    // 栈空，不匹配
            else {   // 栈非空
                if( s[i]==')' && stk.top()!='(' ||     // 但栈顶左括号与
                    s[i]==']' && stk.top()!='[' ||     // 当前右括号不匹配
                    s[i]=='}' && stk.top()!='{' ) {
                    match = false;  break;
                }
                else   stk.pop( );         // 栈顶左括号和当前右括号匹配，则弹出栈顶左括号
            }
        }
    }
    if(!stk.empty())   match = false;   //for循环处理完毕后，如果栈非空也是不匹配
    if( match )  cout <<"yes" <<endl; // 匹配
    else   cout <<"no" <<endl;
    return 0;
}
```

18.4 案例2：奇特的火车站

【题目描述】

我国的火车站按轨道布局可以分为两种：一种是通过式车站（普通型），即两头通的，这头进另一头可以出；另一种是尽头式车站（折反型），即仅一端连接轨道，列车必须原路进原路出，如重庆的菜园坝火车站（现已停止运营），类似于数据结构中学过的栈。如图18.2所示，假设只有一条铁轨，如果有两列火车依次进站，则是按相反的顺序出站的。

假设如图18.2所示的火车站有一个奇特的功能：可以调节车厢的顺序。当一列火车从A方向进入车站前，可以把所有的车厢分离开，现在每节车厢在它到达B方向处的铁轨之前都可以自由运动。但是需要注意的是，当车厢进站之后，它就不能退回到A方向处的铁轨；当车厢到达B方向处的铁轨之后，它就不能退回到车站了。现在有一列包括N（$1<N<1000$）节车厢的火车从A方向驶入车站，从头到尾的每节车厢分别被标上序号$1, 2, 3, \cdots, N$。请判断是否可以适当地组织车厢的进出顺序，使从B方向出站的车厢号分别是$a_1, a_2, a_3, \cdots, a_N$。

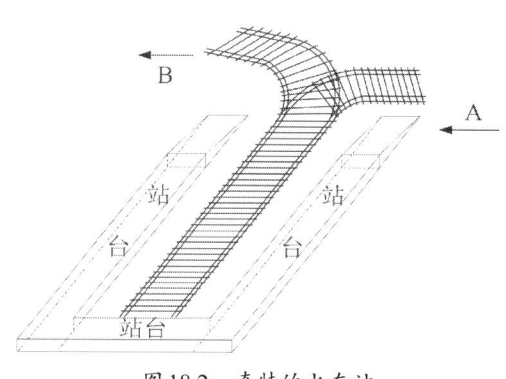

图18.2 奇特的火车站

【输入描述】

输入数据占两行，描述了一列火车各车厢的出站顺序。第1行为正整数N；第2行为N个没有重复的$1\sim N$的正整数（是$1\sim N$的某个排列），表示N节车厢的出站顺序。

【输出描述】

对于输入数据，如果存在满足要求的车厢进出站组织方法，则输出yes，否则输出no。

【样例输入1】　　　　　　　　　　　【样例输出1】

```
5                                  no
5 4 1 2 3
```

【样例输入2】　　　　　　　　　　　【样例输出2】

```
5                                  yes
2 3 5 4 1
```

【分析】

本题的意思其实就是固定$1\sim N$这N个数字的入栈顺序为$1\sim N$（因此，在任何时刻，栈里的数字一定是小的数字在下，大的数字在上），再给出$1\sim N$的一个排列，问该排列是否为某种可能的出栈顺序。下面以样例输入2为例讲解解题方法。

（1）读入出栈顺序中的第1个数字2，2要最先出栈，那一定是最初栈为空且1、2已经依次入栈了（push 1, push 2），接着按要求把2弹出栈（pop）。此时栈中只有1。

（2）读入第2个数字3，因为3比栈顶结点1大，所以3要先入栈，再出栈，即执行push 3; pop。此时栈中仍只有1。

（3）读入第3个数字5，因为5比栈顶结点1大，所以一定是先把4、5依次入栈，此后5才能作为栈顶弹出，因此执行push 4; push 5，再执行pop把5弹出栈。

（4）读入第4个数字4，此时栈顶刚好是4，直接执行pop把4弹出栈。

（5）读入第5个数字1，此时栈顶刚好是1，直接执行pop把1弹出栈。此后，栈为空。

因此，2 3 5 4 1是一种可能的出栈顺序。

那出现什么情形可以判定（甚至是提前判定）一个排列不是一种可能的出栈顺序呢？在本题中，读入一个数字后，如果当前栈非空但读入的数字比栈顶结点要小，就可以提前判定这不是一种可能的出栈序列了。例如，第1个测试数据"5 4 1 2 3"，读入5后，需要执行push 1; push 2; push 3; push 4; push 5; pop；再读入4，需要执行pop；再读入1，这时栈顶是3，1在下面，不可能作为栈顶弹出，所以这是一种不可能的出栈顺序。代码如下：

```
#include <bits/stdc++.h>
using namespace std;
int main( )
{
    int N;          //1~N 依次入栈
    int a;          // 表示当前读入的数字，这个数字实际上是我们希望出栈的数字
    int in;         // 当前最后入栈的数字
    stack<int> stk;
    cin >>N;
    cin >>a;        // 第一个数单独处理
    for(in=1; in<=a; in++)
        stk.push(in);
    stk.pop();      // 第一个数 a 最先出栈，肯定是没问题的
    int i;
    for(i=1; i<N; i++){   // 接下来只有 N-1 个数要处理
        cin >>a;
        // 调用 top,pop 必须保证栈不为空
        // 逻辑运算的短路原则，逻辑与：A && B, 如果 A 为 false, 不会去执行 B
        // 所以以下 if 语句不可能引发 RE 错误
        if(!stk.empty() && a<stk.top())  break;
        if(stk.empty() || a>stk.top()){   // 这里也会按短路原则执行
            for( ; in<=a; in++)
                stk.push(in);
```

```
        }
        stk.pop();      // 弹出的一定是 a
    }
    if(i<N)   cout <<"no" <<endl;    // 如果要处理多个测试数据，这里还要把剩余数字读完
    else   cout <<"yes" <<endl;
    return 0;
}
```

18.5 案例3：表达式求值

【题目描述】

给定一个只包含加法和乘法的算术表达式，请你编写程序计算表达式的值。

【输入描述】

输入占一行，为需要你计算的表达式，表达式中只包含数字、加法运算符"+"和乘法运算符"×"，没有括号，所有参与运算的数字均为0到2^31之间的整数。

输入数据保证这一行只有0～9、+、×（在输入数据中用*代替）这12种字符。

【输出描述】

输出一个整数，表示这个表达式的值。

注意，当答案长度多于4位时，请只输出最后4位，前导0不输出。

【样例输入1】	【样例输出1】
1+1*3+4	8

【样例输入2】	【样例输出2】
1+1234567890*1	7891

【样例输入3】	【样例输出3】
1+1000000003*1	4

【数据规模与约定】

对于30%的数据，0≤表达式中加法运算符和乘法运算符的总数≤100。

对于80%的数据，0≤表达式中加法运算符和乘法运算符的总数≤1000。

对于100%的数据，0≤表达式中加法运算符和乘法运算符的总数≤100000。

【分析】

根据加法与乘法的运算顺序，我们需要先计算乘法，再计算加法。通过栈，我们可以按以下方

式处理。

（1）如果当前读取的是数字，将数字放入栈中。

（2）如果当前读取的是加号，忽略。

（3）如果当前读取的是乘号，则弹出栈顶数字，把栈顶数字和乘号后面的数字相乘，把乘积再入栈。

（4）最后，将栈中数字一一取出累加到一起，就完成了计算。

同时，题目要求输出数值的最后4位，我们就只需要当一个数进行加法运算或乘法运算后，用它对10000取模，就能得到最后4位数。无论是对两个数字先取模再进行加减乘运算，还是先加减乘运算再取模，结果都是一样的。

我们以1+1*3+4为例分析。读取第1个字符，为数字1，我们将其放入栈中，此时栈中的存储情况如图18.3（a）所示。

然后读取第2个字符，为'+'，忽略。

然后读取第3个字符，为数字1，将其放入栈中，如图18.3（b）所示。

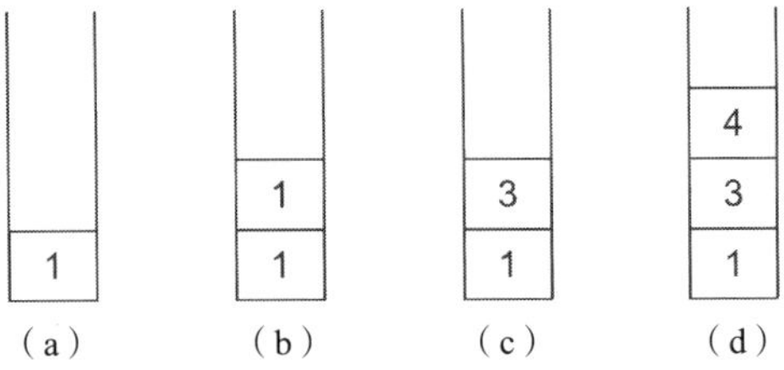

图18.3　表达式求值（栈的存储情况）

然后读取第4个字符，为'*'，我们需要读取下一个数字3，同时将栈顶数字1取出，把栈顶数字1和乘号后面的数字3相乘，把乘积3放入栈，此时栈中的存储情况如图18.3（c）所示。

读取第5个字符，为'+'，忽略，读取下一个数字4，放入栈中，如图18.3（d）所示。

此时数据全部读取完成，取出栈中所有的数字并相加，得到答案8。代码如下。

```
#include <bits/stdc++.h>
using namespace std;
stack<int> stk;     // 一个存数字并在最后把它们相加的栈
const int mod = 10000;
int main( )
{
    int a, b;
    char c;
    cin >> a;        // 先输入一个数
    a = a % mod;     // 必需的操作
    stk.push(a);     // 压入栈中
    while(cin >> c >> b){
        if(c == '*'){    // 将 * 之前的数字（在栈顶）与 * 之后的数字的乘积入栈
            a = stk.top();
            stk.pop();
            stk.push(a * (b%mod) % mod);
        }
        else  stk.push(b % mod);     // 将b存入
```

```
    }
    int ans = 0;
    while(stk.size()){
        ans += stk.top();
        ans %= mod;      // 取模
        stk.pop();
    }
    cout << ans << endl;
    return 0;
}
```

第 19 章
数据结构 3：队列

本章内容

本章介绍队列的原理，以及 STL 中的队列的使用方法，并通过案例诠释队列的应用。

19.1 队列

1. 什么是队列？

队列（queue）是一种访问受限的线性数据结构。它只允许在队列尾（rear）进行插入操作，称为入队列；只允许在队列头（front）进行取出操作，称为出队列，如图 19.1 所示。因此，先进入队列的结点先出来，这就是所谓的"先进先出（First In First Out，FIFO）"。

图 19.1 队列

在日常生活中，在食堂排队打饭、在银行排队办理业务，都是队列的例子。在计算机中，操作系统为每个应用程序维护一个消息队列，应用程序接收到的消息存放在队列中。应用程序根据先来先处理的方式处理每条消息，这也是队列的应用。

2. 队列有什么用？

队列的特点是：结点出队列的顺序一定就是入队列的顺序。如果要记录待处理数据的顺序，并严格按先后顺序来处理这些数据，就可能需要用到队列了。队列最经典的应用是广度优先搜索（Breadth First Search，BFS），在 BFS 算法里，需要用队列来存储正在访问的这一层和待访问的下一层的顶点，以便扩展出新的顶点。关于队列在 BFS 算法中的应用，详见本书第 26 章。

3. STL 中的队列

要使用 STL 中的队列，必须包含头文件 <queue> 或者使用万能头文件，并使用 std 命名空间。定义队列的方法如下。

```
queue<char> Q1;      // 队列中的结点为字符型数据
queue<int> Q2;       // 队列中的结点为整型数据
queue<pos> Q3;       // 队列中的结点为 pos 变量（自定义数据类型）
```

queue 常用的成员函数如下。

（1）push：入队列，参数为需要入队列的结点。

（2）pop：出队列，该函数没有返回值。

（3）front：取得队列头结点，返回值为队列头结点，该操作并不会使队列头结点出队列。

（4）empty：判断队列是否为空，返回值为 bool 型。

（5）size：返回队列中结点的个数。

19.2 案例1：约瑟夫环问题

【题目描述】

n 个人围成一圈，从第一个人开始报数，数到 m 的人出列，再由下一个人重新从1开始报数，

数到 m 的人再出列，以此类推，直到所有人都出列，请输出依次出列的人的编号。

【输入描述】

输入一行，为两个整数 n, m。

【输出描述】

输出一行，为 n 个整数，按顺序输出每个出列的人的编号。

【样例输入】   【样例输出】

```
10 3                          3 6 9 2 7 1 8 5 10 4
```

【数据规模与约定】

$1 \leq m, n \leq 100$。

【分析】

本题可以用队列模拟出列游戏。最初把 $1 \sim n$ 共 n 个数依次入队列。每一轮，先执行 $m-1$ 出队列操作，把队列头结点弹出队列再重新入队列，最后执行一次出队列操作，输出这个队列的头结点，但这次队列的头结点不再入队列，相当于报数报到 m 的人出列。重复执行每一轮，直至队列为空。代码如下。

```
#include <bits/stdc++.h>
using namespace std;
int main( )
{
    queue<int> Q;
    int i, n, m;
    cin >>n >>m;
    for(i=1; i<=n; i++)   Q.push(i);    //1～n 依次入队列
    while(Q.size()){                    // 循环直至队列为空
        for(i=1; i<m; i++){
            Q. push(Q.front());         // 将队首放入队尾
            Q. pop();
        }
        cout <<Q.front() <<" ";         // 报数到 m 的人出列
        Q. pop();
    }
    return 0;
}
```

19.3 案例2：海港

【题目描述】

小K是一个海港的海关工作人员，每天都有许多船只到达海港，船上通常有很多来自不同国家的乘客。

小K对这些到达海港的船只非常感兴趣，他按照时间记录下了到达海港的每一艘船只的情况。对于第i艘到达的船，他记录了这艘船到达的时间t_i（单位：秒）、船上的乘客数k_i，以及每名乘客的国籍$x_{i,1}, x_{i,2}, \cdots, x_{i,k}$。

小K统计了n艘船的信息，希望你帮忙计算出以每一艘船到达时间为止的24小时（24小时=86400秒）内，所有乘船到达的乘客来自多少个不同的国家。

你需要计算n条信息。对于输出的第i条信息，你需要统计满足$t_i-86400<t_p \leq t_i$的船只p，在所有的$x_{p,j}$中，共有多少个不同的数。

【输入描述】

第一行输入一个正整数n，表示小K统计了n艘船的信息。

接下来n行，每行描述一艘船的信息：前两个整数t_i和k_i分别表示这艘船到达海港的时间和船上的乘客数量，接下来k_i个整数$x_{i,j}$表示船上乘客的国籍。

保证输入的t_i是递增的，单位是秒；表示从小K某一天上班开始计时，这艘船在第t_i秒到达海港。

保证$1 \leq n \leq 10^5$，$\sum k_i \leq 3*10^5$，$1 \leq x_{i,j} \leq 10^5$，$1 \leq t_{i-1} \leq t_i \leq 10^9$。其中$\sum k_i$表示所有的$k_i$的和。

【输出描述】

输出n行，第i行输出一个整数表示第i艘船到达后的统计信息。

【样例输入1】	【样例输出1】
3 1 4 4 1 2 2 2 2 2 3 10 1 3	3 4 4

【样例输入2】	【样例输出2】
4 1 4 1 2 2 3 3 2 2 3 86401 2 3 4 86402 1 5	3 3 3 4

【样例输入/输出1说明】

第1艘船在第1秒到达海港,最近24小时到达的船是第1艘船,共有4个乘客,分别来自国家4,1,2,2,共来自3个不同的国家。

第2艘船在第2秒到达海港,最近24小时到达的船是第1艘船和第2艘船,共有4+2=6个乘客,分别来自国家4,1,2,2,2,3,共来自4个不同的国家。

第3艘船在第10秒到达海港,最近24小时到达的船是第1艘船、第2艘船和第3艘船,共有4+2+1=7个乘客,分别来自国家4,1,2,2,2,3,3,共来自4个不同的国家。

【样例输入/输出2说明】

第1艘船在第1秒到达海港,最近24小时到达的船是第1艘船,共有4个乘客,分别来自国家1,2,2,3,共来自3个不同的国家。

第2艘船在第3秒到达海港,最近24小时到达的船是第1艘船和第2艘船,共有4+2=6个乘客,分别来自国家1,2,2,3,2,3,共来自3个不同的国家。

第3艘船在第86401秒到达海港,最近24小时到达的船是第2艘船和第3艘船,共有2+2=4个乘客,分别来自国家2,3,3,4,共来自3个不同的国家。

第4艘船在第86402秒到达海港,最近24小时到达的船是第2艘船、第3艘船和第4艘船,共有2+2+1=5个乘客,分别来自国家2,3,3,4,5,共来自4个不同的国家。

【数据规模与约定】

对于10%的测试点,$n=1$,$\sum k_i \leq 10$,$1 \leq x_{i,j} \leq 10$,$1 \leq t_i \leq 10$。

对于20%的测试点,$1 \leq n \leq 10$,$\sum k_i \leq 100$,$1 \leq x_{i,j} \leq 100$,$1 \leq t_i \leq 32767$。

对于40%的测试点,$1 \leq n \leq 100$,$\sum k_i \leq 100$,$1 \leq x_{i,j} \leq 100$,$1 \leq t_i \leq 86400$。

对于70%的测试点,$1 \leq n \leq 1000$,$\sum k_i \leq 3000$,$1 \leq x_{i,j} \leq 1000$,$1 \leq t_i \leq 10^9$。

对于100%的测试点,$1 \leq n \leq 10^5$,$\sum k_i \leq 3 \times 10^5$,$1 \leq x_{i,j} \leq 10^5$,$1 \leq t_i \leq 10^9$。

【分析】

队列是一种数据结构,它有一个入口和一个出口,先进入的元素会先离开,后进入的会后离开。就像排队买票一样,先到的人可以先买票离开,后到的人只能排队,等前面的人买完票才能购买。

这道题中游轮的入港也是类似的,我们只需要统计**每一艘船到达时刻为止的24小时内所有游客的国籍**,可以理解为24小时之后这些游客都会**离开**。而这个港口就像队列一样,存储的就是目前还留在港口的游客。

每当有一艘新游轮到来,根据其到来时刻,我们检查队列最前端的游客,如果新游轮到达时刻与队列最前端的游客到达时刻相差超过24小时,那么这个游客就会从队列中离开,同时该游客对应的国籍人数会减1,如果此时这个国籍的人数为0,那么国籍总数计数器减1。随后继续对队列最前端的游客进行检查。处理完毕后,游客就会从游轮下来,**一个个**进入队列中,同时该游客对应国籍人数会加1,如果此时该国籍人数为1,那么国籍总数计数器加1。这样我们就能快速处理每一艘游轮到达后,不同国籍的乘客数量。代码如下。

```cpp
#include <bits/stdc++.h>
using namespace std;
int n, t, k, x;          // 船数，每艘船到达时刻，每艘船乘客数，每个乘客的国籍
const int N = 1000010;
int st[N];               //st[i] 表示国籍为 i 的人数
int ans;
struct node{             // 表示乘客的信息
    int s, t;            // 国籍，到达时刻
} h;
queue<node> port;        // 队列里存储的是乘客
int main( )
{
    cin >>n;             //n 艘船
    for(int i = 1; i <= n; i++){
        cin >>t >>k;     // 到达港口的时刻和乘客数
        while(!port.empty()){   // 只要还有乘客就对队列进行检查
            h = port.front();
            // 如果在时间外（不符合条件），则对答案和队列进行更新（删减）
            if(h.t + 86400 <= t){
                st[h.s]--;       // 这个国籍的人数总数减 1
                if(st[h.s] == 0)
                    ans--;       // 如果这个国籍没有人了，则答案数减 1
                port.pop();
            }
            else  // 如果现在这个乘客在 24 小时内，后面的肯定也符合条件，直接退出
                break;
        }
        for(int j = 1; j <= k; j++){   // 读入 k 个乘客的信息
            cin >>x;
            h.s = x,  h.t = t;   // 存进结构体
            port.push(h);        // 把这个乘客（结构体）存进队列
            st[x]++;             // 这个国籍的人数总数加 1
            if(st[x] == 1)
                ans++;           // 如果这个国籍是相对第一次出现，那么计数器 +1
        }
        cout <<ans <<endl;
    }
    return 0;
}
```

19.4 案例3：等待时间

【题目描述】

某银行要统计顾客等待时间。假设银行只有一个窗口，每位顾客到来的时刻和他办理业务所需的时间是已知的。银行按顾客到来的先后顺序为他们服务。

【输入描述】

输入数据的第1行为一个整数n(范围在$[5,100]$)，表示顾客数；接下来有n行，每行为两个整数$t1$(范围在$[0,500]$)和$t2$(范围在$[1,10]$)，分别表示顾客到来的时刻和他办理业务所需的时间，这n个顾客按到来的先后顺序排列(相邻两个顾客到来的时间，即$t1$，可能相同)。每位顾客等待的时间为银行开始为他办理业务的时刻减去他到达银行的时刻。第1个顾客总是不需要等待的。

【输出描述】

输出n位顾客的总的等待时间。

【样例输入】   【样例输出】

```
5                              6
1 3
5 2
5 3
6 4
15 2
```

【分析】

银行按顾客到来的先后顺序为他们服务，这就是队列。因此，我们可以把n个顾客存入一个队列。定义一个结构体client，表示一个顾客，包含2个成员a, d，分别表示顾客到来的时刻、他办理业务所需的时间。

第一个顾客不需要等待，因此银行开始为他办理业务的时刻就是他到达的时刻。定义变量td表示前一位顾客办理完业务的时刻。对剩下的每位顾客hd，如果$hd.a<td$，则说明他要等待，更新td，累计顾客等待时间；否则，即$hd.a \geq td$，说明他不需要等待，但也要更新td的值。将td初始化为-1，第一位顾客跟后面的顾客可以统一处理。代码如下。

```
#include <bits/stdc++.h>
using namespace std;
struct client{   // 顾客
    int a, d; // 到来的时刻，他办理业务所需的时间
};
int main( )
```

```cpp
{
    queue<client> q;    // 队列
    client hd, ht;
    int t1, t2;
    int n;   cin >>n;    // 顾客数
    for(int i=1; i<=n; i++){ // 读入每位顾客的到来时刻,办理业务所需的时间,将顾客入队列 q
        cin >>t1 >>t2;
        ht.a = t1;   ht.d = t2;    // 到达时刻,办理业务所需的时间
        q.push(ht);
    }
    int td = -1;         // 前一位顾客办理完业务的时刻
    int sm = 0;          // 总的等待时间
    while( !q.empty( ) ){           // 处理 n 位顾客
        hd = q.front( );   q.pop( );
        if( hd.a<td ){                // 顾客要等待
            sm += td - hd.a;   td += hd.d;
        }
        else   td = hd.a + hd.d;   // 顾客不需等待
    }
    cout <<sm <<endl;
    return 0;
}
```

第 20 章
数据结构 4：集合

本章内容

本章介绍数学上的集合、STL 中的集合及用法，以及集合的应用。

 ## 数学上的集合

集合（set）是数学中不能精确定义的基本概念。一般来说，把具有共同性质的一些东西汇集成一个整体，就形成了一个集合。在数学上，集合中的每个元素都是唯一的，不可重复。

 ## STL 中的集合

在 C++ 语言中，STL 提供的集合是一个存储数据的容器，集合中的每个元素都是唯一的，不可重复。

构造一个 set 的代码如下。

```
set< 元素的类型 > st;
```

可以用赋值运算符"="给集合 st 初始化一些元素，格式如下。

```
set<int> st = {2, 3, 5, 7};      // 或写成: set<int> st;  st = {2, 3, 5, 7};
```

set 常用的成员函数如下。

（1）size()：返回集合中元素的个数。

（2）empty()：判断集合是否为空。

（3）clear()：清空集合中的所有元素。

（4）begin()：返回指向最前面元素的迭代器。

（5）end()：返回指向末尾（最后一个元素之后的）迭代器。

（6）insert(x)：插入元素 x。

（7）erase(x)：在集合中删除元素 x，如果 x 不存在，则什么都不干。

（8）erase(it)：删除 it 指向的元素，it 为指向元素的迭代器。

（9）find(x)：查找元素 x 在集合中的位置，若不存在，则返回 end()。

（10）count(x)：统计等于 x 的元素个数。由于集合会剔除重复的元素，因此这个函数的返回值为 1 或 0，返回 0 表示 x 不存在。

（11）lower_bound(x)：返回指向首个大于或等于 x 的元素的迭代器。

（12）upper_bound(x)：返回指向首个大于 x 的元素的迭代器。

在集合中存储的数据会自动去重，并默认按从小到大排序。

要引用集合中的元素，必须用迭代器实现，不能用"方括号+下标"的方式访问。

代码示例如下。

```
set<int> st;
set<int>::iterator its;
// 可以通过insert函数往集合中插入元素，元素会自动去重，并按从小到大排序
// 读取第n个元素
its = next(st.begin(), n-1);   // 元素序号也是从0开始,st.begin()返回的是第0个元素
                                // 的迭代器
cout <<*its <<endl;             // 输出第n个元素
```

如果要输出集合中的所有元素，可以使用以下代码。

```
for (auto i : st)    // 输出集合中的所有元素
    cout << i <<" ";
```

【关于auto的说明】

在早期的C语言和C++98标准中，auto关键字用于修饰具有自动存储器的局部变量。在C++11标准中，标准委员会赋予了auto全新的含义，auto不再是一个存储类型指示符，而是作为一个新的类型指示符来指示编译器，auto声明的变量必须由编译器在编译时期推导而得。

注意，使用auto定义变量时必须对其进行初始化，在编译阶段编译器需要根据初始化表达式来推导auto的实际类型。因此auto并非是一种"类型"的声明，而是一个类型声明时的"占位符"，编译器在编译期会将auto替换为变量实际的类型。

例如，在以上代码中，for循环里用了auto，编译器能自动推测i表示集合中的元素。

注意，在C++语言中，集合的元素可以是集合，代码如下。

```
#include <bits/stdc++.h>
using namespace std;
int main( )
{
    set<set<int>> s;
    set<int> s1; s1 = {9, 10};
    s1.insert(4);
    s1.insert(5);
    s1.insert(6);
    s.insert(s1);
    set<int> s2;
    s2.insert(-1);
    s2.insert(-2);
    s2.insert(-3);
    s.insert(s2);
    for( auto a : s){      // 自动推测a为s的元素，a是集合
        for(auto b : a)    // 自动推测b是a的元素，b是整数
            cout <<b <<endl;
    }
    return 0;
}
```

以上程序的输出结果如下。

```
-3
-2
-1
4
5
6
9
10
```

 案例1：第N个回文数

【题目描述】

一个数的最高位不为0，如果从左往右读和从右往左读是同一个数，则这个数称为回文数。所有回文正整数构成一个集合，记为S。将S中的元素按从小到大的顺序排列，求第N个元素。

【输入描述】

输入一个正整数N，第N个回文数不会超过9位数。

【输出描述】

输出占一行，为S的第N个元素。

【样例输入1】   【样例输出1】

```
10
```

```
11
```

【样例输入2】   【样例输出2】

```
109998
```

```
999999999
```

【分析】

1位数的回文数，*，有9个。（*表示数字）

2位数的回文数，**，有9个。

3位数的回文数，***，根据乘法原理，有9×10=90个。

4位数的回文数，****，根据乘法原理，有9×10=90个。

5位数的回文数，*****，根据乘法原理，有9×10×10=900个。

6位数的回文数，******，根据乘法原理，有9×10×10=900个。

7位数的回文数，*******，根据乘法原理，有9×10×10×10=9000个。

8位数的回文数，********，根据乘法原理，有9×10×10×10=9000个。

9位数的回文数，*********，根据乘法原理，有9×10×10×10×10=90000个。

总共109998个。

模拟生成所有的回文数并添加到集合中，这些数会自动按从小到大的顺序排序。最后输出第 N 个回文数即可。

下面以4位数、5位数的回文数为例进行讲解。

4位数的回文数，****，左边一半的范围是10～99，用循环变量 i 表示这个数，那么十位上的数字就是 $i\%10$，个位上的数字是 $i/10$，因此这个回文数就是 $i*100+i\%10*10+i/10$。

5位数的回文数，*****，左边三位数字的范围是100～999，用循环变量 i 表示这个数，那么十位上的数字就是 $i/10\%10$，个位上的数字是 $i/100$，因此这个回文数就是 $i*100+(i/10\%10)*10+i/100$。代码如下。

```cpp
#include <bits/stdc++.h>
using namespace std;
set<int> st;
set<int>::iterator its;
int main( )
{
    for(int i=1; i<=9; i++)              //1位数的回文数 *, 9个
        st.insert(i);
    for(int i=1; i<=9; i++)              //2位数的回文数 **, 9个
        st.insert(i*10+i);
    for(int i=10; i<=99; i++)            //3位数的回文数 ***, 90个
        st.insert(i*10+i/10);
    for(int i=10; i<=99; i++)            //4位数的回文数 ****, 90个
        st.insert(i*100+i%10*10+i/10);
    for(int i=100; i<=999; i++)          //5位数的回文数 *****, 900个
        st.insert(i*100+(i/10%10)*10+i/100);
    for(int i=100; i<=999; i++)          //6位数的回文数 ******, 900个
        st.insert(i*1000+i%10*100+(i/10%10)*10+i/100);
    for(int i=1000; i<=9999; i++)        //7位数的回文数 *******, 9000个
        st.insert(i*1000+(i/10%10)*100+(i/100%10)*10+i/1000);
    for(int i=1000; i<=9999; i++)        //8位数的回文数 ********, 9000个
        st.insert(i*10000+i%10*1000+(i/10%10)*100+(i/100%10)*10+i/1000);
    for(int i=10000; i<=99999; i++)      //9位数的回文数 *********, 90000个
        st.insert(i*10000+(i/10%10)*1000+(i/100%10)*100+(i/1000%10)*10+
                  i/10000);
    int n;   cin >>n;
    its = next(st.begin(), n-1);         // 从第一个元素往后数 n-1 个元素就是第 n 个元素
    cout <<*its <<endl;
```

```
    //for (auto i : st)
    //    cout << i << endl;
    return 0;
}
```

 ## 案例2：集合的递归定义

【题目描述】

集合 S 的定义如下。

（1）1属于S。

（2）如果 x 属于集合 S，则 $2x+1$ 与 $3x+1$ 也属于 S。

（3）只有满足条件（1）和（2）的元素才属于 S。

把 S 中的元素按递增顺序排列，请输出 S 中的第 N 个元素。

【输入描述】

输入一个正整数 N，$N \leq 1000000$。

【输出描述】

输出占一行，为 S 的第 N 个元素。

【样例输入】	【样例输出】
10	21

【分析】

本题有两种求解方法。

方法1：用数组存储集合的元素，模拟按从小到大的顺序往数组中添加元素。

在本题中，我们可以用一个数组 f，首先设置 $f[1]=1$，然后按从小到大的顺序存储集合中的其他元素，对每个元素 x，把 $2x+1$ 和 $3x+1$ 添加到数组中。但是对某个 x，$2x+1$ 可能和 $3x'+1$ 相同，$x'<x$，从而导致元素重复；$2x+1$ 也可能小于 $3x'+1$，从而打乱了元素的大小顺序。因此，我们要换一种思路。

我们用两个变量 i 和 j 来实现把新的元素 $f[i]*2+1$、$f[j]*3+1$ 添加到数组 f 中，i 和 j 的初值均为1。如果 $f[i]*2+1==f[j]*3+1$，只添加一个元素 $f[i]*2+1$，i 和 j 均增加1；如果 $f[i]*2+1<f[j]*3+1$，则只添加 $f[i]*2+1$，然后 i 增加1；否则，即 $f[i]*2+1>f[j]*3+1$，则只添加 $f[j]*3+1$，然后 j 增加1。按这样的方法，可以保证添加的元素没有重复，而且是按从小到大的顺序添加的，把 n 个元素添加到数组 f 中，最后输出 $f[n]$ 即可。

方法2：用 STL 容器集合（set）实现。 集合能自动剔除重复的元素，并默认按从小到大排序，这正好符合题目的要求。在本题中，可以定义集合 st，先往集合中插入元素1。用一个迭代器 its，

指向集合中的元素。然后把2*(*its)+1、3*(*its)+1插入集合中，直到元素个数达到n。但如果只生成n个元素，再输出第n个元素，有可能是错的，因为对于某个x，$2x+1$可能等于$3x'+1$，从而导致元素重复。例如，在方法2的代码中，如果只生成n个元素，$n=10$，输出22是错的。多生成一些元素，比如，生成$2n$个元素，再输出第n个元素，肯定就对了。

方法1的代码如下。

```
#include <bits/stdc++.h>
using namespace std;
#define N 1000005
int f[N];        // 定义成局部变量无法正常运行
int main( )
{
    int i, j;   // 把2*f[i]+1, 3*f[j]+1 添加到数组 f 中
    int k;
    int n;  cin >>n;
    f[1] = 1;
    for(k=2, i=1, j=1; k<=n; k++){
        if(f[i]*2+1==f[j]*3+1){
            f[k]=f[i]*2+1;
            i++;  j++;
        }
        else if(f[i]*2+1<f[j]*3+1)
            f[k]=f[i++]*2+1;
        else
            f[k]=f[j++]*3+1;
    }
    cout <<f[n] <<endl;
    return 0;
}
```

方法2的代码如下。

```
#include <bits/stdc++.h>
using namespace std;
set<int> st;
set<int>::iterator its;
int main( )
{
    int n;  cin >>n;
    st.insert(1);
    its = st.begin();
    while(st.size()<2*n){
        st.insert( 2*(*its)+1 );
```

```
        st.insert( 3*(*its)+1 );
        its++;
    }
    its = next(st.begin(), n-1);
    cout <<*its <<endl;
    //for (auto i : st)      // 测试：输出所有元素
    //    cout << i << endl;
    return 0;
}
```

 案例3：考勤刷卡

【题目描述】

小蓝负责一个公司的考勤系统，他每天都需要根据员工刷卡的情况来确定每个员工是否到岗。

当员工刷卡时，会在后台留下一条记录，包括刷卡的时间和员工编号，只要员工在一天中刷过一次卡，系统就认为他到岗了。

现在小蓝导出了一天中所有员工的刷卡记录，请列出所有到岗员工的员工编号。

【输入描述】

输入的第一行包含一个正整数 n，表示一天中所有员工的刷卡记录的条数。接下来 n 行，每行包含一条刷卡记录，每条刷卡记录的格式如下。

```
HH:MM:SS ID
```

其中 HH:MM:SS 表示刷卡时间，HH 为一个 0～23 的两位十进制整数（可能含前导 0），表示时；MM 为一个 0～59 的两位十进制整数（可能含前导 0），表示分；SS 为一个 0～59 的两位十进制整数（可能含前导 0），表示秒；ID 为一个不含前导 0 的整数，表示员工的编号。

所有记录按照刷卡时间升序排列，可能同一时刻有多人刷卡。

【输出描述】

输出若干行，每行包含一个整数，按照从小到大的顺序输出，表示到岗员工的编号。

【样例输入1】　　　　　　　　　　【样例输出1】

```
4                               1
13:05:42 103                    103
14:07:12 4567                   4567
15:03:00 103
17:00:21 1
```

【样例输入2】

```
6
06:45:34 667
13:05:42 103
14:07:12 4567
15:03:00 103
17:00:21 1
18:56:44 666
```

【样例输出2】

```
1
103
666
667
4567
```

【数据规模与约定】

对于50%的评测用例，$1 \leq n \leq 100$。

对于所有评测用例，$1 \leq n \leq 10000$，员工编号为不超过10^9的正整数。

【分析】

在集合中存储的数据会自动去重，并默认按从小到大排序，所以本题只需要将所有编号插入集合中，然后输出即可。代码如下。

```cpp
#include <bits/stdc++.h>
using namespace std;
int main()
{
    int n; cin >> n;
    string tim;  int id;
    set<int> st;
    for (int i = 0; i < n; i++) {
        cin >> tim >> id;
        st.insert(id);
    }
    for (auto i : st)
        cout << i << endl;
    return 0;
}
```

第 21 章
数据结构 5：
用数组模拟链表

本章内容

本章介绍数据结构的物理顺序和逻辑顺序、线性数据结构和非线性数据结构、顺序结构和链式结构、线性表，以及用数组模拟链表。

 ## 数据结构的物理顺序和逻辑顺序

在一个数据结构中，结点在存储器中的存储位置及排列方式称为结点的**物理顺序**，也称为**存储结构**或**物理结构**。结点之间根据数据结构的定义所确定的相互关系称为**逻辑顺序**或**逻辑结构**。

物理顺序和逻辑顺序类比例子：去银行办理业务要先取号，去医院看病要先挂号，客户/病人取到的号码，定义了他们接受服务的逻辑顺序。如果只有一个窗口/诊室，这种逻辑顺序是线性的；银行/医院根据号码的顺序依次为他们服务/看病。客户/病人在等候时，分散在等候区的各个位置，此时他们在空间中的实际位置分布相当于他们的物理顺序。如果客户不是取号，而是直接排成一条队伍（队列），那么他们的物理位置顺序（队伍中的前后位置）就直接反映了逻辑顺序。对应到数据结构，如果是线性的数据结构并且用数组存储，那么物理顺序就是逻辑顺序。

 ## 线性数据结构和非线性数据结构

从逻辑结构的角度，可以将数据结构分为线性数据结构和非线性数据结构。

所谓线性结构，是指数据元素（结点）之间存在一对一的关系（或称"前驱后继"关系）。通俗地讲，就是所有结点排成一串，除首尾结点外，中间的每一个结点都有唯一的前一个结点（前驱）和唯一的后一个结点（后继），首结点没有前驱，末结点没有后继。**线性表就是典型的线性结构**。栈和队列也是线性的数据结构，但它们的操作访问受限，即只允许在特定端点进行操作（如栈只能在栈顶、队列只能在队头和队尾），而不能像线性表那样直接访问中间结点。

线性结构以外的数据结构就是非线性数据结构，它们的数据元素之间存在更复杂的逻辑关系，如一对多或多对多。主要类型包括树结构（如普通树、二叉树）和图结构等。

 ## 顺序结构和链式结构

从存储结构的角度，可以将数据结构分为**顺序结构**、**链式结构**、**索引结构**、**哈希结构**等，本节只介绍前面两种。注意，无论是线性还是非线性的数据结构，都可以用顺序结构和链式结构来存储。

所谓**顺序结构**，就是用一块连续的存储空间来存储数据结构中的结点。这种连续的存储空间，通常通过数组来实现。对于线性的数据结构，很自然的一种方式是用顺序结构来存储。然而，对于非线性的数据结构，虽然也可以用顺序结构来存储，但其复杂的逻辑关系（如树的分支、图的连接）难以直接、高效地通过物理位置的相邻性来表达。在这种情况下，就需要用链式结构来存储数据了。

所谓**链式结构**，就是在存储结点时，不需要使用连续的存储空间，而是在结点中增加指针成员来表示结点之间的逻辑关系。这种方式的优点是灵活，可以设置多个指针成员来表示结点之间复杂

的逻辑关系；缺点是需要熟练掌握指针的运算，对初学者来说比较难。

 线性表：顺序表和链表

线性表是一种线性的数据结构，所有结点排成一串。

（1）可以用顺序结构存储线性表，此时线性表称为**顺序表**。具体来说，就是用一片连续的存储空间（其实就是数组）存储线性表中的元素，如图21.1（a）所示，用下标区分线性表中的元素。[ ]其实是一个运算符，根据[ ]中的下标来计算数组元素的地址，从而可以快速取出数组元素，其时间复杂度为$O(1)$。

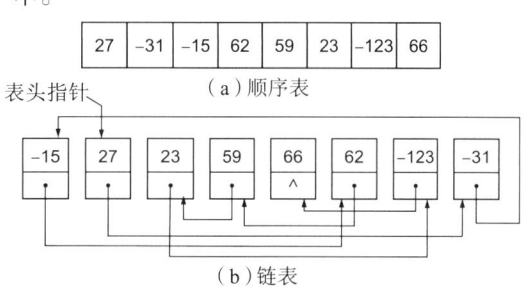

图21.1　顺序表和链表

顺序表的优点是根据下标存取元素非常快。缺点是：往往需要事先定义一个很大的数组，有时会浪费存储空间，而且在顺序表中插入、删除元素时需要移动大量的元素，耗费时间。

（2）也可以用链式结构存储线性表，此时线性表称为**链表**。不需要使用连续的存储空间，链表中的元素（或称为结点）可以分散存储在内存里。那链表是怎么找到下一个结点的呢？答案是：链表中的每个结点都包含一个指针成员（通常为next），用于存储下一个结点的地址，如图21.1（b）所示。当然，最后一个结点没有下一个结点了，它的指针成员为空指针，用符号"∧"表示空指针。再用一个表头指针指向第1个结点，顺着表头指针就能找到链表中的每个结点。因此，在图21.1（b）中，8个结点的逻辑顺序是：27→−31→−15→62→59→23→−123→66。

图21.1（b）所示的链表其实是单（向）链表，即每个结点包含一个指针成员，指向后面的一个结点，单链表通常画成图21.2（a）所示的形式，即各个结点按顺序排列。链表还有许多其他变形，如以下几种链表。

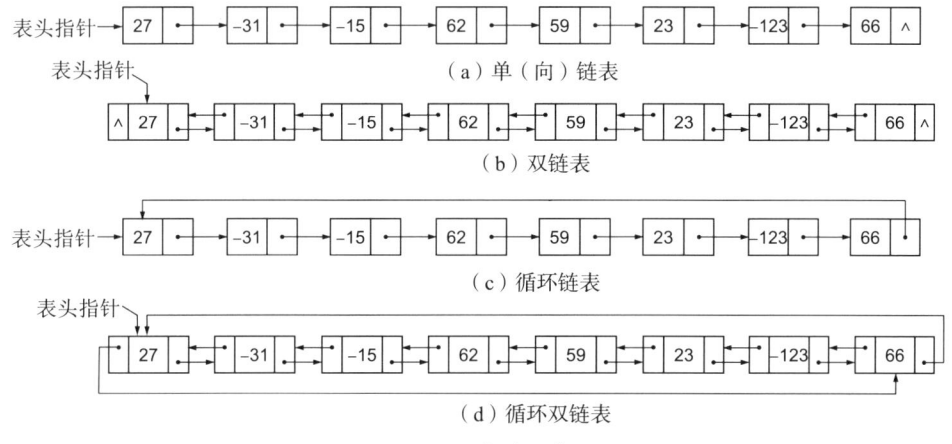

图21.2　各种链表

（1）双链表：指每个结点包含两个指针成员——pre和next，分别指向前一个结点和后一个结点，如图21.2（b）所示，就像一群幼儿园小朋友手拉着手一样。

（2）循环链表：对于单链表，如果把最后一个结点的指针成员利用起来，让它指向第一个结点，就是循环链表，如图21.2（c）所示。

（3）循环双链表：对于双链表，如果把空指针利用起来，让第一个结点的pre指针指向最后一个结点，最后一个结点的next指针指向第一个结点，就是循环双链表，如图21.2（d）所示。

 案例1：链表结点的物理/逻辑顺序

【题目描述】

已知一个单向链表各结点在存储器中的物理顺序，以及各结点之间的指向关系，要求输出该链表各结点的逻辑顺序。

图21.3所示的链表共有6个结点，按这6个结点在存储器中的物理顺序依次将其编号为1～6。第1个结点的指针域为p4，表示它指向第4个结点。在该图中，符号"∧"表示空指针。因此，这个链表6个结点的逻辑顺序为：6->1->4->2->5->3。

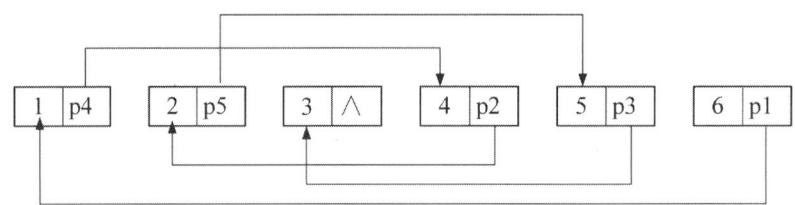

图21.3　链表结点的物理/逻辑顺序

【输入描述】

输入数据描述了一个单向链表：第一行为一个自然数n，$5 \leq n \leq 20$，表示有n个结点，结点序号从1开始计起；接下来有n行，第$i+1$行如果为pj，则表示第i个结点的指针域指向第j个结点，如果指针域为null，则表示空指针。

输入数据确保每个测试数据能表示一个合理的单向链表。

【输出描述】

对于输入数据，输出n个结点的逻辑顺序，相邻两个结点之间用符号"->"连接。

【样例输入】　　　　　　　　　　【样例输出】

```
6                          6->1->4->2->5->3
p4
p5
null
```

p2
p3
p1

【分析】

单链表有唯一的第一个结点，没有其他结点指向它。下面引入两个数组。

（1）pt[i]的值为j表示结点i指向结点j。

（2）rpt[k]的值为r表示结点k是被结点r指向的。

这两个数组的元素都初始化为0。在读入n个指针的信息时，可以在pt和rpt两个数组中记录。对于样例数据，构造得到的pt数组和rpt数组如图21.4所示，第0个元素不用，从第1个元素开始存储数据。在rpt数组中找rpt[i]为0的结点，这就是起始结点。在图21.4（b）中，找到的起始结点是6号结点。在pt数组中，顺着起始结点的指针成员就能找到链表中的每个结点。

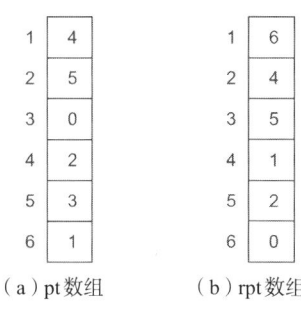

图21.4　pt数组和rpt数组

此外，本题输入数据中的有些行是一个字符后面跟一个整数，怎么做到分别读入字符和整数呢？其实很简单，定义char型变量c和int型变量t，先读入字符c再读入整数t。当然，在本题中，要先判断字符c是否为'p'，如果为'p'，才能去读后面的整数t。代码如下。

```
#include <bits/stdc++.h>
using namespace std;
int pt[22];          //pt[i]为j表示结点i指向结点j
int rpt[22];         //rpt[k]为r表示结点k是被结点r指向的
int main( )
{
    int n;  cin >>n;    // 结点数
    int st, nul;        // 起始结点，空指针域所在的结点
    char c,  s[10];
    int t;
    for( int i=1; i<=n; i++ ){
        cin >>c;
        if(c=='n'){     //"null"
            cin >>s;    // 把后面的"ull"读完
            nul = i;  pt[i] = 0;  continue;
        }
        // 这一行一定是p开头，先读入后面的数字
        cin >>t;
        pt[i] = t;   rpt[t] = i;
    }
    for( int i=1; i<=n; i++ ){    // 找到起始结点，也就是没有其他结点指向的结点
        if( rpt[i]==0 ){
```

```
            st = i;   break;
        }
    }
    int j = st;
    cout <<st;
    int cnt = 1;    // 计数器：记录输出结点的个数
    while( pt[j] ){
        j = pt[j];   cout <<"->" <<j;   cnt++;
    }
    if( cnt<n )   cout <<"error!!!";    //输出结点数<n（本题评测数据保证不会出现这种情况）
    cout <<endl;
    return 0;
}
```

21.6 用数组模拟链表

链表的优势是可以灵活地表达数据之间的逻辑关系。但对于初学者来说，要熟练掌握指针及运算是非常困难的。有时可以折中一下，用数组模拟链表。

例如，对27，-31，-15，62，59，23，-123，66这组数，可以用数组存储，如图21.5（a）所示。也可以存储在一个链表里，但用数组模拟链表，如图21.5（b）所示。在图21.5（b）中，第一个数是27，它右边的数字表示下一个数在数组中的序号（下标），因此下一个数是-31。同理，下一个数是-15，再下一个数是62……最后一个数是66，它右边的数字为-1，由于下标是非负的，所以这里用-1表示没有下一个数了。再用一个变量head存储第一个数在数组中的下标。在图21.5（b）中，head的值为2。因此，从head的值出发，也能找到这一组数的（逻辑）顺序：27→-31→-15→62→59→23→-123→66。

对于用数组模拟链表，可以参考本章的案例2。

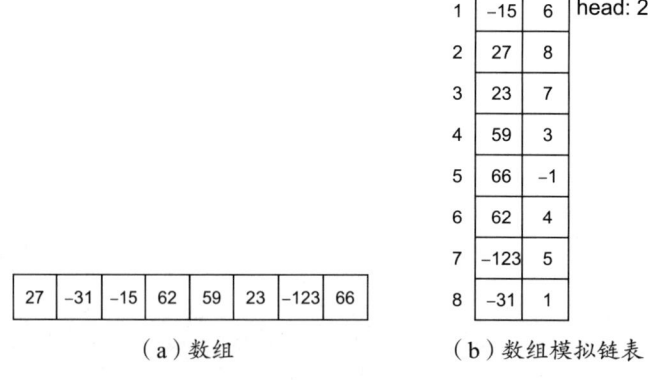

图21.5 用数组模拟链表

21.7 案例2：好友关系

【题目描述】

输入一组直接好友关系，再查询某些人的直接好友数。

【输入描述】

输入数据第一行为两个正整数 m 和 q，$m \leq 10000$，分别表示直接好友关系数和查询数。接下来有 m 行，每行为两个身份证号（一串18位的字符，包含数字，可能会出现字母X），用空格隔开，表示一对直接好友。不同的身份证号不超过1000个。好友关系不会重复出现。接下来有 q 行，每行为一个身份证号。

【输出描述】

对于输入的每个查询，输出占一行，如果身份证号不存在，则输出 -1，否则输出这个人的直接好友数。

【样例输入】

```
4 2
500105198309280322 510212197907210355
510212197907210355 500105201402070631
510212197907210355 500106201805277721
510211197705140330 510212197907210355
510212197907210355
500105198309280322
```

【样例输出】

```
4
1
```

【分析】

定义head数组和data数组，均为结构体数组。head数组存储每个人的身份证号，以及他的第一个好友在data数组中的下标；data数组用数组模拟链表，存储了每个人的好友列表。注意，head数组和data数组的第0个元素均不存储数据。

对于样例数据，head数组和data数组的存储示意图如图21.6所示。由图21.6可知，身份证号500105198309280322只有一个好友，存储在data数组的1号位置。在data数组中，第1个元素的next成员为0，表示它没有下一个结点了。身份证号510212197907210355的第一个好友在data数组的2号位置，而在data数组里，顺着第2个元素的next成员可以找到这个身份证号的

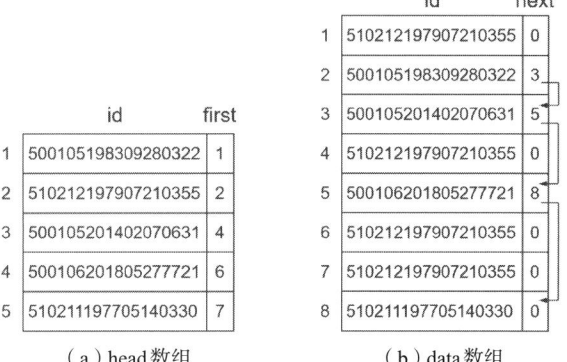

图21.6 好友关系（样例数据存储示意图）

4个好友，如图21.6（b）所示。

对于样例数据，生成链表的过程如图21.7所示。读入第一对好友关系后，在head数组中添加两个身份证号，其中尾号为0322的身份证号有一个好友，存储在data数组1号位置；尾号为0355的身份证号有一个好友，存储在data数组2号位置，如图21.7（a）所示。

读入第二对好友关系后，首先在尾号为0355的好友链表里添加一个好友，并存储在data数组的3号位置，这样他就有2个好友了；在head数组中添加尾号为0631的身份证号，他有1个好友，存储在data数组4号位置，如图21.7（b）所示。处理完m对好友关系，就生成了每个人的好友链表。

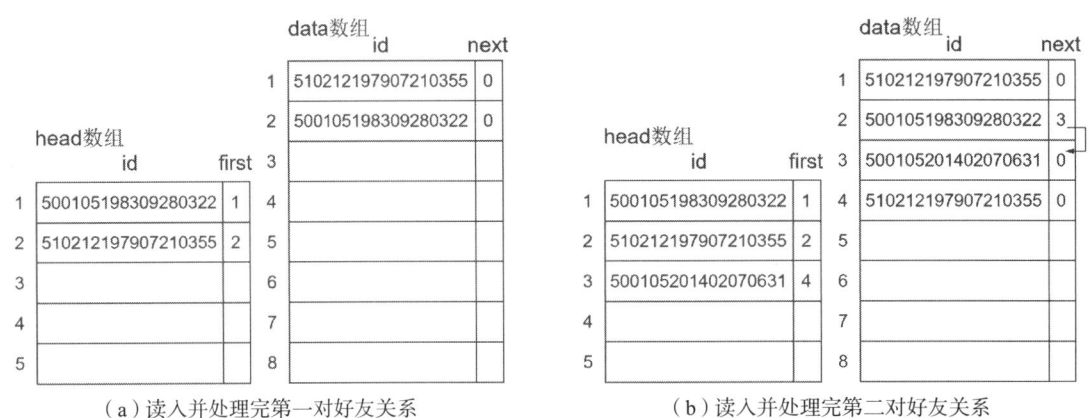

（a）读入并处理完第一对好友关系　　　　　（b）读入并处理完第二对好友关系

图21.7　好友关系（生成链表）

代码如下。

```
#include <bits/stdc++.h>
using namespace std;
struct{                   // 每个人的身份证号及单链表表头（省略了结构体名称）
    string id;  int first;
}head[1010];              // 从1号位置开始存，first为0表示没有好友
int n;                    // 当前读入的不同的id数
struct{                   // 用数组模拟链表，存储每个人的所有好友（省略了结构体名称）
    string id;  int next;
}data[20010];             // 从1号位置开始存，next为0表示没有下一个结点
int dn;                   //data数组中的下标
int find(string id)       // 在head数组中查身份证号
{
    for(int i=1; i<=n; i++){
        if(id==head[i].id)    return i;
    }
    return 0;    // 没有找到
}
int main( )
{
```

```cpp
int m, q, t;                    //m, q: 直接好友关系数和查询数
string id1, id2;                // 每一对直接好友关系中的两个身份证号
cin >>m >>q;
for(int i=1; i<=m; i++){    // 读入 m 对好友关系，并存入 head 和 data 数组
    cin >>id1 >>id2;    //id2 是 id1 的好友，id1 也是 id2 的好友
    if(t = find(id1)){      //id1 出现过（这里是赋值，不是判断相等）
        int f = head[t].first;
        if(f==0){           // 链表为空
            head[t].first = ++dn; data[dn].id = id2; //data[dn].next 默认为 0
        }
        else{    // 链表非空
            while(data[f].next!=0)   f = data[f].next;
            data[f].next = ++dn; data[dn].id = id2; //data[dn].next 默认为 0
        }
    }
    else{   //id1 未出现过
        head[++n].id = id1;   head[n].first = ++dn;
        data[dn].id = id2;    //data[dn].next = 0;
    }
    if(t = find(id2)){         //id2 出现过（这里是赋值，不是判断相等）
        int f = head[t].first;
        if(f==0){              // 链表为空
            head[t].first = ++dn; data[dn].id = id1; //data[dn].next 默认为 0
        }
        else{                  // 链表非空
            while(data[f].next!=0)   f = data[f].next;
            data[f].next = ++dn; data[dn].id = id1; //data[dn].next 默认为 0
        }
    }
    else{                      //id2 未出现过
        head[++n].id = id2;   head[n].first = ++dn;
        data[dn].id = id1;    //data[dn] 默认为 0
    }
}
for(int i=1; i<=q; i++){       //q 次查询
    cin >>id1;
    if(t = find(id1)){
        int f = head[t].first;
        int cnt = 0;           // 统计好友数的计数器
        while(f!=0)   f = data[f].next, cnt++;
        cout <<cnt <<endl;
    }
}
```

```
        else  cout <<-1 <<endl;   // 没找到 id
    }
    return 0;
}
```

 ## 21.8 案例3：队列安排

【题目描述】

一位老师要将班上的 N 个学生排成一列，学生被编号为 $1 \sim N$，老师采取了如下方法进行排列。

（1）先将1号学生安排进队列，这时队列中只有他一个人。

（2）2～N号学生依次入队列，编号为 i 的学生入队列方式为：老师指定编号为 i 的学生站在编号为 $1 \sim (i-1)$ 中某位学生（之前已经入队列的学生）的左边或右边。

（3）从队列中去掉 M（$M<N$）个学生，其他学生位置顺序不变。

在所有学生按照上述方法排列完毕后，老师想知道从左到右所有学生的编号。

【输入描述】

第1行为一个正整数 N，表示有 N 个学生。

第2～N行，第 i 行包含两个整数 k、p，其中 k 为小于 i 的正整数，p 为0或1。若 p 为0，表示将 i 号学生插入 k 号学生的左边，p 为1则表示插入右边。

第 $N+1$ 行为一个正整数 M，表示去掉的学生数目。

接下来 M 行，每行有一个正整数 x，表示将 x 号学生从队列中移去，如果 x 号学生已经不在队列中则忽略这一条指令。

【输出描述】

输出1行，包含最多由 N 个空格隔开的正整数，表示队列从左到右所有学生的编号，行末换行且无空格。

【样例输入】   【样例输出】

```
4                           2 4 1
1 0
2 1
1 0
2
3
3
```

【数据规模与约定】

对于20%的数据，有$N \leq 10$。

对于40%的数据，有$N \leq 1000$。

对于100%的数据，有$N, M \leq 100000$。

【分析】

在本题中，每个学生左边有一个学生、右边有一个学生，当然最左边的学生的左边为空、最右边的学生的右边为空。这很像双链表中的结点。因此，我们可以定义一个结构体存储每位学生的左右两侧学生的编号，以及这位学生是否会被去掉的标志。

```
struct T {
    int l, r;        // 一个学生的左边、右边学生的编号
    int d;           // 表示是否去掉,d=1 为去掉,d=0 不去掉（要输出）
} t[N];
```

假设目前队列中有3个人，分别是学生A、学生B、学生C。

现在，我们要在B的右边加入D，我们可以按以下步骤完成信息的更新，如图21.8所示。

（1）获取B右边的学生C的编号，将D右边学生的编号更新为C的编号。

（2）将D左边学生的编号设置为B的编号。

（3）将B右边学生的编号更新为D的编号。

（4）将C左边的学生编号更新为D的编号。

这样就完成了在一个学生的右边加入一个学生。在左边加入学生的方法和步骤类似。以下程序定义了add(i, k, f)函数实现将编号为k的学生加入编号为i的学生的右边($f=1$)或左边($f=0$)。

（a）插入前　　　　　　　　　　　　（b）插入后

图21.8　在一个学生的右边加入一个学生

此外，本题还设置了0号学生，在将1号学生安排进队列时，将1号学生加入0号学生的右边。这样0号学生就充当了双链表的表头结点，可以将0号结点的删除标志d设置为1，这样0号结点就不会被输出。

在删除一个学生时，由于删除不会影响顺序，我们只需要给被删除的学生打上一个标记。

对于样例数据，5个结点构成的双链表为0<->2<->3<->4<->1，如图21.9所示，其中0号、3号结点被删除了，因此输出"2 4 1"。

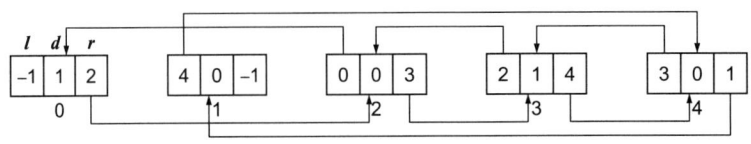

图 21.9　样例数据构成的双链表

在输出时，从0号学生开始执行以下循环。

（1）获取一位学生的编号。

（2）如果这位学生没被标记，输出。

（3）获取这位学生右边学生的编号，回到(2)。

这样一来，就可以实现按排队顺序输出了。代码如下。

```
#include <bits/stdc++.h>
using namespace std;
const int N = 1e5 + 10;
int n, m;
struct T {
    int l, r;              // 一个学生的左边、右边学生的编号
    int d;                 // 表示是否去掉,d=1 为去掉,d=0 不去掉（要输出）
} t[N];
void add(int i, int k, int f)     // 新增学生：k 加入 i 的右边 (f=1) 或左边 (f=0)
{
    if(f == 1){            //k 加入 i 的右边
        t[k].r = t[i].r;   //k 的右边变为原本学生 i 的右边
        t[k].l = i;        //k 的左边就是 i
        t[i].r = k;        //i 学生的右边是 k
        t[t[k].r].l = k;   // 原本 i 学生的右边学生的左边变为 k
    }
    else{                  //k 加入 i 的左边
        t[k].l = t[i].l;   //k 的左边为 i 原来的左边
        t[k].r = i;        //k 的右边就是 i
        t[i].l = k;        //i 的左边就是 k
        t[t[k].l].r = k;   // 原本 i 学生的左边学生的右边变为 k
    }
}
int main( )
{
    int x, k, f;
    cin >>n;
    for(int i=0; i<=n; i++)                        // 初始化（设置一个 0 号结点）
        t[i].l = t[i].r = -1,  t[i].d = 0;   //-1 表示左边和右边初始化为没有学生
    t[0].d = 1;            //0 号结点的删除标志 d 为 1
    add(0, 1, 1);          // 将 1 号学生插入 0 号结点的右边
```

```
    for(int i = 2; i <= n; i++){
        cin >>x >>f;
        add(x, i, f);               //将i号学生插入x号学生的右边(f=1)或左边(f=0)
    }
    cin >>m;
    while(m--){
        cin >>x;   t[x].d = 1;      //将该学生标记为去掉(不输出)
    }
    //对最后一个结点,执行i = t[i].r后i的值为-1
    for(int i = t[0].r; i!=-1; i = t[i].r){
        if(t[i].d == 0)   cout <<i <<" ";     //输出未去掉的学生的编号
    }
    return 0;
}
```

第22章
数据结构6：
树的概念及存储

本章内容

本章介绍非线性数据结构——树，主要通过案例讨论二叉树的存储和遍历。

 非线性数据结构——树

队列、栈都是线性的数据结构，线性结构以外的数据结构就是非线性数据结构了。最常见的非线性数据结构是树结构。生活中有很多树结构的例子，例如，一家公司的组织架构（见图22.1）、一个家庭的族谱（见图22.2）等。

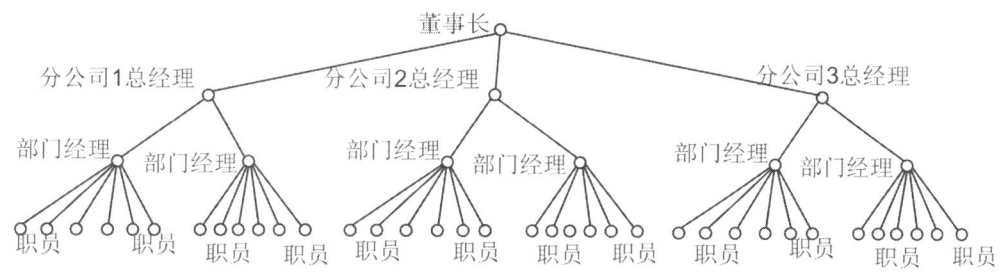

图22.1 一家公司的组织架构

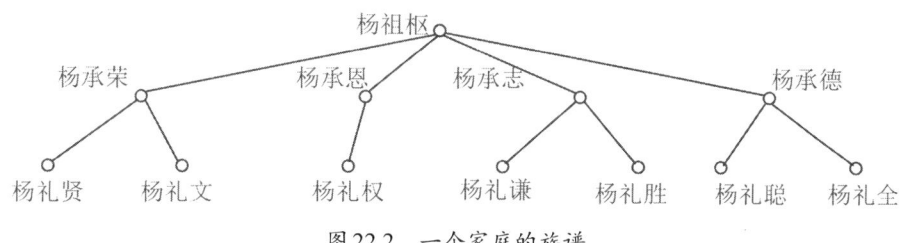

图22.2 一个家庭的族谱

树结构中的有些概念借鉴了族谱中的概念和自然界中树的概念，如父结点、子结点、兄弟结点、祖先结点、子孙结点。

根结点：也就是"树的根"，根结点没有父结点，一棵树只有唯一的一个根结点。

叶子结点：也就是"树的叶子"，叶子结点没有子结点，一棵树有很多叶子。叶子结点也可以称为**树叶结点**。

除根结点外，每个结点有唯一的父结点；除叶子结点外，每个结点允许有多个子结点。

相比于自然界中的树，树结构通常画成"倒立的树"，如图22.3所示。

结点的层次：约定根结点的层次为1，其他每个结点的层次为它的父结点的层次+1。

例如，在图22.3中，根结点A的层次为1，它的3个子结点B、C、D的层次为2，M的层次为4，等等。

树的深度：所有结点层次的最大值。在图22.3中，树的深度为4。

图22.3所示的树，所有顶点连成一片，称为**连通**。

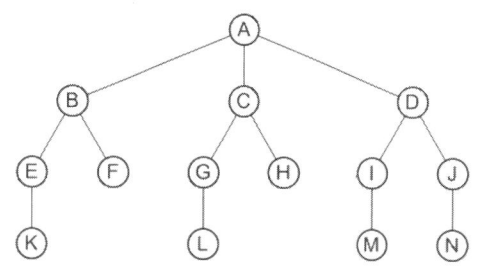

图22.3 非线性数据结构——树

如果一棵树不连通，则可以分成多棵树，多棵树可以组合成**森林**。

森林的例子：某公司销售团队的组织结构，如图22.4所示。

- 每个人可能有多个下级，但只有一个上级。片区经理没有上级。
- 只允许上下级联系，不允许越级联系。
- 只允许纵向联系，不允许横向联系。

因此，图22.4所示的某公司销售团队的组织结构实际上是由多棵树组成的一片森林。

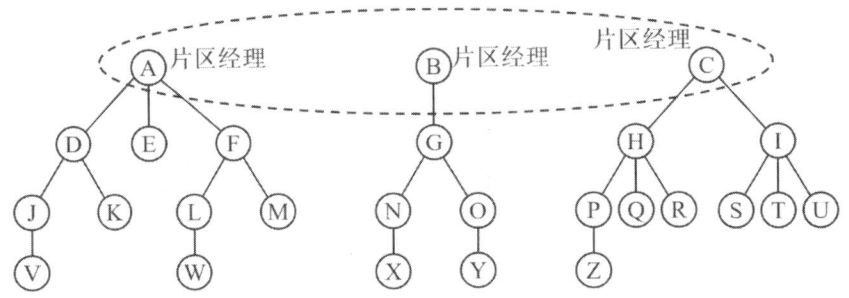

图22.4 某公司销售团队的组织结构

 图结构和树结构

树其实是一种特殊的图，本节就从图结构的角度来介绍树结构。本书第37～40章会详细介绍图结构。

图是由若干顶点和连接顶点的边所构成的数学模型。这种模型常用于描述事物之间的特定关系。用顶点代表事物，用边代表事物之间具有的某种关系。

举个例子：A和B是朋友，C和D是朋友，A和C是朋友，那我们用4个结点表示A、B、C、D，用3条边来表示这种朋友关系，绘制出来便是图22.5所示的图结构。

图22.5 图结构

这个图还能解释为：有A、B、C、D这4个地点，A、B之间有一条路，A、C之间有一条路，C、D之间有一条路。总之，结点间的边代表了两个结点的某种关系。

当然，有时候关系是单向的，比如，从A到B的单向路，由A能前往B，而由B不能前往A，那么这条边称为单向边，可以用一条带箭头的边来表示这种单向的关系。

连通图：如果图中任何一个结点能通过若干条边到达其他所有结点，那么这个图就被称为连通图。

所谓连通图，通俗地讲，就是所有结点连成一片。

树是一种特殊的图，指的是有 n 个结点和 $n-1$ 条边的连通图。

图22.6所示的几个图，都是树结构，它们都符合树的特点：结点数比边数多1，且连通。

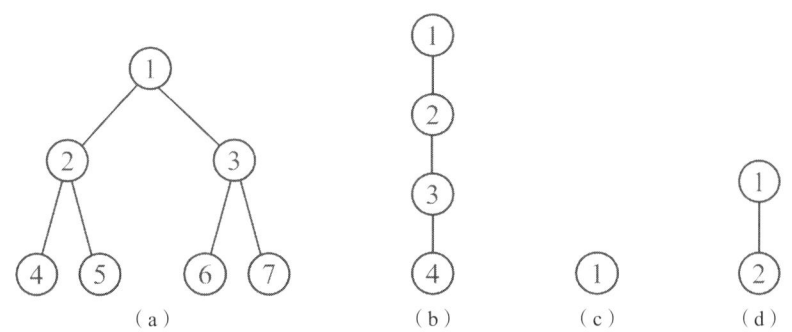

图22.6　树结构

而图22.7所示的几个图都不是树结构。图22.7（a）有5个结点和5条边，不满足有 n 个结点和 $n-1$ 条边这个条件。图22.7（b）有4个结点和2条边，不满足有 n 个结点和 $n-1$ 条边这个条件，而且1、2号点不能到达3、4号点，3、4号点也不能到达1、2号点，也不满足连通图的条件。图22.7（c）有4个结点和3条边，但4号点是孤立在外不连通的。

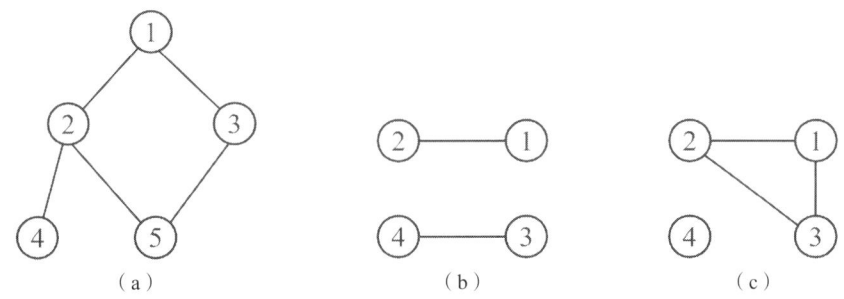

图22.7　非树结构

 二叉树

普通的树对每个结点的子结点个数没有限制，这种树实现起来很困难。比较容易实现且用途更广的树是二叉树。

所谓**二叉树**，就是限定每个结点最多有2个子结点，而且严格区分2个子结点为左子结点和右子结点。即便是只有1个子结点，也要区分是左子结点还是右子结点。

因此，在二叉树中，一个结点可能有0个子结点，这种结点就是叶子结点；也可能有1个子结点，也可能有2个子结点。

二叉树具有5种基本形态，如图22.8所示。

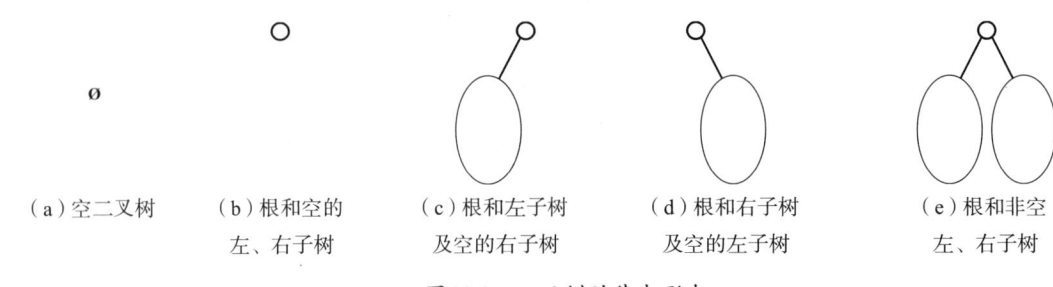

(a)空二叉树　　(b)根和空的　　(c)根和左子树　　(d)根和右子树　　(e)根和非空
　　　　　　　　　左、右子树　　及空的右子树　　及空的左子树　　左、右子树

图 22.8　二叉树的基本形态

 **22.4 树和二叉树的存储**

要对树和二叉树进行处理，首先要解决的一个问题是存储树，在设计一种存储方法时，要考虑是否方便对树进行处理。基本的处理包括：求每个结点的父结点及子结点，计算每个结点的层次及树的深度，树的遍历等。

树和二叉树有以下四种存储方法。

1. 父结点表示法

由于每个结点的父结点是唯一的，因此很自然的一个想法是存储每个结点的父结点。具体实现时可以约定每个结点的序号，再用一个数组存储每个结点的父结点的序号。

例如，在图 22.9（a）所示的树中，约定结点 A～O 的序号为 1～15，可以用图 22.9（b）所示的一维数组存储每个结点的父结点。结点 A 没有父结点，因此它的父结点可以存储为 0。

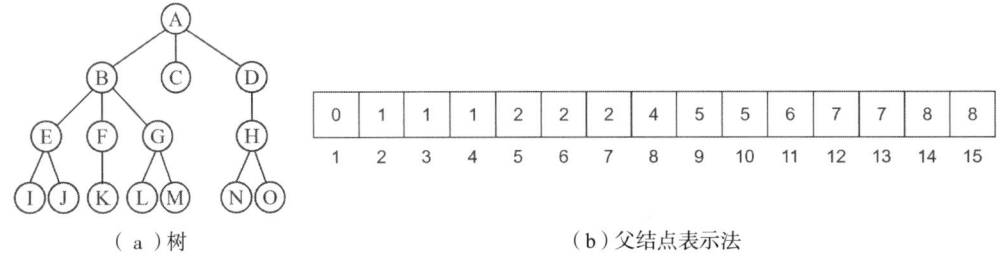

（a）树　　　　　　　　　　　　（b）父结点表示法

图 22.9　树及其父结点表示法

父结点表示法容易实现，但能够实现的处理非常有限：只能用于求根结点、统计每个结点的子结点个数等，无法实现树的遍历等复杂的处理。

2. 用向量数组存储树

树是一种特殊的图，我们可以采用存储图的方式进行存储（详见第 37 章）。对于一个结点 u，我们可以用一个向量存储它的父结点和所有子结点，存储一棵树就需要用向量数组。

3. 二叉树的顺序存储方法

对于二叉树，如果除最后一层结点外，其余每一层的结点都有左子结点和右子结点，这种特殊的二叉树称为**满二叉树**，意思是每一层结点都是"满"的。例如，图22.10（a）就是一棵满二叉树。易知，对于满二叉树，第i层有2^{i-1}个结点，其中根结点为第1层结点。

完全二叉树也是一种特殊的二叉树。除最后一层外，每一层的结点数都是满的，最后一层的结点都靠左排列。对于完全二叉树，只有最后两层才可能有叶子结点。例如，图22.10（b）就是一棵完全二叉树。

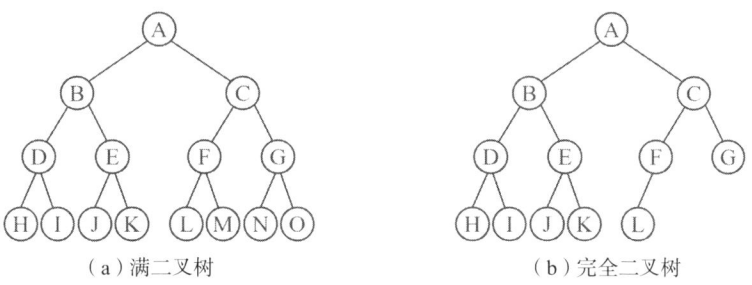

图22.10　满二叉树和完全二叉树

满二叉树和完全二叉树可以用顺序结构来存储。所谓**顺序结构**，就是用一个数组存储一棵二叉树的结点，而且可以推测出每个结点的左子结点和右子结点，因此可以实现一些复杂的处理。

对于一棵普通的二叉树，也可以用顺序结构来存储，但是必须按完全二叉树中结点的顺序存储二叉树中的结点，不存在的结点也要把存储位置空出来。

对于图22.11（a）所示的二叉树，其顺序存储示意图如图22.11（b）所示。在图22.11（b）中，虚线结点表示不存在，但在顺序结构中必须占位置。

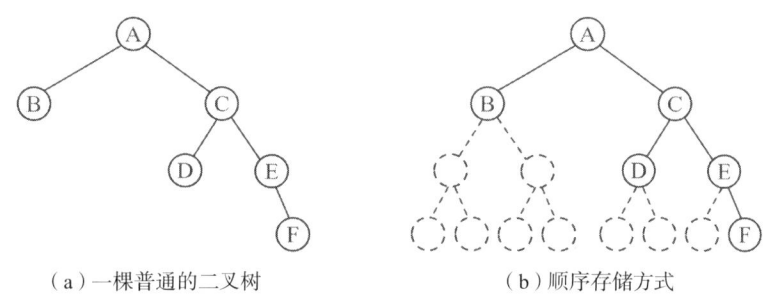

图22.11　普通二叉树的顺序存储方式

图22.11（b）所示的二叉树可以用图22.12所示的一维数组存储，对于每个结点，存储代表它的字符，如果字符为'#'，则说明该结点不存在。

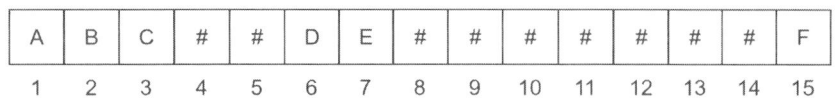

图22.12　顺序存储方式的实现

二叉树顺序结构存储的缺点是浪费存储空间。

二叉树顺序结构存储的优点：可以判断一个结点是树叶结点还是分支结点；如果一个结点是分支结点，可以判断出有没有左子结点、右子结点；可以推断出一个结点的父结点；等等。

如果根结点存储在1号位置，那么有以下结论。这些结论在图22.12中一目了然。

（1）对存储在i号位置的结点，如果有左子结点，则存储位置为$2i$，如果该位置空缺，没有存储结点，则意味着没有左子结点；如果有右子结点，则存储位置为$2i+1$。如果一个结点没有左子结点，也没有右子结点，那么这个结点就是叶子结点。

（2）结点i的父结点为$\lfloor \frac{i}{2} \rfloor$。

（3）如果结点i为偶数，则如果它有兄弟结点，一定是$i+1$；如果结点i为奇数（1除外），则如果它有兄弟结点，一定是$i-1$。

注意，如果根结点存储在0号位置，上述结论要做相应的修改。

4. 二叉树的链式存储方法

二叉树顺序结构存储容易浪费存储空间，为了节省存储空间，我们可以改用链式存储方式，每个结点包含两个指针成员，分别指向它的左子结点和右子结点。但是指针非常难，也容易出错，根据上一章的知识，我们可以折中一下，用数组模拟链表。

具体来说，我们可以定义结构体node，表示一个结点，用数据成员data存储结点的数据，可能是一个编号，也可能是代表结点的一个字符等。一棵树的结点会以紧凑的方式存储在一个node型数组tree中。因此，我们只需要在node结构体中用le和ri这两个成员记录左子结点、右子结点在tree数组中的下标就可以了。

```
struct node {
    int data;      // 存储结点的数据，如果结点的数据是字符，要改成char型
    int le, ri;    // 左子结点、右子结点在tree数组中的下标
} tree[MAXN];
```

这种链式存储方式的实现详见本章的案例1、案例2。

22.5 二叉树的遍历

普通树的遍历非常复杂，也难以实现，因此本节只讨论二叉树的遍历。所谓**二叉树的遍历**，是指按照特定顺序访问二叉树中的每个结点一次（没有重复也没有遗漏）的算法过程。

按访问结点的顺序，二叉树的遍历可分为4种方式，即前序遍历、中序遍历、后序遍历和层次遍历。层次遍历其实就是一种广度优先搜索，详见本书第26章，本章先不讨论。

前序遍历、中序遍历、后序遍历都是一种递归过程，这3种遍历方式都是约定"对一个结点，

先遍历其左子树,再遍历其右子树",这3种遍历方式的区别仅在于遍历根结点的顺序。这3种遍历方式其实就是一种深度优先搜索,详见本书第25章。

前序遍历是先访问根结点,再按同样的方式递归地遍历左子树、右子树。这里的"访问"可以是输出一个结点的数据等。具体遍历过程如下。

(1)访问根结点。

(2)前序遍历其左子树。

(3)前序遍历其右子树。

上述遍历过程是一个递归过程,需要用递归函数实现。

例如,对于图22.13所示的二叉树,得到的输出序列为ABDEGHJCFI,其前序遍历过程如图22.14所示。此处访问结点的操作为"输出代表结点的字符"。

中序遍历是先按中序遍历的方式递归地遍历左子树,再访问根结点,最后按中序遍历的方式递归地遍历右子树。具体遍历过程如下。

(1)中序遍历根结点的左子树。

(2)访问根结点。

(3)中序遍历根结点的右子树。

对图22.13所示的二叉树进行中序遍历,得到的输出序列为DBGEHJACIF。

后序遍历是按后序遍历的方式递归地遍历左子树、右子树,最后访问根结点。具体遍历过程如下。

(1)后序遍历根结点的左子树。

(2)后序遍历根结点的右子树。

(3)访问根结点。

对图22.13所示的二叉树进行后序遍历,得到的输出序列为DGJHEBIFCA。

二叉树前序遍历、中序遍历、后序遍历的实现,详见本章案例。

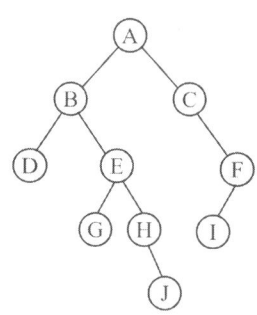

图22.13 二叉树

```
┬输出根结点A
├前序遍历根结点A的左子树
│  ┬输出此时的根结点B
│  ├前序遍历结点B的左子树
│  │  ┬输出此时的根结点D
│  │  ├结点D的左子树为空,不再递归下去
│  │  └结点D的右子树为空,不再递归下去
│  └前序遍历结点B的右子树
│     ┬输出此时的根结点E
│     ├前序遍历结点E的左子树
│     │  ┬输出此时的根结点G
│     │  ├结点G的左子树为空,不再递归下去
│     │  └结点G的右子树为空,不再递归下去
│     └前序遍历结点E的右子树
│        ┬输出此时的根结点H
│        ├结点H的左子树为空,不再递归下去
│        └前序遍历结点H的右子树
│           ┬输出此时的根结点J
│           ├结点J的左子树为空,不再递归下去
│           └结点J的右子树为空,不再递归下去
└前序遍历根结点A的右子树
   ┬输出此时的根结点C
   ├结点C的左子树为空,不再递归下去
   └前序遍历结点C的右子树
      ┬输出此时的根结点F
      ├前序遍历结点F的左子树
      │  ┬输出此时的根结点I
      │  ├结点I的左子树为空,不再递归下去
      │  └结点I的右子树为空,不再递归下去
      └结点F的右子树为空,不再递归下去
```

图22.14 二叉树的前序遍历过程

22.6 案例1：二叉树深度

【题目描述】

一棵有 n（$n \leq 10^6$）个结点的二叉树。给出每个结点的两个子结点编号（编号 $\leq n$，空结点用 0 表示），根结点的编号为 1。

建好这棵二叉树之后，计算二叉树的深度。二叉树的**深度**是指从根结点到叶子结点的最大层数。根结点是第 1 层。

【输入描述】

第 1 行为一个整数 n，表示结点数。

接下来的 n 行，第 i 行为两个整数 l、r，分别表示结点 i 的左子结点和右子结点，i 从 1 开始。若 $l=0$ 则表示无左子结点，$r=0$ 表示无右子结点。

【输出描述】

输出一个整数，表示二叉树的最大结点深度。

【样例输入】   【样例输出】

```
7                          4
2 7
3 6
4 5
0 0
0 0
0 0
0 0
```

【分析】

对于样例数据，我们可以画出对应的二叉树，如图 22.15 所示，根据定义，这棵二叉树的深度为 4。

本题给出了每个结点的子结点的信息，那么我们该如何去存储这个信息呢？

假设我们用一个二维布尔型数组 son[i][j] 来存储信息，如果 j 是 i 的子结点，就让 son[i][j] 为 true，否则让 son[i][j] 为 false。通过遍历所有的 son[i][j]，就能获取结点 i 的所有子结点的信息。

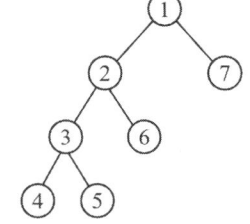

图 22.15 二叉树的深度

这道题结点数 n 最大为 10^6，意味着这个数组的空间是 $10^6 \times 10^6 = 10^{12}$。每个布尔型数据占 1 个字节，$10^{12}$B = 976562500KB = 953674MB = 931GB。所以这种方式是不可行的。

在本题中，结点编号最大为 10^6，我们可以定义长度为 10^6 的一维数组 tree 存储二叉树中的所有结点。二叉树中的每个结点最多只有两个子结点，所以对每个结点我们只需设计一个结构体node保存它的左子结点和右子结点在数组tree中的下标即可。

```
struct node {
    int le, ri;    // 左子结点、右子结点在 tree 数组中的下标
} tree[MAXN];
```

接着，我们就可以利用前面介绍的前序遍历方法，从根结点出发遍历，记录当前遍历的层次，遍历到的层次的最大值便是问题的答案。代码如下。

```
#include <bits/stdc++.h>
using namespace std;
const int N = 1e6 + 10;
struct node {
    int le, ri;
} tree[N]; //tree[i].le 表示 i 号结点左子结点编号 , tree[i].ri 表示 i 号结点右子结点编号
int n, ans;                           //ans：二叉树的深度
void pre(int id, int d)               // 前序遍历到当前结点，层次为 d
{
    if(id == 0)   return;             // 到达空的子结点时返回
    ans = max(ans, d);                // 更新答案
    pre(tree[id].le, d + 1);          // 前序遍历左子树
    pre(tree[id].ri, d + 1);          // 前序遍历右子树
}
int main( )
{
    cin >>n;
    for(int i = 1; i <= n; i++)
        cin >>tree[i].le >>tree[i].ri; // 读入数据，建树
    pre(1, 1);                         // 从 1 号结点出发，当前层次为 1
    cout <<ans <<endl;                 // 输出答案
    return 0;
}
```

22.7 案例2：新二叉树

【题目描述】

输入一个二叉树，输出其前序遍历序列。

【输入描述】

第1行为二叉树的结点数 n（$1 \leq n \leq 26$）。

第2～n行，第一个字母为结点，后两个字母分别为其左子结点和右子结点。特别地，数据保证第一行读入的结点必为根结点。空结点用*表示。

【输出描述】

输出二叉树的前序遍历序列。

【样例输入】　　　　　　　　　　　【样例输出】

```
6                                 abdicj
abc
bdi
cj*
d**
i**
j**
```

【数据规模与约定】

$1 \leq n \leq 26$。

【分析】

利用样例数据构造出来的二叉树如图22.16所示，其前序遍历过程如下。

（1）访问根结点a。在本题中，访问一个结点就是输出这个结点。

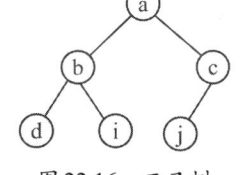

图22.16　二叉树

（2）前序遍历根结点a的左子树：首先访问左子树的根结点b；然后遍历b的左子树，只有一个结点d，遍历完后返回到结点b；再遍历b的右子树，只有一个结点i，遍历完后返回到结点b。至此，结点a的左子树遍历完毕。

（3）前序遍历根结点b的右子树：首先访问右子树的根结点c；然后遍历c的左子树，只有一个结点j，遍历完后返回到结点c；c的右子树为空。至此，结点a的右子树遍历完毕。

按前序遍历依次访问到的结点为abdicj。

我们可以采用上一道题中的方法来存储二叉树。具体方法是：定义结构体node，表示二叉树中的结点，以及node型的一维数组tree，存储二叉树中的所有结点。node类型包含char型的data成员，表示结点自身的数据，为一个小写字母；int型的成员le和ri记录该结点的左子结点和右子结点在tree数组中的下标。注意，本题中二叉树的结点数n最大为26，因此tree数组的长度可以定义为30。

根据读入的数据构造二叉树tree后，用递归的方式实现二叉树的前序遍历。代码如下。

```
#include <bits/stdc++.h>
using namespace std;
const int N = 30;
struct node {              // 定义二叉树结点的结构体
    char data;             // 自身的数据
```

```
    int le, ri;           // 左子树和右子树在 tree 数组中的下标
} tree[N];                //tree: 存储二叉树中的结点
int n;
void pre(int k)           // 前序遍历
{
    cout <<tree[k].data;       // 输出根结点
    if(tree[k].le != 0)        // 如果有左子树的话，遍历左子树
        pre(tree[k].le);
    if(tree[k].ri != 0)        // 如果有右子树的话，遍历右子树
        pre(tree[k].ri);
}
int main( )
{
    cin >>n;
    int rt;               // 根结点的下标
    char a, b, c;         // 每行输入数据中的 3 个字符
    for(int i = 1; i <= n; i++){
        cin >>a >>b >>c;
        if(i == 1)    // 第一行输入的是根结点，存储其下标，为其在 26 个字母中的位置
            rt = a - 'a' + 1;
        tree[a - 'a' + 1].data = a;                // 存储自身数据
        if(b != '*') {
            tree[b - 'a' + 1].data = b;            // 存储左子结点
            tree[a - 'a' + 1].le = b - 'a' + 1;    // 记录左子结点的下标
        }
        if(c != '*') {
            tree[c - 'a' + 1].data = c;            // 存储右子结点
            tree[a - 'a' + 1].ri = c - 'a' + 1;    // 记录右子结点的下标
        }
    }
    pre(rt);    // 从根结点开始前序遍历
    return 0;
}
```

 22.8 案例3：FBI树

【题目描述】

我们可以把由"0"和"1"组成的字符串分为3类：全"0"串称为B串，全"1"串称为I串，既含"0"又含"1"的串则称为F串。

FBI树是一种二叉树，它的结点类型包括F结点、B结点和I结点3种。由一个长度为2^N的"01"串S可以构造出一棵FBI树T，递归的构造方法如下。

（1）T的根结点为R，其类型与串S的类型相同。

（2）若串S的长度大于1，将串S从中间分开，分为等长的左右子串S1和S2；由左子串S1构造R的左子树T1，由右子串S2构造R的右子树T2。

现在给定一个长度为2^N的"01"串，请用上述构造方法构造出一棵FBI树，并输出它的后序遍历序列。

【输入描述】

第一行是一个整数N（$0 \leq N \leq 10$），第二行是一个长度为2^N的"01"串。

【输出描述】

输出一个字符串，即FBI树的后序遍历序列。

【样例输入】   【样例输出】

```
3                   IBFBBBFIBFIIIFF
10001011
```

【数据规模与约定】

对于40%的数据，$N \leq 2$。

对于全部的数据，$N \leq 10$。

【分析】

按照题意在递归过程中建立树，建树的方法为先创建根结点，再递归创建左子树，然后递归创建右子树。也就是以树的前序遍历的方式创建。本题要求输出后序遍历的结果，我们只需要在递归时将输出根结点与递归左右子树的顺序进行交换，就能将前序遍历改为后序遍历。

二叉树的后序遍历也是一种递归过程。具体遍历过程如下。

（1）后序遍历其左子树。

（2）后序遍历其右子树。

（3）访问根结点。

利用样例数据构造出来的FBI树如图22.17所示，对其进行后序遍历，得到的输出内容为IBFBBBFIBFIIIFF。

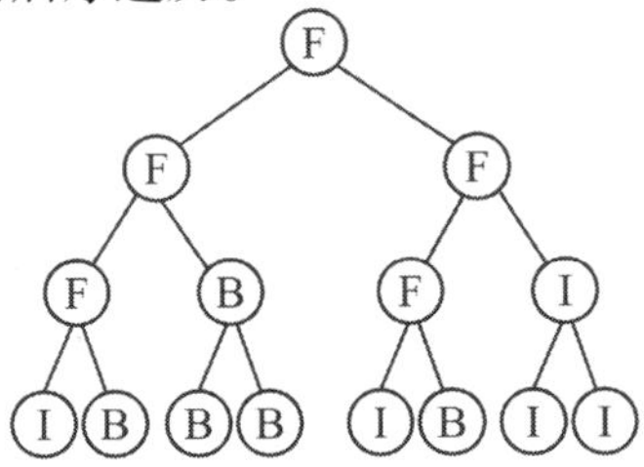

图22.17　FBI树

注意，本题可以在建树的过程中就遍历树，所以本题以下代码采用后序遍历的方式建树，而且不需要存储构建得到的树。

最后是判断当前结点的FBI树类型，可以定义状态变量B，初始值为1，表示是B串，然后检查该串中的每个字符，如果出现了'1'，就将B的值置为0，根据B的值就可以判定是否为B串。同理，定义状态变量I，初始值为1，表示是I串，然后检查该串中的每个字符，如果出现了'0'，就将I的值置为0，最后根据I的值就可以判定是否为I串。如果既不是B串，也不是I串，就一定是F串。代码如下。

```cpp
#include <bits/stdc++.h>
using namespace std;
const int N = 1100;                  //01串最长为2^10 = 2014
string s;
void post(int x, int y)              // 处理子串s[x]~s[y]
{
    if(y > x){
        post(x, (x + y) / 2);        //处理左边一半子串
        post((x + y + 1) / 2, y);    //处理右边一半子串
    }
    // 以下判断子串s[x]~s[y]的类型，并输出作为子树的根结点的值（后序遍历）
    int B = 1, I = 1;                //状态变量（先假设为B串，如果出现了'1',说明肯定不是B串）
    for(int i = 0; i <= y - x; i++){
        if(s[x + i] == '1')    B = 0;
        else if(s[x + i] == '0')   I = 0;
    }
    if(B)    cout <<'B';       //B串：全为0
    else if(I)    cout <<'I';  //I串：全为1
    else    cout <<'F';        //F串：有1也有0
}
int main( )
{
    int n;   cin >>n >>s;
    post(0, (1 << n) - 1);   //0~(2^-1)
    return 0;
}
```

第23章
排序及排序函数的使用

本章内容

本章介绍排序的基本概念、排序思想在信息学竞赛中的应用、排序函数sort的用法，以及案例解析。

23.1 排序及排序算法

在排序过程中，参与排序的元素称为**记录**，记录是排序的基本单位。所有待排序记录的集合称为**序列**。所谓排序就是将序列中的记录按照特定的顺序重新排列。如果待排序的记录个数较少，整个排序过程中的所有记录都可以直接存放在内存中，这样的排序叫作**内排序**。如果待排序的记录数量太大，内存无法容纳所有的记录，排序过程中还需要访问外存，这样的排序叫作**外排序**。本章讨论的排序都是内排序。

每个记录中可能有多个**域**（相当于结构体或类的成员变量），**排序码**是用于决定记录顺序的一个或多个域，这些域的值是排序运算中的依据。

一级排序就是对序列中的记录按一个域进行排序，或者说排序码是由一个域构成的。**二级排序**就是先按第一个域排序；对于第一个域相同的记录，则按第二个域排序，或者说排序码是由两个域构成的。例如，对一组整数，先按它们的个位从小到大排序，个位相同，则按数本身的大小从小到大排序，这就是一种二级排序。又如，有些比赛在排名时，首先根据参赛选手的解题数从多到少排序，解题数相同时，再按总用时从少到多排序，这也是一种二级排序。

如果存在多个具有相同排序码的记录，采用某种排序算法进行排序后这些记录的相对顺序仍然保持不变，则这样的排序算法称为**稳定的排序算法**，否则称为**不稳定的排序算法**。在某些应用领域中，可能要求尽量不要改变相同排序码的记录的原始输入顺序，这就需要采用稳定的排序算法。

排序算法非常多，因此有时就需要在多个排序算法之间进行取舍。评价一种排序算法的好坏主要是通过时间复杂度和空间复杂度两方面来衡量，尤其是时间复杂度。比较和交换往往是排序算法中的基本运算，因此排序算法的时间复杂度一般是通过排序过程中记录的比较和交换次数来衡量的。

一般而言，排序所需的时间越短的算法越好。但是，有些算法的运行时间依赖原始输入记录的情况，记录的数量、排序码和记录的大小、输入记录的原始有序程度（已经基本有序或完全无序）都会影响算法的执行时间。因此评价排序算法往往要从3个方面来考虑：最好情况时间复杂度、最坏情况时间复杂度、平均情况时间复杂度。

表23.1对常见排序算法的时间复杂度、空间复杂度和稳定性进行了对比，其中辅助空间是指除存储记录所需空间外、用来辅助算法执行额外占用的空间，这里Shell排序算法里间距d的增量序列为$2^k-1, 2^{k-1}-1, \cdots, 7, 3, 1$。

表23.1 常见排序算法性能对比

算法	最坏情况	平均情况	最好情况	辅助空间	稳定性
直接插入排序	$O(n^2)$	$O(n^2)$	$O(n)$	$O(1)$	稳定
二分插入排序	$O(n^2)$	$O(n^2)$	$O(n\log n)$	$O(1)$	稳定
冒泡排序	$O(n^2)$	$O(n^2)$	$O(n^2)$	$O(1)$	稳定

续表

算法	最坏情况	平均情况	最好情况	辅助空间	稳定性
优化的冒泡排序	$O(n^2)$	$O(n^2)$	$O(n)$	$O(1)$	稳定
选择排序	$O(n^2)$	$O(n^2)$	$O(n^2)$	$O(1)$	不稳定
Shell排序	$O(n^{3/2})$	$O(n^{5/4})$	$O(n\log n)$	$O(1)$	不稳定
快速排序	$O(n^2)$	$O(n\log n)$	$O(n\log n)$	$O(\log n)$	不稳定
归并排序	$O(n\log n)$	$O(n\log n)$	$O(n\log n)$	$O(n)$	稳定
堆排序	$O(n\log n)$	$O(n\log n)$	$O(n\log n)$	$O(1)$	不稳定

从表23.1中可以看出，简单的排序算法，时间复杂度为$O(n^2)$；较好的排序算法，时间复杂度为$O(n\log n)$。当n较大时（如对1000000个记录进行排序），这两种算法的时间效率相差很大。

23.2 排序的应用

在信息学竞赛中，仅仅通过排序就可以解决的题目非常少，但不可否认，排序是求解很多题目的关键步骤。那么，在什么情况下需要进行排序呢？

通常来说，要从以下四个方面来考虑。

（1）排序是否是问题求解算法正确运行的保障。例如，求解活动安排问题的贪心算法，就需要先对所有活动按结束时间从先到后排序。求解部分背包问题的贪心算法，也需要先将物品按单价从高到低进行排序。

（2）有些题目的解可能有多个，要求按某种顺序输出所有的解；或只要求输出按某种顺序排在最前面的解。例如，当问题的解是字符串或数字排列时，要求输出字典序最小（或最大）的解，或其他意义上最小（或最大）的解，这时通常需要对待处理的数据进行排序。

（3）有些题目因为数据量太大，几乎没有有效的求解方法，这时如果将待处理的数据按照某种方式进行排序，往往能找到更高效的求解思路。

例如，本章案例1的数据范围非常大，网格的大小最大可达200000×200000，直接存储和处理这个网格会消耗过多资源，通过对网格中石头（含人为添加的"石头"）的坐标进行两次排序并扫描，可以快速求解。

（4）排序是否可以减少枚举或搜索量。将待处理的数据排序后，从较大的（或较小的）数据开始枚举或搜索，往往可以减少很多运算量。

需要说明的是，在信息学竞赛中，选手如果要在比赛现场实现排序算法且要保证其正确性，是非常具有挑战性的。现代编程语言的标准库一般都提供了一些排序函数，这些排序函数通常采用优化过的排序算法，且能适应各种排序需求。因此接下来将介绍排序函数sort的用法。在信息学竞赛中，最重要的是理解排序思想的应用及掌握排序函数的使用。

 排序函数sort的用法

sort函数是C++标准库中的函数，包含在头文件<algorithm>中，它采用了时间复杂度为$O(n\log n)$的排序算法。sort函数的原型如下。

```
sort(start, end, cmp);
```

参数的含义如下。

（1）start表示整个序列存储空间的起始地址，在C++语言中，如果用数组a存储序列，则start参数的值就是数组名。

（2）end表示整个序列存储空间结束后下一个字节的地址，如果序列（设为数组a）中记录的元素个数为n，则end参数的值就是a+n。注意，end不是序列最后一个记录的存储地址，而是最后一个记录结束后下一个字节的地址。

（3）cmp参数是一个函数，其作用是指定排序时比较记录之间大小关系的规则。如果参与排序的记录可以直接比较大小（如基本数据类型int、double等），cmp参数可以省略，此时默认为从小到大排序；如果要实现从大到小排序，则cmp参数可以填greater<int>()、greater<double>()等。如果参与排序的记录是结构体类型，不能直接比较大小，则必须定义cmp函数。注意，函数名可以换成别的名字，因为它是作为sort函数的一个参数，但一般建议还是取cmp。

假设结构体类型为Type，它包含m1、m2、m3这3个成员。如果要按m1成员从小到大排序，则cmp函数应该定义成如下形式。

```
bool cmp(Type s1, Type s2)
{
    return s1.m1 < s2.m1;
}
```

如果要按m1成员从大到小排序，只需把return语句改成：return s2.m1 < s1.m1。

对于从小到大排序，cmp函数也可以定义成如下形式。

```
bool cmp(Type s1, Type s2)
{
    if( s1.m1 < s2.m1 )  return true;
    else   return false;
}
```

如果要实现多级排序，比如，先按m1成员从小到大排序，m1成员相同再按m2成员从小到大排序，则cmp函数应该定义成如下形式。

```
bool cmp(Type s1, Type s2)
{
    if(s1.m1!=s2.m1)   return s1.m1 < s2.m1;
    else   return s1.m2 < s2.m2;
}
```

其思想是：如果s1和s2的m1成员不相同，则已经分出大小了，只需返回它们的m1成员的大小关系；否则，即m1成员相同，再返回它们的m2成员的大小关系。

注意，cmp函数第一行也可以写成如下形式。

```
bool cmp(const Type s1, const Type s2)
```

或

```
bool cmp(const Type &s1, const Type &s2)
```

 案例1：快乐的蠕虫

【题目描述】

有一条快乐的蠕虫居住在一个 $m \times n$ 的网格中，网格的某些位置放置了 k 块石头。网格中的每个位置要么是空的，要么放置了一块石头。当蠕虫睡觉时，它在水平方向或垂直方向上躺着，把身体尽可能伸展开来。蠕虫的身躯既不能进入放有石头的方格中，也不能伸出网格边界，而且蠕虫的长度至少为2个方格。

本题的任务是给定网格，计算蠕虫可以在多少个不同的位置躺下睡觉。

【输入描述】

输入数据的第一行为三个整数：m、n 和 k，$0 \leq m, n, k \leq 200000$。接下来有 k 行，每行为两个整数，描述了一块石头的位置（行和列），左上角的位置为(1,1)，同一块石头不会重复出现。

【输出描述】

输出占一行，为一个整数，表示蠕虫可以躺着睡觉的不同位置的数目。

【样例输入】　　　　　　　　　　　【样例输出】

```
5 5 6                              9
1 5
2 3
```

```
2 4
4 2
4 3
5 1
```

【分析】

首先要理解题目的意思。题目中有两句话很关键:"当蠕虫睡觉时,它在水平方向或垂直方向上躺着,把身体尽可能伸展开来""蠕虫的长度至少为2个方格"。这两句话要结合起来理解。样例输入数据对应的网格如图23.1(a)所示,"□"表示空的方格,"■"表示石头。如果只凭第2句话,则仅在第1列,蠕虫就可以在3个位置上躺着,分

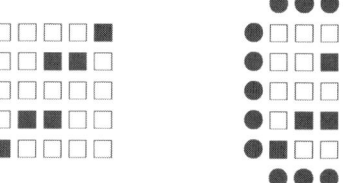

(a) 原始网格　　(b) 在边界位置上添加了"石头"

图23.1　样例输入数据对应的网格

别是头在(1,1) (2,1) (3,1)这3个位置躺着,身躯在垂直方向向下伸展开来;但加上第1句话,则这3个位置都是一样的,因为蠕虫在第1列上躺着,它的身躯会尽可能伸展开来,占满第1列的4个空格。

对于图23.1(a)所示的网格,蠕虫可以在9个位置上躺着,这9个位置分别是:第1列、第2列、第4列、第5列、第1行、第2行、第3行、第4行和第5行。如果把(4,2)这个位置上的石头去掉,则统计出的位置数是10个。因为(4,3)位置上石头的左边和右边都满足题目的要求。

本题测试数据中的3个值取值都很大,0≤m, n, k≤200000,如果要把整个网格用二维数组保存起来,内存使用量会超出题目的要求。即使能把整个网格保存起来,扫描这个网格需要用二重循环,时间也会超时。

本题的处理方法是,在网格的边界处"添加"一些石头,如图23.1(b)所示。"●"表示添加的石头,只需存储输入的石头位置及添加的石头位置,然后对这些石头的位置进行以下两种二级排序。

(1)先按x坐标(行坐标)从小到大的顺序排序,x坐标相同,再按y坐标(列坐标)从小到大的顺序进行排序。排序后,如果前后两个位置的x坐标相同(这两块石头在同一行),且y坐标相差大于2,则是蠕虫能躺着睡觉的位置。这种情形对应蠕虫躺在水平方向上。

(2)先按y坐标从小到大的顺序排序,y坐标相同,再按x坐标从小到大的顺序进行排序。排序后,如果前后两个位置的y坐标相同(这两块石头在同一列),且x坐标相差大于2,则是蠕虫能躺着睡觉的位置。这种情形对应蠕虫躺在垂直方向上。

例如,网格中原有的石头,再加上添加的石头,一共26个。按第一种方式排序后为:(0,1) (0,2) (0,3) (0,4) (0,5) (1,0) (1,5) (1,6) (2,0) (2,3) (2,4) (2,6) (3,0) (3,6) (4,0) (4,2) (4,3) (4,6) (5,0) (5,1) (5,6) (6,1) (6,2) (6,3) (6,4) (6,5)。扫描这26个位置,如果前后两个位置的x坐标相同,y坐标相差大于2,就是蠕虫可以躺着睡觉的位置。例如(1,0)和(1,5)满足要求,对应到网格中第1行。

在本题中,m、n、k最多取到200000,原有的石头加上添加的石头,最多有1000000个,排序及处理可以在1秒内结束。代码如下。

```cpp
#include <bits/stdc++.h>
using namespace std;
struct stone
{
    int x, y;
}s[1000010];                                // 存储石头的位置（包括添加的石头）
bool cmpx(stone a, stone b)                 // 二级排序：先比较 x，再比较 y
{
    if(a.x!=b.x)   return a.x<b.x;          //x 坐标不相同，返回 x 坐标的大小关系
    else   return a.y<b.y;                  //x 坐标相同，返回 y 坐标的大小关系
}
bool cmpy(stone a, stone b)                 // 二级排序：先比较 y，再比较 x
{
    if(a.y!=b.y)   return a.y<b.y;          //y 坐标不相同，返回 y 坐标的大小关系
    else   return a.x<b.x;                  //y 坐标相同，返回 x 坐标的大小关系
}
int main( )
{
    int i, j, m, n, k;
    cin >>m >>n >>k;
    for( i=0; i<k; i++ )                    // 读入 k 块石头的位置
        cin >>s[i].x >>s[i].y;
    for( j=1; j<=n; j++ ) {                 // 添加垂直方向上边界的石头
        s[k].x = 0;    s[k].y = j;   k++;
        s[k].x = m+1;  s[k].y = j;   k++;
    }
    for( i=1; i<=m; i++ ) {                 // 添加水平方向上边界的石头
        s[k].y = 0;    s[k].x = i;   k++;
        s[k].y = n+1;  s[k].x = i;   k++;
    }
    int t = 0;                              // 蠕虫可以躺着睡觉的不同位置的数目
    sort(s, s+k, cmpx);
    for(i=0; i<k-1; i++){                   // 如果前后两个位置的 x 坐标相同，y 坐标相差超过 2
        if(s[i].x==s[i+1].x && s[i+1].y - s[i].y > 2)   t++;
    }
    sort(s, s+k, cmpy);
    for(i=0; i<k-1; i++){                   // 如果前后两个位置的 y 坐标相同，x 坐标相差超过 2
        if(s[i].y==s[i+1].y && s[i+1].x - s[i].x > 2)   t++;
    }
    cout <<t <<endl;
    return 0;
}
```

23.5 案例2：英文姓名排序

【题目描述】

在汉语中，对汉语姓名可以按拼音排序，也可以按笔画顺序排序。在英语中，对英语姓名主要按字母顺序排序。本题要求对给定的一组英文姓名按以下方式排序：先按姓名从长到短的顺序排序，对长度相同的姓名，再按字母顺序排序。

【输入描述】

输入数据的第一行为一个正整数 $N(0<N<100)$，表示英文姓名的数目；接下来有 N 行，每行为一个英文姓名，姓名中允许出现的字符有大小写英文字母、空格、点号(.)，每个英文姓名长度至少为2，但不超过50。

【输出描述】

输出排序后的姓名，每个姓名占一行。

【样例输入】　　　　　　　　　　【样例输出】

```
8
Herbert Schildt               Gerald Recktenwald
David A. Forsyth              David A. Forsyth
Jean Ponce                    John David Funge
Gerald Recktenwald            Thomas H. Cormen
Tom M. Mitchell               Herbert Schildt
Robin R. Murphy               Robin R. Murphy
John David Funge              Tom M. Mitchell
Thomas H. Cormen              Jean Ponce
```

【分析】

本题要实现二级排序，先按姓名长度排序，长度相同再按字典序排序。因为每个姓名可能会包含空格，所以必须用getline()函数读入。但是要注意，由于输入数据第一行为一个整数，必须用getchar()函数跳过这一行末尾的换行符，才能在后面的for循环中正确地读入n个姓名。如果不跳过第一行末尾的换行符，则第一次用getline()函数读入的是第一行末尾的换行符，而后才读入n−1个姓名，第n个姓名无法读入，排序的结果肯定是错的。

代码如下。

```
#include <bits/stdc++.h>
using namespace std;
struct name{
    string s;    //姓名
    int len;     //姓名的长度
```

```
};
bool cmp(name a, name b)        // 二级排序
{
    if(a.len!=b.len)   return b.len<a.len;   // 长度不等，按长度从大到小排序
    else   return a.s<b.s;        // 长度相同，按姓名的字母顺序排序
}
int main( )
{
    name names[101];              // 存储姓名
    int n;   cin >>n;
    getchar( );                   // 跳过上一行的回车键
    for(int i=0; i<n; i++){
        getline(cin, names[i].s);
        names[i].len = names[i].s.length();
    }
    sort(names, names+n, cmp);
    for(int i=0; i<n; i++)
        cout <<names[i].s <<endl;
    return 0;
}
```

23.6 案例3：图书馆管理员

【题目描述】

图书馆中每本书都有一个图书编码，可以用于快速检索图书，这个图书编码是一个正整数。每位借书的读者手中有一个需求码，这个需求码也是一个正整数。如果一本书的图书编码恰好以读者的需求码结尾，那么这本书就是这位读者所需要的。小D刚刚当上图书馆管理员，她知道图书馆里所有书的图书编码，请你帮她写一个程序，对于每一位读者，求出他所需要的书中图书编码最小的那本书，如果没有他需要的书，请输出-1。

【输入描述】

第一行，包含两个正整数 n 和 q，以一个空格分开，分别代表图书馆里书的数量和读者的数量。

接下来的 n 行，每行包含一个正整数，代表图书馆里某本书的图书编码。

接下来的 q 行，每行包含两个正整数，以一个空格分开，第一个正整数代表图书馆里读者的需求码的长度，第二个正整数代表读者的需求码。

【输出描述】

输出 q 行，每行包含一个整数，如果存在第 i 个读者所需要的书，则在第 i 行输出第 i 个读者所

需要的书中图书编码最小的那本书，否则输出 –1。

【样例输入】	【样例输出】
5 5	23
2123	1123
1123	-1
23	-1
24	-1
24	
2 23	
3 123	
3 124	
2 12	
2 12	

【数据规模与约定】

对于20%的数据，$1 \leq n \leq 2$。另有20%的数据，$q=1$。

另有20%的数据，所有读者的需求码的长度均为1。

另有20%的数据，所有的图书编码按从小到大的顺序给出。

对于100%的数据，$1 \leq n \leq 1000$，$1 \leq q \leq 1000$，所有的图书编码和需求码均不超过10000000。

【分析】

本题要求将读者的需求码与图书编码配对，这就要求图书编码的后X位，通过模运算，我们可以求图书编码的后X位，以便将需求码与图书编码进行配对。对一个数 a 取其后 n 位，就是 $a \% (10 \wedge n)$，例如，$12345 \% (10 \wedge 3) = 12345 \% 1000 = 345$。

头文件 <cmath> 提供的 pow(a, b) 函数用于计算 a 的 b 次方，a、b 可以为浮点数，pow返回一个浮点数，将其转换成一个整数，才能将其作为模数对图书编码进行取模。

本题还有一个限制条件：要求所需要的书中图书编码最小。我们将所有的图书按编码从小到大排序，然后进行一一比对，最先比对成功的答案也就是编码最小的答案。代码如下。

```
#include <bits/stdc++.h>
using namespace std;
const int N = 1e3 + 10;
int n, q, book[N];      //book: 存图书编码
int main( )
{
    cin >>n >>q;        // 图书馆里书的数量和读者的数量
    for(int i = 1; i <= n; i++)
        cin >>book[i];
    sort(book + 1, book + 1 + n);
    int len, num, mod;
```

```
    for(int i = 1; i <= q; i++) {
        cin >>len >>num;
        mod = pow(10, len);
        int ok = 0;
        for(int j = 1; j <= n; j++) {
            if(book[j] % mod == num) {
                ok = 1;  cout <<book[j] <<endl;  break;
            }
        }
        if(!ok)  cout << "-1" << endl;
    }
    return 0;
}
```

第 24 章
排序算法原理及应用

本章内容

本章介绍基于分治思想的两个排序算法,即归并排序算法和快速排序算法,以及这些排序算法思想的应用。

24.1 归并排序算法

归并排序是建立在归并操作基础上的一种排序方法。归并操作是指将两个已排序的子序列合并成一个有序序列的过程。归并排序的基本原理如图24.1所示，将大小为 n 的序列看成 n 个长度为1的子序列，首先将相邻子序列两两进行归并操作，形成 $\lceil n/2 \rceil$ 个长度为2（或最后一个子序列长度为1）的有序子序列；然后继续进行相邻子序列两两归并操作，如此迭代，直到剩下1个长度为 n 的序列，此时序列为原序列完成排序后的结果。

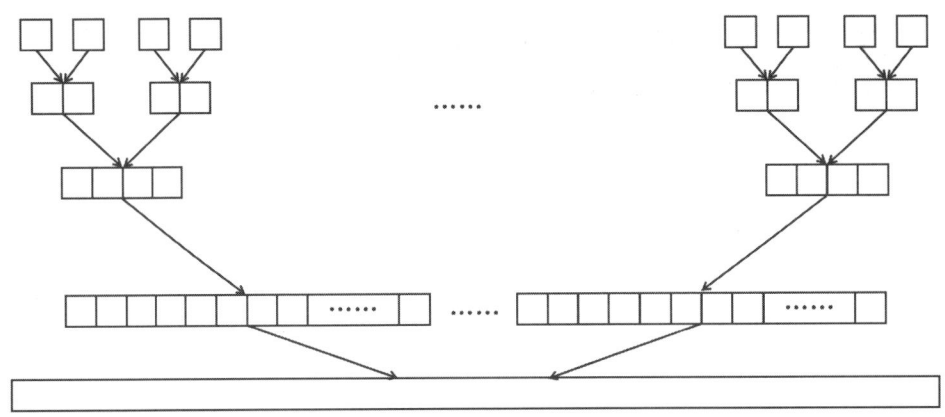

图24.1 归并排序的基本原理

归并排序的核心在于归并操作的实现。归并操作的过程如下：用额外的空间存储两个子序列归并后的结果，设置两个下标分别表示两个已排序子序列的第一个位置；然后比较两个下标对应位置上的元素，将较小的元素存入额外空间内，并将对应下标向后移动一格；重复以上过程，直到某一个子序列的下标到达该序列的结尾；最后将另一个序列的剩余元素直接复制到额外空间的末尾，归并操作结束。

图24.2以序列"49 38 65 97 76 13 27 30 55"为例演示了归并排序过程。一开始将所有记录看成单独的 n 个长度为1的有序子序列；每一轮归并操作，将相邻的两个已排序子序列两两进行归并，形成一个规模扩大一倍的已排序子序列，直到最后归并成一个完整序列。

排序前	49	38	65	97	76	13	27	30	55
第1轮归并操作结束	38	49	65	97	13	76	27	30	55
第2轮归并操作结束	38	49	65	97	13	27	30	76	55
第3轮归并操作结束	13	27	30	38	49	65	76	97	55
第4轮归并操作结束	13	27	30	38	49	55	65	76	97

图24.2 归并排序示例

从特定角度看，归并排序也可以用分治法的思想自下而上地理解，就是将原序列划分成两个等长子序列，再递归地对这两个子序列排序，最后调用归并操作合并成一个完整的有序序列。归并排序的递归实现如下，其中 merge 函数是对两个有序序列的归并操作，msort 是归并排序递归函数。

```cpp
#include <bits/stdc++.h>
using namespace std;
//归并函数：将有序的 a[L]~a[R-1] 和 a[R]~a[Rend] 归并成一个有序序列
//L: 左边起始位置。R: 右边起始位置。Rend: 右边终点位置
void merge(int a[], int at[], int L, int R, int Rend)
{
    int i, Lend = R - 1;                    //左边终点位置
    int idL = L, idR = R;                   //遍历两边序列的两个下标
    int id = L;     //有序序列的下标
    while(idL<=Lend && idR<=Rend){
        if(a[idL]<=a[idR])
            at[id++] = a[idL++];            //将左边序列中的元素复制到 at
        else   at[id++] = a[idR++];         //将右边序列中的元素复制到 at
    }
    while(idL<=Lend)
        at[id++] = a[idL++];                //直接复制剩下的元素
    while(idR<=Rend)
        at[id++] = a[idR++];                //直接复制剩下的元素
    for(i=L; i<=Rend; i++)                  //将有序的 at 复制回 a
        a[i] = at[i];
}
//归并排序函数：是一个递归函数
void msort(int a[], int at[], int L, int Rend)
{
    if(L<Rend){
        int mid = (L+Rend)/2;
        msort(a, at, L, mid);               //递归地解决左边
        msort(a, at, mid+1, Rend);          //递归地解决右边
        merge(a, at, L, mid+1, Rend);       //合并两段有序序列
    }
}
int main( )
{
    int i, n, a[110], b[110];               //存储输入的 n 个数，辅助数组
    cin >>n;
    for( i=0; i<n; i++ )                    //输入
        cin >>a[i];
    msort(a, b, 0, n-1);
```

```
    for( i=0; i<n; i++ )                    //输出
        cout <<a[i] <<" ";
    cout <<endl;
    return 0;
}
```

由归并排序的非递归描述可以看到，每一轮归并操作(图24.2中的一行)需要进行$O(n)$次比较，一共进行$O(\log n)$轮归并操作，因此整个归并排序的时间复杂度为$O(n\log n)$，哪怕在最坏的情况下时间复杂度也一样。归并排序递归实现的时间复杂度分析略复杂，不过结果也是$O(n\log n)$。在空间复杂度上，由于归并操作过程中需要额外的空间来保存已排序的子序列，整个归并排序的空间复杂度为$O(n)$。

归并排序法是稳定的。当序列中存在相同的元素，归并排序算法在执行归并操作时并不会改变它们的相对顺序。

 快速排序算法

快速排序的原理是：将未排序元素根据一个作为基准的"主元"划分为两个子序列，其中一个子序列的所有元素均大于主元，而另一个子序列的所有元素均小于主元，然后递归地对这两个子序列用类似的方法进行排序，如图24.3所示。本质上，快速排序法基于分治思想，将问题的规模减小，然后分别进行处理来实现排序。

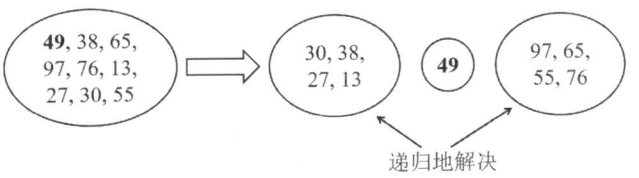

图24.3 快速排序算法的原理

主元的选取有多种方法，这里采用最简单的方法，即选择第一个元素作为主元。将比主元大的元素从右向左放置，而比主元小的元素从左向右放置，从而实现了子序列划分。

图24.4以序列"49 38 65 97 76 13 27 30 55"为例演示了一轮子序列划分过程，具体步骤如下。假设序列存储在数组a中，下标从0开始。

（1）选择$a[0]$作为主元，并与最后

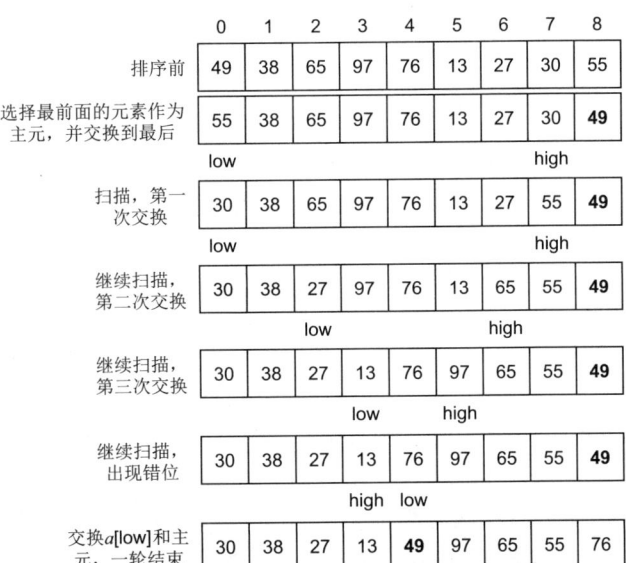

图24.4 快速排序示例

一个元素交换。设置两个下标low和high，初值分别为0和7（因为a[8]已经是主元）。

（2）low从左向右扫描，其位置左侧为已遍历或交换过的比主元小的元素，high从右往左扫描，其位置右侧为已遍历或交换过的比主元大的元素。首先从low指向的位置向右扫描，若遇到比主元大的元素，则停止；然后从high指向的位置向左扫描，若遇到比主元小的元素，则停止。若low和high没有错位(low<high)，则将high和low指向的元素互换位置。因此，扫描结束，low和high的值分别为0和7。交换a[low]和a[high]。

（3）继续扫描，low和high的值分别为2和6。交换a[low]和a[high]。

（4）继续扫描，low和high的值分别为3和5。交换a[low]和a[high]。

（5）继续扫描，low的值为4，high的值为3，出现错位。这一轮扫描结束。

（6）交换主元和a[low]，这样就完成了一次划分，以主元为边界分别划分成大于和小于主元的两个子序列。

下一轮快速排序分别对两个子序列进行快速排序，依次递归下去，直至当前子序列只有一个元素时结束递归，这样就达到了分而治之的算法目的。

快速排序的实现代码如下。

```
#include <bits/stdc++.h>
using namespace std;
// 快速排序函数：是一个递归函数
//le: 起始位置。ri: 结束位置
void qsort(int a[], int le, int ri)
{
    if(le>=ri)  return;
    int pivot, low = le, high = ri - 1;
    pivot = le;              // 选择最前面的元素为主元
    swap(a[pivot], a[ri]);    // 将主元和最后的元素交换
    while(1){       // 将序列中比主元小的元素移到主元左边，比主元大的元素移到主元右边
        while(a[low]<a[ri])  low++;
        while(a[high]>a[ri])  high--;
        if(low<high)  swap(a[low], a[high]), low++, high--;
        else  break;
    }
    swap(a[low], a[ri]);     // 将主元换到正确的位置
    qsort(a, le, low-1);     // 递归地解决左边
    qsort(a, low+1, ri);     // 递归地解决右边
}
int main( )
{
    int i, n, a[110];        // 存储输入的n个数
    cin >>n;
    for( i=0; i<n; i++ )     // 输入
```

```
        cin >>a[i];
    qsort(a, 0, n-1);
    for( i=0; i<n; i++ )          // 输出
        cout <<a[i] <<" ";
    cout <<endl;
    return 0;
}
```

快速排序的时间复杂度分析较为复杂。在最好的情况下,每一次划分都将原序列分成两个基本等长的子序列,随着递归层次的加深,子序列的数量呈指数级增长,但在每个递归层次上的比较总次数都是 $O(n)$ 次,而递归层次(深度)是 $O(\log n)$。由此可见,快速排序的最好时间复杂度为 $O(n\log n)$。更严格的数学证明表明,快速排序的平均时间复杂度也是 $O(n\log n)$。但在最坏的情况下,例如每次划分都近似1和 $n-1$,快速排序的执行时间复杂度就接近于冒泡排序,可能导致 $O(n^2)$ 的时间效率。

为了避免最坏的结果,在确定主元时需要有一定的技巧。一种比较好的方法是将 $a[\text{low}]$、$a[\text{high}]$、$a[(\text{low}+\text{high})/2]$ 三者的中位数作为主元。这种方法能有效避免在基本有序的序列中进行快速排序时时间复杂度出现最坏情况的问题。

另外一个问题是,由于快速排序一般是用递归实现的,如果待排序列的规模比较小,递归的副作用就会凸显出来,效果甚至还不如简单的排序算法。所以一般在递归过程中要检查当前子问题的规模,当其小于某个阈值时就不继续递归,而是直接调用简单的排序算法解决问题。

此外,快速排序是不稳定的。当元素和主元进行比较时,可能导致一个元素交换到和它等值的另一个元素位置以前,导致二者的位置发生相对变换。

案例1:求逆序对问题

【题目描述】

给定 N 个数的序列 $a_1, a_2, \cdots, a_N$,定义一个数对 (a_i, a_j) 为"重要逆序对"的充要条件为:$i<j$ 且 $a_i>2a_j$。求给定序列中"重要逆序对"的个数。

【输入描述】

本题有多个测试点,每个测试点分为两行:第一行为序列中数字的个数 N($1 \leq N \leq 200000$),第二行为序列 $a_1, a_2, \cdots, a_N$($0 \leq a_i \leq 10000000$),由空格分开。$N=0$ 表示输入结束。

【输出描述】

每个测试点一行,输出一个整数,为给定序列中"重要逆序对"的个数。

【样例输入】   【样例输出】

10   16

```
0 9 8 7 6 5 4 3 2 1
0
```

【分析】

求N个数中的"重要逆序对",可以用二重for循环枚举两个数(a_i, a_j)的所有组合,判断(a_i, a_j)是否是"重要逆序对",如果是,则计数。但是在本题中,当N取到最大值200000时,二重for循环会超时。

本题可以借鉴归并排序算法的思想。一个序列的逆序对数量=左边子序列逆序对的数量+右边子序列逆序对的数量+跨边界的逆序对数量。前两部分可以递归求解。

跨边界的逆序对数量的求解:在归并前同时扫描左边子序列和右边子序列,如果左边子序列中的一个数a_i大于右边子序列一个数a_j的两倍,那么a_i及左边子序列中后面的每个数都和a_j构成重要逆序对。原因是在归并时,左边子序列和右边子序列都是有序的,如图24.5所示,左边子序列中a_i后面的每个数都是大于或等于a_i的,加上这些逆序对个数。

a_i				a_j				
0	**6**	7	8	9	**1**	2	3	4	5

图24.5 在归并过程中统计重要逆序对个数

由于在统计逆序对个数的同时也在对序列归并排序,排序后整个序列的重要逆序对个数为0。那么上述算法是否正确呢?其实是正确的,因为是在归并前统计跨边界的逆序对数,这时并没有移动序列中的元素,左边和右边子序列中的重要逆序对个数又是通过递归求解的。代码如下。

```
#include <bits/stdc++.h>
using namespace std;
typedef long long LL;
const int N = 2e5 + 10;
int a[N], t[N];
int n;
LL merge(int le, int ri)
{
    if(le >= ri)   return 0;      // 子序列中只有一个数,逆序对个数为0
    int mid = (le + ri) >> 1;
    LL res = merge(le, mid) + merge(mid + 1, ri);   // 两个子序列重要逆序对个数之和
    int i = le, j = mid + 1, k = 0;
    while(i <= mid && j <= ri){    // 在归并前统计跨边界的逆序对数
        if(a[i] > 2 * a[j]){
            res += mid - i + 1;
            j++;
        }
        else   i++;
    }
    i = le, j = mid + 1, k = 0;
    while(i <= mid && j <= ri){    // 归并
        if(a[i] <= a[j])
```

```
                t[k++] = a[i++];
            else
                t[k++] = a[j++];
        }
        while(i <= mid)
            t[k++] = a[i++];
        while(j <= ri)
            t[k++] = a[j++];
        for(int i = le, k = 0; i <= ri; i++, k++)    a[i] = t[k];
        return res;
}
int main( )
{
    while(1){
        cin >> n;
        if(n==0)  break;
        for(int i = 0; i < n; i++)
            cin >> a[i];
        cout << merge(0, n - 1) << endl;
        //for(int i = 0; i < n; i++)     // 输出排序后的序列
        //    cout << a[i] <<" ";
    }
    return 0;
}
```

 案例2：Freda的越野跑

【题目描述】

Freda报名参加了学校的越野跑。越野跑共有 N 个人参加，在一条笔直的道路上进行。这 N 个人在起点处站成一列，相邻两个人之间保持一定的间距。比赛开始后，这 N 个人同时沿着道路向相同的方向跑去。换句话说，这 N 个人可以看作 x 轴上的 N 个点，在比赛开始后，他们同时向 x 轴正方向移动。

假设越野跑的距离足够远，这 N 个人的速度各不相同且保持匀速运动，那么会有多少对参赛者之间发生赶超事件呢？

【输入描述】

第一行为一个整数 N。第二行为 N 个非负整数，按从前到后的顺序给出每个人的跑步速度。对于50%的数据，$2 \leq N \leq 1000$。对于100%的数据，$2 \leq N \leq 100000$。

【输出描述】

输出一个整数,表示有多少对参赛者之间发生赶超事件。

【样例输入】   【样例输出】

5   7
1 3 10 8 5

【样例说明】

我们把这5个人依次编号为A、B、C、D、E,速度分别为1、3、10、8、5,A在最前面。在跑步过程中:B、C、D、E均会超过A,因为他们的速度都比A快;C、D、E都会超过B,因为他们的速度都比B快;C、D、E之间不会发生赶超,因为速度快的起跑时就在前边。

【分析】

本题其实也是统计逆序对个数。但是在本题中,逆序对的定义是:如果$i<j$且$a_i<a_j$,那么数对(a_i, a_j)就是一个逆序对。

与上一题的代码相比,本题的代码有一点点改进:在统计逆序对的同时归并。这种处理是正确的,因为归并时是先把归并后的序列存储到辅助数组,归并结束后才从辅助数组复制回来。代码如下。

```
#include <bits/stdc++.h>
using namespace std;
typedef long long LL;
const int N = 1e5 + 10;
int a[N], tmp[N];
int n;
LL merge_sort(int le, int ri)
{
    if(le >= ri)   return 0;
    int mid = (le + ri) >> 1;
    LL res = merge_sort(le, mid) + merge_sort(mid + 1, ri);
    int i = le, j = mid + 1, k = 0;
    while(i <= mid && j <= ri){   // 在统计逆序对的同时归并
        if(a[i] < a[j]){
            tmp[k++] = a[j++];
            res += mid - i + 1;
        }
        else   tmp[k++] = a[i++];
    }
    while(i <= mid)   tmp[k++] = a[i++];
    while(j <= ri)    tmp[k++] = a[j++];
    for(int i = le, j = 0; i <= ri; j++, i++)   a[i] = tmp[j];
```

```
        return res;
}
int main( )
{
    cin >> n;
    for(int i = 0; i < n; i++)  cin >> a[i];
    cout << merge_sort(0, n-1) << endl;
    return 0;
}
```

 24.5 案例3：求第k小的数

【题目描述】

输入一组数，共n个，求这n个数中第k小的数。

【输入描述】

输入数据第一行为一个正整数n，n≤1000000。第二行有n个数，用空格隔开。

【输出描述】

输出数据占一行，为求得的答案。

【样例输入】	【样例输出】
9 49 38 65 97 76 13 27 30 55 6	55

【分析】

要求一个数组a中第k小的元素，最简单的方法就是对数组a按从小到大排序，其中a[k-1]就是第k小的元素了。这种方法的时间复杂度为$O(n\log n)$。在本题中，数组元素个数n最大为1000000，不会超时。但是本题只要找到数组中第k小的元素，对所有元素排序显然是"用牛刀杀鸡"。

回想快速排序的思想：以数组中某一个元素m作为划分依据，我们选第一个元素，即m = a[0]，扫描一遍数组，快排后将数组分成3个部分：m前面的元素、m、m后面的元素。其中m前面的元素小于m，m后面的元素大于m。本题求第k小的元素正好可以借鉴这个思想，具体实现方法如下。

（1）若m前面的元素个数大于k，则第k小的数一定在m前面的元素中，这时我们只需要继续在m前面的元素中搜索第k小的数。

（2）若m前面的元素个数小于k，则第k小的数一定在m后面的元素中，这时我们只需要继续在

m 后面的元素中搜索第 $k-s$ 小的数,其中 s 是 m 前面的元素个数。

代码如下。

```cpp
#include <bits/stdc++.h>
using namespace std;
int a[1000010];
// 在数组 a[le…ri] 中找第 k 小的元素
int kth(int le, int ri, int k)
{
    if(le>=ri)  return a[le];
    int pivot = le;              // 选择最前面的元素为主元
    int low = le, high = ri - 1;
    swap(a[pivot], a[ri]);       // 将主元和最后的元素交换
    while(1){   // 将序列中比主元小的元素移到主元左边,比主元大的元素移到主元右边
        while(a[low]<a[ri])  low++;
        while(a[high]>a[ri])  high--;
        if(low<high)  swap(a[low], a[high]), low++, high--;
        else  break;
    }
    swap(a[low], a[ri]);         // 将主元换到正确的位置
    if(low == k)  return a[low];
    else if (low < k)
        return kth(low + 1, ri, k);
    else
        return kth(le, low - 1, k);
}
int main( )
{
    int n, k;
    cin >>n;
    for(int i=0; i<n; i++)
        cin >>a[i];
    cin >>k;
    cout <<kth(0, n - 1, k - 1) <<endl;
    return 0;
}
```

第 25 章
搜索 1：深度优先搜索

本章内容

本章介绍深度优先搜索，首先介绍深度优先搜索的思想，然后通过案例详细阐述深度优先搜索的实现，最后总结深度优先搜索的实现技巧。

 深度优先搜索的思想

深度优先搜索算法的思想很朴素,类似于人走迷宫的思路。考虑图25.1所示的迷宫问题,"⊙"表示迷宫的入口,"¤"表示迷宫的出口,"■"表示墙壁,不能通过,"□"表示可以通过的空白方格。只能从迷宫的入口进入,从出口出来,不能出边界,现在要找到一条从入口到出口的路径。在每个空白方格处只能移动到上、下、左、右4个相邻的空白方格,假设在选择可行的空白方格时是按照上、右、下、左的顺时针方向进行的。一种解题策略是:从图25.1(b)开始,按向上的方向走了两步以后,行不通,如图25.1(c)所示,则回退一步,回退一步后也没有其他方向可走,则再回退一步到起始位置。然后在起始位置选择右边的方向,如图25.1(d)所示,走了一步以后,还是行不通,又回退到起始位置。下方出了边界,所以选择左边的空白方格,如图25.1(e)所示……如此进行下去直到找到出口或得出无解的结论。

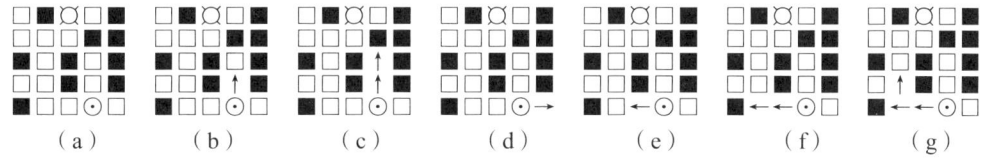

图25.1 迷宫问题

综上,有一类问题在求解时需要一定的步骤,如图25.2所示,通常求解这些问题采取的策略是:从起始位置(或起始状态)出发,**试探性**地选择一个可行的步骤到达下一个未访问过的状态,然后又从这个状态出发选择一个可行的步骤到达下一个未访问过的状态……每到达一个状态,如果发现没有可行的步骤则回退到上一步,再试探其他可行的步骤;如果回退到上一步依然没有其他可行的步骤,则继续回退到再上一步;如此反复直到到达目标位置(或目标状态),或者所有状态都访问完后还没有找到目标状态,则说明无解。这种求解问题的策略称为**深度优先搜索**(Depth First Search, DFS),需要用递归函数来实现。

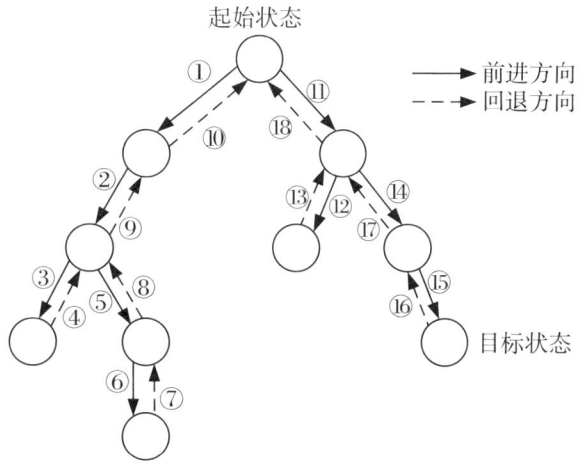

图25.2 深度优先搜索的思想

在图25.2中,数字①~⑱表示DFS前进和回退的顺序,实线表示前进方向,虚线表示回退方向。找到目标状态后,从函数调用的角度还得层层回退,直至起始状态。

从图25.2可以看出,DFS算法从初始状态(树根)出发,依次访问过的状态构成了一棵倒置的

树，称为**深度优先搜索树**。

注意，"**状态**"跟"**位置**"不完全一样。位置的含义很简单，对于迷宫问题，就是某个位置的行和列。状态有更多的含义，除包含位置信息外，根据问题求解的需要，还可以包含到达这个位置所需的步数、时间、剩余体力等。

 案例1：油田

【题目描述】

某地质探测公司负责探测地下油田，每次都是在一块长方形的土地上进行探测。探测时把土地用网格分成若干个小方块，然后逐个分析每块土地，用探测设备探测地下是否有油田。方块土地底下有油田则称为pocket，如果两个pocket相邻，则认为是同一块油田，油田可能覆盖多个pocket。计算长方形的土地下有多少块不同的油田。

【输入描述】

输入数据描述了一个网格。第1行为两个整数m和n，分别表示网格的行和列，$1 \leq m \leq 100$，$1 \leq n \leq 100$。接下来有m行数据，每行数据有n个字符。每个字符代表一个小方块，如果为"*"，则代表没有石油；如果为"@"，则代表有石油，是一个pocket。

【输出描述】

输出网格中不同的油田数目。如果两块不同的pocket在水平、垂直或对角线方向上相邻，则被认为属于同一块油田。每块油田所包含的pocket数目不会超过100。

【样例输入1】

```
5 5
****@
*@@*@
*@**@
@@@*@
@@**@
```

【样例输出1】

```
2
```

【样例输入2】

```
3 5
*@*@*
**@**
*@*@*
```

【样例输出2】

```
1
```

【分析】

通俗地讲，本题的任务是，在一张网格地图中，统计在8个相邻方向上"连成一片"的"@"字

符区域的个数。显然，样例数据1中有2块油田。

本题需要用DFS实现。具体思路为：用二维字符数组mp存储网格地图，按行和列的顺序依次检查每个方格的位置，如果某个方格为"@"字符，则从该"@"字符位置开始进行DFS，可以搜索到跟它同属一块油田的所有"@"字符位置。为避免重复搜索，可以在搜索的前进方向将每个"@"字符位置替换成"*"字符。这样，从网格中的每个"@"字符位置进行搜索，可以得到油田的数目。

假设实现DFS的函数为dfs，它的功能是检查某个位置(x, y)的8个相邻位置。执行dfs函数的前提是(x, y)位置为"@"字符。在dfs函数中，检查(x, y)的每个相邻位置(xx, yy)，如果(xx, yy)位置为"@"字符，则继续从(xx, yy)位置开始搜索。继续搜索则要递归调用dfs函数，因此dfs是一个递归函数。

假设按照左上、上、右上、右、右下、下、左下、左的顺时针顺序检查相邻位置。

约定：在mp数组中，从第1行第1列开始存储油田地图，第0行第0列不用但初始化为0。这样做有两个好处：第一，方格的行和列均从1开始计起，跟生活中的习惯一致；第二，简化边界的处理，第0行第0列充当天然的边界，这样在检查(x, y)的相邻位置是否为"@"字符时，不需要判断边界。

对于样例输入中的第1个测试数据，其搜索过程及dfs函数的执行过程如图25.3所示。对于该测试数据，在main函数中，按照行和列的顺序，最先检查到的"@"字符位置为(1, 5)，因此先调用dfs(1, 5)。在执行dfs(1, 5)时，将(1, 5)位置设置为"*"，然后检查它的相邻位置，发现(2, 5)位置为"@"字符，因此递归调用dfs(2, 5)，如此反复，直到(5, 5)位置。由于(5, 5)的8个相邻位置都不是"@"字符，所以回退到上一层，再层层回退，一直到main函数，这意味着找到一块油田。

回到main函数后，继续检查下一个"@"字符，位置为(2, 2)，因此要调用dfs(2, 2)。dfs(2, 2)执行结束后，也找到一块油田。最后，所有方格位置都为'*'，输出答案为2。

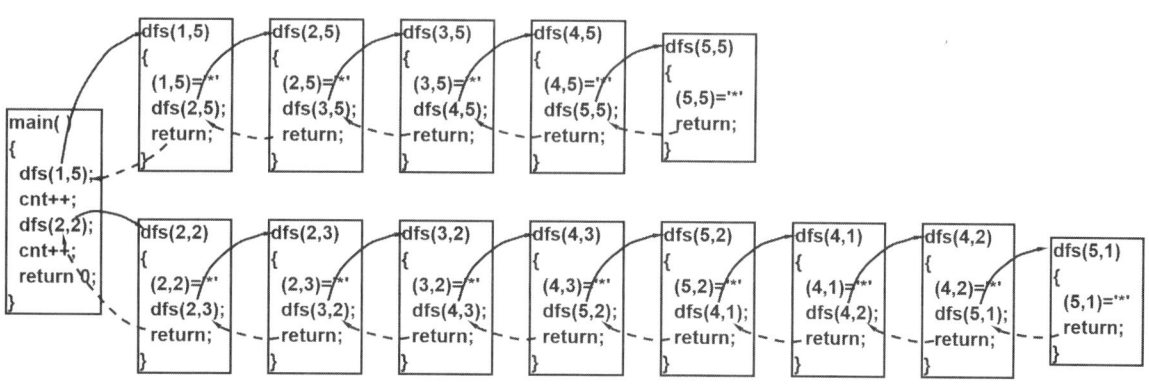

图25.3 搜索过程及dfs函数的执行过程

本题约定从左上开始按顺时针顺序检查8个相邻方向。在程序实现时，可以用下面的二维数组表示(x, y)位置的8个相邻方向，该二维数组依次表示左上、上、右上、右、右下、下、左下、左8个方向（顺时针顺序）相对于(x, y)位置的行、列坐标增量。

```
int d[8][2] = { {-1,-1}, {-1,0}, {-1,1}, {0,1}, {1,1}, {1,0}, {1,-1}, {0,-1} };
```

代码如下。

```cpp
#include <bits/stdc++.h>
using namespace std;
char mp[110][110];        // 存储网格
int m, n;        // 网格的大小,即行和列
// 一个方格的8个相邻方向(左上、上、右上、右、右下、下、左下、左)
int d[8][2] = { {-1,-1}, {-1,0}, {-1,1}, {0,1}, {1,1}, {1,0}, {1,-1}, {0,-1} };
void dfs( int x, int y )      // 从(x,y)位置进行深度优先搜索
{
    int i, xx, yy;
    mp[x][y] = '*';  // 将mp[x][y]由@设置成*,保证不会再遍历这个方格了
    for( i=0; i<8; i++ ){
        xx = x + d[i][0];
        yy = y + d[i][1];
        //if( xx<1 || yy<1 || xx>m || yy>n )  continue;    // 可以不做边界判断
        if( mp[xx][yy] == '@' )    // 如果相邻方格还是@,则继续搜索
            dfs(xx, yy);
    }
}
int main( )
{
    int i, j, cnt = 0;            // 统计得到的油田数目
    cin >>m >>n;
    for( i=1; i<=m; i++ )   cin >>mp[i]+1;    // 从第1行第1列开始存储油田地图
    for( i=1; i<=m; i++ ){
        for( j=1; j<=n; j++ ){
            if( mp[i][j]=='@' ){
                dfs(i, j);          // 从(i, j)位置进行DFS搜索
                cnt++;
            }
        }
    }
    cout <<cnt <<endl;
    return 0;
}
```

【思考】

在前进方向将走过的"@"方格设置为"*",会不会导致无法返回?

答案是不会的。搜索到每个位置会对应执行一个dfs函数,当搜索到某个位置时,如果它的8个相邻方向都不是"@",该dfs函数执行完毕。从函数调用的角度,它必然要回退到上一层dfs函数,也就是返回到它的上一个位置,不存在无法返回的问题。

25.3 案例2：最大的泡泡串

【题目描述】

泡泡龙是一个经典的游戏。在泡泡龙游戏中，通常奇数行的泡泡数比偶数行的泡泡数多1。给定泡泡龙游戏中各泡泡的颜色，求由同种颜色泡泡组成的最大泡泡串的泡泡数。

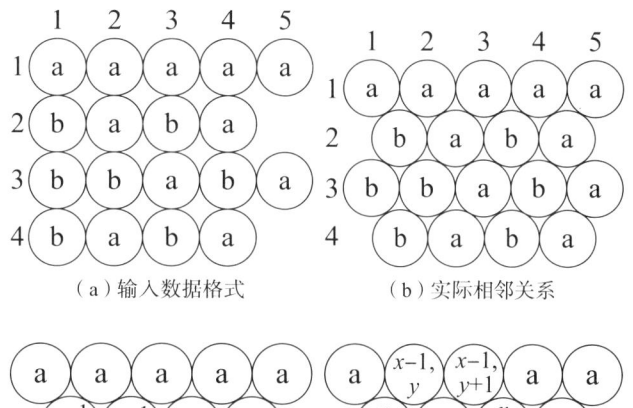

（a）输入数据格式　　（b）实际相邻关系

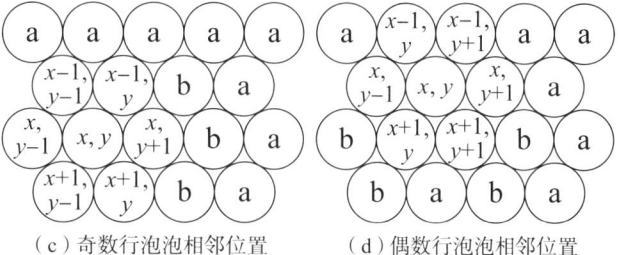

（c）奇数行泡泡相邻位置　　（d）偶数行泡泡相邻位置

图25.4　泡泡的相邻位置

【输入描述】

输入数据第1行为两个正整数 n 和 m（$2 \leq m, n \leq 50$），表示泡泡的行数和列数。行号和列号均从1开始计起，如图25.4（a）所示。接下来有 n 行，奇数行有 m 个字符；偶数行有 $m-1$ 个字符。每个字符代表一个泡泡，字符a、b、c分别表示红色、绿色、蓝色。

注意，不管是奇数行还是偶数行，每个泡泡最多有6个相邻位置，如图25.4（c）和图25.4（d）所示；当然，如果有相邻位置超出边界，则相邻位置数小于6。

【输出描述】

输出求得的由同种颜色泡泡组成的最大泡泡串的泡泡数。

【样例输入1】　　　　　【样例输出1】

```
4 5                    11
aaaaa
baba
bbaba
baba
```

【分析】

本题需要采用DFS求解。从地图中任何一个位置的泡泡（设为 A）出发进行搜索，如果相邻位置是同种颜色，则继续搜索。按照这种策略，能找到与 A 颜色相同的一串泡泡，在搜索过程中计数就能统计出这串泡泡的长度。求出每串泡泡的长度并求最大值。

本题的搜索需要注意以下两点。

（1）相邻位置的处理。从图25.4中可以看出，根据当前位置 (x, y) 的坐标可以判断所处位置是奇数行还是偶数行，奇数行和偶数行的位置都是最多有6个相邻位置，而且都包含$(x, y-1)$ $(x, y+1)$ $(x-1, y)$ $(x+1, y)$，这4个相邻位置可以统一处理；其他2个相邻位置需要单独处理。

（2）搜索前进方向和后退方向的处理。在搜索的前进方向，如果当前位置上泡泡的颜色和要搜索的颜色相同，则把当前位置上泡泡的颜色设置成a、b、c以外的字符（以下代码是设置成空格字符），保证不重复计数。注意，如果不做这样的处理，任何一个分支的搜索都会无穷无尽地进行下去，无法结束；但在后退方向上不需做任何处理。

本题其实也可以不用判断边界，原因是第0行第0列没有用(但是这些元素的值为0)，还有第$n+1$行、第$m+1$列这些元素的值也为0，在if语句中通过$mp[x+1][y-1]==color$这种条件判断就能跳过边界位置。代码如下。

```cpp
#include <bits/stdc++.h>
using namespace std;
#define MAXN 52
char mp[MAXN][MAXN];
int mlen, len, n, m;
//(x,y): 当前位置的坐标；color: 当前位置的颜色
void dfs(int x, int y, char color)
{
    if(mp[x][y]==color)  len++, mp[x][y]=' ';
    if( x%2==1 ) {        // 奇数行
        if( x+1<=n && y>1 && mp[x+1][y-1]==color )  dfs(x+1, y-1, color);
        if( x>1 && y>1 && mp[x-1][y-1]==color )  dfs(x-1, y-1, color);
    }
    else {                // 偶数行
        if( x>1 && y+1<=m && mp[x-1][y+1]==color )
            dfs(x-1, y+1, color);
        if( x+1<=n && y+1<=m && mp[x+1][y+1]==color )
            dfs(x+1, y+1, color);
    }
    // 以下4个相邻位置是奇数行和偶数行都有的
    if( x+1<=n && mp[x+1][y]==color )  dfs(x+1, y, color);
    if( x>1 && mp[x-1][y]==color )  dfs(x-1, y, color);
    if( y+1<=m && mp[x][y+1]==color )  dfs(x, y+1, color);
    if( y>1 && mp[x][y-1]==color )  dfs(x, y-1, color);
}
int main( )
{
    int i, j;
    cin >>n >>m;
    for( i=1; i<=n; i++ )  cin >>mp[i]+1;   // 从第1行第1列开始存储地图
    mlen = 0;
```

```
    for( i=1; i<=n; i++ ) {
        for( j=1; j<=m; j++ ) {
            if( i%2==0 && j==m )  continue;
            if( mp[i][j]!=' ' ) {
                len = 0;  dfs(i, j, mp[i][j]);
                if( len>mlen )  mlen = len;
            }
        }
    }
    cout <<mlen <<endl;
    return 0;
}
```

注意，在前进方向上要执行的代码有以下两种写法。

（1）在递归函数调用前写，这种写法可以用for循环检查每个相邻方向。例如，本章的案例1可以将dfs函数改写成以下形式；案例2也是如此。

```
void dfs( int x, int y )      // 从 (x,y) 位置进行深度优先搜索
{
    int i, xx, yy;
    for( i=0; i<8; i++ ){
        xx = x + d[i][0];  yy = y + d[i][1];
        //if( xx<1 || yy<1 || xx>m || yy>n )  continue;   // 可以不做边界判断
        if( mp[xx][yy] == '@' ){ // 如果相邻方格还是@，则继续搜索
            mp[xx][yy] = '*'; // 将mp[xx][yy]由@设置成*，保证不会再遍历这个方格了
            dfs(xx, yy);
        }
    }
}
```

（2）在dfs函数内最前面写也是可以的，因为一旦有递归调用，一定会执行到下一层dfs函数。本章的案例1、2、3都是这样写的，但是都可以改成第(1)种写法。

25.4　案例3：选数

【题目描述】

已知有n个整数$x_1, x_2, \cdots, x_n$，以及1个整数$k(k<n)$。从n个整数中任选k个整数相加，可分别得到一系列的和。例如，当n=4、k=3时，4个整数分别为3、7、12、19时，可得全部的组合与它们的和为：3+7+12=22、3+7+19=29、7+12+19=38、3+12+19=34。

计算和为质数的组合共有多少种。

例如上例，只有一种组合的和为质数：3+7+19=29。

【输入描述】

第一行包含两个用空格隔开的整数 n、k（$1 \leq n \leq 20$，$k < n$）。

第二行有 n 个整数，分别为 $x_1, x_2, \cdots, x_n$（$1 \leq x_i \leq 5 \times 10^6$）。

【输出描述】

输出一个整数，表示种类数。

【样例输入】   【样例输出】

```
4 3                                      1
3 7 12 19
```

【分析】

在本题中，如果 k 比较小且是固定的，如 $k=4$，则可以用枚举算法求解，即用 k 重循环枚举所选的 k 个数，但实际上 k 是输入的一个数据，是一个变量，所以无法用普通的枚举算法求解。本题可以用DFS求解，但其本质仍然是一种枚举算法，通过试探性地选或不选每个数，把从 n 个数中选 k 个数的每种组合都枚举出来检查。

以样例输入数据为例，4个数为3、7、12、19，对于每个数，我们有"选"或"不选"两种抉择，我们可以从第1个数遍历到第4个数。每次抉择后，先判断选择的数是否为 $k=3$ 个，如果不是3个，则继续选，但如果剩余的数没有了，就回退到上一步，改变对前一个数的抉择，如果前一个数"选"或"不选"都考虑完了，就再回退一步。按这种方式选数，直到选择的数为 k 个，接着计算这些数之和是否为质数，如果是质数，那么答案+1，否则答案不变。表25.1直观地演示了以上选数过程。

表25.1 选数过程

3	7	12	19	是否选了3个数？	3个数的和	是否为质数？
选	选	选		yes	22	no
选	选	不选	选	yes	29	yes
选	选	不选	不选	no		
选	不选	选	选	yes	34	no
选	不选	选	不选	no		
选	不选	不选	选	no		
选	不选	不选	不选	no		
不选	选	选	选	yes	38	no
不选	选	选	不选	no		

续表

3	7	12	19	是否选了3个数？	3个数的和	是否为质数？
不选	选	不选	选	no		
不选	选	不选	不选	no		
不选	不选	选	选	no		
不选	不选	选	不选	no		
不选	不选	不选	选	no		
不选	不选	不选	不选	no		

为了实现上述搜索过程，设计函数dfs(u, sm, cnt)，表示当前枚举到了第u个元素，已经选择了cnt个元素，这些元素的和为sm，当选择的数的个数cnt=k时，检查此时sm是否为质数。在main函数中，调用dfs(1, 0, 0)就可以实现完整的选数过程，如图25.5所示。在图25.5中，最左边的分支之所以没有再进行下去，是因为选的数已经为k=3个了。注意，以下代码用了剪枝技术，如果剩下的数全部选上，都不够k个数，则当前搜索分支不再进行下去，所以，搜索过程跟图25.5略有差别。关于剪枝技术，详见第27章。

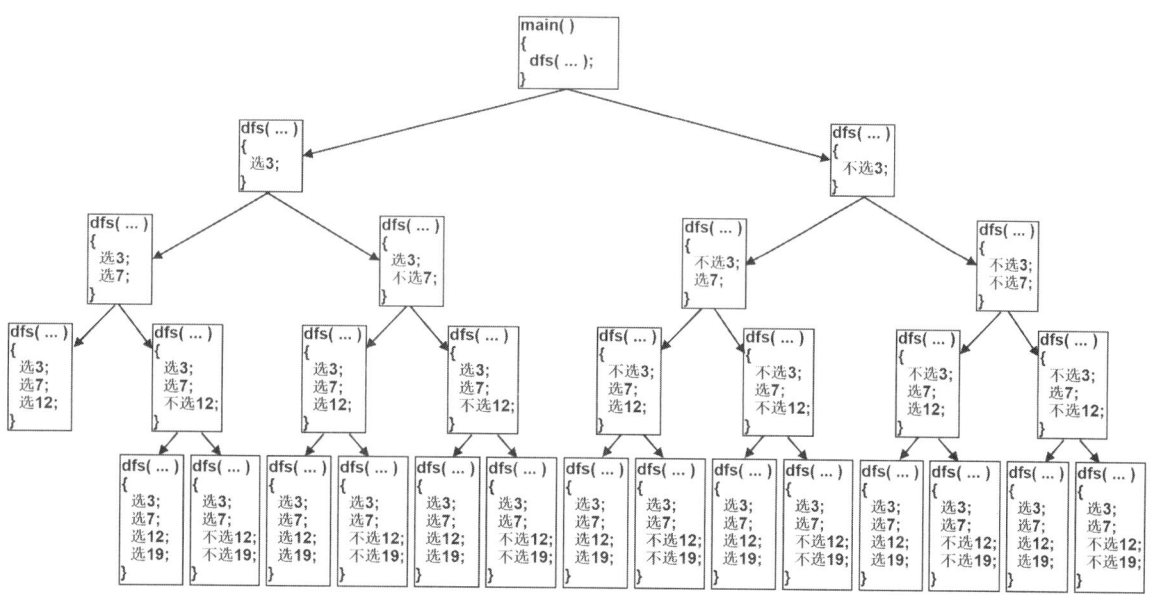

图25.5 选数（搜索算法的函数实现）

代码如下。

```
#include <bits/stdc++.h>
using namespace std;
const int N = 30;
int a[N];
```

```
int n, k, ans;
bool isprime(int a)    // 判断 a 是否为质数，为质数返回 true，否则返回 false
{
    for(int i = 2; i * i <= a; i++)    //i*i<=a 运算效率比 i<=sqrt(a) 要高
        if(a % i == 0)
            return false;
    return true;
}
//u: 当前考虑第 u 个数；sm: 当前选的数的和；cnt: 当前选的数的个数
void dfs(int u, int sm, int cnt)
{
    if(cnt == k) {
        if (isprime(sm))
            ans++;
        return;
    }
    if(u > n)   return;
    if(cnt+n-u+1<k)   return;           // 剪枝——剩下的数全部选上，都不够 k 个数
    dfs(u + 1, sm + a[u], cnt + 1);     // 选择
    dfs(u + 1, sm, cnt);                // 不选
}
int main( )
{
    cin >>n >>k;
    for(int i = 1; i <= n; i++)
        cin >> a[i];
    dfs(1, 0, 0);
    cout <<ans <<endl;
}
```

25.5 深度优先搜索技巧

深度优先搜索算法总结：DFS算法的思路直观，类似于人走迷宫的行为模式，因此比较好理解，但它求得的解未必是最优解；并且一旦某个分支可以无限地搜索下去（假定状态有无穷多个），但沿着这个分支搜索找不到解，算法可能陷入无限递归。此时可以采用有界深度优先搜索（对每个搜索分支设置一个深度限制值），本书不做进一步的讨论。本节重点分析DFS算法的实现要点。

1. 搜索本质上是一种枚举算法

普通的枚举（或称为穷举）算法，适用于确定数量的枚举变量，每个变量对应一重循环，要枚

举多少个量就有多少重循环。如果需要枚举的量很多，或者不知道要枚举多少个量，普通的枚举算法就不适用了。

搜索的本质是枚举。搜索包括深度优先搜索（DFS）和广度优先搜索（BFS）。BFS算法的思想是按照某种策略把所有状态扩展出来并检查一遍，所以BFS其实就是枚举。

DFS搜索算法本质上也是枚举所有可能的组合情形，所以DFS算法的效率不高。另外，如果用递归函数实现DFS算法，则函数调用还有时空开销。但是，如果需要枚举的量的个数是未知的，如本章的案例3，那就无法确定用多少重循环来实现；如果需要枚举的量太多，显然也不适合用循环结构来实现。这些情形都只能用递归函数的形式来表达枚举过程，即采用DFS搜索算法实现。

2. DFS在程序设计竞赛题目中的适用条件

能用DFS求解的题目，其规模一般不大、状态数一般不多。如果问题规模比较大，当采用递归方式实现DFS时，由于递归函数调用存在时空开销，递归调用次数太多或层次太深，时空开销可能无法容忍。这时，可以采用非递归方式实现DFS，或采用其他算法，本书不做进一步讨论。

3. 递归函数的设计

在解答一些程序设计竞赛题目时，可能比较容易想到使用DFS算法求解，但难点往往在于递归函数的设计及调用递归函数进行求解，本书3.5节介绍了函数及递归函数设计。

4. 合理地选择搜索顺序

DFS算法有不同的实现方式，而且不同的实现方式对于搜索的效率通常会有很大的影响。提高搜索算法效率的两个重要因素是：选择合理的搜索顺序、引入高效的剪枝。

搜索时如果能保证既不重复也不遗漏地搜索问题的解空间，就能找到解。但如果需要求解的是某一个最优解，或者只需要求出一个解且按照特定的顺序能尽快找到这个解，则需要合理地选择搜索顺序。

5. 高效的剪枝技术

如果一道题目确定可以用DFS求解，编写完程序并验证正确，提交后反馈的评判结果为超时（TLE），这时可能做一些剪枝优化就能提交通过。在本章的案例3中，如果剩下的数全部选上，都不够k个数，这个分支就不用搜索下去了，这就是剪枝。第27章会详细讨论剪枝技术。

与枚举算法相比，很多DFS算法自带剪枝特性，详见第27章的案例1、第36章的案例1。

6. 搜索的前进方向和回退方向

搜索的前进方向和回退方向要格外注意。在搜索时，一般在前进方向上需要记录或设置状态；在回退时需要做一些还原工作。

7. 其他注意事项

（1）搜索时既不重复也不遗漏。即对解空间中的各种组合，既不重复搜索也不遗漏，否则求出来的解可能是错误的。

（2）在搜索过程中一般需要记录问题的状态。

第 26 章
搜索 2：广度优先搜索

本章内容

本章介绍广度优先搜索,首先介绍广度优先搜索的思想,然后通过案例详细阐述广度优先搜索的实现。

26.1 广度优先搜索的思想

广度优先搜索（Breadth First Search，BFS）是一个分层的搜索过程，没有回退，是非递归的。如图26.1（a）所示，BFS算法的思想是：起始状态是第0层；从起始状态出发，往所有可行的方向**尝试走一步**，记录到达的每一个状态，这些状态构成第1层；然后依次从第1层的每个状态出发，往所有可行的方向尝试走一步，记录到达的每一个之前未访问过的状态，这些状态构成第2层……如此反复，直至目标状态。

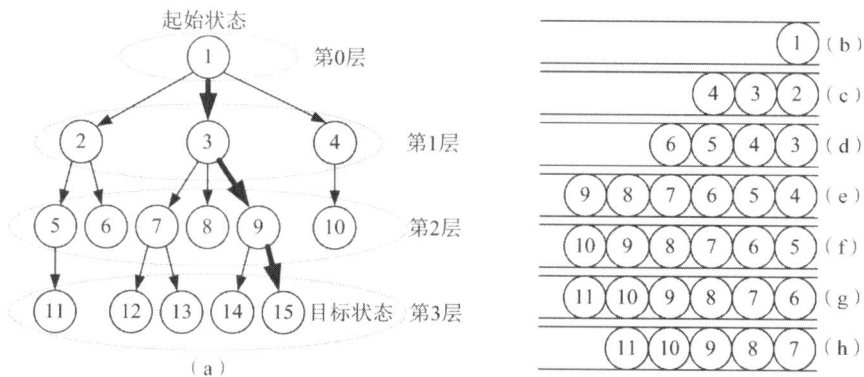

图26.1　广度优先搜索的思想

为了实现逐层访问，BFS算法需要使用一个队列，用于存储正在访问的这一层和待访问的下一层的结点（这里，"结点"的含义等同于"状态"），以便扩展出新的结点。队列是一个基本的数据结构，按照"先进先出"的方式管理数据，类似于日常生活中的排队。

如图26.1（b）～（h）所示，BFS算法的具体执行过程如下。

（1）首先在图26.1（b）中，将起始状态①入队列；以后每次都是从队列中取出最前面的状态，判断是否为目标状态，如果是，搜索就可以结束了，如果不是，则往所有可行的方向尝试走一步，记录到达的所有状态，并把这些状态依次保存到队列尾（有时可以称为扩展出新的状态）。

（2）在图26.1（c）中，取出状态①，将状态②、③、④入队列。

（3）在图26.1（d）中，取出状态②，将状态⑤、⑥入队列。

（4）在图26.1（e）中，取出状态③，将状态⑦、⑧、⑨入队列。

（5）在图26.1（f）中，取出状态④，将状态⑩入队列。

（6）在图26.1（g）中，取出状态⑤，将状态⑪入队列。

（7）在图26.1（h）中，取出状态⑥，没有新的状态入队列。

……

直到某一步，从队列中取出最前面的状态，发现是目标状态⑮，则成功找到解，搜索可以结束了。如果队列为空都还没有找到目标状态，则说明问题无解。

根据上面的描述，可以写出BFS算法的伪代码。

```
BFS()
{
    定义队列 Q，用来保存待扩展的状态      // 可以放到 BFS() 函数前执行
    将起始状态入队列                      // 可以放到 BFS() 函数前执行
    while( 队列 Q 不为空 ) {
        取出队列最前面的状态，设为 S
        如果 S 为目标状态，则找到问题的解，搜索结束，输出问题的解
        否则从 S 出发走一步，扩展出一步能到达的所有新的状态，并将这些状态入队列
    }
    if( 队列 Q 为空且没有找到解 )    输出 "问题无解"
    弹出队列 Q 中剩余的状态
}
```

注意，BFS算法可以不用函数实现。

与DFS算法相比，BFS算法有一个显著的优势：如果能找到解，那么从起始状态到目标状态这条路径上（如图26.1（a）粗线所示的路径）所需的步数是最少的。因此，如果题目要找的是某种意义上的最优解（时间最少、步数最少），就有可能需要用BFS求解。

 案例1：马走日

【题目描述】

在中国象棋里，马的走棋要遵循"马走日"的规则。在本题中，给定象棋马的起始位置，以及一个目标位置，判定该棋是否能走到该位置，如果能走到，最少步数是多少。假设棋盘上只有一个象棋马，没有其他棋。如图26.2（a）所示，中国象棋的棋盘为10行9列，棋盘上的一个位置可以用行坐标和列坐标唯一地表示，图26.2（a）中黑马所在的初始位置为(1,2)。

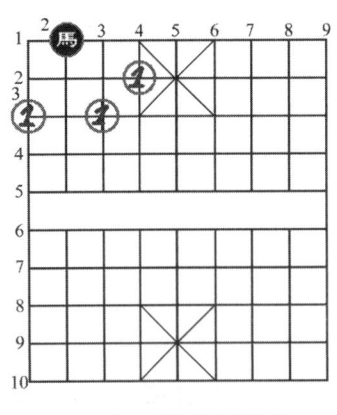

（a）走1步能到达的位置

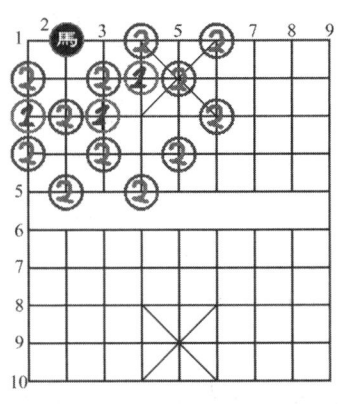

（b）走2步能到达的位置

图26.2　马走日（广度优先搜索策略）

【输入描述】

输入占一行,为四个整数,si、sj、di、dj,前两个整数为马的初始位置,后两个整数为目标位置,si 和 di 的范围是 [1,10],sj 和 dj 的范围是 [1,9]。测试数据保证初始位置和目标位置不会是同一个位置。

【输出描述】

对于输入数据,如果能到达目标位置,则输出最少步数;如果不能到达,则输出 –1。

【样例输入 1】   【样例输出 1】

1 2 8 9   6

【样例输入 2】   【样例输出 2】

1 8 2 4   3

【分析】

本题的思路很明确,就是采用广度优先搜索:从起始位置出发,记录走 1 步能到达的所有位置;再从这些位置出发,记录再走 1 步(共 2 步)能到达的所有位置……如图 26.2(b)所示。

实现方法:设计一个结构体表示棋盘上的位置,用队列存储待扩展的位置;用一个数组 vs 记录每个位置是否已经走过的标志,必须保证不会重复将某个位置入队列。另外,用 2 个数组 dx 和 dy 分别存储 8 个相邻可行方向相对于当前位置 (i, j) 的行坐标和列坐标的增量。

代码如下。

```
#include <bits/stdc++.h>
using namespace std;
struct pos{
    int i, j;        // 位置的行坐标和列坐标
    int step;        // 走到这个位置花费的步数
};
queue<pos> Q;        // 存储位置的队列
int vs[11][10];      //10 行 9 列(第 0 行和第 0 列不用)
//8 个可行方向相对于当前位置 (i, j) 行坐标和列坐标的增量
// 左1,上2;左2,上1;左1,下2;左2,下1;右1,上2;右2,上1;右1,下2;右2,下1
int dx[8] = {-2, -1, 2, 1, -2, -1, 2, 1};
int dy[8] = {-1, -2, -1, -2, 1, 2, 1, 2};
int valid(int x, int y)   // 判断位置 (x,y) 是否有效,即有没有出边界
{
    return (x>0 && x<11 && y>0 && y<10);
}
int main( )
{
    int si, sj, di, dj, k;
```

```
            cin >>si >>sj >>di >>dj;
            pos ps, hd;                       // 起始结点和头结点
            ps.i = si;  ps.j = sj;  ps.step = 0;  Q.push(ps);  vs[si][sj] = 1;
            bool bexist = false;              // 是否可达的标志
            while( !Q.empty( ) ) {
                hd = Q.front( );   Q.pop( );
                if( hd.i==di && hd.j==dj ) {
                    cout <<hd.step <<endl;  bexist = true;  break;
                }
                pos pt;
                for( k=0; k<8; k++ ){         // 检查 8 个相邻可行位置
                    if( valid(hd.i+dx[k],hd.j+dy[k]) && !vs[hd.i+dx[k]][hd.j+dy[k]] ){
                        pt.i = hd.i+dx[k];  pt.j = hd.j+dy[k];  pt.step = hd.step + 1;
                        Q. push(pt);   vs[hd.i+dx[k]][hd.j+dy[k]] = 1;
                    }
                }
            }//end of while( !Q.empty( ) )
            if( !bexist )  cout <<-1 <<endl;         // 没找到目标结点
            while( !Q.empty( ) )                     // 如果队列非空，清空队列
                Q. pop( );
            return 0;
        }
```

26.3 案例2：电影系列之《预见未来》

【题目描述】

2007年，科幻电影《预见未来》上映。电影的故事情节是：魔术师克里斯·约翰逊能预知下一刻将要发生的事情；一个恐怖组织计划在洛杉矶引爆核弹；克里斯需要利用他的特异功能帮助美国联邦调查局查出恐怖分子的藏身处。

在本题中，恐怖分子的藏身处用一个 $M \times N$ 的网格表示。网格中的每一个方格可能是障碍物、可通行的方格、克里斯的起始位置或恐怖分子的藏身处。从每一个方格出发，克里斯向上、下、左、右走到相邻的方格，所需的时间是1秒。克里斯能预测从当前位置出发，T 秒内能到达的方格里是否藏有恐怖分子。现在的问题是：克里斯至少需要多长时间才能找到恐怖分子的藏身处？

【输入描述】

输入数据的第一行为三个整数 M、N 和 T（$5 \leq M, N \leq 10$；$2 \leq T \leq 5$），分别表示网格的行和列，以及克里斯能预测的时间长度（T 秒）；接下来有 M 行，每行有 N 个字符，这些字符可能为 #、.、S 和 D，分别表示不可通过的障碍物、可通行的方格、克里斯的起始位置和恐怖分子的藏身处，每个

测试数据中只有一个S和D，如图26.3（a）所示。

【输出描述】

输出克里斯找到恐怖分子的藏身处所需的最少时间，注意，该时间可能为0。如果克里斯无法到达目标位置，输出"dead"。

【样例输入1】	【样例输出1】
5 6 3 .#..## #S...# #.##.# #.#.D# #....#	2

【样例输入2】	【样例输出2】
6 6 4 .#..## #..#.# #.S#.# ###.D# #....# #.#..#	dead

【分析】

本题要求最少时间，也就是最少步数，需要用BFS求解。假定在检查相邻位置时，按照上、右、下、左的顺序依次检查。以第1个测试数据为例：以S所在位置(1, 1)作为起始结点，这是第0层，如图26.3（b）所示；S的两个相邻位置(1, 2)和(2, 1)，走一步(1秒钟)就可以到达，这是第1层；(1, 2)再走一步可以到达(0, 2)和(1, 3)，(2, 1)再走一步可以到达(3, 1)，这是第2层……如此搜索下去，可以在第5层搜索到D所在的位置(3, 4)。本题只要搜索到目标位置就可以提前结束BFS了。

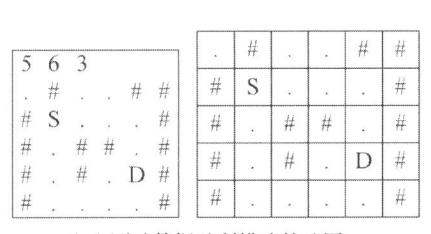

（a）测试数据及所描述的地图

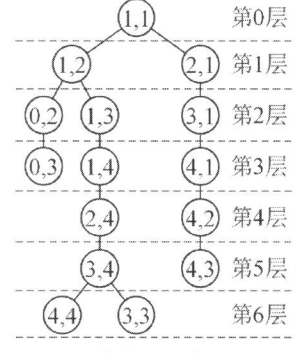

（b）BFS过程

图26.3 预见未来（广度优先搜索策略）

BFS算法结束后，可能出现以下几个结果。

（1）表征到达目标位置最少时间的变量 *mint*(初值为常量INF)的值仍为INF，则意味着目标位置不可达，此时应输出"dead"。

（2）搜索到目标位置，BFS算法结束，但目标位置所需时间 *mint* ≤ *T*，输出0。

（3）搜索到目标位置，BFS算法结束，且所需时间 *mint* > *T*，输出 *mint* − *T*。

注意，如果需要处理多个测试数据，BFS算法结束后，要把队列中可能残留的结点全部弹出，以免影响下一个测试数据的处理。当然本题只需处理一个测试数据。代码如下。

```cpp
#include <bits/stdc++.h>
using namespace std;
#define MAXMN 20
#define INF 1000000          //mint 的初始值
struct point {               // 表示到达某个方格时的状态
    int x, y;                // 方格的位置
    int step;                // 走到当前位置所进行的步数（时间）
};
queue<point> Q;              // 队列中的结点为表示当前克里斯所处的位置及步数的 point 型数据
int n, m, t;                 // 网格的行和列，克里斯能预测的时间长度
int vs[MAXMN][MAXMN];        //vs[i][j] 为 1 表示 (i,j) 位置已访问过
char mp[MAXMN][MAXMN];       // 网格地图
int mint;                    // 到达目标位置的最少时间
int d[4][2] = {{-1,0}, {0,1}, {1,0}, {0,-1}};   //4 个相邻方向：上、右、下、左
int si, sj, di, dj;          // 起始位置和目标位置
void BFS( point s )          // 从位置 s 开始进行 BFS
{
    int i, x, y;
    Q.push( s );  vs[s.x][s.y] = 1;
    point hd;                // 从队列头出队列的位置
    while( !Q.empty() ){              // 当队列非空
        hd = Q.front( );  Q.pop( );
        if(hd.x==di && hd.y==dj){ mint = hd.step;  break; }  // 找到目标位置
        for( i=0; i<4; i++ ){        //4 个相邻位置
            x = hd.x + d[i][0];  y = hd.y + d[i][1];
            // 排除边界和障碍物，且 (x,y) 位置之前没有访问过
            if( x>=0 && x<=m-1 && y>=0 && y<=n-1
                && !vs[x][y] && mp[x][y]!='#' ){
                point pt;            // 向第 i 个方向走一步后的位置
                pt.x = x;  pt.y = y;  pt.step = hd.step + 1;
                Q.push( pt );  vs[x][y] = 1;   // 将 pt 入队列
            }//end of if
        }//end of for
```

```
        }//end of while
    }
    int main( )
    {
        int i, j;        // 循环变量
        cin >>m >>n >>t;
        for( i=0; i<m; i++ )   cin >>mp[i];              // 读入网格
        for( i=0; i<m; i++ ){                            // 记录起始位置和目标位置
            for( j=0; j<n; j++ ){
                if( mp[i][j] == 'S' ){ si=i; sj=j; }     // 起始位置
                if( mp[i][j] == 'D' ){ di=i; dj=j; }     // 目标位置
            }
        }
        point st;   st.x=si;  st.y=sj;  st.step=0;       // 起始状态
        mint = INF;
        BFS( st );
        if( mint==INF )   cout <<"dead" <<endl;          // 无法到达目标位置
        else if( mint<=t )   cout <<0 <<endl;            // 目标位置在预测时间内
        else     cout <<mint-t <<endl;                   // 目标位置在预测时间外
        while( !Q.empty( ) )   Q.pop();
        return 0;
    }
```

26.4 案例3：回家

【题目描述】

小H在一个被划分成了 $n×m$ 个方格的长方形封锁线上。每次他能向上下左右4个方向移动1格（当然小H不可以静止不动），但不能离开封锁线，否则就会被害。刚开始时他有满血6点，每移动1格他要消耗1点血量。一旦小H的血量降到0，他将失去生命。他可以沿路通过拾取鼠标来补满血量，即恢复到6点血量。只要他走到有鼠标的格子，他不需要任何时间即可拾取。格子上的鼠标可以瞬间补满，所以每次经过这个格子都有鼠标。就算到了某个有鼠标的格子才失去生命，他也不能通过拾取鼠标补满血量。即使在家门口失去生命，他也不能算完成任务回到家中。

地图上有5种格子：0表示障碍物；1表示空地，小H可以自由行走；2表示小H出发点，也是一片空地；3表示小H的家；4表示有鼠标在上面的空地。

小H能否安全回家？如果能，最短需要多长时间呢？

【输入描述】

输入第一行有两个整数 n、m，表示地图的大小为 $n×m$。

接下来有 n 行，每行有 m 个数字来描述地图。

【输出描述】

输出占一行，若小 H 不能回家，则输出 -1，否则输出他回家所需的最短时间。

【样例输入】　　　　　　　　　　　　　【样例输出】

```
3 3                                  4
2 1 1
1 1 0
1 1 3
```

【数据规模与约定】

对于所有数据，$1 \leq n, m \leq 9$。

【分析】

在本题中，就算小 H 到了某个有鼠标的格子才失去生命，他也不能通过拾取鼠标补满血量。所以当小 H 到达某个格子时血量为 1 而这个格子里又没有鼠标，我们即可判定小 H 已经失去生命，因为他无论下一步走入何种格子都会直接失去生命。

在传统的迷宫问题中，每个格子最多只能被搜索一次，所以可以使用一个布尔型数组 vs[ ] 来记录每个格子是否被访问过。而在本题中，稍加思考就会发现，因为捡鼠标可以补充血量，所以可能会出现最优解需要多次经过同一个格子的情况。例如下面这组数据。

```
6 6
2 0 0 0 0 0
1 0 0 0 0 0
1 0 0 0 0 0
1 1 4 0 0 0
1 0 0 0 0 0
1 4 1 1 1 3
```

其回家的路径如图 26.4 所示。

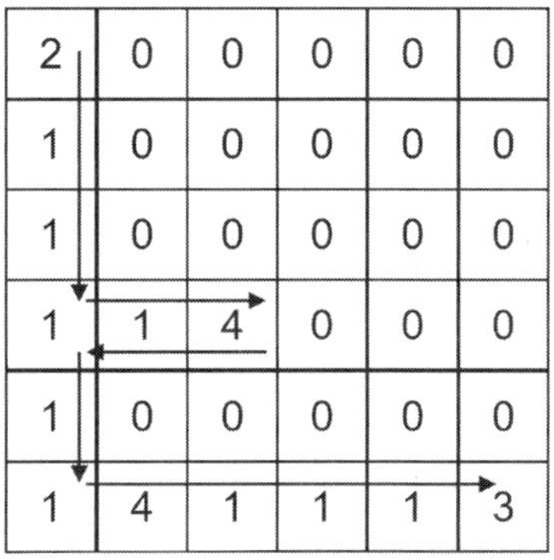

显然，在这组数据中，存在且仅存在如图 26.4 所示的

图 26.4　回家的路径

这一种回家的路径，因为如果小 H 不捡 (4,3) 的鼠标，他将在 (6,2) 位置死去。因此，在某些情况下，若不重复经过一些格子，根本无法到达终点。在这条路径中，(4,1) 和 (4,2) 都被经过了两次。

本题的突破点在于：在何种情况下，一个格子可以被重复经过？

答案是当前经过一个格子时剩余的血量都大于（不是大于或等于）之前经过这个格子时剩余的血量，那么这个格子可以被重复经过。因为多次经过一个格子时，步数必定比之前经过时大，所以若当前状态比之前的状态更优，则必定血量更高。因此上述结论成立。

仍用上面这组数据举例：(4, 1)在第一次被经过时，步数为3，血量为3，而第二次被经过时步数为7，血量为4；(4, 2)在第一次被经过时，步数为4，血量为2，而第二次被经过时步数为6，血量为5。

所以把传统BFS中的vs[ ]数组改为int类型，用于记录经过这个格子时最大的血量即可，当尝试扩展一个空地时，若发现当前血量大于之前的最大血量，即可成功扩展。而有鼠标的格子最多只能被经过一次，因为每次经过这个格子时，血量都是补满到6，并不会因为经过多次而使血量突破6，因此经过多次是没有必要的。代码如下。

```cpp
#include <bits/stdc++.h>
using namespace std;
struct node{ //经过一个格子时的状态：当前格子的横纵坐标、步数及血量
    int x, y, step, hp;   //hp: 血量
};
int n, m;
int a[10][10];       // 格子的种类
int vs[10][10];      // 经过一个格子时的最大血量 (vs[i][j]表示最大值，初值可以设置为0)
int dx[4] = {1, -1, 0, 0}, dy[4] = {0, 0, 1, -1};   //下，上，右，左
queue<node> q;       // 广度优先搜索需要的队列
int main( )
{
    cin >> n >> m;
    for(int i = 1; i <= n; ++i){    // 从第1行第1列开始存储地图
        for(int j = 1; j <= m; ++j){
            cin >> a[i][j];
            if(a[i][j] == 2)
                q.push({i, j, 0, 6});   //将出发点入队
        }
    }
    while(!q.empty()){
        node t = q.front();   q.pop();
        int x = t.x, y = t.y, step = t.step, hp = t.hp;
        if(a[x][y] == 3){
            cout <<step <<endl;          //回到家，输出当前步数并结束程序
            return 0;
        }
        if(hp > 1){   //血量小于或等于1则判定死亡
            for(int i = 0; i <= 3; ++i) {  //检查4个相邻位置
                int nx = x + dx[i], ny = y + dy[i];
                if(nx<1 || nx>n || ny<1 || ny>m)  continue;    //出边界
                if(a[nx][ny] == 1 || a[nx][ny] == 3){ //尝试扩展的格子是空地或
                                                      //小H的家
```

```
                    if(vs[nx][ny] < hp-1){  // 经过该格子时的hp>之前经过时的最大hp
                        vs[nx][ny] = hp - 1;
                        q.push({nx, ny, step + 1, hp - 1}); // 步数增加1,hp减少1
                    }
                }
                if(a[nx][ny] == 4) {    // 尝试扩展的格子有鼠标
                    if(!vs[nx][ny]) {   // 有鼠标的格子最多只能被经过一次
                        vs[nx][ny] = 1;
                        q.push({nx, ny, step + 1, 6}); // 步数增加1,血量补满
                    }
                }
            }
        }
    }
    cout <<-1 <<endl;   // 搜索结束后仍没有到家,判定无解
    return 0;
}
```

第 27 章
搜索 3：搜索的剪枝优化

本章内容

本章介绍搜索的剪枝优化和案例解析。

27.1 搜索的剪枝优化

如果一道题目确定可以用DFS求解，编写完程序并验证正确性后，提交后反馈的评判结果为超时（TLE），这时可能做一些剪枝优化就能通过测试。

如图27.1所示，DFS的搜索过程可以抽象为从树根（初始状态）出发遍历一棵倒置的树——称为搜索树。所谓**剪枝**，就是通过特定条件判断，避免一些不必要的搜索过程，形象地说，就是剪去了搜索树中的某些"枝条"。有时在开始搜索前就能提前判断出问题是否有解，压根儿就不用搜索了，这也可以称为搜索前的剪枝。

例如，本章案例1的程序有两处使用了剪枝，分别是搜索前的剪枝和搜索过程中的剪枝。

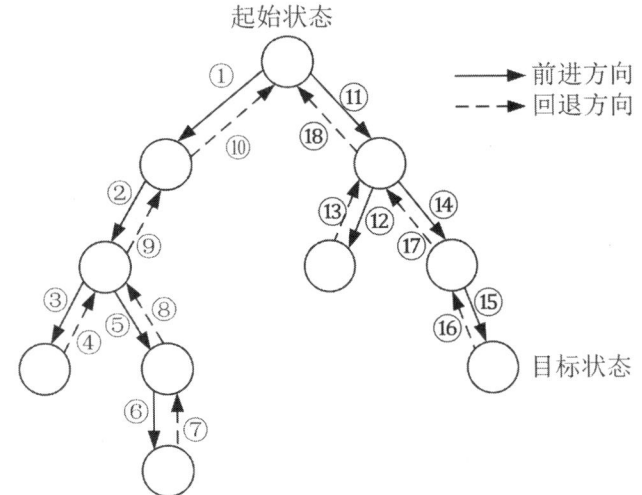

图27.1 DFS搜索的思想

（1）搜索前的剪枝：如果所有能走的方格数（n×m-wall）小于等于t，不用搜索都能判断出小狗无法成功逃离。注意，等于t也不行，因为n×m-wall还包括了起始位置。

（2）搜索过程中的剪枝：如果搜索到某个位置，该位置距离目标方格的水平和竖直距离之和（称为曼哈顿距离）为abs(wi-di) + abs(wj-dj)，用剩余时间减去曼哈顿距离，即tmp = (t-cnt) - abs(wi-di) - abs(wj-dj)，如果tmp<0，剩余时间不足，不用继续搜索了；如果tmp为奇数，也不用继续搜索了，因为如果"绕圈"多走一些方格到达目标位置，一定比曼哈顿距离多走偶数步，奇数步是不可能的。

"剪枝"概念的推广：在枚举算法中，如果能提前知道某种方案不可能求出解，则不进行枚举或提前结束当前的枚举，以减少不必要的枚举。这种优化方法也可归为广义的"剪枝"。

27.2 案例1：骨头的诱惑

【题目描述】

一只小狗在一个古老的迷宫里找到一根骨头，当它叼起骨头时，迷宫开始颤抖，它感觉到地面开始下沉。它才明白骨头是一个陷阱，它拼命地找逃出迷宫的路。

第27章

搜索3：搜索的剪枝优化

迷宫是一个 $n \times m$ 的长方形，有一个门。刚开始门是关着的，并且这个门会在第 t 秒钟开启，门只会开启很短的时间（少于1秒），因此小狗必须恰好在第 t 秒到达门的位置。每秒钟，它可以向上、下、左或右移动一步到相邻的方格中。但一旦它移动到相邻的方格，这个方格就开始下沉，而且会在下一秒消失。所以，它不能在一个方格中停留超过一秒，也不能回到经过的方格。小狗能成功逃离吗？请你帮助它。

【输入描述】

输入数据的第一行为三个整数：n、m、t，（$1<n, m<7, 0<t<50$），分别代表迷宫的长和宽，以及迷宫的门会在第 t 秒开启。

接下来 n 行信息给出了迷宫的格局，每行有 m 个字符，这些字符可能为：'X' 为墙壁，小狗不能进入；'S' 为小狗所处的位置；'D' 为迷宫的门；'.' 为空的方格。

【输出描述】

如果小狗能成功逃离，则输出 YES，否则输出 NO。

【样例输入1】　　　　　　　　　　　　　【样例输出1】

```
3 4 5                                YES
S.. .
.X.X
...D
```

【样例输入2】　　　　　　　　　　　　　【样例输出2】

```
4 4 8                                YES
.X.X
..S.
....
DX.X
```

【样例输入3】　　　　　　　　　　　　　【样例输出3】

```
4 4 5                                NO
S.X.
..X.
..XD
```

【分析】

本题要采用深度优先搜索算法求解。以第1个样例输入数据为例进行分析，如图27.2所示。图27.2（a）表示样例输入数据及所描绘的迷宫；在图27.2（b）中，圆圈中的数字表示某个位置的行号和列号，行号和列号均从0开始计起，实线箭头表示搜索前进方向，虚线箭头表示回退方向。

搜索时从小狗所在初始位置S出发进行搜索。每搜索到一个方格位置，对该位置的4个相邻方格（要排除边界和墙壁）进行下一步搜索。假设按照上、右、下、左顺时针顺序选择相邻方格进行搜索。往前走一步，要将当前方格设置成墙壁，表示当前搜索过程不能回到已经过的方格。一旦前进不了，要回退，就要恢复现场，即将前面设置的墙壁还原成空的方格，回到上一步时的情形。只要有一个搜索分支到达门的位置并且符合要求，则搜索过程结束，输出 YES。如果所有可能的分支都搜索完毕，还没找到满足题目要求的解，则得出结论：该迷宫无解，输出 NO。

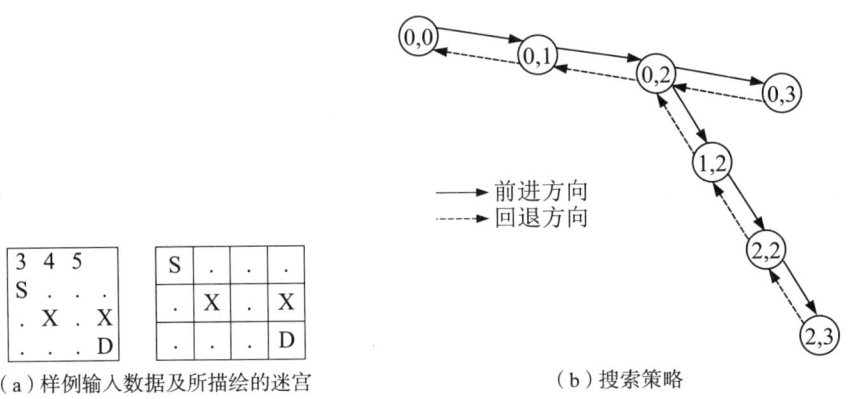

图 27.2　骨头的诱惑（搜索策略）

假设实现搜索的函数为 dfs，它带有 3 个参数，即 dfs(wi, wj, cnt)，参数的含义是：搜索到 (wi, wj) 位置，已经前进了 cnt 秒。如果当前能成功逃离，则搜索终止；否则继续从其相邻位置继续进行搜索。继续搜索则要递归调用 dfs 函数，因此 dfs 是一个递归函数。

成功逃离条件：wi=di，wj=dj，cnt=t。其中 (di, dj) 是门的位置，在第 t 秒钟开启。

对于样例输入中的第 1 个测试数据，其搜索过程及 dfs 函数的执行过程如图 27.3 所示。

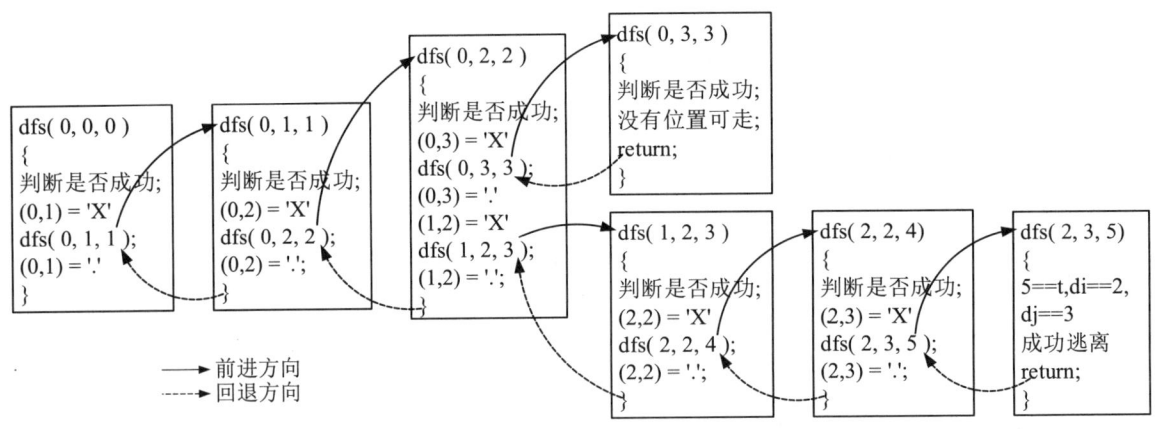

图 27.3　搜索过程及 dfs 函数的执行过程

在该测试数据中，小狗的起始位置在 (0,0) 处，门的位置在 (2,3) 处，门会在第 5 秒钟开启。在主函数中，调用 dfs(0,0,0) 搜索迷宫。当递归执行到某一个 dfs 函数 dfs(wi, wj, cnt)，满足 wi==di，wj==dj，且 cnt==t，则表示能成功逃离。

图 27.3 演示了 dfs(0,0,0) 的递归执行过程。

(0,1) = 'X'：表示往前走一步，要将当前方格设置成墙壁。

(0,1) = '.'：表示回退过程，要恢复现场，将(0,1)这个位置由原先设置的墙壁还原成空格。

在执行dfs(0,0,0)时，按照搜索顺序，上方是边界，不能走，所以向右走一步，即要递归调用dfs(0,1,1)。在调用dfs(0,1,1)之前，将(0,1)位置置为墙壁。走到(0,1)位置后，下一步要走的位置是(0,2)，要递归调用dfs(0,2,2)。在调用dfs(0,2,2)之前，将(0,2)位置置为墙壁。走到(0,2)位置后，下一步要走的位置是(0,3)，要递归调用dfs(0,3,3)。在调用dfs(0,3,3)之前，将(0,3)位置置为墙壁。在走到(0,3)位置后，其4个相邻位置中，上边、右边是边界，下边是墙壁，左边本来是空的方格，但因为在前面的搜索前进方向上已经将它设置成墙壁了，所以没有位置可走，只能回退到上一层，即dfs(0,3,3)函数执行完毕，要回退到主调函数处，也就是dfs(0,2,2)函数中。

回到dfs(0,2,2)函数（将(0,3)位置上的墙壁还原成空的方格）处，此时处在位置(0,2)，且已经走了2秒。(0,2)位置的4个相邻位置中，还有(1,2)这个位置（下方）可以走，则从(1,2)位置继续搜索……

按照上述搜索策略，一直搜索到(2,3)位置处，这个位置是门的位置且刚好走了5秒。所以得出结论：能够成功逃离。

这里要注意，搜索顺序的选择是通过下面的二维数组dir及循环控制实现的。该二维数组表示上、右、下、左4个方向相对于当前位置x、y坐标的增量。

```
int dir[4][2] = { {-1,0}, {0,1}, {1,0}, {0,-1} };
```

为什么在回退过程中要恢复现场？

以第2个样例输入数据为例来解释这个问题。在这个测试数据中，如果加上回退过程的恢复现场操作，则不管按什么顺序（上、右、下、左顺序或左、右、下、上顺序）进行搜索，都能成功逃离。但是去掉回退过程的恢复现场操作后，按某种搜索顺序可能恰好能成功逃离，但按另外一种搜索顺序则不能成功逃离，这是错误的。图27.4至图27.7以测试数据2为例，分析了加上和去掉回退过程分别按两种搜索顺序进行搜索的过程和结果。

分析1（见图27.4）：回退过程有恢复现场，dir数组为{ {-1,0}, {0,1}, {1,0}, {0,-1} }，即按上、右、下、左的顺序选择相邻方格进行搜索，整个搜索过程如图27.4（b）所示，dfs函数的执行过程如图27.4（c）所示。dfs函数执行的结果是能成功逃离。

分析2（见图27.5）：回退过程有恢复现场，dir数组为{ {0,-1}, {0,1}, {1,0}, {-1,0} }，即按左、右、下、上的顺序选择相邻方格进行搜索，整个搜索过程如图27.5（b）所示，dfs函数的执行过程如图27.5（c）所示。图27.5（b）和图27.5（c）表明，从起始位置左边出发的这个分支被证明为走不通后，此时右边位置(1,3)仍为'.'（在回退的时候恢复了），从这个位置出发再进行搜索，最终可以成功逃离。

分析3（见图27.6）：去掉回退过程的恢复现场操作，在图27.6（c）中，"(0,2) = '.';"等代码加上了删除线。dir数组为{ {-1,0}, {0,1}, {1,0}, {0,-1} }，即按上、右、下、左的顺序选择相邻方格进行搜索，整个搜索过程如图27.6（b）所示，dfs函数的执行过程如图27.6（c）所示。dfs函数的执行结果是恰好能成功逃离。

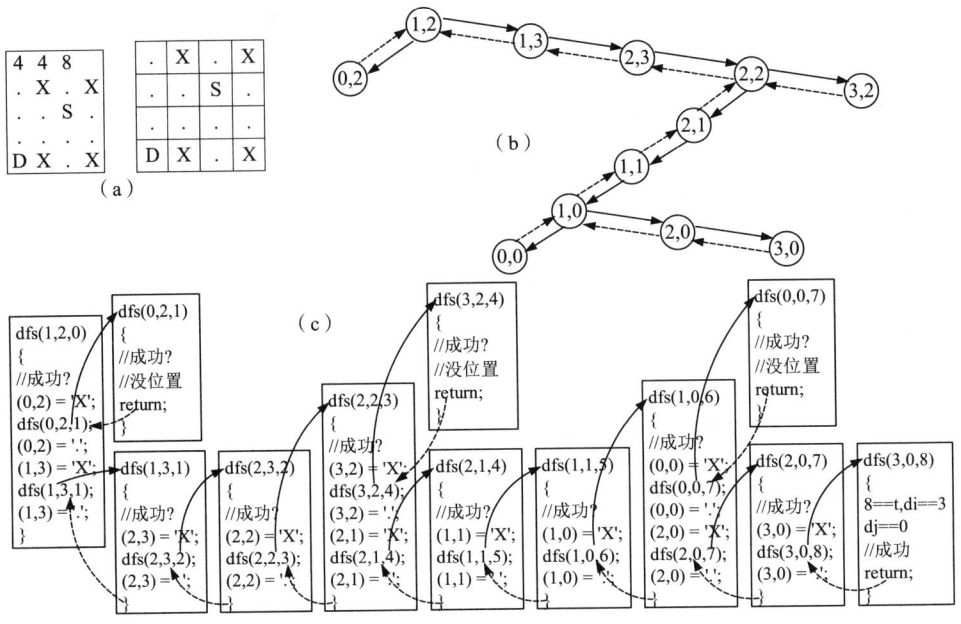

图27.4 骨头的诱惑（测试数据2分析1）

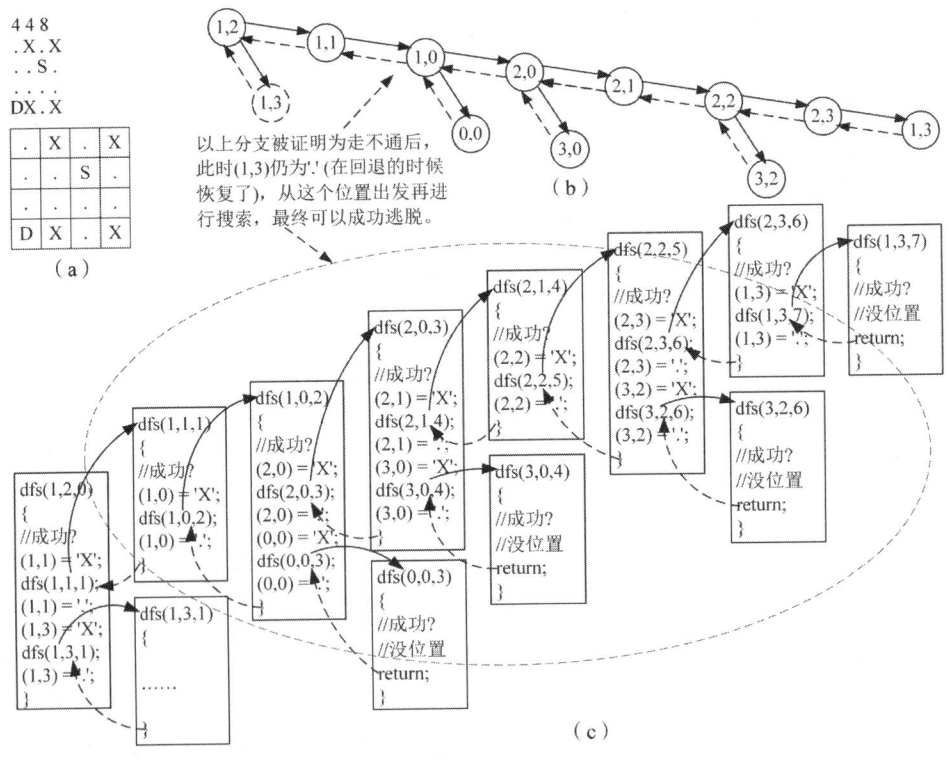

图27.5 骨头的诱惑（测试数据2分析2）

分析4（见图27.7）：去掉回退过程的恢复现场操作。dir数组为 { {0,-1}, {0,1}, {1,0}, {-1,0} }，即按左、右、下、上的顺序选择相邻方格进行搜索，整个搜索过程如图27.7（b）所示，dfs函数的执行过程如图27.7（c）所示。dfs函数的执行结果是不能成功逃离，原因是从起始位置的左边方格(1,1)出发开始的搜索分支被证实行不通，但一路走过来把很多方格设置为墙壁了，导致从起始位置的右边方格(1,2)出发无路可走。

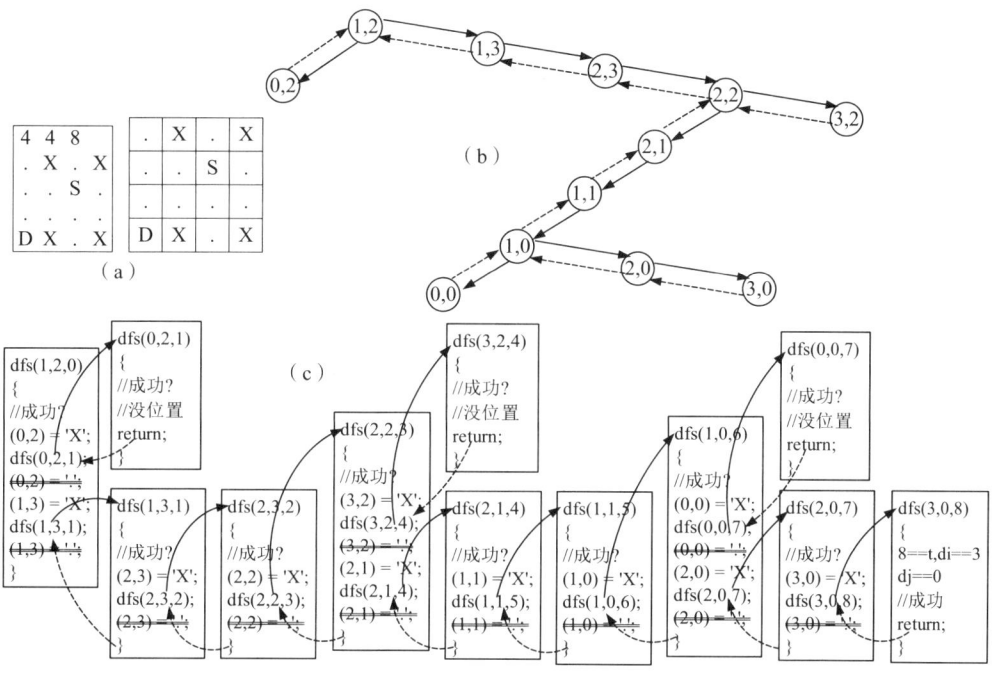

图27.6 骨头的诱惑（测试数据2分析3）

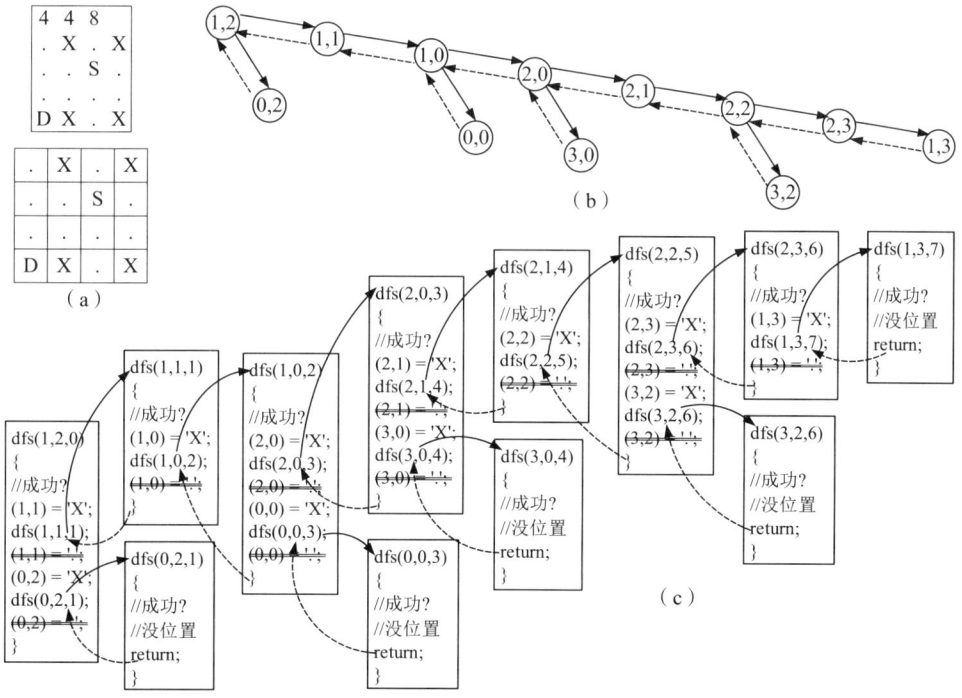

图27.7 骨头的诱惑（测试数据2分析4）

本题在搜索前进方向上要将当前方格设置成墙壁，是因为题目规定：最终求得的搜索路径不能重复走经过的方格。那么为什么在回退过程中要恢复现场？答案是：**如果当前搜索方向行不通，该搜索过程要结束了，但并不代表其他搜索方向也行不通，所以在回退时必须将前进方向上设置的墙壁还原到原来的状态，保证其他搜索过程不受影响。**

代码如下。

```cpp
#include <bits/stdc++.h>
using namespace std;
char mp[9][9];          // 迷宫地图
int n, m, t;            // 迷宫的大小（行和列）及迷宫的门会在第 t 秒开启
int di, dj;             //(di,dj)：门的位置
bool escape;            // 是否成功逃离的标志，escape 为 1 表示能成功逃离
int dir[4][2] = { {0,-1}, {0,1}, {1,0}, {-1,0} }; // 分别表示左、右、下、上 4 个方向
void dfs( int wi, int wj, int cnt )     // 搜索到位置 (wi,wj)，已经前进了 cnt 秒
{
    int i, tmp, ni, nj;
    if( wi==di && wj==dj && cnt==t ) {    // 成功逃离
        escape = 1;   return;
    }
    // 搜索过程中的剪枝：abs(wi-di) + abs(wj-dj) 表示当前所在格子到目标格子
    // 的曼哈顿距离 , t-cnt 是实际还需要的步数，将它们做差
    // 如果 tmp < 0 或 tmp 为奇数，那就不可能到达！
    tmp = (t-cnt) - (abs(wi-di) + abs(wj-dj));
    if( tmp<0 || tmp%2 )   return;
    for( i=0; i<4; i++ ) {
        ni = wi+dir[i][0];   nj = wj+dir[i][1];
        if(ni<0 || ni>=n || nj<0 || nj>=m)  continue;      // 出了边界
        if( mp[ni][nj] != 'X') {
            mp[ni][nj] = 'X';           // 前进方向！将拟走的相邻方格设置为墙壁 'X'
            dfs(ni, nj, cnt+1);         // 从相邻方格继续搜索
            if(escape)   return;        // 能成功到达目标位置，就直接返回，不再检查剩余相邻位置
            mp[ni][nj] = '.';           // 后退方向！恢复现场！
        }
    }
}
int main( )
{
    int i, j, si, sj;   //(si, sj) 为小狗的起始位置
    int wall = 0;       //wall 用于统计迷宫中墙的数目
    cin >>n >>m >>t;
    for(i=0; i<n; i++)   cin >>mp[i];    // 读入地图
    for( i=0; i<n; i++ ) {
```

```
        for( j=0; j<m; j++ ) {
            if( mp[i][j]=='S' ) {   si=i;   sj=j;   }
            else if( mp[i][j]=='D' ) {   di=i;   dj=j;   }
            else if( mp[i][j]=='X' )   wall++;
        }
    }
    if( n*m-wall <= t ) { cout <<"NO\n";   return 0; }   // 搜索前的剪枝
    escape = 0;   mp[si][sj] = 'X';
    dfs( si, sj, 0 );
    if( escape )   cout <<"YES\n";         // 成功逃离
    else   cout <<"NO\n";
    return 0;
}
```

27.3 案例2：小木棍

【题目描述】

乔治有一些同等长度的木棍，他把这些原始木棍随意砍成几段，变成一些小木棍，直到每段的长度都不超过50。

现在，他想把小木棍拼接成原来的样子，但是却忘记了开始时有多少根木棍和它们的长度。

给出每段小木棍的长度，请编程帮他找出原始木棍的最小可能长度。

【输入描述】

第一行是一个整数n，表示小木棍的根数。

第二行有n个整数，表示每段小木棍的长度a_i。

【输出描述】

输出一个整数，表示答案。

【样例输入】   【样例输出】

9   6
5 2 1 5 2 1 5 2 1

【数据规模与约定】

对于全部测试点，$1 \leq n \leq 65$，$1 \leq a_i \leq 50$。

【分析】

在本题中，小木棍是指砍完以后得到的小木棍，它们的长度是输入数据；原始木棍是指乔治拿到的木棍；拼接木棍是指拼接后的木棍，不一定就是原始木棍。原始木棍最长为65×50=3250，我们可以尝试枚举原始木棍的长度。由于一开始时所有原始木棍的长度 len 是相同的，所以我们枚举的长度必然是所有小木棍长度总和 sm 的一个因数，而且 len 至少是所有木棍长度的最大值，所以实际枚举次数远低于 3250。另外，从小到大枚举拼接木棍长度 len，第一个符合要求的就是本题答案。

在对拼接木棍长度 len 进行暴力搜索前，我们可以先将小木棍按长度由长到短进行排序，对排序后的小木棍按顺序选用，拼接成长度 len。因为长的小木棍灵活性低，需要用短的小木棍进行拼接，长的小木棍能完成拼接的情况要少很多。

本题的代码在以下两处使用了剪枝。

（1）搜索前的剪枝：如果枚举的拼接木棍长度 len 不是总和 sm 的因数，则不进行搜索。

（2）如果选用某根长度为 fail 的小木棍，最终拼接失败，即不能拼成若干根长度相同的木棍，则对长度为 fail 的其他小木棍不进行搜索。

代码如下。

```
#include <bits/stdc++.h>
using namespace std;
int a[101], v[101];      //n 根小木棍长度，每根小木棍选用的标志
int n, len, cnt;         //n: 小木棍数量; len: 拼接木棍长度; cnt: 拼接木棍数量
// 当前拼接第 n1 根木棍，当前组装木棍的长度，当前从第 last 根小木棍进行搜索
bool dfs(int n1, int cur, int last)
{
    if(n1 > cnt)   return true;   // 成功拼接成 cnt 根木棍
    if(cur == len)                 // 当前这根木棍拼好了，拼下一根木棍
        return dfs(n1 + 1, 0, 1);
    // 以下是从剩余小木棍中选取部分来拼当前木棍
    int fail = 0;          // 剪枝：防止对失败了的相同长度的小木棍重复搜索
    for(int i = last; i <= n; i++){
        if(!v[i] && cur + a[i] <= len && a[i] != fail){
            v[i] = 1;     // 选用第 i 根小木棍
            if(dfs(n1, cur + a[i], i + 1)) // 返回为 true, 说明由此递归调用下去拼接成功
                return true;
            fail = a[i];   // 如果执行到这里，则选用 a[i] 失败了
            v[i] = 0;      // 弃用第 i 根小木棍
            // 第 n1 根木棍无法拼接，或 cur+ 已证实失败的 a[i]==len
            if(cur == 0 || cur + a[i] == len)
                return false;
        }
    }
    return false;
}
int main( )
{
    cin >>n;
```

```
    int sm = 0, mx = 0;              //sm: n根小木棍长度总和; mx: n根小木棍最大长度
    for(int i = 1; i <= n; i++){
        cin >>a[i];
        sm += a[i];   mx = max(mx, a[i]);
    }
    sort(a + 1, a + n + 1, greater<int>());    // 从大到小排序
    for(len = mx; len <= sm; len++){
        if(sm % len)   continue;      // 剪枝：长度不是sm的因数，不可能
        cnt = sm / len;               //需要拼出的数量
        memset(v, 0, sizeof(v));
        if(dfs(1, 0, 1))              // 成功（从小到大枚举，第一个符合要求的长度就是答案）
            break;
    }
    cout <<len <<endl;
    return 0;
}
```

 27.4 案例3：棋盘

【题目描述】

有一个 $m \times m$ 的棋盘，棋盘上的每一个格子可能是红色、黄色或没有任何颜色的。你现在要从棋盘的左上角走到棋盘的右下角。

任何一个时刻，你所站的位置必须是有颜色的，你只能向上、下、左、右4个方向前进。当你从一个格子走向另一个格子时，如果两个格子的颜色相同，你不需要花费金币；如果不同，你需要花费1个金币。

另外，你可以花费2个金币施展魔法，让下一个无色格子暂时变为你指定的颜色。但这个魔法不能连续使用，而且这个魔法的持续时间很短，也就是说，如果你使用了这个魔法，走到了这个暂时有颜色的格子上，你就不能继续使用魔法；只有当你离开这个位置，走到一个本来就有颜色的格子上的时候，才能继续使用这个魔法，而当你离开了这个位置（施展魔法使其变为有颜色的格子）后，这个格子恢复为无色。

现在你要从棋盘的左上角走到棋盘的右下角，求花费的最少金币是多少？

【输入描述】

第一行包含两个正整数 m、n，以一个空格分开，分别代表棋盘的大小、棋盘上有颜色的格子的数量。

接下来的 n 行，每行有三个正整数 x、y、c，分别表示坐标为 (x, y) 的格子有颜色 c。

其中 $c=1$ 代表黄色，$c=0$ 代表红色。相邻两个数之间用一个空格隔开。棋盘左上角的坐标为 $(1, 1)$，右下角的坐标为 (m, m)。

棋盘上其余的格子都是无色。保证棋盘的左上角，也就是 $(1, 1)$ 一定是有颜色的。

【输出描述】

输出一个整数，表示花费的金币的最小值，如果无法到达，则输出 -1。

【样例输入 1】　　　　　　　　　　　【样例输出 1】

```
5 7                                   8
1 1 0
1 2 0
2 2 1
3 3 1
3 4 0
4 4 1
5 5 0
```

【样例输入 2】　　　　　　　　　　　【样例输出 2】

```
5 5                                   -1
1 1 0
1 2 0
2 2 1
3 3 1
5 5 0
```

【样例输入 / 输出 1 说明】

地图如图 27.8 所示。从 $(1, 1)$ 开始，走到 $(1, 2)$ 不花费金币。从 $(1, 2)$ 向下走到 $(2, 2)$ 花费 1 个金币。从 $(2, 2)$ 施展魔法，将 $(2, 3)$ 变为黄色，花费 2 个金币。从 $(2, 2)$ 走到 $(2, 3)$ 不花费金币。从 $(2, 3)$ 走到 $(3, 3)$ 不花费金币。从 $(3, 3)$ 走到 $(3, 4)$ 花费 1 个金币。从 $(3, 4)$ 走到 $(4, 4)$ 花费 1 个金币。从 $(4, 4)$ 施展魔法，将 $(4, 5)$ 变为黄色，花费 2 个金币，从 $(4, 4)$ 走到 $(4, 5)$ 不花费金币。从 $(4,5)$ 走到 $(5,5)$ 花费 1 个金币。共花费 8 个金币。

图 27.8　棋盘（样例数据 1）

【输入/输出样例2说明】

地图如图27.9所示。从(1,1)走到(1,2)不花费金币。从(1,2)走到(2,2)花费1个金币。施展魔法将(2,3)变为黄色,并从(2,2)走到(2,3)花费2个金币。从(2,3)走到(3,3)不花费金币。从(3,3)只能施展魔法到达(3,2),(2,3),(3,4),(4,3)。而从以上4点均无法到达(5,5),故无法到达终点,输出-1。

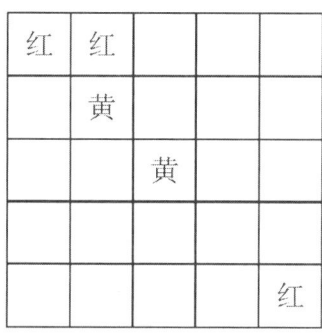

图27.9 棋盘(样例数据2)

【数据规模与约定】

对于30%的数据,$1 \leq m \leq 5$,$1 \leq n \leq 10$。

对于60%的数据,$1 \leq m \leq 20$,$1 \leq n \leq 200$。

对于100%的数据,$1 \leq m \leq 100$,$1 \leq n \leq 1000$。

【分析】

由于本题棋盘长宽最大为100,最多有10000个位置,而且每个位置可以重复走,如果暴力搜索必然会超时,所以必须在搜索时记录一些信息,以便对之后的搜索进行剪枝。

(1)用数组$d[i][j]$记录到达(i, j)时的最小花费,后续搜索到此处时只有花费比原本更小才会继续搜索,否则不搜索。

(2)简单的贪心:变色时变为与上一个位置相同的颜色则花费最小。

(3)用mn记录到达(m, m)位置花费的最小值,一旦有某个分支搜索到(m, m)位置,就会更新mn的值。在走到下一个位置时,如果颜色与当前位置颜色不同,由于花费多1个金币,所以只有到达该位置的花费比当前求得的mn值还要小,才有必要继续搜索。如果下一个位置没有颜色,可以施展魔法,但要多花费2个金币,因此也是只有到达该位置的花费比当前求得的mn值还要小,才有必要继续搜索。代码如下。

```
#include <bits/stdc++.h>
using namespace std;
const int N = 1010;
int m, n;    //m×m大小的棋盘,n个有颜色的格子
int a[N][N];        // 保存每个位置的颜色(1、2为红色、黄色,无色为0)
int dx[4] = {0, 0, 1, -1}, dy[4] = {1, -1, 0, 0};   //4个搜索方向,表示横纵坐标增量
```

```cpp
int mn = 1e9;           // 到达 (m, m) 位置花费的最小值
int d[N][N];            // 剪枝：保存每个位置花费的最小值
bool vs[N][N];          // 保存每个位置是否走过
// 当前走到 (x,y), c 为当前所花金币，color 为当前位置颜色
void dfs(int x, int y, int c, int color)
{
    if((x == m) && (y == m)) {          // 已搜到终点
        mn = min(c, mn);   return;
    }
    for(int i = 0; i < 4; i++) {        // 检查 4 个相邻方向
        int p = x + dx[i], q = y + dy[i];
        if(p > m || p <= 0 || q > m || q <= 0)
            continue;                    // 判断搜索位置是否合法
        // 未走过，且当前和相邻位置至少一个有颜色
        if(!vs[p][q] && (a[x][y] || a[p][q])){
            if(a[p][q] == 0) {           // 相邻位置没有颜色
                if((c + 2 < mn) && c + 2 < d[p][q]) {   // 施展魔法需要花费 2 个金币
                    vs[p][q] = 1;        // 由于花费多 2, 所以只有比当前求得的 mn 值还要小
                    d[p][q] = c + 2;     // 才有必要继续搜索
                    dfs(p, q, c + 2, color);
                    vs[p][q] = 0;
                }
            }
            else{    // 相邻位置有颜色
                // 搜索位置与原位置颜色相同，且花费减少
                if((color == a[p][q]) && (c < d[p][q])) {
                    vs[p][q] = 1;   d[p][q] = c;
                    dfs(p, q, c, color);
                    vs[p][q] = 0;
                }
                else if((c + 1 < mn) && (c + 1 < d[p][q])) {   // 与原位置颜色不同
                    vs[p][q] = 1;        // 由于花费多 1, 所以只有比当前求得的 mn 值还要小
                    d[p][q] = c + 1;     // 才有必要继续搜索
                    dfs(p, q, c + 1, a[p][q]);
                    vs[p][q] = 0;
                }
            }
        }
    }
}
int main( )
{
```

```
    cin >>m >>n;
    for(int i = 1; i <= m; i++)
        for(int j = 1; j <= m; j++)
            d[i][j] = 1e9,  a[i][j] = 0;
    int q, p, w;
    for(int i = 1; i <= n; i++){
        cin >>q >>p >>w;
        a[q][p] = w + 1;     // 把有颜色分别存为1、2，无色存为0
    }
    vs[1][1] = 1;
    dfs(1, 1, 0, a[1][1]);   // 从 (1,1) 位置出发，当前花费为0，当前颜色为 a[1][1]
    if(mn == 1e9)   cout <<"-1" <<endl;
    else   cout <<mn <<endl;
    return 0;
}
```

第28章
DP1：动态规划的基本思路

本章内容

本章介绍动态规划（Dynamic Programming，DP）算法的基本思路和案例解析。

28.1 动态规划算法的引入——从数字网格说起

有一类问题，它们的求解过程可以**分解成若干个互相联系的阶段**，在每一个阶段做出最优的决策，从而使整个过程达到最优的效果。

例如，有一个 N 行 N 列的网格，左上角是起点，右下角是终点，每个格子中都有价值不同的礼物，用格子中的数字表示礼物的价值（起点和终点中也有数字）。经过该格子即可获得该礼物。每次行走只能往右走或往下走，那么最终能得到礼物的总价值最大是多少？图28.1给出了 N=4 的一个网格。

起点	5	3	5
7	6	2	7
3	2	1	9
8	7	5	终点

图28.1 N=4 的一个网格

如果我们用最简单、最直接的方法——暴力枚举每一条路径，求所有路径所获得的礼物价值的最大值，也可以得到正确答案，但其时间复杂度是巨大的，在经过每一个格子时都会分裂出两种情况：接下来向右或向下走。路径的数量会随着N的增加而出现指数级的增长。

```
(1,1)->(2,1)->(3,1)->(4,1)->(4,2)->(4,3)->(4,4)
(1,1)->(2,1)->(3,1)->(3,2)->(4,2)->(4,3)->(4,4)
(1,1)->(2,1)->(3,1)->(3,2)->(3,3)->(4,3)->(4,4)
(1,1)->(2,1)->(3,1)->(3,2)->(3,3)->(3,4)->(4,4)
(1,1)->(2,1)->(2,2)->(3,2)->(4,2)->(4,3)->(4,4)
(1,1)->(2,1)->(2,2)->(3,2)->(3,3)->(4,3)->(4,4)
(1,1)->(2,1)->(2,2)->(3,2)->(3,3)->(3,4)->(4,4)
(1,1)->(2,1)->(2,2)->(2,3)->(3,3)->(4,3)->(4,4)
(1,1)->(2,1)->(2,2)->(2,3)->(3,3)->(3,4)->(4,4)
(1,1)->(2,1)->(2,2)->(2,3)->(2,4)->(3,4)->(4,4)
(1,1)->(1,2)->(2,2)->(3,2)->(4,2)->(4,3)->(4,4)
(1,1)->(1,2)->(2,2)->(3,2)->(3,3)->(4,3)->(4,4)
(1,1)->(1,2)->(2,2)->(3,2)->(3,3)->(3,4)->(4,4)
(1,1)->(1,2)->(2,2)->(2,3)->(3,3)->(4,3)->(4,4)
(1,1)->(1,2)->(2,2)->(2,3)->(3,3)->(3,4)->(4,4)
(1,1)->(1,2)->(2,2)->(2,3)->(2,4)->(3,4)->(4,4)
(1,1)->(1,2)->(1,3)->(2,3)->(3,3)->(4,3)->(4,4)
(1,1)->(1,2)->(1,3)->(2,3)->(3,3)->(3,4)->(4,4)
(1,1)->(1,2)->(1,3)->(2,3)->(2,4)->(3,4)->(4,4)
(1,1)->(1,2)->(1,3)->(1,4)->(2,4)->(3,4)->(4,4)
```

所以，暴力枚举的思路不可行，我们必须另辟蹊径。我们发现到达终点不是一蹴而就的，而是一步一个脚印到达的。在图 28.1 中，假设我们已经求得了到达 (3, 4) 和 (4, 3) 这两个格子时所获得的最大价值为 a 和 b，如图 28.2（a）所示。我们只能从 (3, 4) 或 (4, 3) 出发到达 (4, 4)。从 (3, 4) 前往 (4, 4) 所获得的收益是"a+终点的数字"，从 (4, 3) 前往 (4, 4) 所获得的收益是"b+终点的数字"。显然，问题的答案就是：max(a, b)+终点的数字。

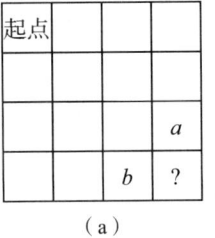 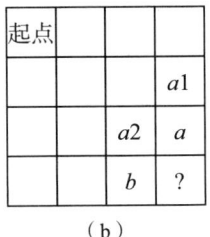

图 28.2　数字网格——求解思路

那么怎么才能知道 a 的值呢？按类似的方法，我们假设知道了图 28.2（b）中 (2, 4) 和 (3, 3) 位置的最优值为 $a1$ 和 $a2$，那么 a 的值就是 max($a1$, $a2$)+(3, 4) 格子里的数字。同样，$a1$、$a2$ 的值又可以由它们左边和上面格子的最优值得到。

我们发现，每一步的答案都可以通过前面的阶段得出。只要我们能保证前面每一步的选择都是最优的，那么我们最终的答案就会是最优的。

这类问题具有以下特点。

（1）求问题最优解的方法是做出一个选择或计算。

（2）在一次选择中，已经知道哪种选择才会得到最优解，我们并不需要关心这种选择具体是如何得到的，只是假定已经知道了这种选择。

（3）原问题可以分成各个子问题或一个个阶段，每个子问题或每个阶段的最优解就构成了原问题本身的最优解。

将各阶段按照一定的次序排列好之后，对于某个给定的阶段，它以前各阶段的状态无法直接影响它未来的决策，而只能影响当前这个阶段的状态。换句话说，每个状态都是过去历史的一个完整总结。这就是**无后向性**，又称为**无后效性**。

 **动态规划算法的思想**

动态规划算法的基本思想是将待求解问题分解成若干个子问题，如图 28.3（a）所示。然而，分解出的子问题往往不是互相独立的，也就是说分解过程中会重复出现相同的子问题（即子问题重叠）。对于适用动态规划算法求解的问题，不同的子问题数目通常可以控制在多项式量级。如果能够保存已解决的子问题的答案，在需要时直接复用这些答案，就可以避免大量重复计算，从而得到多项式时间复杂度的算法。注意图 28.3（b）和图 28.3（c）在子问题数量上的关键区别。

动态规划的核心是"用空间换取时间"，通过额外的存储空间存储子问题的解，这样就不需要重复求解相同的子问题。动态规划通常能将指数级时间复杂度降为多项式级的时间复杂度。因此，如果一道题目用常规方法求解会因为时间复杂度高而超时，往往需要用动态规划算法求解。

此外，动态规划算法求得的解往往是某种意义上的最优解。因此，动态规划算法在程序设计竞赛中非常常见。

动态规划算法求解的基本步骤如下。

（1）分析问题的最优子结构性质，并刻画最优解的结构特征，得到状态之间的转移方程。

（2）递归地定义最优值。

（3）以自底向上的方式计算出最优值。自底向上就是从起始状态出发递推到目标状态。

（4）根据计算最优值过程中记录的信息，构造最优解。

步骤（1）～（3）是动态规划算法的基本步骤。在仅需求出最优值的情形下，步骤（4）可以省去。若需要构造问题的最优解，则必须执行步骤（4）。此时在步骤（3）中计算最优值时，通常需要记录更多的信息，以便在步骤（4）中根据记录的信息快速构造出最优解。

注意，在大多数情况下，最优值是唯一的，但最优解可能不唯一。

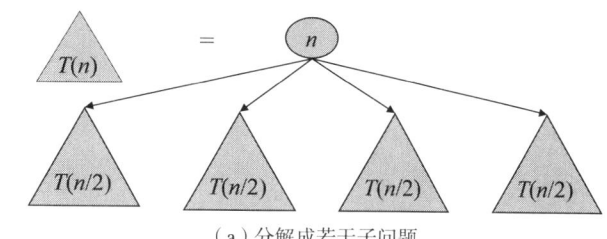

（a）分解成若干子问题

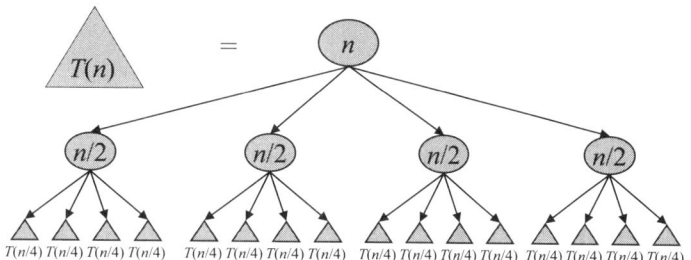

（b）子问题进一步分解

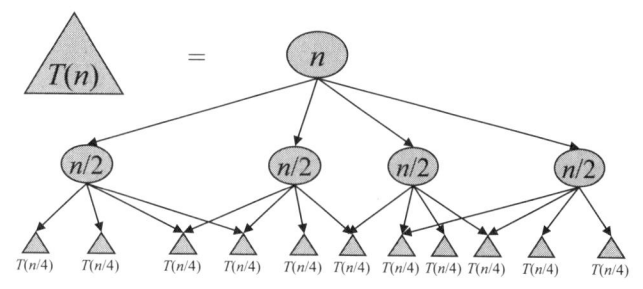

（c）去掉重复的子问题

图 28.3　动态规划算法的思想

就像一次期末考试，最高分通常是唯一的，但可能有多个学生考了最高分。在这个例子中，假设用数组存储班里同学的成绩，如果仅需求最高分，只需遍历数组一次。但如果还要输出哪些学生考了最高分，还得再遍历一次数组。由于最优解可能不唯一，为了方便评测，一般要约定解的输出顺序，并输出这种顺序下的第一个解或所有解。本章及下一章的有些案例也会讨论最优解的构造。

动态规划算法的有效性依赖问题本身所具有的两个重要性质：**最优子结构性质**和**子问题重叠性质**。这两个性质是判断一个问题是否适合以及能否高效地用动态规划算法求解的基本要素。

1. 最优子结构性质与状态转移方程

设计动态规划算法的第一步通常是刻画最优解的结构。当问题的最优解包含了其子问题的最优解时，称该问题具有**最优子结构性质**。

如图 28.4（a）所示，在数字网格问题中，如果求出了从起点到终点的一条最优路线，那么沿这条路线到达的每个位置 (x, y)，如图 28.4（a）中的虚线圆圈所示，也是这些位置的最优解。或者说，从起点到终点的最优解,是由这条路线上每个位置的最优解构成的。

分析一个问题具有最优子结构性质时,往往可以采用反证法:首先假设由问题的最优解导出的子问题的解不是最优的,然后设法说明在这个假设下可构造出比原问题最优解更好的解,从而导致矛盾。

在图28.4(b)中,假设从起点到终点的一条最优路线要经过(x, y)位置,但(x, y)位置的最优解不是经过这条路线的前半部分到达(x, y)位置的,沿着虚线可以求出到达(x, y)位置的另一个更好的解,那么很显然从起点到终点的最优路线一定会沿着虚线到达(x, y)位置。

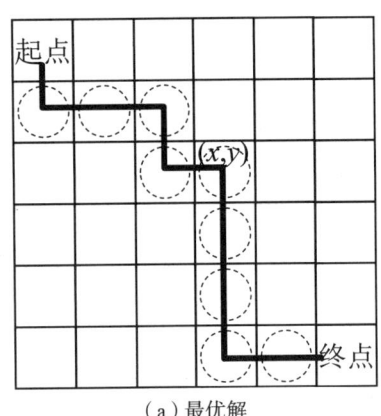
(a)最优解

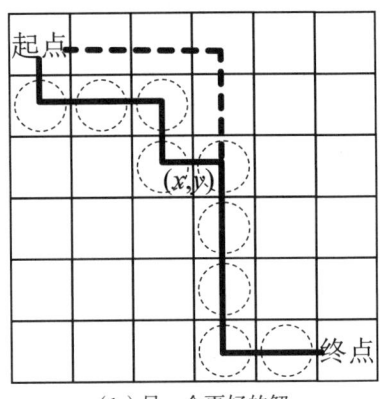
(b)另一个更好的解

图28.4 最优子结构性质

利用问题的最优子结构性质,以自底向上的方式递归地从子问题的最优解逐步构造出整个问题的最优解。最优子结构是问题能用动态规划算法求解的前提。

注意,同一个问题可能有多种方式刻画它的最优子结构,有些表示方法的求解速度可能更快。

最优子结构性质往往由状态转移方程来体现。所谓**状态**,就是求解问题的一个步骤、阶段或位置。**转移方程**就是由上一个状态最优解推出下一个状态最优解的一个递推式子。对于数字网格问题,假设数组a存储每个位置上的数字,数组m记录每个位置的最优解,则状态转移方程就是:$m[i][j] = \max(m[i-1][j], m[i][j-1]) + a[i][j]$。

有时候,状态仅仅是解的一部分,在这种情形下,当求出问题的状态后还要进一步求出问题的解,详见本章案例2。

2. 子问题重叠

在将大规模问题分解成小规模子问题的过程中,每次产生的子问题并不总是新问题,有些相同的子问题会被反复求解多次。这种性质称为**子问题的重叠性质**。

而动态规划算法对每一个不同的子问题只求解一次,而后将计算结果存储在一个数组中,当后续需要求解同一个子问题时,只需在数组中用常数时间$O(1)$即可直接获得其解。

通常不同的子问题个数随问题的大小呈多项式级增长。因此,动态规划算法通常能将原始递归解法的指数级时间复杂度降低到多项式级别,从而显著提高解题效率。

28.3 动态规划算法的4个要素

一般来说，设计一个动态规划算法，要考虑以下4个要素。

（1）**状态**。在做一件事情、完成一个任务时，到了某个时刻或某个阶段，要怎么来描述这个任务完成到了什么程度，或达到了怎样的一个最优目标？引入状态的目的就是解决这个问题。

（2）**状态转移方程**。状态转移方程其实就是一个递推公式，要考虑由规模较小的状态值递推出规模较大的状态值，或者由前面一些阶段的状态值递推出下一个阶段的状态值。

（3）**初始值**。为了实现递推，需要给出规模最小的问题的状态值。

（4）**答案**。并不是每道题的答案都是目标位置的状态值，有些题需要根据状态数组再去构造问题的答案。

28.4 案例1：数字网格

【题目描述】

有一个N行N列的网格，左上角是起点，右下角是终点，每个格子上都有价值不同的礼物，用格子中的数字表示礼物的价值。经过该格子即可获得该礼物。每次行走只能往右走或往下走，那么最终能得到礼物的总价值最大是多少？起点和终点也有数字，从起点出发到达终点，能获得起点和终点上的礼物。

【输入描述】

输入第一行为一个正整数N，2≤N≤20，表示网格的大小。接下来有N行，每行有N个正整数，用空格隔开。

【输出描述】

输出一个正整数，表示能得到礼物的总价值的最大值，答案不超出int型的范围。

【样例输入】　　　　　　　　　　　　【样例输出】

```
4                                35
1 5 3 5
7 6 2 7
3 2 1 9
8 7 5 3
```

【分析】

如前所述，用数组a存储每个位置上的数字，数组m记录每个位置的最优值，即引入状态

$m[i][j]$，表示从起点到达(i, j)位置能得到礼物总价值的最大值，则状态转移方程就是：$m[i][j] = \max(m[i-1][j], m[i][j-1]) + a[i][j]$。

在本题中，数组a的第0行第0列不用，元素值均为0，这样就不需要判断边界。

得到状态转移方程后，可以以自底向上的方式计算出最优值，即通过求解子问题逐步求出原问题的解。对本题而言，就是按行的顺序从上到下，每行从左到右递推出每个位置的最优解。最后，原问题的最优解就是$m[n][n]$。代码如下。

```cpp
#include <bits/stdc++.h>
using namespace std;
int a[22][22], n;
int m[22][22];    // 到达每个位置的价值的最大值
int main( )
{
    int i, j;
    cin >>n;
    for(i=1; i<=n; i++)   // 第0行第0列（均为0）不用，这样就不需要判断边界
        for(j=1; j<=n; j++)   cin >>a[i][j];
    for(i=1; i<=n; i++)
        for(j=1; j<=n; j++)
            // 状态转移方程（不需要判断边界）
            m[i][j] = max(m[i-1][j], m[i][j-1]) + a[i][j];
    cout <<m[n][n] <<endl;
    return 0;
}
```

28.5 动态规划算法的变形——备忘录方法

动态规划算法往往也可以用递归形式来实现。在案例1中，(n, n)位置的最优解依赖$(n-1, n)$位置和$(n, n-1)$位置的最优解。为了求(n, n)位置的最优解，可以递归地去求$(n-1, n)$位置和$(n, n-1)$位置的最优解。而为了求$(n-1, n)$位置的最优解，又要递归地去求$(n-2, n)$位置和$(n-1, n-1)$位置的最优解，一直到$(1, 1)$位置，它的最优解就是$a[1][1]$。

但是如果采用普通的递归方法实现，会产生大量重复的子问题，当问题规模较大时，就会超时。这时可以采用备忘录方法实现。

备忘录方法：动态规划算法的变形，用存储空间（称为备忘录）存储已解决的子问题的解，在下次需要解此问题时，可以直接从备忘录中取出，不必重新计算。

备忘录方法与动态规划方法的区别：备忘录方法的递归方式是自顶向下的，即将大规模问题逐

步分解为小规模问题，而动态规划算法则是自底向上执行的。

备忘录方法与递归方法的异同如下。

（1）备忘录方法的控制结构与直接递归方法的控制结构相同，都是逐层递归调用同一个函数。

（2）二者的区别在于，备忘录方法为每个求解过的子问题建立了备忘录以备需要时查看，避免了相同子问题的重复求解。

对本章案例1，用备忘录方法实现的代码如下。如果把粗体部分的代码去掉，就是普通的递归方法。注意，在 f 函数中，最后一个 return 语句一定要先赋值再返回。代码如下。

```
#include <bits/stdc++.h>
using namespace std;
int a[22][22], n;
int m[22][22];    // 到达每个位置的价值的最大值
int f(int x, int y)
{
    if(x<1 or y<1)   return 0;       // 递归结束条件
    if(m[x][y])   return m[x][y]; // 如果m[x][y]已经求出，直接返回
    return m[x][y] = max(f(x-1, y), f(x, y-1)) + a[x][y];   // 先赋值再返回
}
int main( )
{
    int i, j;
    cin >>n;
    for(i=1; i<=n; i++)    // 第 0 行第 0 列 ( 均为 0) 不用，这样就不需要判断边界
        for(j=1; j<=n; j++)   cin >>a[i][j];
    cout <<f(n, n) <<endl;
    return 0;
}
```

28.6 案例2：单调回文分解

【题目描述】

一串正整数序列如果从左往右读和从右往左读是一样的，则称这串正整数是回文的，例如：

23 11 15 1 37 37 1 15 11 23

1 1 2 3 4 7 7 10 7 7 4 3 2 1 1

一个回文正整数串如果从左边到中间的数是非递减的，从中间到右边的数是非递增的，那么就称这个回文正整数串是单调回文的。例如，在上述的两个例子中，第1个例子不是单调回文的，而第2个例子是单调回文的。

一个单调回文正整数串，如果所有正整数之和为 N，则称它是整数 N 的单调回文分解。例如，$1\sim8$ 的所有单调回文分解如下。

1: (1)

2: (2), (1 1)

3: (3), (1 1 1)

4: (4), (1 2 1), (2 2), (1 1 1 1)

5: (5), (1 3 1), (1 1 1 1 1)

6: (6), (1 4 1), (2 2 2), (1 1 2 1 1), (3 3), (1 2 2 1), (1 1 1 1 1 1)

7: (7), (1 5 1), (2 3 2), (1 1 3 1 1), (1 1 1 1 1 1 1)

8: (8), (1 6 1), (2 4 2), (1 1 4 1 1), (1 2 2 2 1), (1 1 1 2 1 1 1), (4 4), (1 3 3 1), (2 2 2 2), (1 1 2 2 1 1), (1 1 1 1 1 1 1 1)

编写一个程序，计算一个正整数的单调回文分解的个数。

【输入描述】

输入占一行，为一个正整数 n，$n \leqslant 500$。

【输出描述】

对于输入的正整数，输出它的单调回文分解的个数，答案不超出 long long 型的范围。

【样例输入1】	【样例输出1】
8	11

【样例输入2】	【样例输出2】
213	1055852590

【分析】

首先考察本题是否满足动态规划算法的两个基本要素。

（1）观察12的单调回文分解形式中所有开头和结尾均为2的分解。

2 8 2

2 2 4 2 2

2 2 2 2 2 2

2 4 4 2

当把回文串开头和结尾固定为2后，中间部分就是对12-2-2=8进行分解，且要求8的分解开头和结尾至少为2，也就是说12的部分分解包含了8的部分分解。因此本题满足最优子结构性质。

（2）如前所述，12的部分单调回文分解数量包含了8的部分单调回文分解数量。同样，16的单调回文分解中，固定开头和结尾为4后，中间部分就是对16-4-4=8进行分解。因此，16的部分单调回文分解数量也包含了8的部分单调回文分解数量。所以，本题满足子问题重叠性质。

假设用seq[n][i]表示将n分解成的单调回文串中,首尾的整数为i的回文串个数,这就是本题的状态。例如seq[12][2]表示将12分解成的单调回文串中首尾的数为2的个数,它的值等于以下7项之和(但只有3项不为0)。

(1)seq[12-2*2][2]:已经将12分解成了2,…,2这种形式,所以这项表示将8分解成的单调回文串中首尾的数为2的个数。

(2)seq[12-2*2][3]:表示将8分解成的单调回文串中首尾的数为3的个数,它的值为0。

(3)seq[12-2*2][4]:表示将8分解成的单调回文串中首尾的数为4的个数。

(4)seq[12-2*2][5]:表示将8分解成的单调回文串中首尾的数为5的个数,它的值为0。

(5)seq[12-2*2][6]:表示将8分解成的单调回文串中首尾的数为6的个数,它的值为0。

(6)seq[12-2*2][7]:表示将8分解成的单调回文串中首尾的数为7的个数,它的值为0。

(7)seq[12-2*2][8]:表示将8分解成的单调回文串中首尾的数为8的个数。

接下来就是求seq[i][j],$i \geq j$。易知如下信息。

(1)seq[i][i]=1。

(2)如果i为偶数,则seq[i][i/2]=1。

(3)1~4行其他非0值:seq[2][1] = 1,seq[3][1] = 1,seq[4][1] = 2,seq[4][2] = 1。

(4)递推式:当$i \geq 5$时,seq[i][j] = seq[i-2*j][j] + seq[i-2*j][j+1] + … + seq[i-2*j][m],m = i - 2*j。这就是本题的状态转移方程。这个状态转移方程的含义是,将i分解成单调回文串,且首尾整数为j的回文串个数(seq[i][j]),等价于对i-2*j进行单调回文分解,但只包含首尾为j的回文串个数(seq[i-2*j][j])、首尾为j+1的回文串个数(seq[i-2*j][j+1])……首尾为i-2*j的回文串个数(seq[i-2*j][i-2*j])。图28.5给出了求得的seq数组部分元素的值。

最后,对于正整数n,本题要求解单调回文分解的个数 = seq[n][1] + seq[n][2] + … + seq[n][n],即seq数组第n行元素的总和。代码如下。

	1	2	3	4	5	6	7	8	9	10
1	1									
2	1	1								
3	1	0	1							
4	2	1	0	1						
5	2	0	0	0	1					
6	4	1	1	0	0	1				
7	3	1	0	0	0	0	1			
8	7	2	0	1	0	0	0	1		
9	5	1	1	0	0	0	0	0	1	
10	11	3	1	0	1	0	0	0	0	1

图28.5 求得的seq数组部分元素的值

```
#include <bits/stdc++.h>
using namespace std;
#define MAX 512
long long seq[MAX][MAX];     //seq[n][i]:n的单调回文中首尾的数为i的回文串个数
int main( )
{
    memset( seq, 0, sizeof(seq) );
    int i, j;
    for( i=1; i<MAX; i++ ) {  // 先求出一些特殊的值
        seq[i][i] = 1;
```

```
            if( i%2==0 )   seq[i][i/2] = 1;    // 如果i是偶数,则可分解成 (i/2,i/2) 这种形式
    }
    seq[2][1] = 1;   seq[3][1] = 1;   seq[4][1] = 2;   seq[4][2] = 1;
    for( i=5; i<MAX; i++ ) {
        for( j=1; j<MAX; j++ ) {
            if( (i-2*j)>=j ) {
                for( int m=j; m<=i-2*j; m++)   seq[i][j]+=seq[i-2*j][m];
            }
            else   break;                         // 当 (i-2*j)<j 时,后续的 j 就不用考虑了
        }
    }
    int n;   cin >>n;
    long long sm = 0;
    for( i=1; i<=n; i++ )   sm += seq[n][i];
    cout <<sm <<endl;
    return 0;
}
```

28.7 案例3:最大子段和

【题目描述】

给出一个长度为n的序列a,选出其中连续且非空的一段,使得这段和最大。

【输入描述】

第一行是一个整数,表示序列的长度n。

第二行有n个整数,第i个整数表示序列的第i个数字a_i。

【输出描述】

输出占一行,为一个整数,表示答案。

【样例输入】   【样例输出】

```
7                                          4
2 -4 3 -1 2 -4 3
```

【样例解释】

选取 $[3, 5]$ 子段 $\{3, -1, 2\}$,其和最大,为4。

【数据规模与约定】

对于40%的数据,保证$n \leq 2 \times 10^3$。

对于100%的数据，保证$1 \leq n \leq 2 \times 10^5$，$-10^4 \leq a_i \leq 10^4$。

【分析】

假设用$b[i]$表示$a[1], a[2], \cdots, a[i]$的最大子段和，显然有$b[i] = \max(b[i-1]+a[i], a[i])$。其含义是，如果$b[i-1]+a[i]$比$a[i]$还小，这就意味着1～(i-1)这段可以丢弃了，从$a[i]$开始重新算。这就是本题的状态转移方程。

此外，如果$b[i-1]+a[i]$比$a[i]$还小，说明$b[i-1]<0$，显然前面的子段加进来只能起到负的贡献，不能要，只能从$a[i]$重新开始。由此可见，$b[i]$表示的最大子段和一定会取$a[i]$，因此，$b[i]$的准确含义是：以$a[i]$结尾的最大连续子段和。那么，为什么一定要取$a[i]$呢？因为本题要求的是"连续子段"。$b[i-1]$表示的最大子段和最后取的数是$a[i-1]$。如果$b[i-1]>0$，以$a[i]$结尾的最大子段一定是"$\cdots a[i-1]\ a[i]$"这种连续的子序列；否则，以$a[i]$结尾的最大子段就是$a[i]$一个数。

求出数组b之后，本题的答案就是$b[n]$吗？显然不是。以$a[n]$结尾的最大连续子段不一定是整个序列的最大子段。例如，对于样例数据，求出数组b之后，$b[7]$的值为3。但是，最大子段一定是以某个元素结尾的。因此，数组b各元素的最大值才是本题所求的最大子段和。当然，可以在递推出数组b的同时求出最大值。代码如下。

```
#include <bits/stdc++.h>
using namespace std;
const int maxn = 2e5 + 10;
int a[maxn], b[maxn], n;          //b[i]: a[1], a[2], …, a[i]的最大子段和
int main()
{
    cin >> n;
    for(int i=1; i<=n; i++)
        cin >>a[i];
    b[1] = a[1];
    int mx = b[1];
    for(int i = 2; i <= n; i++){  // 递推
        b[i] = max(b[i-1]+a[i], a[i]);
        if(b[i]>mx)   mx = b[i];
    }
    cout <<mx <<endl;
    return 0;
}
```

更进一步，可能题目还要求出是哪个子段的和取到最大，即输出这个子段的开始位置和结束位置。当然可能有多个子段的和都取到最大值，这时通常只需输出第一个取得最大值的子段。为了求出最优解，需要记录更多的信息。在本题中，需要记录最优子段的起始位置s和结束位置t，在必要时做更新。代码如下。

```
#include <bits/stdc++.h>
using namespace std;
const int maxn = 2e5 + 10;
int a[maxn], b[maxn], n;    //b[i]: a[1], a[2],…, a[i] 的最大子段和
int main()
{
    cin >> n;
    for(int i=1; i<=n; i++)
        cin >>a[i];
    b[1] = a[1];
    int mx = b[1];
    int begin = 1;                      // 求最优子段起始位置的辅助变量，用于暂时记录起始位置
    int s = 1,  t = 1;                  // 最优子段的起始位置和结束位置
    for(int i = 2; i <= n; i++){ // 递推
        if(b[i-1]>0)   b[i] = b[i-1] + a[i];
        else{   // 重新开始一个子段，这时要更新 begin 的值
            b[i] = a[i];   begin = i;
        }
        if(b[i]>mx){
            mx = b[i];   s = begin;  t = i;   //更新 s 和 t
        }
    }
    cout <<mx <<" " <<s <<" " <<t <<endl;    // 输出最大子段和、起始位置和结束位置
    return 0;
}
```

第29章
DP2：一维和二维动态规划

本章内容

本章介绍一维和二维动态规划的思想与案例解析。

 **29.1 一维和二维动态规划**

一维动态规划（Dynamic Programming，DP）是指状态转移方程中只包含一个变量，二维动态规划是指状态转移方程中包含两个变量。

有些题目可以用一维DP求解，也可以用二维DP求解，如本章的案例1。

 **29.2 案例1：积木画**

【题目描述】

小明最近迷上了积木画，有两种类型的积木：I形（大小为2个单位面积)和L形（大小为3个单位面积），如图29.1所示。

小明有一块大小为2×N的画布，画布由2×N个1×1的格子构成。小明需要用这两种积木将画布拼满，他想知道总共有多少种不同的拼法。积木可以任意旋转，且画布的方向固定。

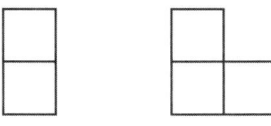

图29.1　I形积木和L形积木

【输入描述】

输入一个整数N，表示画布大小。

【输出描述】

输出一个整数表示答案。由于答案可能很大，所以输出其对1000000007取模后的值。

【样例输入】	【样例输出】
3	5

【样例说明】

拼满画布的5种方式如图29.2所示，每种方式的积木之间拉开了一定的距离是为了区分不同的积木。

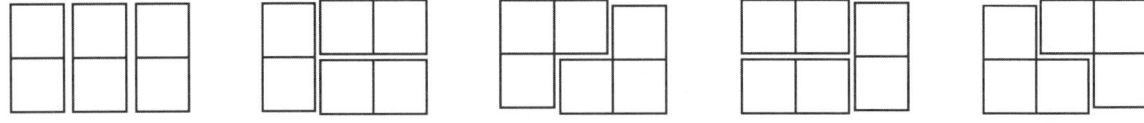

图29.2　5种拼满画布的方式

【数据规模与约定】

对于所有测试用例，$1 \leqslant N \leqslant 10000000$。

【分析】

本题可以用一维DP或二维DP实现。

1. 一维DP实现

定义$f[n]$表示拼成$2×n$的画布的方案数，对于I形积木而言，可以推断出$f[n]$与$f[n-1]$、$f[n-2]$有关，如图29.3所示。

（1）对于$2×(n-1)$的画布的所有方案，在最后一列放一个I形积木就可以拼成$2×n$的画布。也就是说$f[n]$的方案数包括$f[n-1]$的方案数，这里说的"包括"是指每一个$f[n-1]$的方案就对应一个$f[n]$的方案。

（2）同理，对于$2×(n-2)$的画布的所有方案，在后面两列横着放两个I形积木也可以拼成$2×n$的画布。也就是说$f[n]$的方案数包括$f[n-2]$的方案数。

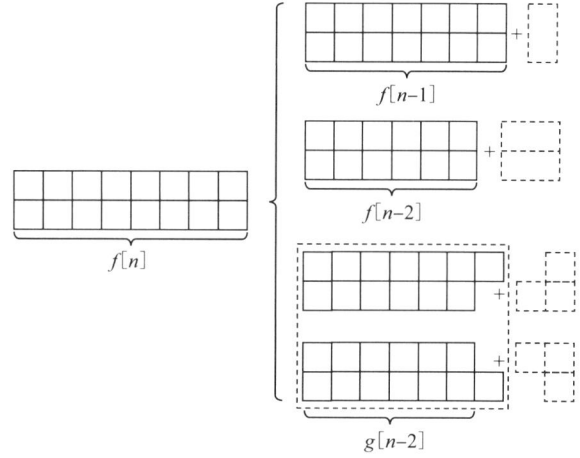

图29.3　$f[n]=f[n-1]+f[n-2]+g[n-2]$

注意，虽然对于$2×(n-2)$的画布，在后面竖着放两个I形积木也可以构成$2×n$，但这种放置方式已经包含在第（1）种情形了，不能重复算。因为对于$2×(n-2)$的画布，在后面竖着放一个I形积木，就是$2×(n-1)$的画布了。

对于L形积木，只有当前$n-2$列填满，第$n-1$列只有1个单位格子填满时，才可以将L形积木放在最后面。

这里记前n列填满，第$n+1$列填了一个单位格子时的方案数为$g[n]$。因此，前$n-2$列填满，第$n-1$列只有1个单位格子填满就是$g[n-2]$。$g[n-2]$虽然有两种情形，分别是第$n-1$列上面和下面的格子填满，但不管哪种情形，在后面放置一个L形积木就拼满了$2×n$的画布。每一个$g[n-2]$的方案就对应一个$f[n]$的方案，因此，$f[n]$的方案数也包括$g[n-2]$的方案数。

那么$f[n]$的递推式可以通过上面3种情况求得。$f[n]=f[n-1]+f[n-2]+g[n-2]$。

注意，$g[n-2]$不能乘以2。

然后考虑$g[n]$的推导，如图29.4所示。

所有的$g[n-1]$的情况后横着放一个I形积木即可变成$g[n]$。因此，$g[n]$的方案数包括$g[n-1]$的方案数，即每一个$g[n-1]$的方案就对应一个$g[n]$的方案。

所有的$f[n-1]$的情况后可以用两种方式放置L形积木，可以变成$g[n]$，即每一个$f[n-1]$的方案对应两个$g[n]$的方案。因此，$g[n]$的方案数是$f[n-1]$的方案数的2倍。

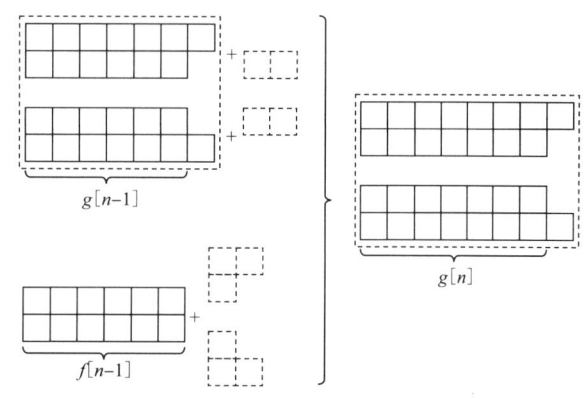

图29.4　$g[n]=g[n-1]+2×f[n-1]$

因此有：$g[n]=g[n-1]+2\times f[n-1]$。

完整的状态转移方程是：

$$f[n]=f[n-1]+f[n-2]+g[n-2]$$
$$g[n]=g[n-1]+2\times f[n-1]$$

再补充一些边界情况：$f[0]=1$，$f[1]=1$，$g[0]=0$，$g[1]=2$。

注意，$f[0]$表示拼成2×0的画布的方案数，什么积木也不放，也是一种方案，因此$f[0]=1$；$f[1]$表示拼成2×1的画布的方案数，为1；$g[0]$表示前0列填满，第1列填了一个单位格子，显然是不可能的，因此$g[0]=0$；$g[1]$表示前1列填满，第2列填了一个单位格子，有两种方案，因此$g[1]=2$。

同时维护g、f，在实现时注意不断求余，防止运算溢出。代码如下。

```
#include <bits/stdc++.h>
using namespace std;
const int MOD = 1e9 + 7;
const int maxn = 1e7 + 10;
long long f[maxn], g[maxn], n;
int main()
{
    cin >> n;
    f[0] = 1, f[1] = 1;         // 初始边界情况
    g[0] = 0, g[1] = 2;
    for(int i = 2; i <= n; i++){    // 递推
        g[i] = (g[i - 1] + 2 * f[i - 1]) % MOD;
        f[i] = (f[i - 1] + f[i - 2] + g[i - 2]) % MOD;
    }
    cout <<f[n] <<endl;
    return 0;
}
```

2. 二维DP实现

引入$dp[i][j]$，其中i表示在第i列位置，j表示在第i列位置处两个格子的状态，$j=0$表示第i列位置全为空，$j=1$表示只有第一个格子被填上（第二个格子空着），$j=2$表示只有第二个格子被填上（第一个格子空着），$j=3$表示两个格子都被填上，如图29.5所示。注意，$dp[i][3]$其实就是$dp[i+1][0]$，$dp[i][0]$也是$dp[i-1][3]$。

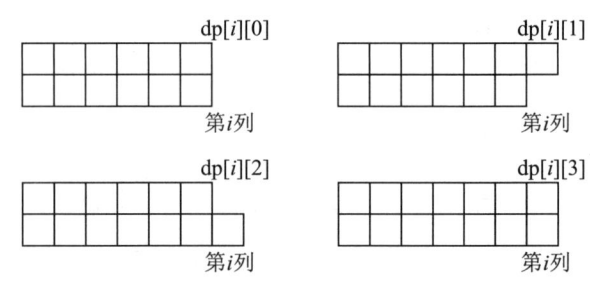

图29.5 $dp[i][j]$的含义

现在来推导dp的递推公式，也称为状态转移方程。

首先，如前所述，dp[i][0] = dp[$i-1$][3]。

有两种方式可以转移到dp[i][1]：第一种方式是dp[$i-1$][0]加一个L形积木；第二种方式是dp[$i-1$][2]加一个I形积木，如图29.6所示。因此，dp[i][1] = dp[$i-1$][0]+dp[$i-1$][2]。

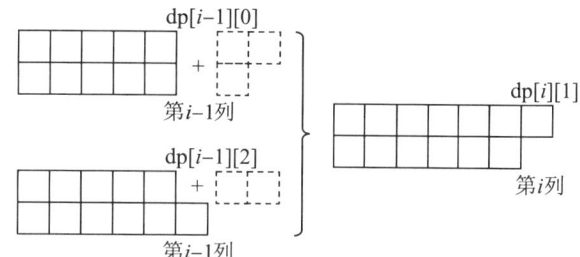

图29.6　dp[i][1] = dp[$i-1$][0]+dp[$i-1$][2]

有两种方式可以转移到dp[i][2]：第一种方式是dp[$i-1$][0]加一个L形积木；第二种方式是dp[$i-1$][1]加一个I形积木，如图29.7所示。因此，dp[i][2] = dp[$i-1$][0]+dp[$i-1$][1]。

有四种方式可以转移到dp[i][3]：第一种方式是dp[$i-1$][1]加一个L形积木；第二种方式是dp[$i-1$][2]加一个L形积木；第三种方式是dp[$i-1$][3]加一个I形积木；第四种方式是在dp[$i-1$][0]后面两列横着放两个I形积木，如图29.8所示。因此，dp[i][3] = dp[$i-1$][1]+dp[$i-1$][2]+dp[$i-1$][3]+dp[$i-1$][0]。

注意，在dp[$i-1$][0]后面两列竖着放两个I形积木，也可以转移到dp[i][3]，但是这种情况已经考虑过了，因为在dp[$i-1$][0]后面一列竖着放一个I形积木，就是dp[$i-1$][3]，所以其实是转移到dp[i][3]的第三种方式。

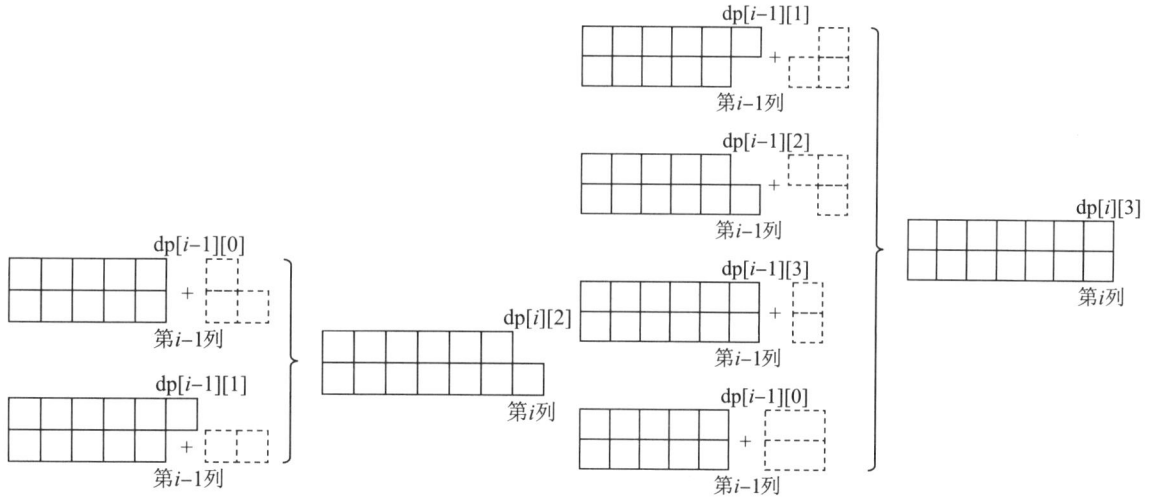

图29.7　dp[i][2] = dp[$i-1$][0]+dp[$i-1$][1]

图29.8　dp[i][3] = dp[$i-1$][1]+dp[$i-1$][2]+dp[$i-1$][3]+dp[$i-1$][0]

完整的状态转移方程如下。

dp[i][0] = dp[$i-1$][3]

dp[i][1] = dp[$i-1$][0]+dp[$i-1$][2]

dp[i][2] = dp[$i-1$][0]+dp[$i-1$][1]

dp[i][3] = dp[$i-1$][1]+dp[$i-1$][2]+dp[$i-1$][3]+dp[$i-1$][0]

再补充一些边界情况：dp[1][0] = 1，dp[1][1] = 0，dp[1][2] = 0，dp[1][3] = 1。其中dp[1][0]表示第1列是空的，什么积木也不放，是一种方案；dp[1][1]、dp[1][2]都表示第1列只有一个格子被填上，这是不可能的，所以方案数为0；dp[1][3]表示第1列被填满，也是一种方案。

代码如下。

```cpp
#include <bits/stdc++.h>
using namespace std;
const int MOD = 1e9 + 7;
const int maxn = 1e7 + 10;
long long dp[maxn][4], n;
int main( )
{
    int n;  cin >>n;
    dp[1][0] = 1;  dp[1][1] = 0;
    dp[1][2] = 0;  dp[1][3] = 1;
    for(int i=2; i<=n; i++){
        dp[i][0] = dp[i-1][3]%MOD;
        dp[i][1] = (dp[i-1][0]+dp[i-1][2])%MOD;
        dp[i][2] = (dp[i-1][0]+dp[i-1][1])%MOD;
        dp[i][3] = (dp[i-1][1]+dp[i-1][2]+dp[i-1][3]+dp[i-1][0])%MOD;
    }
    cout <<dp[n][3] <<endl;
    return 0;
}
```

29.3 案例2：最大的子矩阵和

【题目描述】

输入一个n行m列的矩阵，求元素总和最大的子矩阵。

【输入描述】

第一行为两个正整数n和m，$n, m \leq 100$。接下来有n行，每行有m个数字，这些数字就是矩阵中的元素。

【输出描述】

输出占一行，为最大的子矩阵和，答案不超出int型范围。

【样例输入】

3 5
29 -8 -20 6 13
-30 78 -6 21 -65
-23 5 91 -5 16

【样例输出】

184

【样例解释】

选取的子矩阵，左上角位置为(2, 2)，右下角位置为(3, 4)，其和最大，为184。

【分析】

上一章的案例3实现了求最大子段和，或者称为最大连续子序列和，现在问题从一维变成了二维，但本质是一样的。同样是求最大连续子序列和，我们需要将二维转化为一维，对于矩阵的每一列，我们将其加在一起，成为一维上的一个数，二维矩阵的和转化为了一维数组的和。

用二维数组a存储矩阵。设一维数组b表示二维数组a的$i \sim j$($1 \leq i \leq j \leq n$)行，对应列元素的和，如图29.9所示。对数组b计算最大连续子序列和，就将二维DP问题转换成了一维DP问题。

现在的问题就是怎么把所有情况都遍历到呢？

我们以第i行为子矩阵的第一行，向下延伸，如图29.10所示。设最后一行为第j行，我们就在这一个范围内，将二维问题转化为一维问题，再求最大连续子序列和。我们将当前$i \sim j$行组成的矩阵的每一列的和存放在数组b中，其余的工作就是对数组b求最大连续子序列和，并且保存对应子矩阵的左上角和右下角的行和列坐标。注意：数组b的某个元素$b[k_1]$是数组a第k_1列$a[i][k_1] \sim a[j][k_1]$这些元素的和；数组b的某个连续子序列$b[k_1] \sim b[k_2]$，相当于二维数组a的第$i \sim j$行、第$k_1 \sim k_2$列那些元素构成的子矩阵。

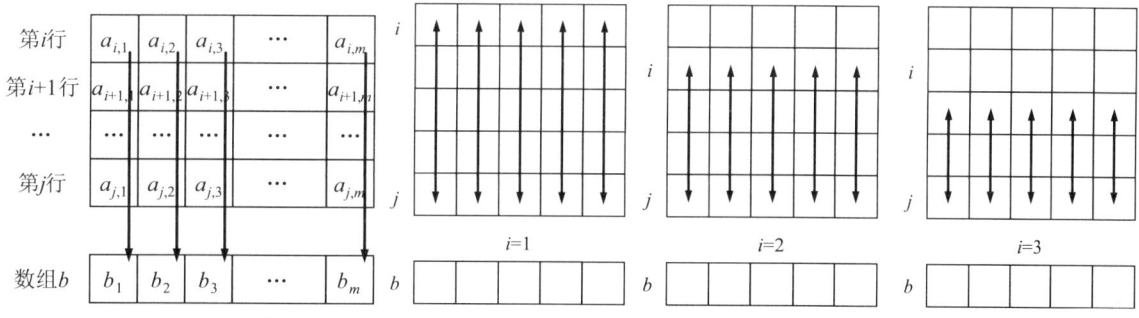

图29.9 数组b的作用　　　　　　图29.10 遍历子矩阵的方法

具体来说，就是固定第i行（$i=1, 2, 3, \cdots, n$）为子矩阵的上边，从$j=i$开始枚举子矩阵的下边（$j=i$, $i+1, \cdots, n$）。数组b的计算：每次i的值增加1后，要清空数组b的值；当i的值固定时，移动子矩阵的下边，即j增加1，这时$b[k]$（$k=1, 2, 3, \cdots, n$）就只需要加上$a[j][k]$的值。在求出数组b各元素值的过程中，可以同时求数组b的最大连续子序列和。具体方法是：用sm记录前一个连续子序列和，如果sm>0，sm就加上$b[k]$；否则就开始数组b的一个新的连续子序列，对应到原矩阵的一个子矩阵，将sm更新为$b[k]$，并记录子矩阵左上角。随后，如果sm>mx，就更新最优值和最优解。

注意，上一章案例3为了求数组 a 的最大子段和，引入了数组 b。在本题中，为了求数组 b 的最大子段和（对应到二维数组的最大子矩阵），当然可以再引入一个一维数组，但没必要，我们只需要引入变量 sm 记录前一个连续子序列和就可以了。

以下代码可以求出最优值，即最大的子矩阵和，也可以求出最优解，即最大子矩阵左上角和右下角的行坐标和列坐标。但在输出时，根据本题的要求，只输出最大的子矩阵和。代码如下。

```
#include <bits/stdc++.h>
using namespace std;
const int maxn = 1e2 + 10;
int a[maxn][maxn], n, m;
int b[maxn];
int main( )
{
    int i, j, k;
    cin >>n >>m;
    for(i=1; i<=n; i++){
        for(j=1; j<=m; j++)
            cin >>a[i][j];
    }
    int br, bc;             //暂时记录左上角行和列，相当于begin
    int r1, c1, r2, c2;     //最大子矩阵左上角的行坐标和列坐标、右下角的行坐标和列坐标
    int sm, mx = -1000000000;
    for(i=1; i<=n; i++){    //以 i 为上边，从上往下扫描
        memset(b, 0, sizeof(b));   //每次更换子矩形上边，要清空b，重新计算每列的和
        for(j=i; j<=n; j++){       //子矩阵的下边，从 i 到 n，不断增加子矩阵的高
            //以下就相当于求一次最大子序列和
            sm = 0;
            for(k=1; k<=m; k++){
                //只是不断增加子矩阵的高，也就是下移子矩阵下边，
                //所以这个矩阵每列的和只需要加上新加的那一行的元素
                b[k] += a[j][k];
                if(sm>0)   sm += b[k];
                else{                  //重新开始一个子矩阵
                    sm = b[k];
                    br = i;  bc = k;
                }
                if( sm > mx){          //更新最优值和最优解
                    mx = sm;
                    r1 = br;   c1 = bc;
                    r2 = j;    c2 = k;
                }
```

```
            }
        }
    }
    cout <<mx <<endl;        // 输出最优值
    //cout <<r1 <<" " <<c1 <<" " <<r2 <<" " <<c2 <<endl;        // 输出最优解
    return 0;
}
```

 案例3：最大正方形的边长

【题目描述】

在一个 $n \times m$ 的只包含0和1的矩阵 a 中找出一个不包含0的最大正方形，输出边长。

【输入描述】

输入文件第一行为两个整数 n, m（$1 \leq n, m \leq 100$），接下来有 n 行，每行有 m 个数字，用空格隔开，为0或1。

【输出描述】

输出一个整数，表示最大正方形的边长。

【样例输入】   【样例输出】

```
4 4                                 2
0 1 1 1
1 1 1 0
0 1 1 0
1 1 0 1
```

【分析】

数学上的矩阵对应程序中的二维数组。本题有两种求解算法。

算法1：二维前缀和、枚举

计算二维前缀和，枚举所有正方形，判断所有元素是否均为1并求最大边长。

初始时，二维前缀和数组 s 的第0行和第0列元素均为0（便于边界计算），矩阵 a 从第1行第1列开始存储输入的0或1元素。利用公式 $s[i][j] = a[i][j] + s[i][j-1] + s[i-1][j] - s[i-1][j-1]$ 求二维前缀和。在读入二维数组元素的同时就可以求出二维前缀和。

枚举正方形左上角 $(x1, y1)$ 与右下角 $(x2, y2)$ 位置，或者说枚举正方形最上面一行 $x1$、最下面一行 $x2$、最左边一列 $y1$，由于要求是正方形，$y2-y1$ 必须等于 $x2-x1$，所以 $y2$ 不用枚举，可直接计算。当然，如果 $y2>m$，则停止对 $y1$ 的枚举。通过二维前缀和数组 s 计算出这个正方形内的数值之和

$sm = s[x2][y2] - s[x2][y1-1] - s[x1-1][y2] + s[x1-1][y1-1]$，如果 sm 不等于 $(x2-x1+1)(y2-y1+1)$，那么说明这个正方形内存在 0；否则就求出该正方形的边长为 $x2-x1+1$。在这个过程中求正方形边长的最大值。

该算法需要用到三重 for 循环，在最坏情况下，$n=m=100$，计算量约为 $100^3=1e6$ 次。代码如下。

```cpp
#include <bits/stdc++.h>
using namespace std;
int a[110][110];     // 读入的矩阵
int s[110][110];     // 前缀和矩阵,s[i][j] 为以 (1,1) 为左上角,(i,j) 为右下角的子矩阵和
int n, m;
int sm, ans;    //sm: 子矩阵元素和；ans: 最大的全为 1 的正方形的边长
int main( )
{
    cin >> n >> m;
    for (int i = 1; i <= n; i++) {    // 第 0 行第 0 列不用，简化边界的处理
        for (int j = 1; j <= m; j++){
            cin >> a[i][j];
            // 计算二维前缀和
            s[i][j] = a[i][j] + s[i][j-1] + s[i-1][j] - s[i-1][j-1];
        }
    }
    int x1, y1, x2, y2;              // 枚举子矩阵左上角和右下角位置
    for(x1=1; x1<=n; x1++){          // 枚举最上面一行
        for(x2=x1; x2<=n; x2++){     // 枚举最下面一行
            for(y1=1; y1<=m; y1++){  // 枚举最左边一列
                // 因为要求的是正方形，所以 y2 不用枚举，直接计算再判断是否超出边界
                y2 = y1 + x2 - x1;   //y2-y1 必须等于 x2-x1
                if(y2>m)  break;     // 退出当前这一层循环
                // 执行到这里，枚举到的正方形左上角为 (x1,y1), 右下角为 (x2,y2)
                sm = s[x2][y2] - s[x2][y1-1] - s[x1-1][y2] + s[x1-1][y1-1];
                if(sm==(x2-x1+1)*(y2-y1+1)){    // 是全为 1 的正方形
                    if(x2-x1+1>ans)   ans = x2-x1+1;
                }
            }
        }
    }
    cout <<ans <<endl;
    return 0;
}
```

算法 2：动态规划

引入二维数组 f，$f[i][j]$ 表示以位置 (i,j) 为右下角的最大正方形的边长。当且仅当 $a[i][j]==1$ 时，

位置 (i,j) 可作为正方形的右下角。

对于一个已经确定的 $f[i][j]=x$，它表明包括位置 (i,j) 在内向上 x 行、向左 x 列扫描过的正方形中的所有数字都为 1。

怎么求 $f[i][j]$ 呢？举例说明，假设已知 $f[i-1][j]$、$f[i][j-1]$、$f[i-1][j-1]$ 的值如下。

f 数组如下。

```
? ? ? ?
? ? 2 1
? ? 3 ?        // 下画线处的问号是待求的 f[i][j]
? ? ? ?
```

则说明原矩阵 a 如下。

```
1 1 1 0
1 1 1 1
1 1 1 1
? ? ? ?
```

由此得出状态转移方程。

如果 $a[i][j]$ 为 1，那么 $f[i][j] = \min(\min(f[i][j-1], f[i-1][j-1]), \min(f[i-1][j], f[i-1][j-1])) + 1$

上述状态转移方程的含义是，由图 29.11 可知，以 (i,j) 左边位置 $(i,j-1)$ 为右下角的最大正方形，详见图 29.11（a），以 (i,j) 左上角位置 $(i-1,j-1)$ 为右下角的最大正方形，详见图 29.11（c），重合部分的边长为 $\min(f[i][j-1], f[i-1][j-1])$。同样，以 (i,j) 上面位置 $(i-1,j)$ 为右下角的最大正方形，详见图 29.11（b），以 (i,j) 左上角位置 $(i-1,j-1)$ 为右下角的最大正方形，详见图 29.11（c），重合部分的边长为 $\min(f[i-1][j], f[i-1][j-1])$，这两个式子再取最小值就是 3 个正方形的重合部分。这个重合部分才是以 (i,j) 位置为右下角的正方形能利用的部分。如果 $a[i][j]$ 为 1，则以 (i,j) 为右下角的最大正方形，边长为前述最小值再加 1。

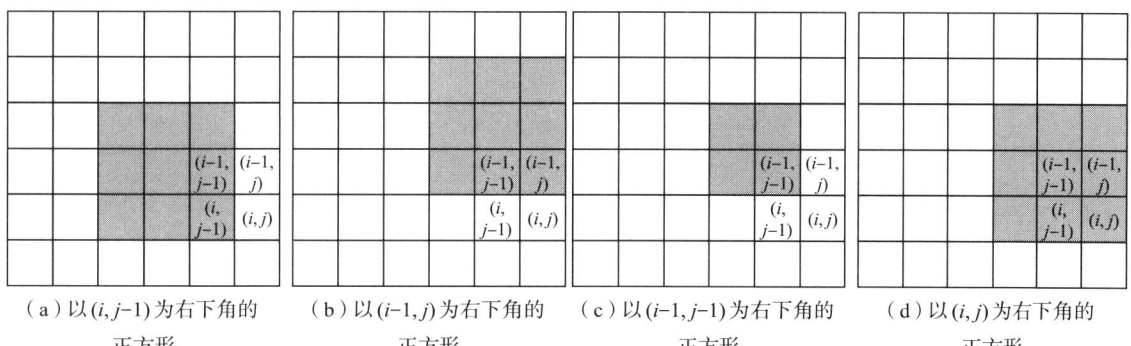

（a）以 $(i,j-1)$ 为右下角的正方形　　（b）以 $(i-1,j)$ 为右下角的正方形　　（c）以 $(i-1,j-1)$ 为右下角的正方形　　（d）以 (i,j) 为右下角的正方形

图 29.11　最大正方形（转移方程的推导）

例如，如果矩阵 a 如下。

```
0 0 0 1
1 1 1 1
0 1 1 1
1 1 1 1
```

则求得的 f 数组如下。

```
0 0 0 1
1 1 1 1
0 1 2 2
1 1 2 3
```

求出 f 数组后，本题的答案就是 f 数组中各元素的最大值，当然我们可以在递推出 $f[i][j]$ 的同时求出 f 数组元素的最大值。代码如下。

```cpp
#include <bits/stdc++.h>
using namespace std;
int a[110][110];     // 读入的矩阵
int n, m;
int f[110][110];
int ans;
int main( )
{
    cin >> n >> m;
    for (int i = 1; i <= n; i++) {
        for (int j = 1; j <= m; j++)
            cin >> a[i][j];
    }
    for (int i = 1; i <= n; i++){
        for (int j = 1; j <= m; j++) {
            if (a[i][j] == 1)
                f[i][j] = min(min(f[i][j-1], f[i-1][j-1]), min(f[i-1][j],
                          f[i-1][j-1]) ) + 1;
            ans = max(ans, f[i][j]);   // 同步更新答案
        }
    }
    cout <<ans <<endl;
    return 0;
}
```

第30章
DP3：背包类型动态规划

本章内容

本章介绍用动态规划算法求解0-1背包问题，以及可以转换成0-1背包问题求解的题目。

30.1 背包问题及求解算法

背包问题分为以下3种。

（1）部分背包问题。允许对每件物品进行分割，可以选择物品的一部分装入背包。部分背包问题需要采用贪心算法求解，通过优先选择单位价值最高的物品来获得最优解。

（2）0-1背包问题。要求每件物品必须完整装入或不装入，不可分割。0-1背包问题可以通过动态规划算法高效求解，而深度优先搜索算法虽然理论上可行，但在物品数量较多时效率较低，仅适用于小规模问题。

此外，有些问题也可以转换成0-1背包问题进行求解。具体来说，如果求解问题时面临每件物品或每个数据装与不装、放与不放、用与不用等抉择，要求最优方案或符合要求的方案数，就可以将其视为0-1背包问题。

（3）完全背包问题。每件物品不可分割，但可以选取无限次（即数量无限）。与0-1背包问题的区别在于物品的选取次数不受限制。

30.2 案例1：0-1背包问题

【题目描述】

有n件物品，它们的重量分别是$w_1, w_2, \cdots, w_n$，价值分别是$v_1, v_2, \cdots, v_n$，每件物品数量有且仅有一个。现在有一个承重为m的背包，求背包里能装入的物品价值总和最大是多少。每件物品要么装，要么不装，不能分割。

【输入描述】

输入4行。第1行为一个正整数n，$2 \leq n \leq 20$。第2行为一个正整数m，$1 \leq m \leq 100$。第3行为n个正整数，表示n件物品的重量。第4行为n个正整数，表示n件物品的价值。

【输出描述】

输出一个正整数，为求得的答案。

【样例输入】　　　　　　　　　　　　　【样例输出】

```
5                                    15
10
2 2 6 5 4
6 3 5 4 6
```

【分析】

对于这类问题,动态规划是最佳的选择,每一次求出局部的最优解,从而可以求出整体的最优解。例如,在本题的样例数据中,给出的背包容量是10,那么我们只需要依次求出背包容量从1到10(包含1和10)下,既可以放下这5件物品又能取得的最大价值,这里优先想到的是用一个二维数组来存储每一次的最优解。

引入 dp[i][j],表示当前背包容量为 j 的情况下,存放第 i 件物品到最后一件物品的最优解。因此,本题的答案就是 dp[1][m]。为什么要考虑第 i 件物品到最后一件物品?后面会说明。

状态转移方程如下。

(1)如果 $j<w[i]$,则 dp[i][j] = dp[$i+1$][j]。
(2)如果 $j \geq w[i]$,则 dp[i][j] = max(dp[$i+1$][$j-w[i]$] + $v[i]$, dp[$i+1$][j])。

第(1)点的含义是装不下第 i 件物品就不装,因此最优值就是 dp[$i+1$][j],表示不放第 i 件物品,在容量 j 里存放第 $i+1$ 件物品到最后一件物品的最优解。

第(2)点中的 dp[$i+1$][$j-w[i]$] + $v[i]$ 表示放第 i 件物品(价值为 $v[i]$),然后在剩余容量 $j-w[i]$ 中存放第 $i+1$ 件物品到最后一件物品的最优解;dp[$i+1$][j] 表示不放第 i 件物品,二者取较大者。

本题的初始化就是从最后一件物品开始,只要当前这件物品小于等于当前的背包容量,那么就可以装进去,并且可以将这件物品的价值记录下来。否则,即物品的重量大于背包的重量则装不进去,很显然,这时候的价值为0。值得注意的是,我们需要从最后一件物品开始装,倒着向上走。

对本题的样例数据,初始化 dp 数组最后一行,得到的结果如表30.1所示。因为最后一件物品的重量为4,价值为6,那么只要当前背包的容量大于等于4,就可以放下这件物品,取得当前最优的价值为6。

表30.1 dp 数组的初始化

物品			容量									
			1	2	3	4	5	6	7	8	9	10
$i=1$	$w=2$	$v=6$										
$i=2$	$w=2$	$v=3$										
$i=3$	$w=6$	$v=5$										
$i=4$	$w=5$	$v=4$										
$i=5$	$w=4$	$v=6$	0	0	0	6	6	6	6	6	6	6

如果只有这一件物品,那么很显然该行的任何一个值都是当前容量下所能达到的最大价值。但事与愿违,我们需要继续放下倒数第二件物品,这里就需要用到上述状态转移方程。

首先我们发现,当 $j<5$ 时,背包的容量都是小于 $i=4$ 这件物品的重量的,那么就执行:

$$dp[i][j] = dp[i+1][j]$$

这里可以理解成当前背包容量放不下该物品，那么只能沿用前面已经放好的若干件物品的最优解。

以下是当 $j \geq 5$ 时的状态转移。

$j=5$，意味着背包的容量从现在开始，已经可以放得下 $i=4$ 这件物品了，那么就要考虑是否能通过取出某件物品后放入该物品来取得更大的价值。我们先假设把 $i=5$ 这件物品（$w=4, v=6$）取出来，然后把 $i=4$ 这件物品放进去，结果发现放入这件物品后的价值变为了 4，比原来的 6 要低，因此不放进去能取得 $j=5$ 的条件下的最优解，仍然是 6。

当 $j=6, 7, 8$ 时，同理代入状态转移方程。

$$dp[i][j] = \max(dp[i+1][j-w[i]] + v[i], dp[i+1][j])$$

比如 $j=7$，$dp[4][7] = \max(dp[4+1][7-4] + v[4], dp[4+1][7])$。

$dp[4+1][7-4] + v[4]$ 表示：先放入 $i=4$ 这件物品，价值为 $v[4]$，先加上这件物品的价值，然后在剩余容量中考虑放入 $i=5$ 这件物品的最优解。很显然，如果 $dp[5][3]$ 已经取得了最优解，那么 $dp[4][7]$ 就一定能取得最优解，这也正是从下向上走的主要原因。

$dp[4+1][7]$ 表示：不放入 $i=4$ 这件物品的情况下的最优解。

再看 $j=9$ 时，要看 $dp[4+1][9-4]$ 的最优解，发现是 6，那么再放入 $i=4$ 这件物品，即 $+v[4]$，则可以取到价值为 10。如果不放入这件物品，则沿用之前的最优解 $dp[4+1][9]$，发现价值只能是 6，通过 max 比较发现，当前最优解为 10。$j=10$ 也是如此。

至此，$i=4$ 这件物品求解完毕，得到的 dp 数组如表 30.2 所示。

表 30.2 $i=4$ 这件物品求解完毕后的 dp 数组

物品			容量									
			1	2	3	4	5	6	7	8	9	10
$i=1$	$w=2$	$v=6$										
$i=2$	$w=2$	$v=3$										
$i=3$	$w=6$	$v=5$										
$i=4$	$w=5$	$v=4$	0	0	0	6	6	6	6	6	10	10
$i=5$	$w=4$	$v=6$	0	0	0	6	6	6	6	6	6	6

利用上述方法，将剩余物品都遍历一遍，就可以得到如表 30.3 所示的最优解。

表 30.3 样例数据的最优解

物品			容量									
			1	2	3	4	5	6	7	8	9	10
$i=1$	$w=2$	$v=6$	0	6	6	9	9	12	12	15	15	15

续表

物品			容量									
			1	2	3	4	5	6	7	8	9	10
$i=2$	$w=2$	$v=3$	0	3	3	6	6	9	9	9	10	11
$i=3$	$w=6$	$v=5$	0	0	0	6	6	6	6	6	10	11
$i=4$	$w=5$	$v=4$	0	0	0	6	6	6	6	6	10	10
$i=5$	$w=4$	$v=6$	0	0	0	6	6	6	6	6	6	6

代码如下。

```cpp
#include<bits/stdc++.h>
using namespace std;
const int maxn = 30;
const int maxm = 200;
int n, m;         // 物品总数，背包最大容量
int w[maxn];      // 每件物品重量，下标从 1 开始
int v[maxn];      // 每件物品对应的价值，下标从 1 开始
int dp[maxn][maxm];   //dp[i][j]: 背包容量为 j，存放第 i 件物品（到最后一件物品）的最优解
int main( )
{
    cin >> n >> m;
    for(int i = 1; i <= n; i++)
        cin >> w[i];
    for(int i = 1; i <= n; i++)
        cin >> v[i];
    for(int j = m; j > 0; j--){    // 初始化最后一行
        if (j >= w[n])     // 当背包容量大于当前物品重量，则将物品放入背包中并且记录价值
            dp[n][j] = v[n];
    }
    for(int i = n - 1; i > 0; i--){   // 开始遍历剩下的 n-1 件物品
        // 判断对应容量背包可以存放的最大价值
        for(int j = 1; j <= m; j++){
            // 若当前背包容量小于该物品的重量，则沿用前面已经放好若干件物品的最优解
            if (j < w[i])   dp[i][j] = dp[i + 1][j];
            // 否则，取放与不放第 i 件物品得到的最优解的较大者
            else    dp[i][j] = max(dp[i + 1][j - w[i]] + v[i], dp[i + 1][j]);
        }
    }
    cout << dp[1][m] << endl;
    return 0;
}
```

0-1背包问题也可以采用一维DP实现。把二维dp数组"压扁"成一维数组，dp[j]表示背包容量为j的情况下考虑所有物品的最优解（最大价值）。每次对背包容量进行遍历时，需要从后向前遍历，因为可能会用到前面的背包容量下的最优解。

状态转移方程如下。

（1）如果$j < w[i]$，dp[j] = dp[j]，即dp[j]的值不更新。

（2）如果$j \geq w[i]$，dp[j] = max(dp[j - w[i]] + v[i], dp[j])。

采用一维DP实现，空间复杂度降低了，但时间复杂度没有降低，仍为$O(nm)$。

代码如下。

```cpp
#include <bits/stdc++.h>
using namespace std;
const int maxn = 30;
const int maxm = 200;
int n, m;          // 物品总数，背包最大容量
int w[maxn];       // 每件物品重量，下标从1开始
int v[maxn];       // 每件物品对应的价值，下标从1开始
int dp[maxm];      //dp[j]: 背包容量为 j 的情况下考虑所有物品的最优解（最大价值）
int main( )
{
    cin >> n >> m;
    for(int i = 1; i <= n; i++)
        cin >> w[i];
    for(int i = 1; i <= n; i++)
        cin >> v[i];
    for(int j = m; j>0; j--){           // 用最后一件物品来初始化 dp 数组
        if(j >= w[n])
            dp[j] = v[n];
    }
    for(int i = n - 1; i>0; i--){       // 开始遍历剩下的 n-1 件物品
        for(int j = m; j>=w[i]; j--){   // 从大到小对背包容量进行遍历
            // 当前背包最优解为以下二者的最大值：max( 装这件物品，不装 )
            // 装这件物品：剩余容量 (j-w[i]) 对应的最大值 + 这件物品的价值
            dp[j] = max(dp[j-w[i]] + v[i], dp[j]);
        }
    }
    cout <<dp[m] <<endl;
    return 0;
}
```

30.3 案例2：比谁猜得准

【题目描述】

在生活中，我们有时会玩"比谁猜得准"的游戏。比如，有3个人，A和B来猜一下这三个人的年龄总和，看谁猜得准。在本题中，我们把这个问题一般化：给定n个正整数，A、B两个人来玩"比谁猜得准"的游戏，A和B各说一个数，比如，a和b，看能否从这n个数中取若干个数（允许取0个数，即一个数都不选），使得这n个数的和越接近a或b越好（但不能超过）；比如，从这n个数中取若干个数，这些数的和为$m1$，$a-m1$要大于或等于0，但这个差越小越好，设最小的差为$d1$；从这n个数中取若干个数，这些数的和为$m2$，$b-m2$要大于或等于0，但这个差越小越好，设最小的差为$d2$；如果$d1 < d2$，则A赢了；如果$d2 < d1$，则B赢了；如果$d1 = d2$，则A和B打平了。

【输入描述】

输入文件第一行为两个正整数n和q，分别表示给定数的个数，以及A和B玩游戏的次数，$n \leq 100$，$q \leq 10000$。第二行给出n个正整数，用空格隔开，这些数的范围是$[1, 1000]$。接下来有q行，每行有两个正整数a和b，分别表示A和B猜的数，$a, b \leq 100000$。

【输出描述】

对每次游戏，输出一行，共输出q行。如果A赢了，输出A；如果B赢了，输出B；如果A和B打平了，输出tie。

【样例输入】

```
10 3
264 138 931 978 956 669 91 453 402 1000
1691 1121
562 1352
2022 1195
```

【样例输出】

```
A
B
tie
```

【样例说明】

第1次游戏，A猜的数字是1691，最接近931+669+91=1691，差距为0，B猜的数字是1121，最接近264+453+402=1119，差距为2，所以A赢；第2次游戏，A猜的数字是562，最接近91+453=544，差距为18，B猜的数字是1352，最接近138+669+91+453=1351，差距为1，所以B赢；第3次游戏，A猜的数字是2022，2022=931+91+1000，B猜的数字是1195，1195=264+931，A和B都猜得很准，差距$d1$和$d2$均为0，所以打平了。

【分析】

本题其实就是0-1背包问题。A和B猜的数字a和b，相当于准备的钱的金额。n个数，相当于n件物品，每件物品可以买也可以不买。用DP算法可以求出A能买到的物品价值总和的最大值，即$m1$，也能求出B能买到的物品价值总和的最大值，即$m2$。而且，在本题中，对q次查询，实际上

DP算法只需执行一次，取 m 为A和B猜的数字的最大值，即100000，用0-1背包算法求得的状态数组dp[1][j]，表示用 j 元钱，从第1件物品到第 n 件物品，能买到的物品的最大价值，因此A的最优值就是dp[1][a]，B的最优值就是dp[1][b]，因此对每次查询，只需要比较(a-dp[1][a])和(b-dp[1][b])，看哪个更小即可。代码如下。

```cpp
#include<bits/stdc++.h>
using namespace std;
const int maxm = 100010;   //A和B猜的数的最大值
const int maxn = 110;      // 提供的数的个数的最大值
int a, b, n;               //A和B猜的数，提供的数的个数
int q;                     // 玩游戏的次数
int v[maxn];               // 提供的每个数，下标从1开始
//dp[i][j]: 猜的数为j时，从i个数到最后一个数能凑到的最接近j的和（最优解）
int dp[maxn][maxm];        // 相当于用j元钱，从第i件物品到最后一件物品，能买到的最大价值
int main( )
{
    cin >> n >> q;
    for(int i = 1; i <= n; i++)
        cin >> v[i];
    for(int j = 100000; j > 0; j--){    // 初始化dp数组最后一行
        if (j >= v[n])   //当j大于或等于第n个数，选这个数并记录已选数的总和
            dp[n][j] = v[n];
    }
    for(int i = n - 1; i > 0; i--){     // 开始遍历剩下的n-1个数
        for(int j = 1; j <= 100000; j++){
            //若j小于第i个数，则沿用前面第i+1个数到最后一个数的最优解
            if (j < v[i])  dp[i][j] = dp[i + 1][j];
            // 否则，取选与不选第i个数得到的最优值的较大者
            else   dp[i][j] = max(dp[i + 1][j - v[i]] + v[i], dp[i + 1][j]);
        }
    }
    int a, b, m1, m2, d1, d2;
    for(int i=1; i<=q; i++) {
        cin >>a >>b;
        m1 = dp[1][a],  m2 = dp[1][b];
        d1 = a - m1,  d2 = b - m2;
        if(d1<d2)     cout <<"A" <<endl;
        else if(d2<d1)   cout <<"B" <<endl;
        else   cout <<"tie" <<endl;
    }
    return 0;
}
```

30.4 案例3：砝码称重

【题目描述】

有一架天平和N个砝码，这N个砝码重量依次是$W_1, W_2, \cdots, W_N$。砝码可以放在天平的任意一边。计算一共可以称出多少种不同的重量？

【输入描述】

输入的第一行包含一个整数N。

第二行包含N个整数：$W_1, W_2, \cdots, W_N$。

【输出描述】

输出一个整数，代表答案。

【样例输入】	【样例输出】
3 1 4 6	10

【样例说明】

能称出的10种重量是：1、2、3、4、5、6、7、9、10、11。

1 = 1；

2 = 6 - 4 (表示天平一边放6，另一边放4，以下同)；

3 = 4 - 1；

4 = 4；

5 = 6 - 1；

6 = 6；

7 = 1 + 6；

9 = 4 + 6 - 1；

10 = 4 + 6；

11 = 1 + 4 + 6。

【数据规模与约定】

对于50%的评测用例，$1 \leq N \leq 15$。

对于所有评测用例，$1 \leq N \leq 100$，N个砝码总重不超过100000。

【分析】

砝码可以放在天平两边意味着砝码的重量可以为正贡献也可以为负贡献（加上这个重量或者减去这个重量），或者没有贡献（不放砝码）。

对于50%的评测用例，$1 \leq N \leq 15$。

假设每个砝码有加、减、不放三种情况，用DFS实现的复杂度如下。

$$3^{15}=14348907 \times 状态判重的复杂度$$

如果状态判重可以用$O(1)$的算法实现，完全可以通过这些数据的评判。题目给出N个砝码总重不超过100000，因此完全可以用一个数组表示每次称重得到的重量有没有出现过。上述算法的复杂度$O(3^{15})$。

如果状态判重要用set或者map实现的话，可能就会超时。

更好的方法是动态规划。同样表示每个砝码的三种状态为加、减、不放。假设题目条件简化一下，只能放一边，这就是0-1背包，每个物品选或不选。

本题需要分两次进行0-1背包。

（1）第一次求解0-1背包：对每个砝码，考虑不放和加，那就是0-1背包问题。求解完毕，背包当成一种状态。$dp[j]$表示重量为j的称重能不能实现，取值为1表示能实现。

（2）第二次求解0-1背包：把上一次求解完毕的状态和减的情况当成0-1背包的两种状态，对每个砝码，如果上一次求解完毕的状态是加这个砝码，那么减去就相当于不放，如果上次计算的状态是不放，那么减就是减去这个砝码的重量，相当于放在天平的另一边，这样就不存在重复和漏算的情况。代码如下。

```
#include <bits/stdc++.h>
typedef long long ll;
using namespace std;
ll dp[100005];     //dp[j]表示重量为j的称重能不能实现，取值为1或0
ll w[105];         //N个砝码的重量
int main( )
{
    ll N;
    cin >> N;
    for(ll i = 1; i <= N; i++)  cin >> w[i];
    memset(dp, 0, sizeof(dp));
    dp[0] = 1;   //重量为0的称重是可以实现的
    for(ll i = 1; i <= N; i++){       //考虑每个砝码，每个砝码只有一个
        // 必须从大到小考虑每个称重j,j>=w[i]；不能从小到大考虑每个称重
        // 如果从小到大，则意味着w[i]可以加很多次,j-w[i]+w[i]=j,j+w[i],…
        //for(ll j = w[i]; j <= 100000; j++)    //(×)
        for(ll j = 100000; j >= w[i]; j--)    // 此前没有加w[i]，现在考虑加
            // 如果此前dp[j-w[i]]为1，则加上w[i]重量，能达到j，所以dp[j]为1
            dp[j] = max(dp[j], dp[j - w[i]]);
    }
    for(ll i = 1; i <= N; i++){      // 考虑每个砝码
        ll siz = 100000 - w[i];
        // 必须从小到大考虑每个称重j,j<=100000-w[i]；不能从大到小考虑每个称重
```

```
            // 如果从大到小，则意味着w[i]可以减很多次,j+w[i]-w[i]=j,j-w[i],…
            //for(ll j=siz; j>=1; j--)     //(×)
            for(ll j=1; j<=siz; j++)     // 此前不放w[i]或放，现在减，相当于放左边和不放
                    // 如果此前dp[j+w[i]]为1，则减去w[i]重量，能达到j，所以dp[j]为1
                    dp[j] = max(dp[j], dp[j + w[i]]);
    }
    ll ans = 0;
    for(ll i = 1; i <= 100000; i++)
        ans += dp[i];
    cout << ans << endl;
    return 0;
}
```

第 31 章
数论 1：整除理论及应用

本章内容

初等数论是研究整数基本性质的数学分支，主要包括整数的整除性、同余理论、质数分布等基础理论。数论不仅具有深刻的理论意义，还蕴含了大量可用于算法设计的性质，因此它在信息学竞赛中占据重要地位。本章介绍整除理论及其相关算法问题与案例解析。

自然数与整数

由全体自然数 $\{0, 1, 2, 3, \cdots, n, n+1, \cdots\}$ 组成的集合，一般记为 **N**。

由全体整数 $\{\cdots, -n-1, -n, \cdots, -3, -2, -1, 0, 1, 2, 3, \cdots, n, n+1, \cdots\}$ 组成的集合，一般记为 **Z**。整数包括正整数、零、负整数。

自然数的本质属性由以下归纳公理刻画。

归纳公理 设 S 是 **N** 的一个子集，满足条件：$1 \in S$；如果 $n \in S$，则 $n+1 \in S$，那么 $S=\mathbf{N}$。

归纳公理是数学归纳法的理论基础。

数学归纳法 1 设 $P(n)$ 是关于自然数 n 的一种性质或命题，满足条件：当 $n=1$ 时，$P(1)$ 成立；由 $P(n)$ 成立可推出 $P(n+1)$ 成立，那么 $P(n)$ 对所有自然数 $n \in \mathbf{N}$ 成立。

数学归纳法 2 设 $P(n)$ 是关于自然数 n 的一种性质或命题，满足条件：当 $n=1$ 时，$P(1)$ 成立；设 $n>1$，若对所有的自然数 $m<n$，$P(m)$ 成立可推出 $P(n)$ 成立，那么 $P(n)$ 对所有自然数 $n \in \mathbf{N}$ 成立。

整除

定义1 设 a, b 是整数，且 $a \neq 0$，如果存在整数 q 使 $b = aq$ 成立，则称 b **可被 a 整除**，记作 $a|b$，且称 b 是 a 的**倍数**，a 是 b 的**因数**（也可称为**除数**、**约数**）；如果不存在整数 q 使 $b = aq$ 成立，则称 b **不能被 a 整除**，记作 $a \nmid b$。例如，$2|8, 3|54, 7|98$；$3 \nmid 8, 7 \nmid 99$。

注意

（1）定义1中并没有要求 $q \neq 0$，因此当 $b=0$ 时，对任意 $a \neq 0$，存在 $q=0$ 使 $0 = a \times 0$。因此，**0 能被任何非零整数 a 整除**，也可以说，**0 是任何非零整数的倍数**（0倍）。

（2）在数学和程序中，都不允许除数 a 为 0，在程序中如果出现除数为 0，将导致运行出错。

定理1 **整除的性质**如下。

（1）$a|b$ 且 $b|c \Rightarrow a|c$。例如，$3|6$ 且 $6|18$，则有 $3|18$。"$\Rightarrow$" 表示"能推出"。

（2）$a|b$ 且 $a|c \Leftrightarrow$ 对任意的 x 和 $y \in \mathbf{Z}$，有 $a|(bx + cy)$。注意：$y \in \mathbf{Z}$ 表示 y 属于 **Z** 这个集合，即 y 是一个整数。"$\Leftrightarrow$"表示"等价于"。

一般地，$a|b_1, \cdots, a|b_k$ 同时成立 $\Leftrightarrow$ 对任意的 $x_1, \cdots, x_k \in \mathbf{Z}$，有 $a|(b_1x_1 + \cdots + b_kx_k)$。

（3）若 $m \neq 0$，则 $a|b \Leftrightarrow ma|mb$。

定义2 设 b 是整数，显然，± 1 和 $\pm b$ 一定是 b 的约数，它们称为 b 的**显然约数**；b 的其他约数（如果有的话）称为 b 的**非显然约数**，或**真约数**，或**真因数**。

定理2 设整数 $b \neq 0$，$d_1, d_2, \cdots, d_k$ 是它的全体约数。那么，$b/d_1, b/d_2, \cdots, b/d_k$ 也是它的全体约数。也就是说，当 d 遍历完 b 的全体约数时，b/d 也遍历完了 b 的全体约数。此外，若 $b>0$，当 d 遍历完 b

的全体正约数时，b/d 也遍历完了 b 的全体正约数。

以 $b=24$ 为例，1, 2, 3, 4, 6, 8, 12, 24 是 b 的全体正约数，b 除以这些约数，依次得到 24, 12, 8, 6, 4, 3, 2, 1，也是 b 的全体正约数。

推论　平方数的正约数个数一定是奇数，非平方数的正约数个数一定是偶数。

这是因为，对于整数 b，如果 d 是它的正约数，则 b/d 也是它的正约数，d 和 b/d 是成对出现的，如图 31.1 所示，而且这些成对出现的正约数是分布在 $k=\sqrt{b}$ 左右两侧的。如果 b 是平方数，当 $d=b/d=\sqrt{b}$ 时，d 和 b/d 是同一个数，因此，b 的正约数个数一定是奇数。

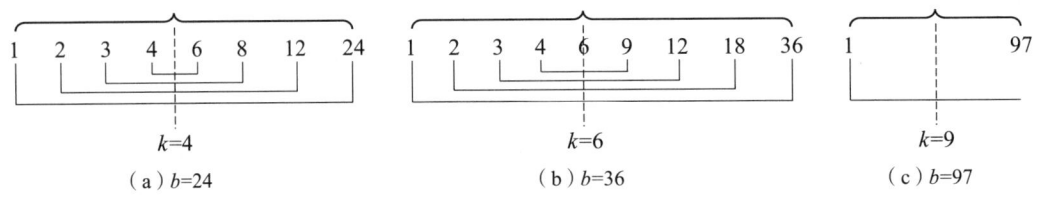

图 31.1　一个正整数的正约数是成对的

定义 3　设整数 $p \neq 0, \pm 1$。如果除了显然约数 ± 1 和 $\pm p$ 外，p 没有其他约数，则称 p 为**质数**（或**素数**）。若 $a \neq 0, \pm 1$，且 a 不是**质数**，则称 a 为**合数**。

注意，0、1、-1 既不是质数也不是合数。

【算法 1】

判断一个正整数 m 是否为质数的方法，详见本章案例 1。

100 以内的质数有 25 个：2, 3, 5, 7, 11, 13, 17, 19, 23, 29, 31, 37, 41, 43, 47, 53, 59, 61, 67, 71, 73, 79, 83, 89, 97。

1000 以内的质数有 168 个：2, 3, 5, 7, 11, 13, 17, 19, 23, 29, 31, 37, 41, 43, 47, 53, 59, 61, 67, 71, 73, 79, 83, 89, 97, 101, 103, 107, 109, 113, 127, 131, 137, 139, 149, 151, 157, 163, 167, 173, 179, 181, 191, 193, 197, 199, 211, 223, 227, 229, 233, 239, 241, 251, 257, 263, 269, 271, 277, 281, 283, 293, 307, 311, 313, 317, 331, 337, 347, 349, 353, 359, 367, 373, 379, 383, 389, 397, 401, 409, 419, 421, 431, 433, 439, 443, 449, 457, 461, 463, 467, 479, 487, 491, 499, 503, 509, 521, 523, 541, 547, 557, 563, 569, 571, 577, 587, 593, 599, 601, 607, 613, 617, 619, 631, 641, 643, 647, 653, 659, 661, 673, 677, 683, 691, 701, 709, 719, 727, 733, 739, 743, 751, 757, 761, 769, 773, 787, 797, 809, 811, 821, 823, 827, 829, 839, 853, 857, 859, 863, 877, 881, 883, 887, 907, 911, 919, 929, 937, 941, 947, 953, 967, 971, 977, 983, 991, 997。

10000 以内的质数有 1229 个。

100000 以内的质数有 9592 个。

1000000 以内的质数有 78498 个。

定理 3　若 a 是合数，则必有质数 p 满足 $p|a$。**合数 a 的最小非显然约数必为质数。**

定义 4　若整数 a 的因数 p 是质数，则称 p 为 a 的**质因数**（或**素因数**、**素除数**）。

定理 4（算术基本定理）　设整数 $a \geq 2$，那么 a 一定可以表示为若干个质数的乘积（包括 a 本身是质数），即：

$$a = p_1 p_2, \cdots, p_s \quad （1）$$

其中 $p_j(1 \leqslant j \leqslant s)$ 是质数。（1）式也称为 a 的**质因数分解式**。

定理5 设整数 $a \geqslant 2$：
若 a 是合数，则必有质数 p，使 $p|a$，$p \leqslant \sqrt{a}$；
若 a 有质因数分解式，则至少有一个质因数 $p \leqslant \sqrt{a}$。

 **筛选法求质数**

对于"筛选出给定范围内的所有质数"这一问题，公元前250年古希腊数学家埃拉托斯特尼提出了以下方法（简称为埃氏筛选法）。

【算法2】（埃氏筛选法求质数）

要求 $2 \sim N$（N 为 >2 的正整数）范围内的所有质数，可以依次删除 p 的倍数（保留 p 本身），p 为质数，且 $p \leqslant \sqrt{N}$，剩下的数就是质数。

以 $N=100$ 为例，只需要把 $\sqrt{100}=10$ 以内的质数（2、3、5、7）的倍数删除，2、3、5、7 本身保留，剩下的数就是质数了，如图31.2所示。

图31.2 用埃氏筛选法求质数

算法2的实现，详见本章案例2。

 **哥德巴赫猜想**

1742年，德国数学家哥德巴赫提出了著名的哥德巴赫猜想：任何一个大于2的偶数都可以表示为两个质数之和。

例如，4可以表示成 $4 = 2 + 2$，20可以表示成 $20 = 3 + 17$、$20 = 13 + 7$。

31.5 案例1：半质数

【题目描述】

质数（也称为素数）的定义：对于一个大于1的正整数，如果除了1和它本身再没有其他的正约数了，那么这个数就称为质数。例如，2、11、67、89是质数，8、20、27不是质数。

半质数的定义：对于一个大于1的正整数，如果它可以被分解成两个质数的乘积，则称该数为半质数，例如6是一个半质数，6 = 2 × 3，而12不是半质数，12=2×2×3。

你的任务是判断一个数是否为半质数。

【输入描述】

输入占一行，为一个整数N，$2 \leq N \leq 1000000$。

【输出描述】

如果N是半质数，则输出Yes，否则输出No。

【样例输入1】	【样例输出1】
6	Yes

【样例输入2】	【样例输出2】
12	No

【分析】

本题有以下两种解法。

方法1：用筛选法筛选出500000以内的所有质数（比较耗费时间），找到N的第一个质因数m，用二分查找判断N/m是否为质数。

方法2：无须筛选出500000以内的所有质数，只需找出N的第一个质因数m，再判断N/m是否为质数即可。如果从$i = 2$开始判断，则第一个因数也就是第一个质因数。

方法2的原理是：如果N是半质数，则N的质因数分解中只有两个质因数，即$N = p_1 \times p_2$，其中p_1和p_2都是质数。这是因为，如果N可以分解成3个（或3个以上）质数的乘积，即$N = p_1 \times p_2 \times p_3$，则任意选定一个质因数，比如$p_1$，则$N/p_1$都不是质数（因为是其他两个或多个质数的乘积）。因此，只需从2开始，找出N的第一个质因数m，判断N/m是否为质数即可。对1000000以内的绝大多数整数来说，找第一个因子通常都是很快的，只有像988027 = 991×997等少数整数需要多次判断才能找到第一个因子（如991）。

方法2的实现代码如下。

```
#include <bits/stdc++.h>
using namespace std;
```

```
int prime(int m)
{
    if(m<=1)   return 0;         //0,1既不是质数，也不是合数
    for(int i=2; i*i<=m; i++)
        if(m%i==0)   return 0; // 合数
    return 1;                    // 质数
}
int main( )
{
    int n;   cin >>n;
    for( int i=2; i*i<=n; i++ ) {
        if( n%i==0 ) {           // 第一个约数i一定是质数，当n/i也是质数时,n才是半质数
            if( prime(n/i) ){
                cout <<"Yes" <<endl;   return 0;
            }
        }
    }
    cout <<"No" <<endl;
    return 0;
}
```

31.6 案例2：筛选法求质数

【题目描述】

输入正整数 N，求 $1 \sim N$ 范围内质数的个数。

【输入描述】

输入占一行，为一个正整数 N, $2 \leq N \leq 10000000$。

【输出描述】

输出占一行，为一个整数，表示 $1 \sim N$ 范围内的质数个数。

【样例输入1】	【样例输出1】
1000	168
【样例输入2】	【样例输出2】
10000	1229

【分析】

以下讨论埃氏筛选法的实现。

首先在na数组中从na[2]～na[N]依次存放2～N的所有自然数。如图31.2所示，从p=2开始，只要na[p]不为0（na[p]的值就是p），就将na[p]的倍数（na[p]本身除外）删除，实现时只需将na数组里对应元素的值置为0即可。根据上述定理5，N以内的合数a，必有质数p，$p \leq N^{1/2}$，使$p|a$，所以p一直循环到sqrt(N)即可。最后，na数组中非零的元素就是保留下来的质数，再保存到pri数组中，变量num记录统计到的质数个数。

注意，算法2中要求p为质数，但在实现时（以下的ptable函数里），无须判断na[p]（其值就是循环变量p）是否为质数，因为如果na[p]为合数，根据定理5，它一定有小于它本身的质因数，从而na[p]在之前就已经被置为0了。

注意，在上述实现方法中，对于给定的质数p，依次删除p的2倍、3倍……直至超过N。而在筛选法的改进——线性筛法中，对于给定的自然数i，依次删除pri[0]的i倍、pri[1]的i倍……代码如下。

```
#include <bits/stdc++.h>
using namespace std;
#define MAXN 10000010
int na[MAXN];    // 初始时，na[i] 就是 i，存储所有的自然数，nature
int pri[MAXN];   // 存储所有的质数
int num;         // 1~N 范围内所有质数的个数
// 生成m以内的质数表
void ptable(int m)     // 求1~m范围内的质数并存储在pri数组
{
    int i, j, p;
    for(i=0; i<=m; i++)   na[i] = i;    // 先把1~m范围内的自然数准备好
    for(p=2; p*p<=m; p++){              // 如果p是质数，把p作为工具删除p的倍数
        if(na[p]){ // 只要na[p]不为0,na[p]没有被删除掉,na[p]就是p，一定是质数
            for(j=2*p; j<=m; j+=p)
                na[j] = 0;              // 将p的倍数那些位置上的数删除掉
        }
    }
    for(i=2, j=0; i<=m; i++){
        if(na[i])   pri[j++] = na[i];
    }
    num = j;
}
int main( )
{
    int n;   cin >>n;
    ptable(n);    // 把1~n范围内的质数筛选出来，并存储到一个表（数组）里
```

```
    cout <<num <<endl;
    /*for(int i=0; i<num; i++)     // 输出所有质数，每个质数占一行
        cout <<pri[i] <<endl;*/
    return 0;
}
```

上面的代码从质数 p 出发，删除 p 的倍数（保留 p 本身），可能会将同一个合数删除多次，例如，$n = 210$，当 $i = 2, 3, 5, 7$ 时，都会将 210 删除一次，当 n 很大时，就会很浪费时间。

埃氏筛选法的改进——线性筛法（欧拉筛法）

基本思想：保证每个合数只被它的最小质因数删除一次。

实现方法：增加一个数组 v，v[i] 存储自然数 i 的最小质因数；对于质数，它的最小质因数就是它本身；对当前检查的自然数 i，乘以当前质数表中前面的一些质数 pri[j]，pri[j]*i 一定是合数，且 pri[j] 是 pri[j]*i 的最小质因数，所以要删除合数 pri[j]*i，并设置 v[i*pri[j]] = pri[j]。但是当 i 的最小质因数 v[i]<pri[j] 时，要停止删除合数，因为 pri[j]*i, pri[j+1]*i, pri[j+2]*i… 的最小质因数不是 pri[j], pri[j+1], pri[j+2]…。思考一下，这是为什么？

回答：在当前这一轮删除合数的工作中，被删除的合数依次是：pri[0]*i, pri[1]*i, pri[2]*i,…, pri[j-1]*i。如果没有退出这个删除工作，接下来被删除的合数一定是 pri[j]*i，如果还没有结束，接下来又是 pri[j+1]*i。以 pri[j]*i 为例，假设 i = v[i]*t，代入前面的式子，得到 pri[j]*i = pri[j]*v[i]*t，显然 pri[j]*i 的最小质因数不是 pri[j]，至少 v[i] 比 pri[j] 小（v[i] 也是质数）。

按照上述方法实现的 ptable 函数的代码如下。

```
int v[MAXN];     //v[i] 保存 i 的最小质因数
int na[MAXN];    //na[i] 为 0 表示 i 是质数,na[i] 为 1 表示 i 不是质数
void ptable( int m )
{
    int i, j;
    na[0] = na[1] = 0;  // 约定 na[i] 为 1,则 i 为质数
    for(i=2; i<=m; i++)   na[i] = 1;   // 初始化全部为 1,即最初假设所有的数都为质数
    num = 0;
    for(i=2; i<=m; i++) {   // 检查每个自然数 i=2, …, m
        if(!na[i]){  // 若 i 是质数，保存至 pri 数组中
            pri[num++] = i;   v[i] = i;   // 质数 i 的最小质因数是其本身
        }
        // 对当前的自然数 i,乘以当前质数表中前面的一些质数 pri[j], 但不能超过 m
        for(j=0; j<num && pri[j]*i<=m; j++){
            if(v[i]<pri[j])   break; // 若 pri[j] 比 v[i] 大，则结束当前删除工作
            na[ pri[j]*i ] = 1;        //pri[j]*i 是合数
            v[i*pri[j]] = pri[j];   // 且 pri[j] 是 pri[j]*i 的最小质因数
        }
    }
}
```

上述方法要增加数组v，如果不引入数组v，则可以把"提前结束当前删除合数的工作"的条件改为：i%pri[j]==0。因为是从小到大枚举质数pri[j]，则pri[j]是pri[j]*i的最小质因数。当i%pri[j]==0（i是pri[j]的倍数，i = pri[j]*t）时，终止当前删除合数的工作。如果不终止，那么接下来要被删除的合数依次是pri[j+1], pri[j+2],…与i相乘得到的合数，但这些合数的最小质因数不是pri[j+1], pri[j+2],…。以pri[j+1]*i为例，pri[j+1]*i = pri[j+1]*pri[j]*t，它的最小质因数至少也应该是pri[j]。如果不停止删除合数工作，就会使一个合数被删除多次。

按照上述方法实现的ptable函数的代码如下。

```
void ptable( int m )
{
    int i, j;
    num = 0;
    for(i=2; i<=m; i++) {           // 检查每个自然数 i=2, …, m
        if(!na[i])  pri[num++] = i;    // 若 i 是质数，保存至 pri 数组中
        // 对当前的自然数 i，乘以当前质数表中前面的一些质数 pri[j]，但不能超过 m
        for(j=0; j<num && pri[j]*i<=m; j++){
            na[ pri[j]*i ] = 1;         //pri[j]*i 是合数
            // 若 i 是 pri[j] 倍数，结束当前删除工作 (if 语句不能放前面)
            if(i%pri[j] == 1)  break;
        }
    }
}
```

31.7 案例3：哥德巴赫猜想

【题目描述】

编程实现：对于一个给定的偶数n，输出哥德巴赫猜想中满足条件的质数对的个数。注意，在本题中，有两个质数p_1和p_2，(p_1, p_2)和(p_2, p_1)是同一个质数对。

【输入描述】

测试数据包含多次查询。测试数据第一行为正整数q，代表查询的次数，$2 \leq q \leq 10000$。接下来有q行，每行为一个整数n，n为偶数且范围在$[4, 2^{16}]$。

【输出描述】

输出占q行，对每次查询中的整数n，输出满足要求的质数对的个数。

【样例输入】   【样例输出】

2   1
6   2
10

【数据规模与约定】

对于20%的数据，$q \leq 100$。

对于50%的数据，$q \leq 1000$。

对于100%的数据，$q \leq 10000$，n为$[4, 2^{16}]$范围内的偶数。

【分析】

本题可以采用枚举法实现。对于任何一个大于2的偶数n，假设它可以表示成两个数之和：$n = a + b$，如果a和b都是质数，则这是一种满足要求的分解形式。枚举所有可能的(a, b)组合，判断是否满足题目的要求并进行计数，即可实现统计满足条件的质数对个数。

但是，对于每个偶数n，需要枚举近$n/4$个组合，每个组合都要判断a和b是否为质数，而每个偶数n的取值最大可达到$2^{16} = 65536$。所以，如果查询次数（q）太大，上述方法可能会超时。更好的方法是按以下3个步骤进行，其中步骤（2）最关键，也正是这一步很好地体现了枚举的思想。

（1）先采用筛选法求出2～65536的所有质数，保存在数组pri中；65536以内的质数共有6542个。注意，由于范围比较小且只筛选一次，本题采用埃氏筛选法的朴素实现。

（2）定义一个数组cnt，cnt[i]表示整数i（包括奇数和偶数）的满足条件的质数对个数。然后枚举所有不同的质数对(pri[i], pri[k])，其中pri[i]≤pri[k]，如果其和s不超过65536，则cnt[s]自增1，即对于s，找到一种分解形式。请注意，由于质数2是偶数，所以对于某些奇数，如25，也存在满足条件的质数对，如25 = 2 + 23。

（3）对于输入的每个偶数n，输出求得的质数对个数cnt[n]。

需要说明的是：这种方法前两个步骤花费的时间比较多，后一个步骤花费的时间相对少得多，所以如果查询次数比较少，则花费的时间不一定比直接枚举的方法少；但查询次数越多，每个偶数n越大，越能体现这种方法的高效率。代码如下。

```
#include <bits/stdc++.h>
using namespace std;
#define MAX 65536   //2^16 = 65536
int na[MAX+10];     // 初始时存放 2~MAX 的自然数
int pri[6550];      // 存储 65536 以内的质数，共有 6542 个
int cnt[MAX+10];    //cnt[i] 为整数 i(包括奇偶数) 的满足条件的质数对个数
int main( )
{
    int i, j, p, num = 0;    //num: 2~MAX 的质数个数
    // 筛选法求出 65536 以内的所有质数，依从小到大的顺序存放在 pri 数组中
```

```cpp
    for( i=0; i<=MAX; i++ )   na[i] = i;
    int k = sqrt(MAX);
    for( p=2; p<=k; p++ ) {
        if( na[p] ) {
            for( j=2*p; j<=MAX; j+=p )    //j 的初值为 2*p，每次 j 递增 p
                na[j] = 0;                // 删除 j 的倍数
        }
    }
    for( i=2, j=0; i<=MAX; i++ )          // 将 na 数组中剩下的质数保存到 pri 数组中
        if( na[i] )   pri[num++] = na[i];
    // 枚举所有不同的质数对 (pri[i], pri[k])，如果其和 s 不超过 MAX
    int s;    // 则 cnt[s] 自增 1，即对于 s，找到一种分解形式
    for( i=0; i<num; i++ ) {
        for( k=i; k<num; k++ ) {
            s = pri[i] + pri[k];
            if( s<=MAX )   cnt[s]++;
        }
    }
    int q, n;   cin >>q;           //q: 查询次数；n: 输入的偶数
    for(int i=1; i<=q; i++){
        cin >>n;
        cout <<cnt[n] <<endl;      // 对于输入的偶数 n，输出求得的质数对个数
    }
    return 0;
}
```

第 32 章
数论 2：最大公约数理论及应用

本章内容

本章介绍最大公约数的相关理论及其应用与案例解析。

32.1 最大公约数、互质、最小公倍数

定义1 设 a_1, a_2 为整数，如果 $d|a_1$ 且 $d|a_2$，那么，就称 d 为 a_1 和 a_2 的**公约数**。一般地，设 a_1, a_2, $\cdots$, a_k 是 k 个整数，如果 $d|a_1$, $\cdots$, $d|a_k$，那么，就称 d 为 a_1, a_2, $\cdots$, a_k 的**公约数**。

定义2 设 a_1, a_2 为不全为零的整数，把 a_1 和 a_2 的公约数中最大的整数称为 a_1 和 a_2 的**最大公约数**，记作 (a_1, a_2)。一般地，设 a_1, a_2, $\cdots$, a_k 是 k 个不全为零的整数，把 a_1, a_2, $\cdots$, a_k 的公约数中最大的整数称为 a_1, a_2, $\cdots$, a_k 的**最大公约数**，记作 $(a_1, a_2, \cdots, a_k)$。注意，对不为零的整数 a，有 $(a, 0) = a$。

定理1 最大公约数的性质如下。

（1）对任意的整数 x，$(a_1, a_2) = (a_1, a_2, a_1 x)$，$(a_1, \cdots, a_k) = (a_1, \cdots, a_k, a_1 x)$。

（2）对任意的整数 x，$(a_1, a_2) = (a_1, a_2 + a_1 x)$。

定义3 若 $(a_1, a_2) = 1$，则称 a_1 和 a_2 是**互质**的。一般地，若 $(a_1, \cdots, a_k) = 1$，则称 $a_1, \cdots, a_k$ 是互质的。例如，3 和 8 互质，8 和 9 互质。a_1 和 a_2 是否互质与 a_1 和 a_2 是否为质数没有直接联系，但是如果 a_1 和 a_2 均为质数（$a_1 \neq a_2$），那么 a_1 和 a_2 肯定互质，如果 a_1 是质数，且 a_2 不是 a_1 的倍数，那么 a_1 和 a_2 也一定互质。

定理2 如果存在整数 $x_1, \cdots, x_k$，使 $a_1 x_1 + \cdots + a_k x_k = 1$，则 $a_1, \cdots, a_k$ 是互质的。

例如，8 和 9 互质，取 $x_1 = -1$，$x_2 = 1$，则 $8x_1 + 9x_2 = 1$。

又如，7 和 9 互质，取 $x_1 = 4$，$x_2 = -3$，则 $7x_1 + 9x_2 = 1$。

定义4 设 a_1, a_2 为不等于零的整数，如果 $a_1|l$ 且 $a_2|l$，则称 l 是 a_1 和 a_2 的公倍数。一般地，设 $a_1, \cdots, a_k$ 是 k 个均不等于零的整数，如果 $a_1|l, \cdots, a_k|l$，则称 l 是 $a_1, \cdots, a_k$ 的**公倍数**。

定义5 设 a_1, a_2 为不等于零的整数，把 a_1 和 a_2 的正的公倍数中最小的整数称为 a_1 和 a_2 的**最小公倍数**，记作 $[a_1, a_2]$。一般地，设 $a_1, \cdots, a_k$ 是 k 个均不等于零的整数，把 $a_1, \cdots, a_k$ 的正的公倍数中最小的整数称为 $a_1, \cdots, a_k$ 的**最小公倍数**，记作 $[a_1, \cdots, a_k]$。

定理3 最小公倍数的性质如下。

（1）若 $a_2|a_1$，则 $[a_1, a_2] = a_1$；若 $a_j|a_1$，$2 \leq j \leq k$，则 $[a_1, \cdots, a_k] = a_1$。

（2）对任意的 $d|a_1$，$[a_1, a_2] = [a_1, a_2, d]$；$[a_1, \cdots, a_k] = [a_1, \cdots, a_k, d]$。

（3）设 $m > 0$，则有 $[ma_1, \cdots, ma_k] = m[a_1, \cdots, a_k]$。

32.2 带余数除法与辗转相除法

求最大公约数可以采用辗转相除法。首先介绍带余数除法。

定理4（带余数除法） 设 a 与 b 是两个给定的整数，$a \neq 0$。那么一定存在唯一的一对整数 q 和 r，使 $b = qa + r$，$0 \leq r < |a|$。此外，$a|b$ 的充要条件是 $r = 0$。

定理5 设 a 与 b 是两个给定的整数，$a \neq 0$，再设 d 是一个给定的整数。那么一定存在唯一的一对整数 q_1 和 r_1，使 $b = q_1 a + r_1$，$d \leq r_1 < |a| + d$。此外，$a|b$ 的充要条件是 $a|r_1$。

定理6 设整数 $a>0$，则任意正整数被 a 除后，其余数必为 $0, 1, \cdots, a-1$ 这 a 个数中的一个，且仅有一个。

定理7（辗转相除法） 设 u_0, u_1 是给定的两个整数，$u_1 \neq 0$，$u_1 \nmid u_0$，则一定可以重复应用带余数除法得到下面 $k+1$ 个等式。

$$
\begin{aligned}
u_0 &= q_0 u_1 + u_2, & 0 < u_2 < |u_1|, \\
u_1 &= q_1 u_2 + u_3, & 0 < u_3 < u_2, \\
u_2 &= q_2 u_3 + u_4, & 0 < u_4 < u_3, \\
&\vdots & \vdots \\
u_{k-2} &= q_{k-2} u_{k-1} + u_k, & 0 < u_k < u_{k-1}, \\
u_{k-1} &= q_{k-1} u_k + u_{k+1}, & 0 < u_{k+1} < u_k, \\
u_k &= q_k u_{k+1}
\end{aligned}
$$

此时，$u_{k+1} = (u_0, u_1)$。

以上算法就称为**辗转相除法**或**欧几里得算法**。辗转相除法就是反复将较大的数表示成"较小的数的若干倍+余数"，直至余数为0，此时较小的数就是最大公约数。

【算法1】 用辗转相除法求最大公约数

设 a, b 是给定的两个整数，并设 a 为这两个整数中的较大者，b 为较小者（如果不满足，交换 a 和 b 即可），$b \neq 0$。

（1）令 $m = a$，$n = b$。

（2）取 m 对 n 的余数，即 $r = m \% n$，如果 r 的值为0，则此时 n 的值就是 a 和 b 的最大公约数，否则执行第（3）步。

（3）令 $m = n$，$n = r$，即取 m 的值为 n 的值，而 n 的值为余数 r，并转向第（2）步。

整个算法的流程如图32.1所示。注意，对绝大多数整数对来说，只需2~3次循环就可以求出最大公约数了。例如，假设输入的两个正整数为18和33，则交换后 $a = 33$，$b = 18$，用辗转相除法求两个整数的最大公约数的过程如图32.2所示。

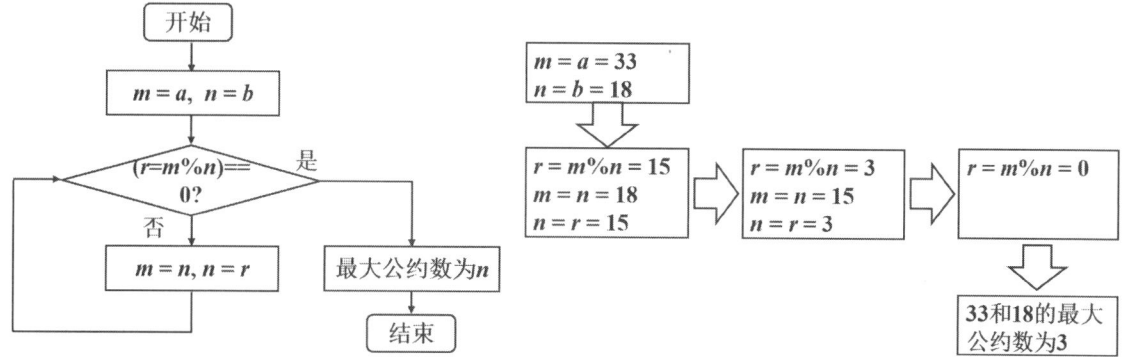

图32.1 辗转相除法的流程图　　图32.2 辗转相除法求两个整数的最大公约数

欧几里得算法可以采用非递归方式（循环结构）实现，也可以采用递归方式实现（对绝大多数整数对来说，只需2～3次递归调用就可以结束了）。

（1）用非递归方式（循环结构）实现。

图32.1所示的辗转相除法流程图本身就包含循环结构，因此可以用循环实现。代码如下。

```
#include <bits/stdc++.h>
using namespace std;
int gcd( int m, int n )        //求m和n的最大公约数
{
    if(n==0)  return m;    //(m, 0) = m
    int r;
    while( (r=m%n)!=0 ){ m = n; n = r; }
    return n;
}
int main( )
{
    int a, b;  cin >>a >>b;
    if( a<b )  swap(a, b);     //交换a和b, 使a为两者中的较大者
    cout <<gcd(a, b) <<endl;
    return 0;
}
```

注意，在main函数中，如果$a<b$，但不交换，直接调用gcd函数，也能求得最大公约数，只不过gcd函数中的while循环要多执行一次，第一次循环就是交换两个数。

（2）用递归方式实现。

辗转相除法也可以采用递归方法实现。其递归思想是：在求最大公约数的过程中，如果n的值为0，则最大公约数就是m；否则递归求n和$m\%n$（就是余数r）的最大公约数。因此，上述代码中的gcd函数可改写成如下形式。

```
int gcd( int m, int n )        //求m和n的最大公约数
{
    if( n==0 )  return m;   //(m, 0) = m
    else   return gcd(n, m%n);
}
```

在使用上述递归函数gcd求gcd(33, 18)时，要递归调用gcd(18, 15)；在执行gcd(18, 15)时又递归调用gcd(15, 3)；在执行gcd(15, 3)时又递归调用gcd(3, 0)；最后在执行gcd(3, 0)时，因为参数b的值为0，所以最终求得的最大公约数为3。

注意，不管是用非递归方式还是递归方式，辗转相除法的效率都非常高，原因是在将m对n取余（$m\%n$）时，会从m中去除n的很多倍，直至不足n为止，所以，m和n的值减小得非常快。但有一些数（如55和34）使用辗转相除法的效率很低，每次都只能从较大数里去除较小数的1倍，或者

说 $m = n + r$（r 为 $m\%n$），这些数其实构成了斐波那契数列（第1、2项分别为1、2，此后每一项都是前面两项之和）。

 32.3 最大公约数理论

定理8 多个数的最大公约数，可以通过逐步求两个数的最大公约数来实现。用数学语言来表示就是以下两个式子。

（1）$(a_1, a_2, a_3, \cdots, a_k) = ((a_1, a_2), a_3, \cdots, a_k)$。

（2）$(a_1, \cdots, a_{k+r}) = ((a_1, \cdots, a_k), (a_{k+1}, \cdots, a_{k+r}))$。

【算法2】 求多个数的最大公约数的算法

根据上述定理，可以得到求多个数的最大公约数的算法。

定理9（最大公约数和最小公倍数的关系） $[a_1, a_2](a_1, a_2) = |a_1 a_2|$，即 $[a_1, a_2] = |a_1 a_2|/(a_1, a_2)$。

【算法3】 求最小公倍数的算法

根据上面的定理可得到求最小公倍数的算法。

定理10 多个数的最小公倍数也可以通过逐步求两个数的最小公倍数来实现。用数学语言来表示就是以下两个式子。

（1）$[a_1, a_2, a_3, \cdots, a_k] = [[a_1, a_2], a_3, \cdots, a_k]$。

（2）$[a_1, \cdots, a_{k+r}] = [[a_1, \cdots, a_k], [a_{k+1}, \cdots, a_{k+r}]]$。

【算法4】 求多个数的最小公倍数的算法

根据上述定理，可以得到求多个数的最小公倍数的算法。

定理11 设 $a_1, \cdots, a_k$ 是不全为0的整数，则有以下内容。

（1）$(a_1, \cdots, a_k) = \min\{s = a_1 x_1 + \cdots + a_k x_k : x_j \in \mathbf{Z}\ (1 \leq j \leq k),\ s > 0\}$，即 $a_1, \cdots, a_k$ 的最大公约数等于 $a_1, \cdots, a_k$ 的所有整数线性组合组成的集合 S 中的最小整数。

（2）一定存在一组整数 $x_{1,0}, \cdots x_{k,0}$，使得

$$(a_1, \cdots, a_k) = a_1 x_{1,0} + \cdots + a_k x_{k,0} \tag{1}$$

问题： 给定正整数 a 和 b，求满足以下式子的整数 x 和 y：

$$(a, b) = xa + yb \tag{2}$$

例如，$(81, 111) = 3$，由于 $81 \times 11 + 111 \times (-8) = 3$，因此 $x=11$，$y=-8$。

【算法5】 扩展欧几里得算法

求上述问题的算法，并能同时求出 (a, b)。

算法执行过程：设 a 和 b 为两个整数（假设 $a>b$），如果 b 为0，则 $x = 1$，$y = 0$ 即为所求，且最大公约数为 a；否则递归地求解 b 和 $a\%b$ 的同类问题（设解为 x_2 和 y_2），并且 $x = y_2$，$y = x_2 - a/b y_2$ 为所

求的解。注意：a/b是整数的除法，不保留小数；如果a<b，不用交换a和b、直接执行算法也可以。

求解x, y的方法的理解：设a>b，显然当b = 0，gcd(a, b) = a时，x = 1，y = 0；当ab≠0时，设

$$ax_1 + by_1 = \gcd(a, b);$$
$$bx_2 + (a\%b)y_2 = \gcd(b, a\%b);$$

根据欧几里得算法，有gcd(a, b) = gcd(b, a%b)，则$ax_1 + by_1 = bx_2 + (a\%b)y_2$。

即

$$ax_1 + by_1 = bx_2 + (a - (a/b)b)y_2 = ay_2 + b(x_2 - (a/b)y_2)$$

根据恒等定理得：$x_1 = y_2$，$y_1 = x_2 - (a/b)y_2$。这样我们就基于x_2和y_2得到了求解x_1和y_1的方法。
扩展欧几里得算法的实现代码如下。

```
int ext_gcd( int a, int b, int& x, int& y )
{
    int t, ret;
    if( !b ) {    //b==0    (a, 0) = a*1 + b*0
        x = 1, y = 0;    return a;
    }
    ret = ext_gcd( b, a%b, x, y );
    t = x, x = y, y = t-a/b*y;      // [记忆] 类似于交换x和y的3行代码
    return ret;
}
```

关于扩展欧几里得算法的实现，有以下注意事项。

（1）形参x和y必须定义成有符号的整数（如int），因为x和y可能取负数。

（2）形参x和y必须定义引用类型。

（3）当(a, b)=1，即a和b互质时，可以用扩展欧几里得算法求a对模b的逆（为x），以及b对模a的逆（为y），但求得的x可能会小于0或大于b，求得的y可能会小于0或大于a，所以要用以下代码修正。注意：a对模b的逆是同余理论中的概念，详见本书第34章。

```
x = (x % b + b) % b;    //防止x<0或x>b做的修正
y = (y % a + a) % a;    //防止y<0或y>a做的修正
```

32.4　案例1：等差数列

【题目描述】

数学老师给小明出了一道等差数列求和的题目，但是粗心的小明忘记了一部分的数列，只记得其中n个整数。

现在给出这 n 个整数，小明想知道包含这 n 个整数的最短的等差数列有几项。

【输入描述】

输入的第一行包含一个整数 n。

第二行包含 n 个整数 $a_1, a_2, \cdots, a_n$。注意，$a_1 \sim a_n$ 并不一定是按等差数列中的顺序给出的。

【输出描述】

输出一个整数，表示答案。

【样例输入】　　　　　　　　　　　　　　【样例输出】

5　　　　　　　　　　　　　　　　　　　10
2 6 4 10 20

【样例输入/输出说明】

包含 2、6、4、10、20 的最短的等差数列是 2, 4, 6, 8, 10, 12, 14, 16, 18, 20。

【数据规模与约定】

对于所有评测用例，$2 \leqslant n \leqslant 100000$，$0 \leqslant a_i \leqslant 10^9$。

【分析】

假设这个等差数列是上升的，那么就是将输入的数从小到大排序，然后往里面插入一些数字，使其变成一个等差数列。

假设公差为 d，数的个数就是 $[(\max-\min)/d]+1$。

如何求 d 呢？显然排序后的整数，每两个整数之间的间隔都是 d 的倍数，公差 d 越大，等差数列越短，所以只需要把所有相邻两个整数的差做一遍求最大公约数即可。

需要注意，如果所有的数相同，它也是等差数列，这种情况下就直接输出 n。

代码如下。

```
#include <bits/stdc++.h>
using namespace std;
int a[100005], n, ans;
int gcd(int u, int v) {    // 求最大公约数
    if(v==0)   return u;   // 考虑 v 为 0 的特殊情况
    else   return gcd(v, u%v);
}
int main()
{
    int i;
    cin >> n;
    for(i = 0; i < n; i++)
        cin >> a[i];
    sort(a, a + n);    // 排序（从小到大）
```

```
    if(a[n - 1] - a[0] == 0){    // 若每一项都相同，直接输出 n
        cout << n;  return 0;
    }
    ans = a[1] - a[0];    // 求相邻 2 项差的最大公约数
    for(i = 2; i < n; i++)
        ans = gcd(ans, a[i] - a[i - 1]);
    cout << (a[n - 1] - a[0]) / ans + 1;
    return 0;
}
```

32.5 案例2：最大公约数和最小公倍数

【题目描述】

输入两个正整数 x_0, y_0，求出满足下列条件的 P, Q 的个数。

（1）P, Q 是正整数。

（2）要求 P, Q 以 x_0 为最大公约数，以 y_0 为最小公倍数。

试求：满足条件的所有可能的 P, Q 的个数。

【输入描述】

输入一行，表示两个正整数 x_0, y_0。

【输出描述】

输出一行，表示满足条件的 P, Q 的个数。

【样例输入】	【样例输出】
3 60	4

【样例输入/输出说明】

P, Q 有 4 种：3, 60；15, 12；12, 15；60, 3。

【数据规模与约定】

对于 100% 的数据，$2 \leq x_0, y_0 \leq 10^5$。

【分析】

本题虽然名为"最大公约数和最小公倍数"，但其实是一道质因数分解的问题。关于质因数分解，详见本书下一章。

注意，$x_0 \leq P, Q \leq y_0$，且 $P \times Q = x_0 \times y_0$，因此只要 P 的值确定了，Q 的值也就确定了。

首先，如果 x_0 不能整除 y_0，那么答案肯定为 0，直接输出 0 即可。

其次，如果 x_0 能整除 y_0，由于 $P \times Q = x_0 \times y_0$，将 y_0 分解为 $x_0 \times n$，因此 $P \times Q = x_0 \times x_0 \times n$，将一个 x_0 归

到 P，另一个 x_0 归到 Q，因此 P 和 Q 的最大公约数为 x_0。然后对 n 进行质因数分解，假设 n 的标准质因数分解式为：$n = p_1^{\alpha_1} p_2^{\alpha_2} \cdots p_s^{\alpha_s}$，则对于其中的任意一个质因数 p_i，要么 P 能被 p_i 整除，要么 Q 能被 p_i 整除，但 P 和 Q 不能同时被 p_i 整除，否则它们的最大公约数就变成了 $x_0 \times p_i$。所以对每个不同的质因数 p_i，$p_i^{\alpha_i}$ 要么全部归到 P，要么全部归到 Q，所以总的方案数就是 2^s。

以样例数据为例，$n=y_0/x_0=20$，而 $20=2^2\times5^1$，$s = 2$，$P = x_0 \times 2^u \times 5^v$，$u$ 的取值为 0 或 2，v 的取值为 0 或 1，共有 4 种组合。

以下代码用 cnt 来表示不同的质因数个数，即 s。代码如下。

```
#include <bits/stdc++.h>
using namespace std;
int n, x, y, cnt;     //cnt 为 (y/x) 的不同的质因数的个数
int main( )
{
    cin >>x >>y;
    if(y % x){
        cout <<0 <<endl;   return 0;
    }
    n = y / x;
    for(int i = 2; i*i <= n; i++){
        if(n % i == 0){
            cnt ++;
            while(n%i == 0)   n /= i;   // 从 n 中去除 i 的若干倍，以便找下一个不同的质因数
        }
    }
    if(n > 1)   cnt++;    // 特殊情形：循环结束后如果 n>1，它的值就是初始 n 的最大质因数
    cout <<( 1LL << cnt ) << endl;
    return 0;
}
```

32.6 格点问题

在直角坐标系中，x 坐标和 y 坐标均为整数的点，称为**格点**，也称为**整点**，如图 32.3（a）所示。在网格坐标系中，网格中方格的行坐标和列坐标也均为整数，因此方格有时也可以视为格点进行处理，如图 32.3（b）所示。

格点问题的处理有时需要用到数论中的知识，比如求最大公约数的算法，详见案例 3。

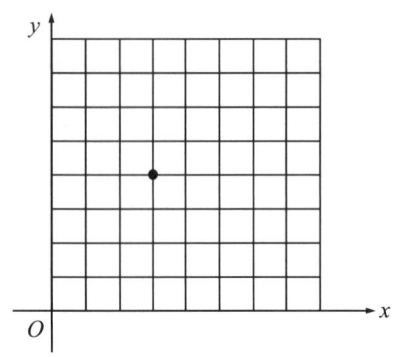
（a）直角坐标系中的格点

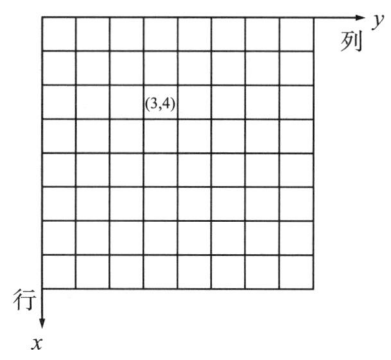
（b）网格坐标系中的方格

图 32.3　格点

 案例3：兔八哥与猎人

【题目描述】

兔八哥躲藏在树林旁边的果园里。果园有 $M \times N$ 棵树，组成了一个 M 行 N 列的矩阵，水平或垂直相邻的两棵树的距离为1。兔八哥在一棵果树下。

猎人背着猎枪走进了果园，他爬上一棵果树，准备杀死兔八哥。

如果猎人与兔八哥之间没有其他的果树，猎人就可以看到兔八哥。

已知猎人和兔八哥的位置，编写程序判断兔八哥所在的位置是否安全。

【输入描述】

输入第一行为 n，表示有 n 组数据，每组数据的第一行为两个正整数 a_x 和 a_y，表示猎人的位置；第二行为两个正整数 b_x 和 b_y，表示兔八哥的位置。

【输出描述】

输出 n 行，每行为 yes 或 no，表示兔八哥的位置是否安全。

【样例输入】　　　　　　　　　　【样例输出】

```
1                                no
1 1
1 2
```

【数据规模与约定】

$1 \leq n \leq 10^5$，$1 \leq a_x, a_y, b_x, b_y \leq 10^8$。

【分析】

如图32.4（a）所示，不管猎人和兔八哥的相对位置是怎样的，通过平移和左右翻转、水平翻转，总是可以转换成如图32.4（b）所示的一般情形。

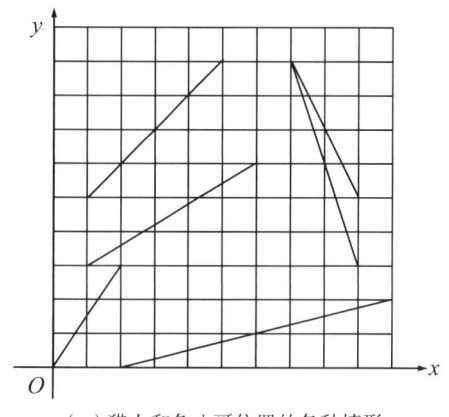

（a）猎人和兔八哥位置的各种情形

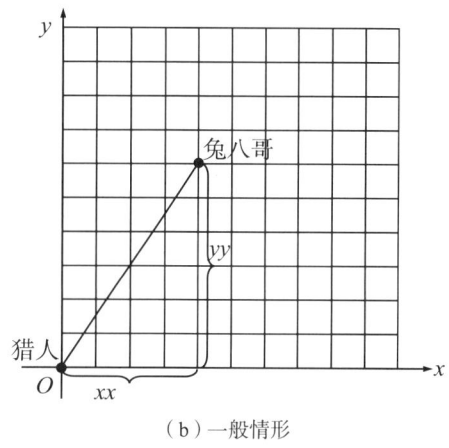

（b）一般情形

图32.4　兔八哥与猎人

记猎人和兔八哥x坐标差的绝对值为xx，y坐标差的绝对值为yy。当$\gcd(xx, yy)$为1时，猎人和兔八哥之间没有格点，即他们之间没有树挡着，猎人就可以看到兔八哥；否则，即$\gcd(xx, yy)=d\neq1$，猎人和兔八哥之间就有格点，兔八哥就是安全的，例如$(xx/d, yy/d)$就一定是位于猎人和兔八哥连线上的一个格点。

本题还要处理一种特殊情况：由于在取余运算里，模不能为0，所以对于xx为0或yy为0的情形，要特殊处理一下。

代码如下。

```
#include <bits/stdc++.h>
using namespace std;
int gcd(int u, int v) {    //求最大公约数
    if(v==0)   return u;   //考虑v为0的特殊情况
    else   return gcd(v, u%v);
}
int main( )
{
    int ax, ay, bx, by;
    int n;   cin >>n;
    while(n--){
        cin >>ax >>ay >>bx >>by;
        int xx = abs(ax-bx), yy = abs(ay-by);
        if(xx==0 or yy==0){     //特殊情形
```

```
                if(xx==0 and yy>1)   cout <<"yes" <<endl;
                else if(yy==0 and xx>1)   cout <<"yes" <<endl;
                else   cout <<"no" <<endl;
                continue;
            }
            if(gcd(xx, yy)==1)   cout <<"no" <<endl;
            else   cout <<"yes" <<endl;
        }
        return 0;
    }
```

第33章
数论3：唯一分解定理及应用

本章内容

本章介绍唯一分解定理及其应用与案例解析。

33.1 唯一分解定理

定理1 唯一分解定理（算术基本定理）。

设整数$a \geq 2$，那么a一定可以表示为若干个质数的乘积（包括a本身是质数的情况），即：

$$a = p_1 p_2 \cdots p_t \tag{1}$$

其中$p_j (1 \leq j \leq t)$是质数，且在不考虑质数排列顺序的意义下，式（1）是唯一的。

把式（1）中相同的质数合并，得：

$$a = p_1^{\alpha_1} p_2^{\alpha_2} \cdots p_s^{\alpha_s} \tag{2}$$

式（2）是a的**标准质因数分解式**。

例如，$6600 = 2 \times 2 \times 2 \times 3 \times 5 \times 5 \times 11 = 2^3 \times 3^1 \times 5^2 \times 11^1$，最后一个式子就是6600的标准质因数分解式。

【**算法1**】求正整数a的标准质因数分解式。详见本章案例1。

定理2 设a为正整数，$\tau(a)$表示a的所有正除数的个数（包括1和a本身），$\tau(a)$通常称为a的**除数函数**。那么，$\tau(1)=1$，若$a>1$且有标准质因数分解式（2），则

$$\tau(a) = (\alpha_1 + 1)(\alpha_2 + 1) \cdots (\alpha_s + 1) = \tau(p_1^{\alpha_1}) \cdots \tau(p_s^{\alpha_s}) \tag{3}$$

由分解式（2）可知，a的正除数可以表示成$p_1^{i_1} p_2^{i_2} \cdots p_s^{i_s}$，$i_1$的取值为$0 \sim \alpha_1$（共$\alpha_1+1$个取值），$i_2$的取值为$0 \sim \alpha_2$，$\cdots$，$i_s$的取值为$0 \sim \alpha_s$，根据排列组合中的乘法原理，可得式（3）。例如，24的正除数有1、2、3、4、6、8、12、24、一共是8个，而$24 = 2^3 \times 3^1 \Rightarrow \tau(24) = (3+1) \times (1+1) = 8$。

定理3 设a为正整数，$\sigma(a)$表示a的所有正除数之和，$\sigma(a)$通常称为a的**除数和函数**。那么，$\sigma(1)=1$，当$a>1$且有标准质因数分解式（2），则

$$\sigma(a) = \frac{p_1^{\alpha_1+1}-1}{p_1-1} \cdots \frac{p_s^{\alpha_s+1}-1}{p_s-1} = \prod_{j=1}^{s} \frac{p_j^{\alpha_j+1}-1}{p_j-1} = \sigma(p_1^{\alpha_1}) \cdots \sigma(p_s^{\alpha_s}) \tag{4}$$

例子：$24=2^3 \times 3^1$，24的8个正除数依次为$2^0 \times 3^0$、$2^1 \times 3^0$、$2^0 \times 3^1$、$2^2 \times 3^0$、$2^1 \times 3^1$、$2^3 \times 3^0$、$2^2 \times 3^1$、$2^3 \times 3^1$，这8个正除数其实是$(2^0+2^1+2^2+2^3) \times (3^0+3^1)$的展开式中的8项，因此24的正除数的和就是$(2^0+2^1+2^2+2^3) \times (3^0+3^1)$，而$(2^0+2^1+2^2+2^3)$是$2^3$的所有正除数的和，$(3^0+3^1)$是$3^1$的所有正除数的和，因此$\sigma(24)=\sigma(2^3) \times \sigma(3^1)$。

由分解式（2）及上面的例子可知，$\sigma(a) = \sigma(p_1^{\alpha_1}) \cdots \sigma(p_s^{\alpha_s})$，而$p_1^{\alpha_1}$的正除数依次为$p_1^0$，$p_1^1$，$\cdots$，$p_1^{\alpha_1}$，根据等比数列求和公式，可知它们的和为$(p_1^{\alpha_1+1}-1)/(p_1-1)$。

【**算法2**】求正整数a的所有正除数个数和所有正除数的和。详见本章案例2。

33.2 符号$[x]$，$n!$的分解式

问题的引入：任何一个正整数n，都可以分解为一系列质数的乘积，那么$n!$是否也可以分解为

一系列质数的乘积呢？答案是肯定的，因为 $n!$ 也是一个整数。

进一步，在 $n!$ 的标准质因数分解式里，$1 \sim n$ 范围内的每个质数都会出现，所以 $n!$ 的标准质因数分解式一定是：

$$n! = 2^{\alpha_1} 3^{\alpha_2} 5^{\alpha_3} 7^{\alpha_4} \cdots p_s^{\alpha_s} \tag{5}$$

其中 p_s 是 n 以内最大的质数。

现在的问题是如何确定每个质数 p_i 的指数 α_i。以 $p_3 = 5$ 为例，5 的指数是怎么产生的呢？一定是 $1 \sim n$ 这些数里包含了 5 的倍数，每一个 5 的倍数会分解出 1 个 5，每一个 25 的倍数会分解出 2 个 5，每一个 125 的倍数会分解出 3 个 5，每一个 625 的倍数会分解出 4 个 5……所以 5 的指数就是 $n/5+n/25+n/125+n/625+\cdots$。注意，这里的除法是 C/C++ 语言里整数的除法，不保留小数。$n/5$ 表示 $1 \sim n$ 范围内 5 的倍数的个数，每 5 个数恰有一个是 5 的倍数；25 的倍数也是 5 的倍数，本来每一个 25 的倍数要分解出 2 个 5，但 $n/5$ 已经把 25 的倍数算了一遍，所以只能加上 $n/25$；同理还要加上 $n/125, n/625, \cdots$。

事实上，每个质数 p_i 的指数 α_i 都可以采用这种方式来计算，这就是下面的定理 4。

定义 1 设 x 是实数，$[x]$ 表示不超过 x 的最大整数，称为 x 的整数部分，即 $[x]$ 是一个整数，且满足：

$$[x] \leq x < [x]+1 \tag{6}$$

有时也把符号 $[x]$ 记为 $\lfloor x \rfloor$，称为**向下取整**。记 $\{x\} = x - [x]$，称为 x 的小数部分。

定义 2 设 k 是非负整数，$a^k \parallel b$ 表示 **b 恰好被 a 的 k 次方整除**，即 $a^k | b$，$a^{k+1} \nmid b$。

定理 4 设 n 为一个给定的正整数，p 是一个给定的质数，$\alpha = \alpha(p, n)$ 表示 $p^\alpha \parallel n!$。那么 α 可以通过式（7）计算：

$$\alpha = \alpha(p, n) = \sum_{j=1}^{\infty} \left[\frac{n}{p^j} \right] \tag{7}$$

说明：式（7）实际上是一个有限和，因为必有整数 k 满足 $p^k \leq n < p^{k+1}$，此后，对大于 k 的正整数 j，$[n/p^j]$ 为 0。这样式（7）就是：

$$\alpha = \sum_{j=1}^{k} \left[\frac{n}{p^j} \right] \tag{8}$$

【**算法 3**】计算 $n!$ 的标准质因数分解式。

利用前面的定理 1 和定理 4 可以计算 $n!$ 的标准质因数分解式，其实现详见本章案例 3。

【**算法 4**】计算 $n!$ 末尾有多少个 0。

求出 $n!$ 的标准质因数分解式后，很容易计算出 $n!$ 末尾有多少个 0。注意，这个问题有简单的解决方法：由于 $n!$ 的标准质因数分解式中因子 2 的指数一定大于 5 的指数，所以 $n!$ 末尾 0 的个数其实就是 5 的指数，答案就是 $n/5 + n/25 + n/125 + n/625 + \cdots$，一直加到某一项的值为 0 为止。

33.3 案例1：求标准质因数分解式

【题目描述】

输入一个正整数，输出它的标准质因数分解式。

【输入描述】

输入占一行，为一个正整数 n，$2 \leq n \leq 1000000$。

【输出描述】

输出占一行，为正整数 n 的标准质因数分解式，格式详见样例输出。

【样例输入1】

```
1024
```

【样例输出1】

```
1024=2^10
```

【样例输入2】

```
1023
```

【样例输出2】

```
1023=3^1*11^1*31^1
```

【分析】

本题定义 pri[ ] 数组存储 n 的不同的质因数，pri[1] 为第1个质因数。定义 idx[ ] 数组存储每个质因数的指数，变量 num 表示不同的质因数的个数。

dec(a) 函数巧妙地求出了 a 的所有不相同的质因数，并求出了各质因数的指数，但全程没有涉及质数的判断。方法是：将 pri[ ] 数组和 idx[ ] 数组清空，t 的初始值为 a，从 $i=2$ 开始判断，如果 i 能够整除 t，则 i 是 a 的质因数，将 i 存入 pri 数组，然后反复用 t 除以 i，直至不能除尽为止，在这个过程中累加指数。然后，i 递增1，寻找下一个质因数。

之所以不需要判断 i 是否为质数，是因为正整数 t 的最小非显然约数 i 一定是质数。将 t 反复除以 i，这样就能从 t 中去除 i 的成分，对剩下的 t，它的最小非显然约数也是质数。

例如，设 $t=280$，因为 2|280，所以 2 是 280 的最小非显然约数，是质数。然后反复将 280 除以 2 三次，剩下 35；35 的最小非显然约数是 5，也是质数，35 除以 5，剩下 7；7 的最小非显然约数是 7，也是质数。代码如下。

```cpp
#include <bits/stdc++.h>
using namespace std;
#define N 100
int pri[N];          // 质因数 (prime[1] 为第1个质因数)
int idx[N];          // 对应的指数
int num;             // 质因数的个数
void dec( int a )    // 巧妙地求出了所有不相同的质因数，并求出了各质因数的指数
{
```

```
        int t = a, i;
        for( i=2; i<=t; i++) {
                        // 最后一轮循环 t 为 a 的最大质因数，然后 t/i 变为 1，此后结束循环
            if( t%i==0 ) {   //i 为质因数
                pri[++num] = i;
                while(t%i==0)   t /= i,   idx[num]++;
            }
        }
}
int main( )
{
    int n;   cin >>n;
    dec(n);
    cout <<n <<"=";
    cout <<pri[1] <<"^" <<idx[1];
    for(int i=2; i<=num; i++)
        cout <<"*" <<pri[i] <<"^" <<idx[i];
    cout <<endl;
    return 0;
}
```

注意，dec 函数还有另一种写法，详见以下代码。但这种写法在 for 循环结束后还要判断 t 是否大于 1。如果 for 循环结束后 t 为 1，则在 a 的质因数分解式中，最大质因数的指数至少为 2；如果 for 循环结束后 t>1，则在 a 的质因数分解式中，最大质因数的指数为 1，t 就是 a 的最大质因数。代码如下。

```
void dec( int a )    // 巧妙地求出了所有不相同的质因数，并求出了各质因数的指数
{
    int t = a, i;
    for( i=2; i*i<=t; i++) {
        if( t%i==0 ) {   //i 为质因数
            pri[++num] = i;
            while(t%i==0)   t /= i,   idx[num]++;
        }
    }
    if(t>1){   //t 是 a 的最大质因数
        pri[++num] = t;   idx[num]++;
    }
}
```

33.4 案例2：正除数个数和正除数的和

【题目描述】

输入一个正整数，输出它的正除数个数和正除数的和。

【输入描述】

输入占一行，为一个正整数n，$2 \leq n \leq 1000000$。

【输出描述】

输出占两行，第一行为n的正除数的个数，第二行为n的正除数的和。

【样例输入1】	【样例输出1】
1024	11
	2047

【样例输入2】	【样例输出2】
1023	8
	1536

【分析】

求出正整数n的标准质因数分解式后，根据定理2和定理3，求n的所有正除数个数和所有正除数的和就非常简单了，本题分别定义tao()函数和sigma()函数来实现。

对输入的正整数n，先调用dec()函数求n的标准质因数分解式，然后调用tao()和sigma()函数求n的正除数个数和所有正除数的和。

注意，在sigma()函数中，如果n值很大，质因数p_i很大，在求$p_i^{\alpha_i+1}$时可能会超出int型范围，所以需要用long long型。代码如下。

```
#include <bits/stdc++.h>
using namespace std;
#define N 100
int pri[N];          // 质因数 (prime[1] 为第 1 个质因数 )
int idx[N];          // 对应的指数
int num;             // 质因数的个数
void dec( int a )    // 巧妙地求出了所有不相同的质因数，并求出了各质因数的指数
{
    int t = a, i;
    for( i=2; i*i<=t; i++) {
        if( t%i==0 ) {   //i 为质因数
            pri[++num] = i;
```

```
                while(t%i==0)   t /= i,  idx[num]++;
            }
        }
        if(t>1){   //t是a的最大质因数
            pri[++num] = t;   idx[num]++;
        }
    }
    int tao( int a )     //求正整数a的除数函数τ(a)
    {
        int i, t = 1;
        for( i=1; i<=num; i++ )   t *= idx[i] + 1;
        return (t);
    }
    long long sigma(int a)     //求正整数a的除数和函数σ(a)
    {
        long long i, t = 1;
        for(i=1; i<=num; i++){
            long long k = pow(pri[i], idx[i]+1);
            t = t * ( k- 1) / (pri[i] - 1);
        }
        return t;
    }
    int main( )
    {
        int n;   cin >>n;   dec( n );
        cout <<tao(n) <<endl;
        cout <<sigma(n) <<endl;
        return 0;
    }
```

33.5 案例3：$n!$ 的标准质因数分解式

【题目描述】

输入一个正整数n，输出$n!$的标准质因数分解式。

【输入描述】

输入占一行，为一个正整数n，$2 \leqslant n \leqslant 1000$。

【输出描述】

输出占一行，为 $n!$ 的标准质因数分解式，格式详见样例输出。

【样例输入1】

```
5
```

【样例输出1】

```
5!=2^3*3^1*5^1
```

【样例输入2】

```
10
```

【样例输出2】

```
10!=2^8*3^4*5^2*7^1
```

【分析】

对输入的正整数 n，首先要用筛选法求出 $2 \sim n$ 范围内的所有质数，然后利用定理4求出 $n!$ 的质因数分解式中每个质数的指数，本题分别用 ptable() 函数和 fdec() 函数实现。注意，1000以内的质数有168个，因此，pri 数组长度应该超过168。代码如下。

```cpp
#include <bits/stdc++.h>
using namespace std;
#define MAXN 1010
int na[MAXN];        // 初始时存放 2～N 的自然数
int pri[MAXN];       //2～N 的所有质数（pri[0]为第1个质数）
int idx[MAXN];       //n! 的标准质因数分解式中各质数对应的指数
int num;             //<=n 的质因数的个数
void ptable( int N )
{
    int i, j, p;
    for( i=0; i<=N; i++ )  na[i] = i;
    int k = sqrt(N);
    for( p=2; p<=k; p++ ) {
        if( na[p] ) {
            for( j=2*p; j<=N; j+=p )       //j 的初值为 2*p，每次 j 递增 p
                na[j] = 0;                  // 删除 j 的倍数
        }
    }
    for( i=2, j=0; i<=N; i++ ) {
        if( na[i] )  pri[j++] = na[i];
    }
    num = j;
}
void fdec( int n )   // 求 n! 的标准质因数分解式
{
    ptable( n );     // 产生 2~n 范围内的质数
    memset( idx, 0, sizeof(idx) );
```

```cpp
    int i;
    for( i=0; i<num; i++ ) {          // 对小于等于 n 的质数，求其指数
        int p = pri[i], a;            //a 为 [n/pj]
        int pj = p;                   //pj 为 p 的 j 次方
        while( 1 ) {
            a = floor( 1.0*n/pj );    // 求 [n/pj]
            if( a==0 )  break;        // 如果 [n/pj] 为 0，则不再累加下去
            idx[i] += a;   pj *= p;
        }
    }
}
int main( )
{
    int n;   cin >>n;
    fdec(n);
    cout <<n <<"!=";
    cout <<pri[0] <<"^" <<idx[0];
    for(int i=1; i<num; i++)
        cout <<"*" <<pri[i] <<"^" <<idx[i];
    cout <<endl;
    return 0;
}
```

第34章
数论 4：同余理论及应用

本章内容

本章介绍同余理论及其应用与案例解析。

34.1 同余

所谓同余，就是 a 和 b 对 m 取余得到的余数相同。具体的定义如下。

定义1（同余） 设整数 $m \neq 0$。若 m 能整除 $(a-b)$，即存在整数 k 使得 $a-b=km$，则称 m 为**模**（mod），**a 同余于 b 模 m**，以及 **b 是 a 对模 m 的剩余**，记作

$$a \equiv b \pmod{m} \tag{1}$$

否则，则称 **a 不同余于 b 模 m**，**b 不是 a 对模 m 的剩余**，记作

$$a \not\equiv b \pmod{m} \tag{2}$$

（1）式称为**模 m 的同余式**，或简称为**同余式**。

$a-b=km$ 可以改写为 $a-km=b$，即从 a 中减去了 m 的整数倍，所以称 b 是 a 对模 m 的剩余。

在（1）式中，若 $0 \leq b < m$，则称 **b 是 a 对模 m 的最小非负剩余**；若 $1 \leq b \leq m$，则称 **b 是 a 对模 m 的最小正剩余**；若 $-m/2 < b \leq m/2$（或 $-m/2 \leq b < m/2$），则称 **b 是 a 对模 m 的绝对最小剩余**。

生活中的同余例子：如果两个人生肖相同，例如都属羊，那么他们的年龄差一定是12的整数倍。

定理1 a 同余于 b 模 m 的充要条件是 a 和 b 被 m 除后所得的最小非负余数相等，即

$$a = q_1 m + r_1, \quad 0 \leq r_1 < m$$
$$b = q_2 m + r_2, \quad 0 \leq r_2 < m$$

则 $r_1 = r_2$。"同余"按其词义来说，就是"余数相同"，该定理正好说明了这一点。

定理2 同余的基本性质如下。

性质Ⅰ：同余是一种等价关系。

等价关系包含自反性、对称性和传递性。对于同余关系，自反性是指 a 和 a 同余模 m；对称性是指如果 a 和 b 同余模 m，那么 b 和 a 同余模 m；传递性是指如果 a 和 b 同余模 m、b 和 c 同余模 m，那么 a 和 c 同余模 m。

性质Ⅱ：同余式可以相加，即若有

$$a \equiv b \pmod{m}, \quad c \equiv d \pmod{m}$$

则

$$a + c \equiv (b + d) \pmod{m}$$

由该性质，可得到一个在信息学竞赛中很有用的公式。

$$(a+c)\%m = (\,a\%m + c\%m\,)\%m \tag{3}$$

其含义为，$(a+c)$ 对 m 的余数，等于 a 和 c 分别对 m 的余数相加，该余数可能大于 m，所以还需要进一步对 m 取余数。

性质Ⅲ：同余式可以相乘，即若有

$$a \equiv b \pmod{m} \text{ 且 } c \equiv d \pmod{m}$$

则

$$ac \equiv bd \pmod{m}$$

由该性质，可得到另一个在信息学竞赛中很有用的公式。

$$(a \times c)\%m = (a\%m \times c\%m)\%m \tag{4}$$

其含义为，$(a \times c)$ 对 m 的余数，等于 a 和 c 分别对 m 的余数相乘，该余数可能大于 m，所以还需要进一步对 m 取余数。

此外，在幂运算中也可以运用同余理论。a^b 表示 b 个 a 相乘，根据（4）式很容易推出以下有用的公式。

$$(a^b)\%m = ((a\%m)^b)\%m \tag{5}$$

也就是说，求 $(a^b)\%m$，可以先将底数 a 对 m 取余再做幂运算，在做幂运算的过程中又可以利用公式（4）。因此，$(a^b)\%m = ((a\%m)^b)\%m$。但是要注意，不能将指数 b 对 m 取余，当指数 b 非常大时，需要用快速幂算法求解。有一种特殊情形是，指数 b 很大，且有 $a^d\%m=1$（d 值较小），则可以先将指数 b 对 d 取余，即 $(a^b)\%m = (a^{b\%d})\%m$。

同余理论的上述 3 个式子通常用于以下情形：参与取余数的数可能比较大，利用这 3 个公式可以保证参与取余运算的数不会太大，具体应用详见本章案例 1。

【算法 1】
求 a^b 的个位数，即求 a^b 对 10 的余数，应用（4）式求解。当 a 较大时，可以先应用（5）式。

a 对模 m 的逆

回顾数学上倒数的定义：两个数 x 和 y，如果乘积为 1，则 x 和 y 互为倒数，y 可以记为 $1/x$ 或 x^{-1}。数论里也有"倒数"。如果两个数 a 和 c 的乘积关于模 m 余 1，那么我们称 a 和 c 互为关于模 m 的"数论倒数"。但是要注意，倒数是唯一的，但"数论倒数"不是唯一的。a 对模 m 的逆具体定义如下。

定义 2（a 对模 m 的逆） 若整数 $m \geq 1$，a 满足 $(a, m) = 1$，即 a 和 m 互质，则存在整数 c 使

$$ac \equiv 1 \pmod{m} \tag{5}$$

则称 c 为 a **对模 m 的逆**，记作 $a^{-1} \pmod{m}$，在不引起混淆时可简记为 a^{-1}；同时，a 是 c **对模 m 的逆**。也一定存在 d，使

$$md \equiv 1 \pmod{a} \tag{6}$$

则称 d 为 m **对模 a 的逆**，记作 $m^{-1} \pmod{a}$，在不引起混淆时可简记为 m^{-1}。

逆的含义是：如果两个数是互质的，一定可以求出一个数的多少倍对另一个数取余，余数为 1，

这个倍数就是逆。

例如，$a = 5$，$m = 12$，则 $(a, m) = 1$，且 $c = a^{-1} = 5$（5对模12的逆为5），因为 $5 \times 5 \equiv 1 \pmod{12}$；$d = m^{-1} = 3$，12对模5的逆为3，因为 $12 \times 3 \equiv 1 \pmod 5$。注意，$a$ 对模 m 的逆不唯一。很显然，$5 \times (5+12) \equiv 1 \pmod{12}$，因此5+12=17也是5对12的逆。

又如，$a = 9$，$m = 13$，则 $(a, m) = 1$，且 $c = a^{-1} = 3$，因为 $9 \times 3 \equiv 1 \pmod{13}$。

给定两个互质的正整数 a 和 m，$(a, m) = 1$，利用扩展欧几里得算法可以同时求 a 对模 m 的逆（a^{-1}）、m 对模 a 的逆（m^{-1}）。方法是：利用扩展欧几里得算法求出 $(a, m) = xa + ym$ 中的 x 和 y 后，则 $a^{-1} = x$，$m^{-1} = y$。这是因为 $1 = (a, m) = xa + ym$，则有 $xa + ym \equiv 1 \pmod m$，$xa + ym \equiv 1 \pmod a$，在求 a^{-1} 时，ym 肯定能被 m 整除，所以求出的 x 满足 $xa \equiv 1 \pmod m$，因此 x 就是 a^{-1}。同理，y 就是 m^{-1}。

同余类（剩余类）

定义3（同余类/剩余类） 对给定的模 m，整数的同余关系是一个等价关系。全体整数可按对模 m 是否同余分为若干个互不相交的集合，使在同一个集合中的任意两个整数对模 m 一定同余，而属于不同集合中的两个整数对模 m 一定不同余。每一个这样的集合称为**模 m 的同余类**，或**模 m 的剩余类**。用 $r \bmod m$ 表示 r 所属的模 m 的同余类。

例如，全体整数对模 $m=3$ 取余，一定落入以下3个集合之一：$\{\cdots, -8, -5, -2, 1, 4, 7, 10, 13, \cdots\}$、$\{\cdots, -7, -4, -1, 2, 5, 8, 11, 14, \cdots\}$、$\{\cdots, -9, -6, -3, 0, 3, 6, 9, 12, \cdots\}$。每个集合中的任意两个整数对模3同余，这3个集合都是模3的同余类，分别记作 $1 \bmod 3$、$2 \bmod 3$、$0 \bmod 3$。

定理3 对给定的模 m，有且恰有 m 个不同的模 m 的同余类，它们是：$0 \bmod m$, $1 \bmod m$, $\cdots$, $(m-1) \bmod m$。

同余方程

定义4（同余方程） 设整数系数多项式：

$$f(x) = a_n x^n + \cdots + a_1 x + a_0 \tag{6}$$

讨论是否有整数 x 满足同余式：

$$f(x) \equiv 0 \pmod m \tag{7}$$

称要求解的同余式（7）为模 m 的同余方程。若整数 c 满足：

$$f(c) \equiv 0 \pmod m \tag{8}$$

则称 c 是**同余方程（7）的解**。显然，这时同余类 $c \bmod m$ 中的任一整数也是同余方程（7）的解，这些解都应看作相同的，把它们全体算作同余方程（7）的一个解，并把这个解记为：

$$x \equiv c \pmod{m}$$

把同余方程（7）的所有对模 m 两两不同余的解的个数称为同余方程（7）的**解数**。显然，模 m 的同余方程的解数至多为 m。

定义 5（一次同余方程） 设 $m \nmid a$，同余方程：

$$ax \equiv b \pmod{m} \tag{9}$$

称为**模 m 的一次同余方程**。

定理 4 当 $(a, m) = 1$ 时，同余方程（9）必有解，且其解数为 1。

定理 5 同余方程（9）有解的充要条件是（10）式成立。

$$(a, m) \mid b \tag{10}$$

在有解时，它的解数为 (a, m)，以及若 x_0 是同余方程（9）的解，则它的 (a, m) 个解是：

$$x \equiv x_0 + \frac{m}{(a, m)} \times t \pmod{m}, \quad t = 0, \cdots, (a, m) - 1 \tag{11}$$

【算法 2】

求解一次同余方程 $ax \equiv b \pmod{m}$。应用扩展欧几里得算法和定理 5 求解。

定义 6（同余方程组） 把含有变量 x 的一组同余式：

$$f_j(x) \equiv 0 \pmod{m_j}, \quad 1 \leq j \leq k \tag{12}$$

称为**同余方程组**。若整数 c 同时满足：

$$f_j(c) \equiv 0 \pmod{m_j}, \quad 1 \leq j \leq k,$$

则称 c 是**同余方程组（12）的解**。显然，这时同余类：

$$x \equiv c \pmod{m}, \quad m = [m_1, m_2, \cdots, m_k] \tag{13}$$

中的任意整数也是同余方程组（12）的解，把这些解都看作相同的。因此同余方程组的**解数**定义与同余方程的解数定义类似。

34.5　中国剩余定理

定理 6（孙子定理，也称为中国剩余定理） 设 $m_1, m_2, \cdots, m_k$ 是两两互质的正整数。那么，对任意整数 $a_1, \cdots, a_k$，一次同余方程组：

$$x \equiv a_j \pmod{m_j}, \quad 1 \leq j \leq k \tag{14}$$

必有解，且解数为 1。事实上，同余方程组（14）的解是：

$$x \equiv M_1 M_1^{-1} a_1 + \cdots + M_k M_k^{-1} a_k \pmod{m} \quad (15)$$

其中，$m = m_1, m_2, \cdots, m_k$，$m = m_j M_j (1 \leq j \leq k)$，其中，$M_j^{-1}$ 是满足：

$$M_j M_j^{-1} \equiv 1 \pmod{m_j}, \quad 1 \leq j \leq k \quad (16)$$

的一个整数（M_j^{-1} 是 M_j 对模 m_j 的逆）。

注意，$M_j = m/m_j$，因此 M_j 就是 $m_1, \cdots, m_k$ 中除去 m_j 后 $k-1$ 个整数的乘积。

【算法3】

根据中国剩余定理求解同余方程组。算法3的实现详见本章案例3。

34.6 案例1：各位数字全为1的数

【题目描述】

给定任意整数 n，$0 < n \leq 10000$，n 不能被2整除，也不能被5整除，求一个位数最小的十进制数、每位数码都为1，且能被 n 整除，输出其位数。

【输入描述】

输入占一行，为整数 n。

【输出描述】

输出占一行，为求得的答案。

【样例输入1】	【样例输出1】
7	6

【样例输入2】	【样例输出2】
9901	12

【分析】

题目中提到"n 不能被2整除，也不能被5整除"，即 n 的个位不为0，这一点保证本题有解。该题可以采用枚举算法求解，思路是：依次判断1, 11, 111, 1111, 11111, ⋯ 能不能被 n 整除。现在存在的问题是，因为 $0 < n \leq 10000$，直接判断的话需要枚举的数会超出 int 型甚至超出 long long 型的取值范围。例如，对样例输入数据中的 $n = 9901$，求得的满足要求的数的位数有12位，已经超出了 int 型的取值范围。

这里需要利用同余理论的两个式子，下面以 $n = 7$ 为例进行分析。

位数为1时，余数 $r = 1\%7 = 1$，不满足要求，即1不能被7整除。

位数为2时，本题只需要得到余数，因为 $11 = 1*10 +1$，所以：

$$r = 11\%7 = (1*10 + 1)\%7 = ((1\%7)*10 + 1)\%7 = 4$$

不满足要求，即11不能被7整除。

上面这个式子可能还不是很好理解，再过渡一步就好理解了。位数为3时，要求111%7，而前面已经求得11%7的值为4。所以：

$$r = 111\%7 = (11*10 + 1)\%7 = ((11\%7)*10 + 1)\%7 = (4*10 + 1)\%7 = 6$$

不满足要求，即111不能被7整除。

……

采取这样的思路，可以保证参与取余运算的整数都不会太大，不会超出int型的取值范围。另外，再考虑一个特殊值，当 n 为1时，直接输出1即可。

代码如下。

```
#include <bits/stdc++.h>
using namespace std;
int main( )
{
    int n;   cin >>n;
    if( n==1 ) { cout <<1 <<endl;   return 0; }
    int d = 1;        // 数的位数
    //r 为求得的余数，最小的、每位数码都为1的十进制数是1
    // 对n的余数也是1，所以r的初值为1
    int r = 1;
    while( r!=0 ) {
        d++;   r = (r*10+1)%n;
    }
    cout <<d <<endl;
    return 0;
}
```

34.7 案例2：Niven数

【题目描述】

如果一个数，其各位的和能整除它本身，则称这个数为Niven数。例如，十进制下的整数111就是一个Niven数，因为其各位的和为3，3能整除111。对其他进制下的数，我们也可以定义Niven数。如果在 b 进制下，某个数的各位的和能整除它本身，则在 b 进制下这个数就称为Niven数。

给定基数 $b(2 \leq b \leq 10)$ 和一个数，判断这个数在 b 进制下是否为Niven数。

【输入描述】

输入占一行，首先是基数 b，然后是一串数字（不超过100位），代表 b 进制下的一个整数，这个整数没有前导0。

【输出描述】

如果该整数在 b 进制下是 Niven 数，输出 yes，否则输出 no。

【样例输入1】

```
10 111
```

【样例输出1】

```
yes
```

【样例输入2】

```
8 2314
```

【样例输出2】

```
no
```

【分析】

对 b 进制下的整数，采用字符数组读入，累加该整数的各位数之和时，只需将字符数组中各数字字符对应的数值累加即可，得到的和 sd 是十进制的。

接下来需要将 b 进制数转换成十进制数，然后对 sd 取余数 r。利用同余理论，余数可以在转换成十进制的过程中得到。

设 b 进制数为 $B_n B_{n-1} B_{n-2} \cdots B_0$，则该 b 进制数转换成十进制数的过程可以用下式表示：

$$(((B_n * b + B_{n-1}) * b + B_{n-2}) * b + \cdots) * b + B_0$$

注意，对本题，用字符数组存储 b 进制数的好处是，刚好是从左往右取各位数字进行运算，因为第0个元素就是 B_n。

则取余数 r（初始为0）的过程可以表示为：

$$r = (r + B_n) \% sd$$
$$r = (r \times b + B_{n-1}) \% sd$$
$$r = (r \times b + B_{n-2}) \% sd$$
$$\cdots$$
$$r = (r \times b + B_0) \% sd$$

代码如下。

```cpp
#include <bits/stdc++.h>
using namespace std;
int main( )
{
    int b;   cin >>b;            //b 进制
    char s[110];   cin >>s;  // 保存输入的 b 进制数
    int len = strlen(s);
    int sd = 0;                  // 各位数之和
```

```
    for( int k = 0; k < len; k++ )
        sd += s[k] - '0';
    int r = 0;                          //r 是该数在十进制下的值除以 sd 后的余数
    for( int k = 0; k < len; k++ )      // 利用同余理论求余数
        r = ( r * b + s[k] - '0' ) % sd;
    if( r == 0 )    cout <<"yes\n";
    else    cout <<"no\n";
    return 0;
}
```

34.8 案例3：韩信点兵

【题目描述】

民间流传着一则故事——"韩信点兵"。

秦朝末年，楚汉相争。一次，韩信带领1500名将士与楚国大将李锋交战。苦战一场，楚军不敌，败退回营，汉军也死伤四五百人，于是韩信整顿兵马也返回大本营。当行至一山坡时，忽有后军来报，说有楚军骑兵追来。只见远方尘土飞扬，杀声震天。汉军本来已十分疲惫，这时队伍大哗。韩信兵马到坡顶，见来敌不足500骑，便急速点兵迎敌。他命令士兵3人一排，结果多出2名；接着命令士兵5人一排，结果多出3名；他又命令士兵7人一排，结果又多出2名。韩信马上向将士们宣布：我军有1073名勇士，敌人不足500，我们居高临下，以众击寡，一定能打败敌人。汉军本来就信服自己的统帅，这样一来更相信韩信是"神仙下凡""神机妙算"。于是士气大振，一时间旌旗摇动，鼓声喧天，汉军步步进逼，楚军乱作一团。交战不久，楚军大败而逃。

在本题中，已知汉军3人一排多出a_1人，5人一排多出a_2人，7人一排多出a_3人，请计算出汉军至少有多少人。（注意人数大于0，求得的人数跟前面故事中的数据没有联系）

【输入描述】

第一行为正整数T($T \leq 20$)，表示测试数据的个数。接下来是T个测试数据。

每个测试数据占一行，为三个非负整数，a_1、a_2和a_3。

【输出描述】

对每个测试数据，输出占一行，为汉军人数的最小值。

【样例输入】   【样例输出】

1   23
2 3 2

【分析】

设汉军人数为 x，本题其实就是求以下一次同余方程组的解的最小值：

$$x \equiv a_1 \pmod{3}$$
$$x \equiv a_2 \pmod{5}$$
$$x \equiv a_3 \pmod{7}$$

根据定理6求解即可。注意，如果求得的解为0，则 $x = 3 \times 5 \times 7 = 105$ 人。代码如下。

```cpp
#include <bits/stdc++.h>
using namespace std;
// 扩展欧几里得算法求解 gcd(a,b) = ax + by, 当 (a,b) 互质时 , 求得的 x 就是 a^(-1),
//y 就是 b^(-1)
int ext_gcd( int a, int b, int& x, int& y )
{
    int t, ret;
    if( !b ){ x = 1, y = 0;   return a; }
    ret = ext_gcd( b, a%b, x, y );
    t = x, x = y, y = t-a/b*y;
    return ret;
}
// 求解模线性方程组 ( 中国剩余定理 )
//    x ≡ a[0] (mod m[0])
//    x ≡ a[1] (mod m[1])
//    ...
//    x ≡ a[k-1] (mod m[k-1])
// 要求 m[i]>0,m[i] 与 m[j] 互质 , 解的范围为 1…n,n=m[0]*m[1]*…*m[k-1]
int modular_linear_system( int a[], int m[], int k )
{
    int d, X, Y, x=0, Mj, n=1, j;
    for( j=0; j<k; j++ )   n *= m[j];    //n 就是定理 6 中的 m( 注意不能再定义普通变量 m)
    for( j=0; j<k; j++ ) {
        Mj = n/m[j];
        // 注意 ,m[j] 和 Mj 互质 , 所以可以用扩展欧几里得算法求 Mj^(-1)
        d = ext_gcd( m[j], Mj, X, Y );   // 求得的 Y 就是定理 6 中的 Mj^(-1)
        x = (x+ Mj*Y*a[j])%n;
    }
    return (x+n)%n;
}
int main( )
{
    int a[3], m[3] = { 3, 5, 7 };
    int i, ans;
```

```
    int T;  cin >>T;
    while(T--){
        for( i=0; i<3; i++ )  cin >>a[i];
        ans = modular_linear_system( a, m, 3 );
        if( ans==0 )   ans = 105;
        cout <<ans <<endl;
    }
    return 0;
}
```

第 35 章
组合数学 1：加法原理和乘法原理

本章内容

本章介绍组合数学中的加法原理和乘法原理，通过案例分析这两个原理的应用。

35.1 加法原理和乘法原理

加法原理：完成一个任务有几类方式，**每类方式都可以独立完成这个任务**，每类方式有几种不同的方法，那么完成这个任务的方法总数就是每类方式的方法数之和。

加法原理具体是指：完成一个任务有 n 类方式，第一类方式有 M_1 种不同的方法，第二类方式有 M_2 种不同的方法，…，第 n 类方式有 M_n 种不同的方法，那么完成这个任务共有 $M_1+M_2+\cdots+M_n$ 种不同的方法。

乘法原理：完成一个任务有几个步骤，**完成这个任务必须包含每个步骤**，每个步骤有几种不同的方法，那么完成这个任务的方法总数就是每个步骤方法数的乘积。

乘法原理具体是指：完成一个任务需要 n 个步骤，第一步有 M_1 种不同的方法，第二步有 M_2 种不同的方法，…，第 N 步有 M_n 种不同的方法，那么完成这个任务共有 $M_1\times M_2\times\cdots\times M_n$ 种不同的方法。

35.2 排列和组合公式

排列(Permutation) 的定义：从 n 个不同元素中，任取 m（$m\leq n$，n 为正整数，m 为自然数）个不同的元素，将其**按照一定的顺序**排成一列，称为从 n 个不同元素中取出 m 个元素的一个排列；从 n 个不同元素中取出 m（$m\leq n$）个元素的所有排列的个数，称为从 n 个不同元素中取出 m 个元素的排列数，用符号 $P(n,m)$、$A(n,m)$、P_n^m 或 A_n^m 表示。

排列数的计算公式为：

$$A_n^m = \underbrace{n(n-1)(n-2)\cdots(n-m+1)}_{m\text{个数相乘}} = \frac{n!}{(n-m)!}$$

组合(Combination) 的定义：从 n 个不同元素中，任取 m（$m\leq n$，n 为正整数，m 为自然数）个元素构成一组（**顺序无关**），称为从 n 个不同元素中取出 m 个元素的一个组合；从 n 个不同元素中取出 m（$m\leq n$）个元素的所有组合的个数，称为从 n 个不同元素中取出 m 个元素的组合数，用符号 $C(n,m)$、C_n^m 表示。

组合数的计算公式为：

$$C_n^m = \frac{n!}{m!(n-m)!}$$

35.3 全排列及排列的字典序

在排列的定义中，如果 $m=n$，即从 n 个不同元素中取 n 个排成一列，所有的排列情况就是**全排列**，记为 $P(n,n)$。易知，$P(n,n) = n!$。

对全排列中的 n! 个排列,可以按字典序排序。例如,假设 n=3,且 3 个元素为 1, 2, 3,则 6 个排列如下。

$$123 \quad 132 \quad 213 \quad 231 \quad 312 \quad 321$$

又如,假设 n=4,且 4 个元素为 a, g, m, p(约定 a<g<m<p),这 24 个排列如下。

$$agmp \quad agpm \quad amgp \quad ampg \quad apgm \quad apmg \quad gamp \quad gapm$$
$$gmap \quad gmpa \quad gpam \quad gpma \quad magp \quad mapg \quad mgap \quad mgpa$$
$$mpag \quad mpga \quad pagm \quad pamg \quad pgam \quad pgma \quad pmag \quad pmga$$

35.4 生成序列全排列的函数

在编程解题时,有时需要生成一个序列的所有排列,用于枚举或搜索。这里介绍生成序列全排列的两个函数:next_permutation 和 prev_permutation。这两个函数都包含在头文件 <algorithm> 中,它们的作用是一样的,区别就在于前者求的是当前排列的下一个排列,后者求的是当前排列的上一个排列。这里的"前一个"和"后一个",可以理解为序列字典序上的前一个和后一个排列。

next_permutation 和 prev_permutation 函数的原型如下。

```
bool prev_permutation(iterator start, iterator end);
bool next_permutation(iterator start, iterator end);
```

参数 start 和 end 类似于 sort 函数的两个参数,start 表示整个序列存储空间的起始地址,end 表示整个序列存储空间结束后下一个字节的地址。如果序列(设为数组 a)中的记录个数为 n,则 end 参数的值就是 a+n。

如果当前序列不存在前一个/下一个排列,则函数返回 false,否则返回 true。

注意,新的排列仍然存储在原序列中。

例如,对于上一节的例子,可以用以下代码生成 a, g, m, p 这 4 个元素的全排列(用字符表示这 4 个元素)。

```
char arr[20] = "agmp";
do{
    cout <<arr[0] <<" " <<arr[1] <<" " <<arr[2] <<" " <<arr[3]<<endl;
}
while(next_permutation(arr, arr + 4));
```

35.5 案例1：网格路径

【题目描述】

某个城市由网格状的街区组成，如图35.1（a）所示。每个十字路口可以用坐标表示。现在小A要从(x, y)走到(s, t)，请问有多少条路径？这里的"路径"不允许倒着走。

【输入描述】

输入占一行，为四个整数x, y, s, t，这四个整数的取值范围都是$[0, 20]$。测试数据保证(x, y)和(s, t)不是同一个点。

【输出描述】

输出占一行，为求得的路径数。

【样例输入1】	【样例输出1】
7 1 2 4	56

【样例输入2】	【样例输出2】
0 0 20 20	137846528820

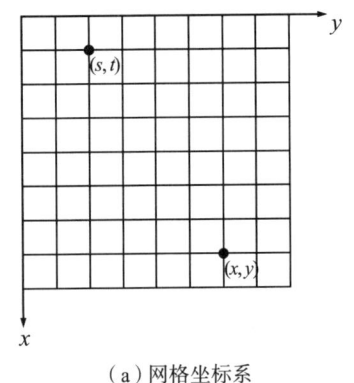
（a）网格坐标系

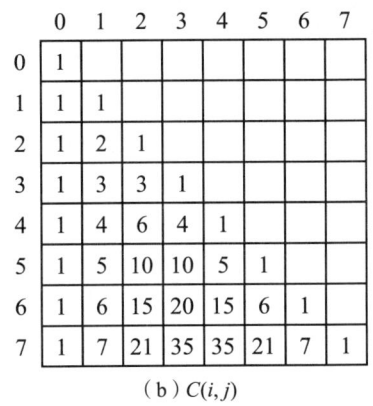
（b）$C(i, j)$

图35.1　网格路线

【分析】

假设(x, y)和(s, t)这两个位置在水平方向上相差m个网格（$m = |x-s|$），在竖直方向上相差n个网格（$n = |t-y|$），由于不允许倒退，所以不管怎么走，一定是横着走了m步、竖着走了n步，一共走了$m+n$步。所以，本题不管输入的x、y、s、t的大小关系如何，不管(x, y)和(s, t)这两个点的相对位置关系如何，都可以统一为从左上角$(0, 0)$走到右下角(m, n)，如图35.2（a）所示。

本题有两种解法。

解法一：利用加法原理。

假设当前走到 (p, q) 这个位置，这个位置的上一个位置一定是 $(p-1, q)$ 或 $(p, q-1)$，如图 35.2（b）所示。因此，根据加法原理，**到达 (p, q) 的路径数，一定等于到达 $(p-1, q)$ 的路径数 + 到达 $(p, q-1)$ 的路径数**。边界条件是，一旦 p 或 q 为 0，则到达该点的路径只有一条。

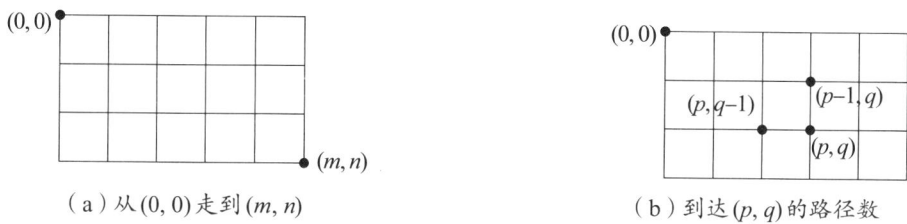

图 35.2　根据加法原理求解

假设用数组 S 存储从 $(0, 0)$ 到达每一个位置的路径数。S 数组的第 0 行和第 0 列的元素全部为 1，用**递推公式 $S[p][q] = S[p-1][q] + S[p][q-1]$** 预先求出所有的 $S[p][q]$。然后对读入的 x、y、s、t，求出 $m = \text{abs}(x-s)$、$n = \text{abs}(y-t)$，最后输出 $S[m][n]$ 即可。代码如下。

```
#include <bits/stdc++.h>
using namespace std;
long long S[22][22];   //S[p][q]：从(0,0)走到(p,q)的路径数
int main( )
{
    for(int i=0; i<=20; i++)
        S[i][0] = 1, S[0][i] = 1;
    for(int p=1; p<=20; p++){   //求S[p][q]时，S[p-1][q]和S[p][q-1]已经求出了
        for(int q=1; q<=20; q++)
            S[p][q] = S[p-1][q] + S[p][q-1];
    }
    int x, y, s, t, m, n;
    cin >>x >>y >>s >>t;
    m = abs(x-s);   n = abs(y-t);
    cout <<S[m][n] <<endl;
    return 0;
}
```

解法二：转换成一个组合问题。

假设横着走一步为 h，竖着走一步为 v，则每条路径一定是 $hvhhvvvh\cdots hv$ 这种移动序列。这相当于从第 $1, 2, 3, \cdots, m+n$ 步里选出某些步数（一共 m 步）为横着走、剩下的步数为竖着走的方案数，所以答案是 C_{m+n}^{m}。

从图 35.1（b）中可以看出，$C(i, j)$ 构成了杨辉三角形。因此我们可以先把所有的 $C(i, j)$ 算出来，$0 \leqslant i \leqslant 40, 0 \leqslant j \leqslant i$，并存入数组 C 中，注意要用 long long 型；然后对读入的 x、y、s、t，求出 $m = $

abs($x-s$)，$n =$ abs($y-t$)，最后输出 $C[m+n][m]$ 即可。

注意，在求 $C[i][j]$ 时，需要用到一个重要的递推公式：$C[i][j] = C[i-1][j-1] + C[i-1][j]$。以"取球"问题解释这个公式。这个公式的含义是：$C[i][j]$ 表示从 i 个不同的球中取出 j 个球的方案数，对于某个球（如第 1 个球）只有选或不选两种情形，如果选这个球就需要再从 $i-1$ 个球中选 $j-1$ 个球，方案数为 $C[i-1][j-1]$，如果不选这个球，就需要从 $i-1$ 个球中选 j 个球，方案数为 $C[i-1][j]$。对应到图 35.1（b），就是在杨辉三角形中，每行除首尾两个数外，其他数都等于上一行左上和上面两个数之和。

注意，这两种方法用到的递推公式很相像，但有区别，含义也不一样。代码如下。

```
#include <bits/stdc++.h>
using namespace std;
long long C[42][42];    //存所有的C(i,j)
int main( )
{
    for(int i=0; i<=40; i++)
        C[i][0] = 1, C[i][i] = 1;
    for(int i=2; i<=40; i++){
        for(int j=1; j<i; j++)
            C[i][j] = C[i-1][j-1] + C[i-1][j];
    }
    int x, y, s, t, m, n;
    cin >>x >>y >>s >>t;
    m = abs(x-s);   n = abs(y-t);
    cout <<C[m+n][m] <<endl;
    return 0;
}
```

35.6 案例2：产生数

【题目描述】

给出一个整数 n（$n<10^{30}$）和 k 个变换规则（$k \leq 15$）。

规则如下。

（1）一位数可以变换成另一个一位数。

（2）规则的右部不能为零。

例如：$n=234$。有以下规则（$k=2$）。

（1）2→5。

（2）3→6。

上面的整数234经过变换后可能产生出的整数如下（包括原数）。

（1）234。

（2）534。

（3）264。

（4）564。

共4种不同的产生数。

现在给出一个整数n和k个规则。求出经过任意次的变换（0次或多次），能产生多少个不同的整数。仅要求输出个数。

【输入描述】

输入第一行为两个整数n,k。接下来有k行，每行为两个整数x_i,y_i，表示x_i可以变成y_i。

【输出描述】

输出能生成的数字个数。

【样例输入】　　　　　　　　　　　　　【样例输出】

```
234 2                                  4
2 5
3 6
```

【数据规模与约定】

对于100%的数据，满足$n<10^{30}$，$k\leq 15$。

【分析】

在整数234中，假设2可以变成5，3可以变成6，对于第一个数，有两种选择——2或5；对于第二个数，有两种选择——3或6。我们发现，决定第一个数是什么与决定第二个数是什么这两件事是分步进行的。换句话说，在决定这个最终数时，有3个步骤（整数234一共有3位），决定第一位有两种方法（第一位数不变，这位数为2；将2变成3，这位数为3），决定第二位有两种方法（第一位数不变，这位数为3；将3变为6，这位数为6），决定第三位有一种方法（第三位数只能保持不变）。根据乘法原理，共有2×2×1=4种方法。

因此，我们要计算出一个数可以通过这些转换规则变成多少种不同的数。然后只需要将n的每一位数的方案数进行累乘，就可以得到答案。

此外，如果存在规则，a可以变为b，b可以变为c，那么a可以变为c。如何实现这种关系的传递？可以用Floyd算法的思想：通过枚举"中转站"，来尝试对两个本没有直接关系的顶点，通过这个中转站来完成连接。注意：Floyd算法是图论中求最短路径的一个算法，但可以推广到很多领域。

定义一个布尔型或整型数组$d[i][j]$，$d[i][j]=1$表示i可以变成j。基于Floyd算法，我们可以用以下代码求出所有的转换规则。

```
for(int k=0; k<=9; k++){                    // 枚举"中转站"
    for(int i=0; i<=9; i++){
        for(int j=0; j<=9; j++){
            if(d[i][k] && d[k][j])          // 如果i可以变为k,k可以变为j,i就可以变为j
                d[i][j]=1;
        }
    }
}
```

最后，由于本题中 $n<10^{30}$，也就是有 30 个数位，在最坏的情况下，每个数位有 9 种选择，那么答案最大就有 9^{30}，C/C++ 中最大的数据类型 unsigned long long 的数据范围也只有 10^{19} 左右（GCC 中的 __int128 可以达到 10^{27}，但都不足以存储 9^{30}），所以我们需要使用高精度来计算和存储。本题的完整代码如下。

```
#include <bits/stdc++.h>
using namespace std;
const int N = 12;
int k, x, y, d[N][N], f[N];
string n;       // 以数字字符串形式读入的正整数n(最多有30个位数)
string mul(string a, int b)    // 高精度数a乘以普通的整数b
{
    int g = 0;   // 进位
    for(int i = a.size() - 1; i >= 0; i--){   // 个位在最右边
        g += (a[i] - '0') * b;
        a[i] = (g % 10 + '0');
        g /= 10;
    }
    if(g) {     // 还有进位，会增加一位
        char ch = g + '0';
        a = ch + a ;
    }
    return a;   // 得到的高精度数,a[0]是最高位
}
int main( )
{
    cin >>n >>k;
    for(int i = 1; i <= k; ++i){
        cin >> x >> y;
        d[x][y] = 1;
    }
    for(int i = 0; i <= 9; ++i)
        d[i][i] = 1;
```

```
        for(int k = 0; k <= 9; ++k){      //枚举中转站 k
            for(int i = 0; i <= 9; ++i){
                for(int j = 0; j <= 9; ++j) {
                    if((d[i][k] && d[k][j]))
                        d[i][j] = 1;
                }
            }
        }
        for(int i = 0; i <= 9; ++i)
            for(int j = 0; j <= 9; ++j)
                f[i] += d[i][j];            //计算数字 i 可以变为多少个不同的数字
        string ans = "1";
        int t, len = n.size( );
        for(int i = 0; i < len; ++i){       //把数字 n 的每一位数的方案数进行累乘
            t = n[i] - '0';
            ans = mul(ans, f[t]);
        }
        cout <<ans <<endl;
}
```

35.7 案例3：过河卒

【题目描述】

如图35.3所示，棋盘上 A 点有一个过河卒，需要走到目标 B 点。卒行走的规则：可以向下或者向右。同时在棋盘上 C 点有一个对方的马，该马所在的点和所有跳跃一步可达的点称为对方马的控制点。因此称这个游戏为"马拦过河卒"。

棋盘用坐标表示，A 点(0, 0)、B 点(n, m)，马的位置坐标也需要给出。

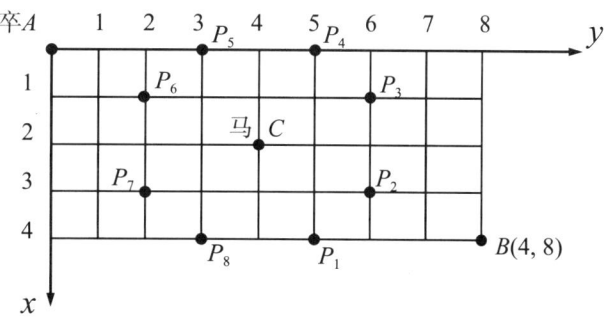

图35.3　过河卒

要求计算出卒从 A 点到达 B 点的路径条数，假设马的位置是固定不动的，并不是卒走一步马走一步。

【输入描述】

输入一行有四个正整数，分别表示 B 点的坐标和马的坐标。

【输出描述】

输出一个整数，表示所有的路径条数。

【样例输入】   【样例输出】

```
6 6 3 3                                       6
```

【数据规模与约定】

对于100%的数据，$1 \leq n, m \leq 20$，$0 \leq$ 马的坐标 ≤ 20。

【分析】

设 $f[x][y]$ 表示卒到达位置 (x, y) 的方案数。

先假设棋盘上除了卒，没有其他棋子（包括马）。某一步走到 (x, y) 位置，一定是上一步走到了 $(x-1, y)$ 或 $(x, y-1)$，所以有递推公式：$f[x][y] = f[x-1][y] + f[x][y-1]$。再加上边界条件 $f[0][y] = f[x][0] = 1$，因为如图35.3所示，对于 x 轴上的某个位置 $(x, 0)$，卒只有一种方案到达，即一路向下。根据上述递推式再加上边界条件（或称为初始条件），就能递推出 $f[x][y]$。这种情形其实就是本章的案例1。

再考虑棋子马。现在有些位置因为马的控制，不能走了。其实也没有什么区别，只不过没办法从马的控制点转移到下一个点罢了。换句话说，马的控制点上的方案数全部清零。输入马的位置，可以求出8个控制点，还要加上它本身的位置，一共有9个控制点。可以用数组 g 存储马的控制点，如果 $g[x][y]=1$，就表示 (x, y) 位置是马的控制点（否则 $g[x][y]$ 的值为0）。

然后要修改一下本题的递推公式。首先，初始条件是 $f[0][0] = 1 - g[0][0]$。这里考虑了一种特殊情形，即 $(0, 0)$ 也是马的控制点。

同时，递推公式不能简单地沿用 $f[x][y] = f[x-1][y] + f[x][y-1]$，$x \geq 1, y \geq 1$；$f[0][y] = f[x][0] = 1$。举例说明，如果第0行某个位置 $(0, y)$ 是马的控制点，则该控制点的左边是可以达到的，后面就到达不了了。因此，本题的递推公式要改成：如果 $g[x][y]=1$，则 $f[x][y]=0$；如果 $x>0$，则 $f[x][y]$ 要加上 $f[x-1][y]$；如果 $y>0$，则 $f[x][y]$ 要加上 $f[x-1][y-1]$。

上述递推公式使得，当 $x \geq 1, y \geq 1$ 时，$f[x][y]$ 还是等于 $f[x-1][y] + f[x][y-1]$，但 $f[x-1][y]$ 和 $f[x][y-1]$ 可能为0。代码如下。

```cpp
#include <bits/stdc++.h>
using namespace std;
long long f[25][25];      // 到达 (x,y) 位置的方案数
int g[25][25];            // 马的控制点
int n, m, xb, yb;
// 马的8个控制点相对于马的位置 (m, n) 在行坐标和列坐标的增量
// 左1,上2; 左2,上1; 左1,下2; 左2,下1; 右1,上2; 右2,上1; 右1,下2; 右2,下1
int dx[8] = {-2, -1, 2, 1, -2, -1, 2, 1};   // 行坐标的增量
int dy[8] = {-1, -2, -1, -2, 1, 2, 1, 2};   // 列坐标的增量
int main( )
```

```cpp
{
    cin >>n >>m >>xb >>yb;
    for(int i=0; i<8; i++){
        int tx = xb+dx[i],  ty = yb+dy[i];
        if(tx>=0 and tx<=n and ty>=0 and ty<=m)
            g[tx][ty] = 1;
    }
    g[xb][yb] = 1;   // 马所在的位置也是它的控制点
    f[0][0] = 1 - g[0][0]     // 若A点就是马的控制点，则初始方案数为0，否则为1
    for(int x=0; x<=n; x++){             // 行
        for(int y=0; y<=m; y++){         // 列
            if(g[x][y])   continue;   // 若这个点是马的控制点，则跳过
            if(x!=0)   f[x][y] += f[x-1][y];    // 不在第0行上，就加上上面的方案数
            if(y!=0)   f[x][y] += f[x][y-1];    // 不在第0列上，就加上左边的方案数
        }
    }
    cout <<f[n][m] <<endl;
    return 0;
}
```

第 36 章
组合数学 2：用 DFS 求解排列组合问题

本章内容

本章介绍用深度优先搜索算法求解排列与组合问题，以及案例解析。

36.1 用DFS求解排列组合问题

排列与组合是组合数学中最常见的问题。例如从 N 个元素中取 M 个方案，计算共有多少种**符合题目要求**的方案。注意，本章讨论的排列组合问题，不是简单地求排列数 P(N, M) 或组合数 C(N, M)，而是指从 N 个元素中取 M 个且满足题目要求的方案数。本章介绍用深度优先搜索算法求解排列与组合问题。

对于这一类问题，根据选出来的元素的顺序是否有关，可分为排列与组合。如果两个方案中的元素一样，但顺序不一样，这两个方案被认为是不同的方案，这是排列问题；如果顺序无关，则是组合问题。本章的案例1是全排列问题，即选出所有的元素组成一个排列。

对从 N 个元素中选取 M 个元素的组合问题，根据 N 个元素是否能重复选，又可以分为可重复组合问题和不可重复组合问题。本章的案例2是可重复组合问题。另外，本章的案例3要选出所有的元素，这些元素与顺序无关。

36.2 案例1：质数环问题

【题目描述】

一个环上有 n 个圆圈，代表 n 个位置。现将 1, 2,···, n 共 n 个自然数分别放在这 n 个位置上，使任意相邻两个位置上的两数之和为质数，如图36.1（a）所示。注意：第1个位置上放的数总是1。当 n = 6 时，一个满足要求的质数环如图36.1（b）所示。

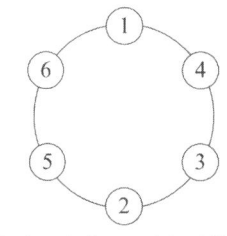

（a）环上的 n 个位置　　（b）一个满足要求的质数环

图36.1　n=6 时的质数环

【输入描述】

输入占一行，为一个整数 n，0 < n < 20。

【输出描述】

输出格式如样例输出所示。每一行代表一个满足要求的放置方法，从第1个位置开始，按顺时针顺序输出 1～n 位置上的自然数。按字典序输出所有满足要求的放置方法。

如果无解，则输出 no solution。

【样例输入1】

```
6
```

【样例输出1】

```
1 4 3 2 5 6
1 6 5 2 3 4
```

【样例输入2】　　　　　　　　　　　　【样例输出2】

```
8                                   1 2 3 8 5 6 7 4
                                    1 2 5 8 3 4 7 6
                                    1 4 7 6 5 8 3 2
                                    1 6 7 4 3 8 5 2
```

【分析】

本题的解题思路是DFS，以 $n = 6$ 加以解释，如图36.2所示。

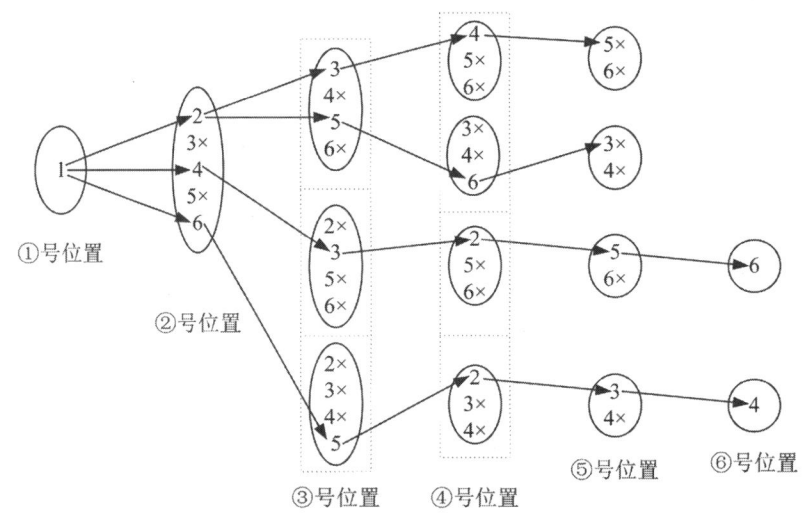

图36.2　质数环搜索策略（$n=6$）

在①号位置上放置1。在②号位置上可供放置的数为2～6，其中3和5是不可行的，对2、4和6——试探，先试探2。

（1）在②号位置上放置2以后，在③号位置上可供放置的数为3～6，其中4和6是不可行的，对3和5也是——试探，先试探3。

1）在③号位置上放置3以后，在④号位置上可供放置的数为4～6，其中只有4是可行的，所以放置4。这时可供⑤号位置上放置的数为5和6，均不可行。所以，这些方案都不可行。

2）再考虑在③号位置上放置5，④号位置上只能放置6，此后⑤号位置上放置3和4，均不可行。这些方案都排除。

（2）再考虑在②号位置上放置4，③号位置上只能放置3，④号位置上只能放置2，⑤号位置上只能放置5，⑥号位置只能放置6，这个方案是可行的。

……

如此搜索，直到试探完所有方案为止。

本题要注意，如果输入的 n 是奇数，因为会有两个奇数相邻，其和不可能是质数，因此无解，直接输出 no solution。

具体实现时，因为有 n 个位置，要在 n 个位置上放置 $1\sim n$，而 n 是小于 20 的，因此可以定义两个数组 loop 和 used，其含义如下。

loop[21]：放在 n 个位置上的数，loop[1] 为放置在位置 1 上的数，始终为 1。

used[21]：used[0] 不用，used[1]～used[n] 为每个数是否被选用的标志，used[i] 为 1 表示 i 已被选用。

另外，为简化质数的判断，可以把 40 以内的质数存储在数组 pri 中。

```
int pri[40] = {0,0,2,3,0,5,0,7,0,0,0,11,0,13,0,0,0,17,0,19,
               0,0,0,23,0,0,0,0,0,29,0,31,0,0,0,0,0,37,0,0};
```

如果 pri[i] 非 0，则 i 为质数，否则 pri[i] 为 0，i 为合数。

在搜索时，按 $1\sim n$ 的顺序选择可以使用的数，则搜索得到的解的顺序就是字典序。搜索过程是通过 search 函数实现的，search 函数的原型如下。

```
void search( int step );
```

参数 step 的含义是：已按要求放置好前 step 个数，现在要放置第 step+1 个数。

因为题目要求在第 1 个位置上总是放置 1，因此在 main 函数中先设置 used[1] = 1 和 loop[1] = 1，然后调用 search(1) 求解。当 n=6 时，search 函数的执行过程如图 36.3 所示。

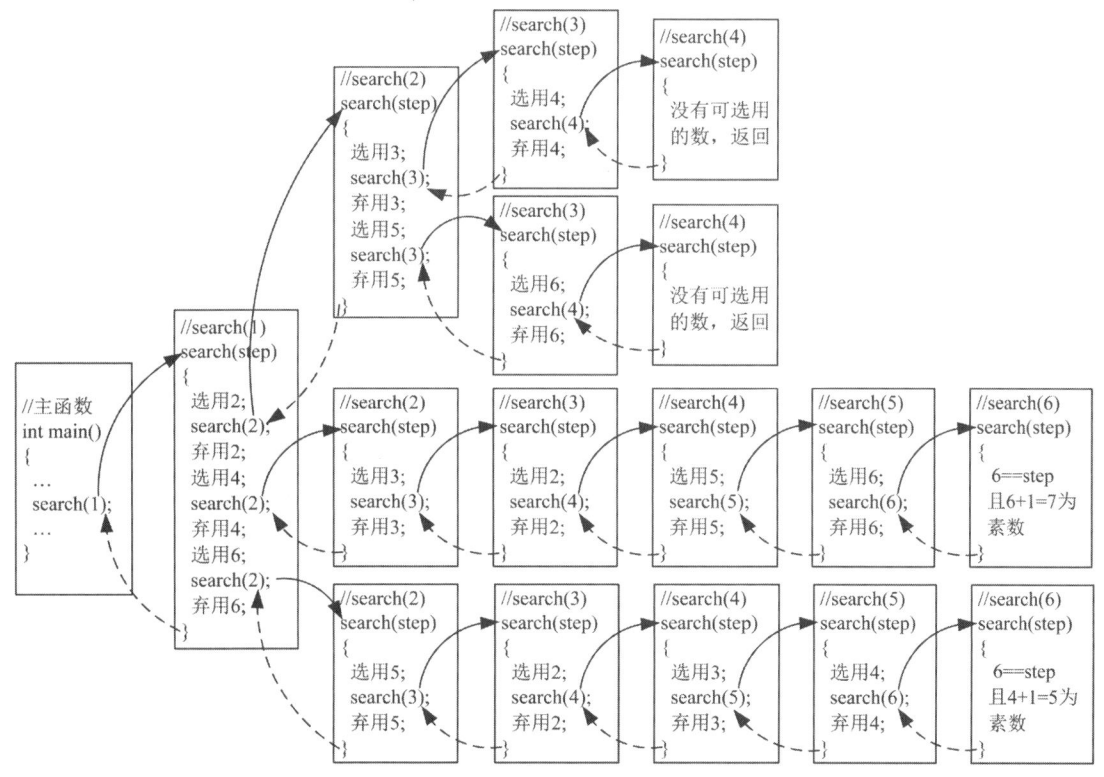

图 36.3　质数环搜索策略的实现（n=6）

search(1)的执行过程为：在执行search(1)时，考虑2号位置上可以放置2、4、6。以选用4为例加以解释，选用4后，递归调用search(2)。

在2号位置上放置4后，3号位置上可以选用的只有3，所以选用3，然后递归调用search(3)。

在3号位置上放置3后，4号位置上可以选用的只有2，所以选用2，然后递归调用search(4)。

在4号位置上放置2后，5号位置上可以选用的只有5，所以选用5，然后递归调用search(5)。

在5号位置上放置5后，6号位置上可以选用的只有6，所以选用6，然后递归调用search(6)。

在执行search(6)时，因为6号位置上的数为6，其右边相邻位置为1号位置，已经放置1了，并且6+1=7为质数。所以，沿着这个方向搜索，找到一个可行解：1 4 3 2 5 6。

search(6)执行完后要返回到search(5)，在search(5)中无法选用其他数字，所以又返回到search(4)，同样再依次返回到search(3)、search(2)、search(1)。返回到search(1)后弃用4，选用6，再调用search(2)，沿着这个搜索方向能搜索到另一个解：1 6 5 2 3 4。

代码如下。

```cpp
#include <bits/stdc++.h>
using namespace std;
int n;              // 输入的整数n
int loop[21];       // 放在n个位置上的数，loop[1]为放置在位置1上的数
int used[21];       //1~n，每个数是否被选用的标志，used[i]为1表示i已被选用
// 存储40以内的质数，pri[i]非0，则i为质数
int pri[40] = {0,0,2,3,0,5,0,7,0,0,0,11,0,13,0,0,0,17,0,19,
               0,0,0,23,0,0,0,0,0,29,0,31,0,0,0,0,0,37,0,0};
void search( int step )    // 已按要求放置好前step个数，现在要放置第step+1个数
{
    if( step==n ) {        // 已放置好n个数
        // 首尾和为质数，则这个排列满足要求
        if( pri[ loop[1] + loop[n] ] ) {
            for( int i=1; i<n; i++ )  cout <<loop[i] <<" ";   // 输出
            cout <<loop[n] <<endl;
        }
        return;
    }
    for( int i=1; i<=n; i++ ) {    // 依次选用1~n中没有用过的数
        // 如果i没有选用，且选用i使i+loop[step]为质数,loop[step]为前一个数
        if( !used[i] && pri[ i + loop[step] ] ) {
            used[i] = 1;   loop[step+1] = i;     // 选用i
            search( step+1 );
            used[i] = 0;        // 回退过程，本次弃用i
        }
    }
}
```

```
int main( )
{
    cin >>n;
    if( n%2==0 ){
        used[1] = 1;   loop[1] = 1;    //1已使用，在位置1上放置1
        search( 1 );
    }
    else  cout <<"no solution";        // 奇数无解，直接输出
    return 0;
}
```

注意，本题也可以用枚举算法求解。具体方法如下：用loop数组存储$1 \sim n$，固定1不变，用next_permutation函数生成$2 \sim n$的所有全排列，并判断相邻两数之和是否为质数。但是这种枚举算法对超过10的偶数会超时。DFS算法虽然本质上也是穷举所有的可能，但很多DFS算法**自带剪枝特性**。例如，在本题的DFS算法中，一旦某两个相邻位置上的数之和不是质数，则以当前放置好的这些数开头的排列肯定都不符合要求，DFS算法不会再穷举下去，因此可以跳过很多排列。而上述枚举算法会穷举每一个排列，因此会超时。

36.3 案例2：方形硬币

【题目描述】

方形硬币不仅形状是方形的，而且硬币的面值也是平方数。硬币的面值为$1^2, 2^2, 3^2, \cdots, 17^2$，即1, 4, 9, $\cdots$, 289。本题需要求出，要支付一定金额的货币，有多少种支付方法。

例如，若要支付总额为10的货币，则有以下4种方法。

（1）10个面值为1的货币。

（2）1个面值为4的货币和6个面值为1的货币。

（3）2个面值为4的货币和2个面值为1的货币。

（4）1个面值为9的货币和1个面值为1的货币。

【输入描述】

输入占一行，为一个整数，表示需要支付的金额，金额为正整数且不超过300。

【输出描述】

输出对应输入的金额，输出一个整数，表示支付该金额的方法种数。

【样例输入1】   【样例输出1】

10   4

【样例输入2】	【样例输出2】
30	27

【分析】

本题要求对于给定的货币金额，有多少种支付方案。这个问题类似于用天平称重，如图36.4所示。假设天平左边的物体重量为5，可用的砝码重量为1，4，9，16，…，问一共有多少种称重方案。称重时，是试探性地选择砝码，如图36.4（b）所示。先放1个重量为1的砝码，轻了；再继续放1个重量为1的砝码，还是轻了……直到放5个重量为1的砝码，天平平衡了，这是一种称重方案。注意，搜索时，如果天平平衡了，或天平右侧超重了，则这个搜索方向不再搜索。另外，当放了1个重量为1的砝码，再放1个重量为4的砝码，天平也平衡了，这也是一种称重方案。按砝码重量从小到大依次选择不同的砝码，从而统计称重方案的数目。

实现方法如下。定义一个函数。

```
int dfs( int n, int cnt, int sm, int j );
```

其中各参数的含义为：n表示需要支付的货币金额；cnt表示现已求得的支付方案数；sm表示当前选用的硬币面值总额；j表示当前最后选的硬币是第j种硬币，面值为j*j。对于输入的每个支付总额，只需调用dfs(n,0,0,0)即可求解。注意，这些参数都可以用全局变量代替，这样dfs函数就不需要这么多参数，甚至不需要参数了。

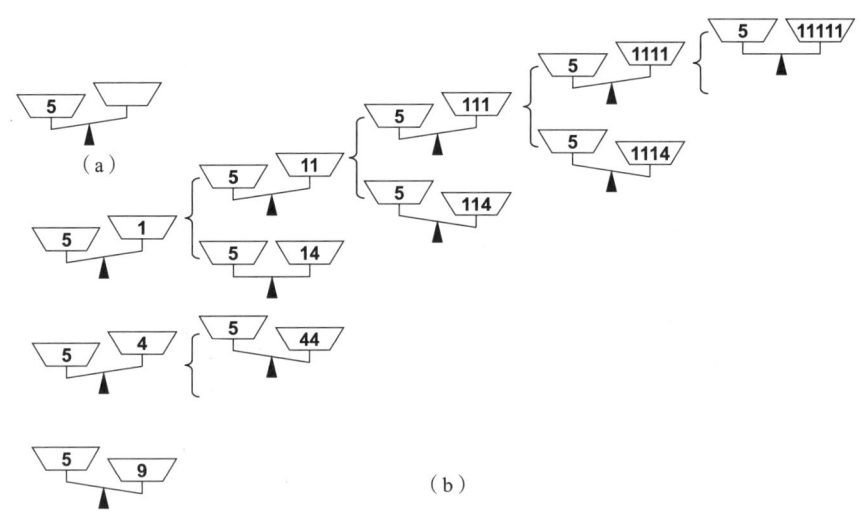

图36.4　方形硬币（搜索策略）

接下来以图36.4所示的求重量为5的称重方案为例，分析本题支付货币总额为5时，dfs函数的递归调用过程。如图36.5所示，在main函数中调用dfs(5,0,0,0)函数求解。

在执行dfs(5,0,0,0)函数时，先选择面值为1的硬币，然后递归调用dfs(5,0,1,1)函数。dfs(5,0,1,1)函数又递归调用dfs(5,0,2,1)函数，dfs(5,0,2,1)函数又递归调用dfs(5,0,3,1)函数，dfs(5,0,3,1)函数又

递归调用dfs(5,0,4,1)函数。而在执行dfs(5,0,4,1)函数时,已选用4个面值为1的硬币,再选用1个面值为1的硬币,因为sm==n,dfs(5,0,4,1)函数执行完毕,返回的方案数为1。

如图36.5所示,返回到dfs(5,0,3,1)函数里。这时已选用了3个面值为1的硬币,再继续选面值为4的硬币,超过了5,所以不再继续搜索,返回到dfs(5,0,2,1)函数。这时已选用了2个面值为1的硬币,再继续选面值为4的硬币,也超过了5,所以不再继续搜索,返回到dfs(5,0,1,1)函数。这时已选用了1个面值为1的硬币,再继续选面值为4的硬币,因为sm==n,dfs(5,0,1,1)函数执行完毕,返回的方案数为2。

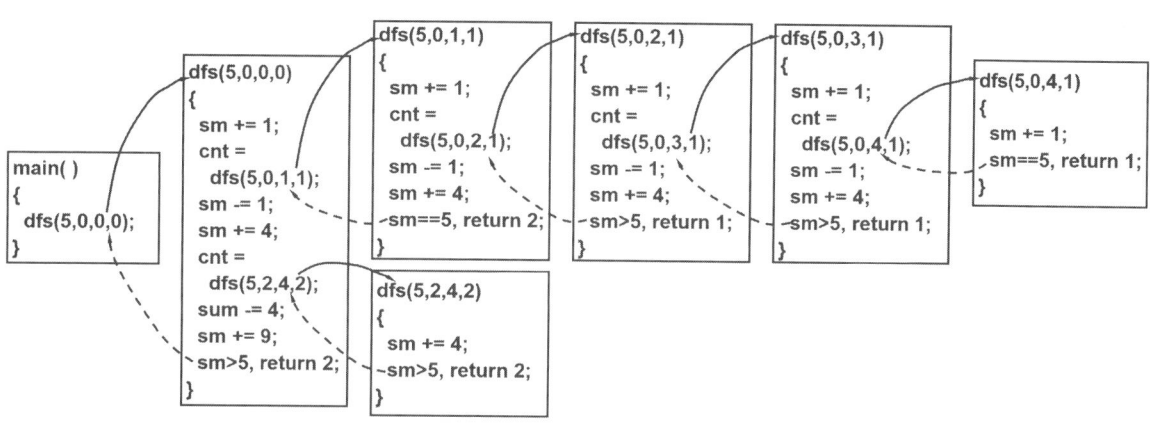

图36.5 方形硬币(搜索函数执行过程)

返回到dfs(5,0,0,0)函数里,这时没有选用硬币,所以继续选择面值为4的硬币,然后递归调用dfs(5,2,4,2)函数。在dfs(5,2,4,2)函数里,继续选用面值为4的硬币,超过了5,所以返回到dfs(5,0,0,0)函数里。继续选用面值为9的硬币,超过了5。至此,dfs(5,0,0,0)函数执行完毕,求得的支付方案数为2。

另外,在dfs函数里不允许选用面值比j*j更小的货币,所以求得的解没有重复。

代码如下。

```
#include <bits/stdc++.h>
using namespace std;
//n表示需要支付的货币金额; cnt表示现已求得的支付方案数
//sm表示当前选用的硬币面值总额; j表示当前最后选的硬币是第j种硬币,面值为j*j
int dfs( int n, int cnt, int sm, int j )   //调用: dfs(n,0,0,1)
{
    for( int i=1; i<=17; i++ ) {   // 搜索所有面值的硬币
        // 避免出现重复的,比如要支付5的话,如果没有这条语句
        //(1个1+1个4)这个组合将要统计2次,即1+4和4+1
        if( i<j )   continue;
        sm += i*i;      // 选用面值为i*i的硬币
        if( sm==n )  return ++cnt;      // 找到一种支付方案
        if( sm>n )   return cnt;         // 超出了支付总额,不再搜索
```

```
            cnt = dfs( n, cnt, sm, i );      // 没有超出则递归调用dfs函数继续搜索
            sm -= i*i;    // 弃用面值为i*i的硬币
        }
    return cnt;
}
int main( )
{
    int n;                  // 输入的需要支付的货币金额
    cin >>n;
    cout <<dfs( n,0,0,0 ) <<endl;      // 搜索求解
    return 0;
}
```

 案例3：正方形

【题目描述】

给定一些不同长度的木棍，问能不能将这些木棍首尾相连，构成一个正方形。

【输入描述】

输入数据以整数 M 开头，$4 \leqslant M \leqslant 20$，表示木棍的数目；接下来是 M 个整数，表示 M 根木棍的长度，这些整数的范围是 $1 \sim 10000$。

【输出描述】

如果可以构成一个正方形，输出 yes，否则输出 no。

【样例输入1】	【样例输出1】
5 10 20 30 40 50	no

【样例输入2】	【样例输出2】
8 1 2 7 6 4 3 5 4	yes

【分析】

这道题要判断是否能将所给的 M 根木棍拼接成一个正方形。本题采用搜索求解。在搜索之前，我们应先判断问题是否一定无解，以避免不必要的搜索。可以认为是搜索前的剪枝。

（1）计算 M 根木棍的总长 sm，如果 sm 不是4的倍数，则这 M 根木棍不能组成正方形。

（2）如果 sm 是4的倍数，记作 ave = sm/4。如果 M 根木棍中有长度大于 ave 的，则这 M 根木棍也不能组成正方形。

对于这两种情况，可以输出 no。

对于这个问题，搜索的方式有以下两种。

（1）搜索木棍，每次考虑将一根木棍放在一条边上。

（2）搜索正方形的边，每次考虑往某一条边上放木棍。

其中第（2）种搜索方式比第（1）种搜索方式高效得多。

按照第（2）种搜索方式进行搜索的策略为：依次构造正方形的每条边；在构造时，从没有用过的木棍中选一根放在上面，如果选用这根木棍刚好能构造这条边，则下一次继续构造下一条边；如果加上这根木棍的长度超过了 ave，则要弃用这根木棍；如果加上这根木棍长度还没达到 ave，则继续选用其他的木棍来构造这条边。一旦所有边都可以成功构造，输出 yes。如果所有的组合都考虑完毕，仍没有找到能构成正方形的方案，则输出 no。

将 M 根木棍按从长到短进行排序后再搜索有利于加快搜索速度。样例输入中的第 2 个测试数据，其搜索过程可以用图 36.6 来表示。图 36.6（a）表示构造第 1 条边的过程，先选用 7，符号"√"表示在构造当前边时选用的木棍。选用 7 以后，还没构造好第 1 条边，所以继续选用木棍，选用 6，5，4，3，2 都会使该边的长度超过 ave，所以弃用，一直搜索到 1。选用 1 以后，第 1 条边已构造好。图中的字符"●"表示已经被选用的木棍，字符"○"表示还未选用的木棍。

图 36.6（b）表示构造第 2 条边的过程，选用 6 和 2。图 36.6（c）表示构造第 3 条边的过程，选用 5 和 3。图 36.6（d）表示构造第 4 条边的过程，选用 4 和 4。至此 4 条边构造好，因此搜索结果表明这 8 条边能构成一个正方形。代码如下。

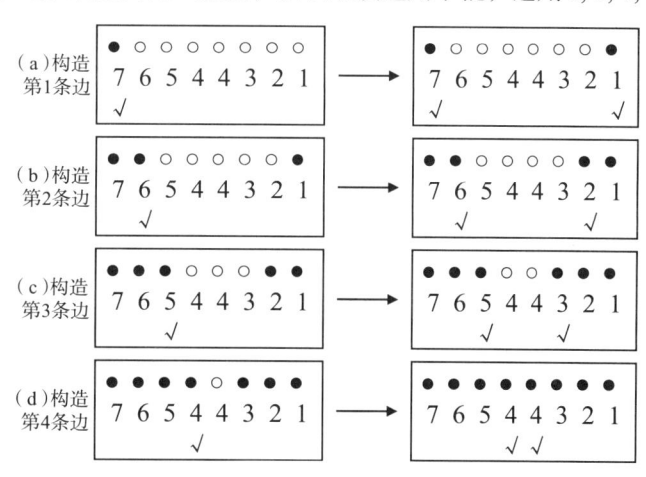

图 36.6　正方形（搜索策略）

```
#include <bits/stdc++.h>
using namespace std;
int m, side[21], ave;       // 木棍的数目 m，m 根木棍的长度，m 根木棍长度总和/4
int mark[21], flag;          //m 根木棍选用的标志及是否能组成正方形的标志
//st，接下来从第 st 条边开始选；len，当前正在构造的边的长度
//cnt，已构造好 cnt 条边长；idx，已经选用了 idx 根木棍
void find(int st, int len, int cnt, int idx)        // 搜索求解
{
    int i;       // 循环变量
    if( cnt == 4 && idx == m ){ flag = 1;  return; }
    if( len == 0 ) {    // 从 0 开始构造当前边时选用木棍
        for( i = 0; i < m ; i++ )
            if( !mark[i] )  break;
        mark[i] = 1;      // 选用第 i 根木棍
```

```cpp
        if(len + side[i] == ave)              // 选用第 i 根木棍刚好构造好第 cnt 条边
            find(0, 0, cnt+1, idx + 1);       // 从 0 开始构造第 cnt+1 条边
        else  find( i+1, len + side[i], cnt, idx + 1 );// 还没构造好，继续选木棍
        mark[i] = 0;        // 弃用第 i 根木棍
        return;
    }
    for(i = st; i < m; i++) {
        if(!mark[i] && len + side[i] <= ave) {
            mark[i] = 1;        // 选用第 i 根木棍
            if( len + side[i] == ave )            // 选用第 i 根木棍刚好构造好第 cnt 条边
                find(0, 0, cnt + 1, idx + 1);     // 从 0 开始构造第 cnt+1 条边
            else  find(i + 1, len + side[i], cnt, idx+1);  // 还没构造好，继续选木棍
            mark[i] = 0;        // 弃用第 i 根木棍
            if(flag)   return;
        }
    }
}
int main( )
{
    int i, sm;   //sm: m 根木棍的长度总和
    cin >>m;
    for( sm = 0, i = 0; i < m; i++ ) {
        cin >>side[i];  sm += side[i];    // 读入 m 根木棍的长度并累加
    }
    if( sm % 4 ) { cout <<"no\n";  return 0; }
    sort( side, side+m );      // 按从大到小的顺序排序
    ave = sm / 4;
    if( side[0] > ave) { cout <<"no\n";  return 0; } // 最长木棍长度大于总和的 1/4
    flag = 0;
    find( 0, 0, 0, 0 );
    if( flag )   cout <<"yes\n";
    else   cout <<"no\n";
    return 0;
}
```

第 37 章
图论 1：
图的基本概念和图的存储

本章内容

本章介绍图论研究的起源、图论的应用实例、图的基本概念、图的存储表示，以及案例解析。

37.1 哥尼斯堡七桥问题

哥尼斯堡市（今俄罗斯加里宁格勒）有一条布格河，如图37.1（a）所示。布格河横贯哥尼斯堡城区，它有两条支流，在这两条支流之间夹着一块岛形地带，这里是城市的繁华地区。全城分为北、东、南、岛4个区，各区之间共连接七座桥梁。

人们长期生活在河畔、岛上，来往于七桥之间。有人提出这样一个问题：能不能一次走遍所有的七座桥，而每座桥只经过一次且不重复？问题提出后，很多人对此很感兴趣，纷纷进行试验，但在相当长的时间里，始终未能解决。

欧拉在1736年通过数学方法解决了这个问题，他将这个问题抽象为一个图论问题：把每一块陆地用一个顶点来代替，将每一座桥用连接相应两个顶点的一条边来代替，从而得到一个图，如图37.1（b）所示。欧拉证明了这个问题没有解，并且推广了这个问题，给出了"对于一个给定的图，能否用某种方式走遍所有的边且没有重复"的判定法则。

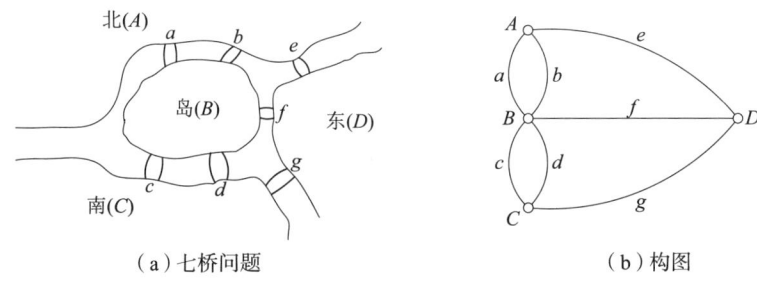

图37.1 哥尼斯堡七桥问题

37.2 小世界理论

1967年，美国社会心理学家斯坦利·米尔格兰姆提出了小世界理论："你和任何一个陌生人之间所间隔的人不会超过六个，也就是说，最多通过五个中间人（即六个人）你就能够联系到任何一个陌生人。"

以每个人为顶点，两个人如果互相认识（可能为亲属关系、同事关系、同学关系、邻居关系、合作伙伴关系、朋友关系、雇佣关系等），则在对应的顶点之间连一条无向边（假设不考虑单向认识关系），将得到一个非常庞大的社交网络。图37.2给出了社交网络的一个示意图。在图37.2中，A和B不认识，但可以通过C和D认识。截至2021年6月，全球人口总数约为75亿。在这个社交网络中，有75亿个顶点，如果每个人平均认识100人，那这个社交网络里有75亿×100/2 = 3750亿条边。

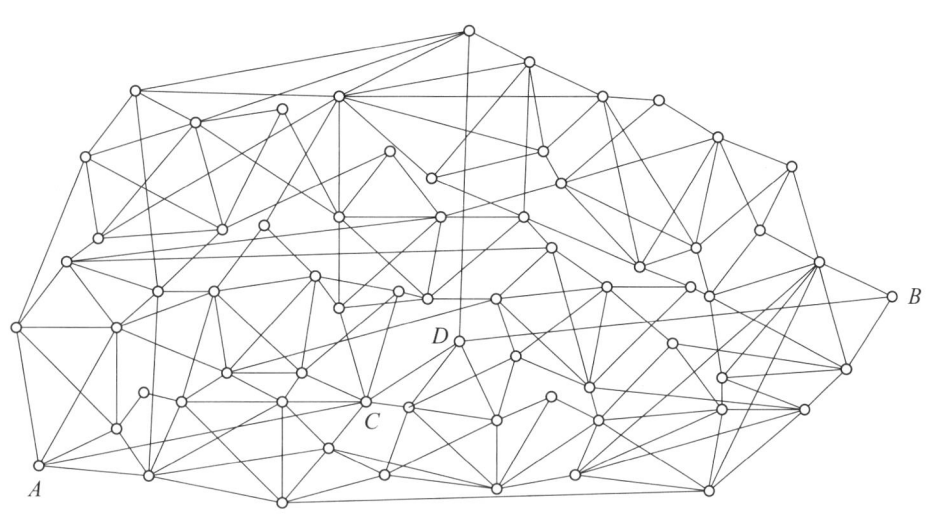

图 37.2　社交网络的一个示意图

在小世界理论中，用顶点代表人，用边来代表人和人之间的相识关系。

 **图的基本概念**

1. 有向图和无向图

从哥尼斯堡七桥问题和小世界理论两个例子可以看出，图论在很多领域都有应用，在不同的领域，顶点和边的含义千差万别。但不管怎样，图就是由若干个给定的顶点及连接两个顶点的边所构成的数学模型，这种模型常常用于描述事物之间的某种特定关系，用顶点代表事物，用连接两个事物的边表示两个事物之间具有的这种关系。

图：由顶点和边构成的数学模型或数据结构。顶点的个数称为图的**阶**，通常用 n 表示。边的数目称为图的**边数**，通常用 m 表示。

无向图：图中的边都是没有方向的图。

有向图：图中的边都是有方向的图。

例如，图 37.3（a）所示的无向图可以表示为 $G_1(V, E)$。其中，顶点集合 $V(G_1) = \{1, 2, 3, 4, 5, 6\}$，集合中的元素为顶点（用序号代表，在其他图中，顶点集合中的元素也可以是其他标识顶点的符号，如字母 A、B、C 等）；边的集合为 $E(G_1) = \{(1, 2), (1, 3), (2, 3), (2, 4), (2, 5), (2, 6), (3, 4), (3, 5), (4, 5)\}$。

注意，在 $E(G_1)$ 中，每个元素 (u, v) 为一对顶点构成的无序对（用圆括号括起来），表示**无向边**。

图 37.3（b）所示的有向图可以表示为 $G_2(V, E)$，其中，顶点集合 $V(G_2) = \{1, 2, 3, 4, 5, 6, 7\}$，集合中的元素也为顶点的序号；边的集合为 $E(G_2) = \{<1, 2>, <2, 3>, <2, 5>, <2, 6>, <3, 5>, <4, 3>, <5, 2>, <5, 4>, <6, 7>\}$。

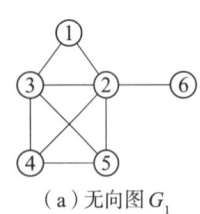 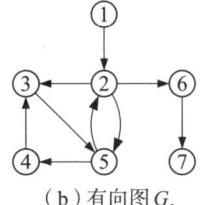 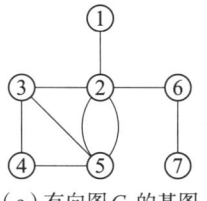

（a）无向图 G_1　　　　（b）有向图 G_2　　　　（c）有向图 G_2 的基图

图 37.3　无向图和有向图

注意，在 $E(G_2)$ 中，每个元素 $<u, v>$ 为一对顶点构成的有序对（用尖括号括起来），表示从顶点 u 到顶点 v 的**有向边**，其中，u 称为**起点**，v 称为**终点**。这条边有特定的方向，由 u 指向 v，因此，$<u, v>$ 与 $<v, u>$ 是两条不同的边。例如，在有向图 G_2 中，$<2, 5>$ 和 $<5, 2>$ 是两条不同的边。

有向图的基图：指忽略有向图所有边的方向，从而得到的无向图。例如，图 37.3（c）为有向图 G_2 的基图。

2. 完全图

完全图：如果无向图中任何一对顶点之间都有一条边，这种无向图称为完全图。在完全图中，阶数和边数存在关系式：$m = n\times(n-1)/2$。例如，图 37.4（a）所示的无向图就是完全图，阶为 n 的完全图用 K_n 表示，因此图 37.4（a）为 4 阶完全图 K_4。

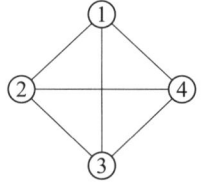 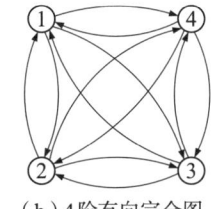

（a）4 阶完全图 K_4　　（b）4 阶有向完全图

图 37.4　完全图和有向完全图

有向完全图：如果有向图中任何一对顶点 u 和 v，都存在 $<u, v>$ 和 $<v, u>$ 两条有向边，这种有向图称为有向完全图。在有向完全图中，阶数和边数存在关系式：$m = n\times(n-1)$。例如，图 37.4（b）为 4 阶有向完全图。

3. 顶点与顶点、顶点与边的关系

在无向图和有向图中，顶点与顶点之间的关系，以及顶点与边之间的关系是通过"邻接"这个概念来表示的。

对于无向图 $G(V, E)$，如果 (u, v) 是图中一条无向边，则称顶点 u 与 v 互为**邻接顶点**。此外，称有一个共同顶点的两条不同边互为**邻接边**。

例如，在图 37.3（a）所示的无向图 G_1 中，与顶点 2 邻接的顶点有 1, 3, 4, 5, 6。

对于有向图 $G(V, E)$，如果 $<u, v>$ 是图中一条有向边，则称顶点 u **邻接到**顶点 v，顶点 v **邻接自**顶点 u，边 $<u, v>$ 与顶点 u 和 v 相关联。

例如，在图 37.3（b）所示的有向图 G_2 中，顶点 2 分别邻接到顶点 3, 5, 6，邻接自顶点 1, 5；有向边 $<2, 6>$ 的顶点 2 邻接到顶点 6，顶点 6 邻接自顶点 2；顶点 2 分别与边 $<2, 3>$, $<2, 5>$, $<2, 6>$, $<1, 2>$, $<5, 2>$ 相关联，等等。

自回路：指关联于同一顶点的边，或称为自身环。

平行边：在有向图中，起点和终点均相同的边称为平行边；在无向图中，两个顶点间的多条边称为平行边。平行边也称为**重边**。

与平行边易混淆的另一个概念是对称边。如果有一对顶点 u 和 v，边 $<u, v>$ 和 $<v, u>$ 同时存在，则称这两条边为**对称边**。

简单图：指不含有平行边和自身环的图。

4. 顶点的度数

一个顶点 u 的**度数**是与它相关联的边的数目，记作 $\deg(u)$。例如，在图 37.3（a）所示的无向图 G_1 中，顶点 2 的度数为 5，顶点 5 的度数为 3。

在有向图中，顶点的度数等于该顶点的出度与入度之和。其中，顶点 u 的**出度**是以 u 为起始顶点的有向边（从顶点 u 出发的有向边）的数目，记作 $\mathrm{od}(u)$；顶点 u 的**入度**是以 u 为终点的有向边（进入顶点 u 的有向边）的数目，记作 $\mathrm{id}(u)$。顶点 u 的**度数**为：$\deg(u) = \mathrm{od}(u) + \mathrm{id}(u)$。例如，在图 37.3（b）所示的有向图 G_2 中，顶点 2 的出度为 3，入度为 2，则度数为 3 + 2 = 5。

在无向图和有向图中，边数 m 和所有顶点度数总和都存在以下关系。

定理 1　在无向图和有向图中，所有顶点度数总和等于边数的两倍。

这是因为，对有向图和无向图，在统计所有顶点度数总和时，每条边都统计了两次。

度数为偶数的顶点称为**偶点**，度数为奇数的顶点称为**奇点**。

定理 1.1 的推论　每个图都有偶数个奇点。

孤立顶点：指度数为 0（不与其他任何顶点邻接）的顶点。

叶：指度数为 1 的顶点，也称为**叶顶点**或**端点**。其他顶点称为**非叶顶点**。

图 G 的最小度：指图 G 中所有顶点度数的最小值，记作 $\delta(G)$。

图 G 的最大度：指图 G 中所有顶点度数的最大值，记作 $\Delta(G)$。

例如，图 37.3（a）所示的无向图 G_1 没有孤立顶点，顶点 6 为叶顶点；$\delta(G_1) = 1$，$\Delta(G_1) = 5$。

5. 路径

路径是图论中一个很重要的概念。在图 $G(V, E)$ 中，若从顶点 v_i 出发，沿着一些边经过一些顶点 $v_{p1}, v_{p2}, \cdots, v_{pm}$，到达顶点 v_j，则称顶点序列 $(v_i, v_{p1}, v_{p2}, \cdots, v_{pm}, v_j)$ 为从顶点 v_i 到顶点 v_j 的一条**路径**，其中 $(v_i, v_{p1}), (v_{p1}, v_{p2}), \cdots, (v_{pm}, v_j)$ 为图 G 中的边。如果 G 是有向图，则 $<v_i, v_{p1}>, <v_{p1}, v_{p2}>, \cdots, <v_{pm}, v_j>$ 为图 G 中的有向边。

路径长度：路径中边的数目通常称为路径长度。

例如，在图 37.3（a）所示的无向图 G_1 中，顶点序列 (1, 2, 5, 4) 是从顶点 1 到顶点 4 的路径，路径长度为 3；另外，顶点序列 (1, 3, 4) 也是从顶点 1 到顶点 4 的路径，路径长度为 2。

在图 37.3（b）所示的有向图 G_2 中，顶点序列 (3, 5, 2, 6) 是从顶点 3 到顶点 6 的路径，路径长度为 3；而从顶点 7 到顶点 1 没有路径。

简单路径：若路径上各顶点 $v_i, v_{p1}, v_{p2}, \cdots, v_{pm}, v_j$ 均互不重复，则称为简单路径。例如，在图 37.3（a）所示的无向图 G_1 中，路径 (1, 2, 5, 4) 就是一条简单路径。

迹：若路径上各边均不重复，则这样的路径称为迹。

注意，顶点不重复，则边一定不重复，因此简单路径一定是迹。反过来则不成立。

回路：若路径上第一个顶点 v_i 与最后一个顶点 v_j 重合，则称这样的路径为回路。例如，在

图 37.3 中，无向图 G_1 中的路径 (2, 3, 4, 5, 2) 和有向图 G_2 中的路径 (5, 4, 3, 5) 都是回路。

简单回路：除第一个和最后一个顶点外，没有顶点重复的回路称为简单回路，也称为**圈**。

6. 连通性

连通性也是图论中一个很重要的概念。在无向图中，若顶点 u 和 v 之间有路径，则称顶点 u 和 v 是**连通**的。如果无向图中任意一对顶点都是连通的，则称此图为**连通图**；如果一个无向图不连通，则称此图为**非连通图**。

如果一个无向图不是连通的，则其极大连通子图称为**连通分量**，这里的极大是指子图中包含的顶点个数极大。

例如，图 37.3（a）所示的无向图 G_1 就是一个连通图。在无向图 G_1 中，如果去掉边 (2, 6)，则剩下的图就是非连通的，且包含两个连通分量，一个是由顶点 1、2、3、4、5 构成的连通分量，另一个是由顶点 6 构成的连通分量。

又如，图 37.5 所示的无向图也是非连通图。其中顶点 1、2、3、5 构成一个连通分量，顶点 4、6、7、8 构成另一个连通分量。

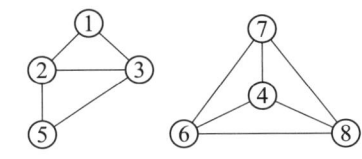

图 37.5 非连通图

在有向图中，若每对顶点 u 和 v，同时存在从 u 到 v 的路径和从 v 到 u 的路径，则称其为**强连通图**。例如，图 37.6（a）和图 37.6（b）所示的有向图就是强连通图。

对于非强连通图，其极大强连通子图称为**强连通分量**。

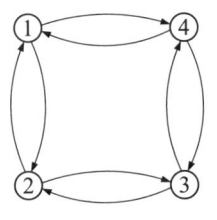

（a）有向强连通图 1　　（b）有向强连通图 2

图 37.6 强连通图

例如，图 37.7（a）所示的有向图 G_2 就是非强连通图，它包含 3 个强连通分量，如图 37.7（b）所示。其中，顶点 2、3、4、5 构成一个强连通分量，在这个子图中，每一对顶点 u 和 v，既存在从 u 到 v 的路径，也存在从 v 到 u 的路径；顶点 1、6、8 也构成一个强连通分量，顶点 7 自成一个强连通分量。

7. 权值、有向网与无向网

某些图的边具有与它相关的数值，称为**权值**。这些权值可以表示从一个顶点到另一个顶点的距离、花费的代价、所需的时间等。如果一个图中所有边都具有权值，则称其为**加权图**或称为**网络**。根据网络中的边是否具有方向性，又可以分为**有向网**和**无向网**。网络也可以用 $G(V, E)$ 表示，其中边的集合 E 中每个元素包含 3 个分量：边的两个顶点和权值。

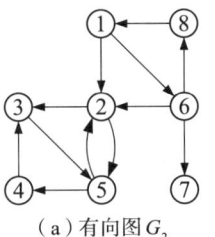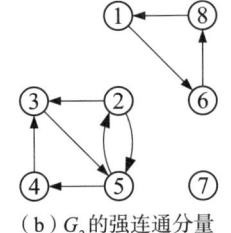

（a）有向图 G_2　　（b）G_2 的强连通分量

图 37.7 有向图的强连通分量

例如，图 37.8（a）所示的无向网可以表示为 $G_1(V, E)$，其中顶点集合 $V(G_1) = \{1, 2, 3, 4, 5, 6, 7\}$；边的集合 $E(G_1) = \{$ (1, 2, 28), (1, 6, 10), (2, 3, 16), (2, 7, 14), (3, 4, 12), (4, 5, 22), (4, 7, 18), (5, 6, 25), (5, 7, 24) $\}$。在 $E(G_1)$ 中，每个元素的第 3 个分量表示该边的权值。

图37.8（b）所示的有向网可以表示为 $G_2(V, E)$，其中顶点集合 $V(G_2) = \{1, 2, 3, 4, 5, 6, 7\}$；边的集合 $E(G_2) = \{$ <1, 2, 12>, <2, 4, 85>, <3, 2, 43>, <4, 3, 65>, <5, 1, 58>, <5, 2, 90>, <5, 6, 19>, <5, 7, 70>, <6, 4, 24>, <7, 6, 50> $\}$。同样在 $E(G_2)$ 中，每个元素的第3个分量也表示该边的权值。

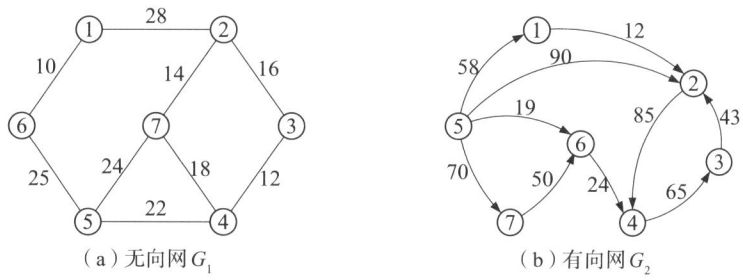

图37.8　无向网和有向网

 **37.4　图的存储表示**

要通过编程求解图论问题，首先要把图存储起来。图的存储一般有两种方法：**邻接矩阵**和**邻接表**。

1. 无向图和有向图的邻接矩阵

为了存储图，可以用一个矩阵，实际上就是一个二维数组，存储各个顶点之间的邻接关系，这个矩阵称为**邻接矩阵**。设 $G(V, E)$ 是一个具有 n 个顶点的图，则图的邻接矩阵是一个 $n \times n$ 的二维数组，在本书中用 $Edge[n][n]$ 表示，它的定义为

$$Edge[i][j] = \begin{cases} 1 & <i,j> \in E \text{ 或 } (i,j) \in E \\ 0 & <i,j> \notin E \text{ 或 } (i,j) \notin E \end{cases}$$

例如，图37.9给出了图37.3（a）中的无向图 $G_1(V, E)$ 及其邻接矩阵表示。无向图 G_1 如图37.9（a）所示，G_1 的邻接矩阵如图37.9（b）所示，从图中可以看出，无向图的邻接矩阵是沿主对角线对称的。

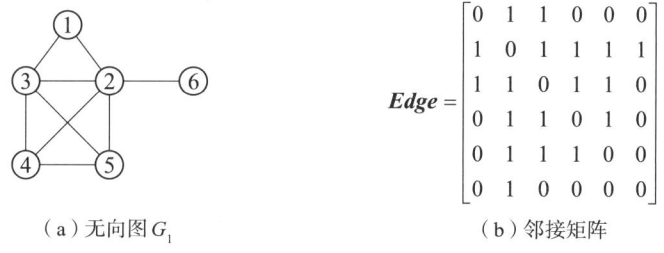

（a）无向图 G_1　　　　　　　　　（b）邻接矩阵

图37.9　无向图 G_1 的邻接矩阵表示

又如，图37.10给出了图37.3（b）中的有向图 $G_2(V, E)$ 及其邻接矩阵表示。有向图 G_2 如图37.10（a）所示，G_2 的邻接矩阵如图37.10（b）所示，从该图中可以看出，有向图的邻接矩阵不一定是沿主对角线对称的。

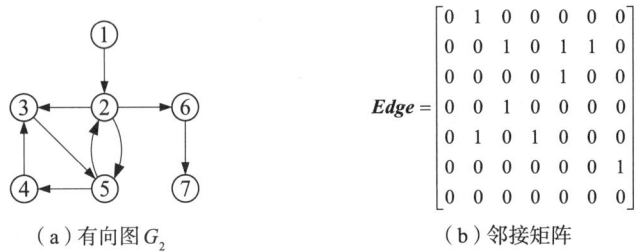

(a) 有向图 G_2 (b) 邻接矩阵

图 37.10 有向图 G_2 的邻接矩阵表示

注意，如果图中存在自身环或平行边的情形，则一般无法用邻接矩阵存储。

从图的邻接矩阵可以获得什么信息？对无向图的邻接矩阵来说，如果 $Edge[i][j]=1$，则表示顶点 i 和顶点 j 之间有一条边。因此，邻接矩阵 $Edge$ 第 i 行所有元素中元素值为 1 的个数表示顶点 i 的度数，第 i 列所有元素中元素值为 1 的个数也表示顶点 i 的度数。顶点 i 的度数也等于第 i 行或第 i 列所有元素的和（因为邻接矩阵里的元素值为 1 或 0），即

$$\deg(i) = \sum_{j=0}^{n-1} Edge[i][j] = \sum_{j=0}^{n-1} Edge[j][i]$$

而对有向图的邻接矩阵来说，如果 $Edge[i][j]=1$，则表示从顶点 i 到顶点 j 有一条有向边，i 是起点，j 是终点。因此，邻接矩阵 $Edge$ 第 i 行所有元素中元素值为 1 的个数表示顶点 i 的出度，第 i 列所有元素中元素值为 1 的个数表示顶点 i 的入度，即

$$\text{od}(i) = \sum_{j=0}^{n-1} Edge[i][j], \text{id}(i) = \sum_{j=0}^{n-1} Edge[j][i]$$

2. 有向网和无向网的邻接矩阵

对于网络（带权值的图），邻接矩阵的定义为

$$Edge[i][j] = \begin{cases} W(i,j) & \text{如果} i \neq j, \text{且} <i,j> \in E (\text{或}(i,j) \in E) \\ \infty & \text{如果} i \neq j, \text{且} <i,j> \notin E (\text{或}(i,j) \notin E) \\ 0 & \text{对角线上的位置，即} i = j \end{cases}$$

在编程实现时，可以用一个比较大的常量表示无穷大 ∞。

图 37.11 给出了图 37.8（a）中的无向网 $G_1(V, E)$ 及其邻接矩阵表示。在无向网的邻接矩阵中，如果 $0 < Edge[i][j] < \infty$，则顶点 i 和顶点 j 之间有一条无向边，其权值为 $Edge[i][j]$。从图 37.11（b）中可以看出，无向网的邻接矩阵也是沿主对角线对称的。

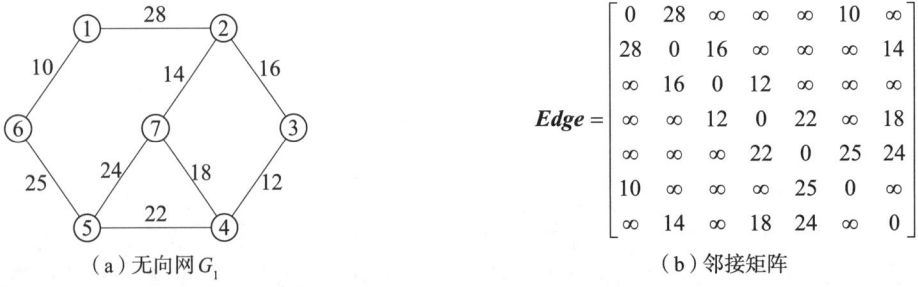

(a) 无向网 G_1 (b) 邻接矩阵

图 37.11 无向网 G_1 的邻接矩阵表示

图37.12给出了图37.8（b）中的有向网 $G_2(V, E)$ 及其邻接矩阵表示。在有向网的邻接矩阵中，如果 $0<Edge[i][j]<\infty$，则从顶点 i 到顶点 j 有一条有向边，其权值为 $Edge[i][j]$。从图37.12（b）中可以看出，有向网的邻接矩阵不一定是沿对主角线对称的。

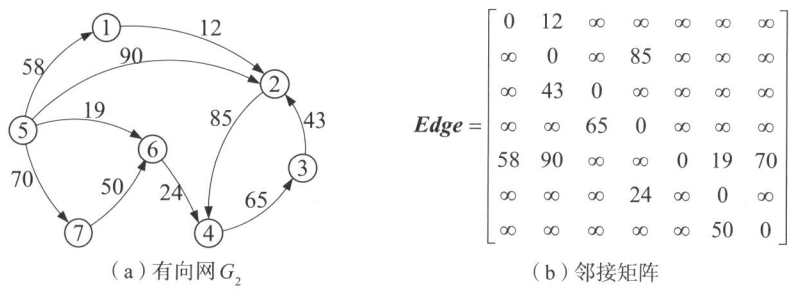

（a）有向网 G_2　　　　　　（b）邻接矩阵

图37.12　有向网 G_2 的邻接矩阵表示

3. 邻接表

图的邻接矩阵具有以下局限性。

（1）尽管绝大多数图论的题目可以采用邻接矩阵存储图，但由于邻接矩阵无法表达环和重边的情形，所以有时不得不采用邻接表去存储图。

（2）邻接矩阵是间接存储边，遍历所有边的时间复杂度是 $O(n^2)$。而邻接表里直接存储了边的信息，对有向图来说，遍历所有边的时间复杂度是 $O(m)$；对无向图来说，由于每条边被存储两次，所以遍历所有边的时间复杂度是 $O(2m)$。

（3）当图的边数（相对顶点个数）较少时，使用邻接矩阵存储会浪费较多的存储空间，而用邻接表存储可以节省存储空间。具体来说，邻接表里除了存储 m 条边所对应的边结点外，还需要一个顶点数组，存储各顶点的顶点信息及各边链表的表头指针，总的空间复杂度为 $O(n+m)$（有向图）或 $O(n+2m)$（无向图）。而用邻接矩阵存储图，需要 $n\times n$ 规模的存储单元，其空间复杂度为 $O(n^2)$。

邻接表：把同一个顶点发出的边链接在同一个称为**边链表**的单链表中。这种邻接表也称为**出边表**。

边链表的每个结点代表一条边，称为**边结点**，每个边结点有两个成员：该边终点的序号及指向下一个边结点的指针。此外，还需要一个用于存储顶点信息的顶点数组。

例如，图37.13（a）所示的有向图 G_2 对应的邻接表如图37.13（b）所示。在顶点数组中，每个元素存储了该顶点的边链表的表头指针，指向该顶点的边链表。如果没有从某个顶点发出的边，则该顶点没有边链表，因此表头指针为空，如图37.13（b）中的顶点7。在本书中，如果指针为空，则用符号"∧"表示。

采用邻接表存储图时，求顶点的出度很方便，只需要统计每个顶点的边链表中边结点的个数即可，但在求顶点的入度时就比较麻烦。

在图37.13（b）中，顶点2的边链表有3个边结点，分别表示边<2, 6> <2, 5>和<2, 3>，因此其出度为3；顶点3的边链表中只有1个边结点，表示边<3, 5>，因此其出度为1。

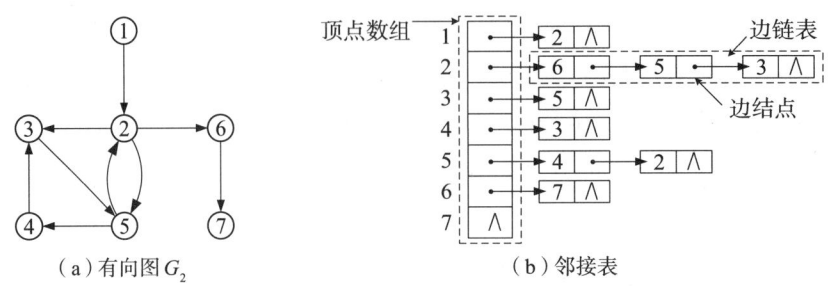

图 37.13 有向图 G_2 的邻接表（出边表）

如果需要统计各顶点的入度，可以采用逆邻接表存储表示图。

逆邻接表：也称为**入边表**，就是把进入同一个顶点的边链接在同一个边链表中。

例如，图 37.14（a）所示的有向图 G_2 对应的逆邻接表如图 37.14（b）所示。在图 37.14（b）中，顶点 2 的边链表有两个边结点，分别表示边 <5, 2> 和 <1, 2>，因此其入度为 2。

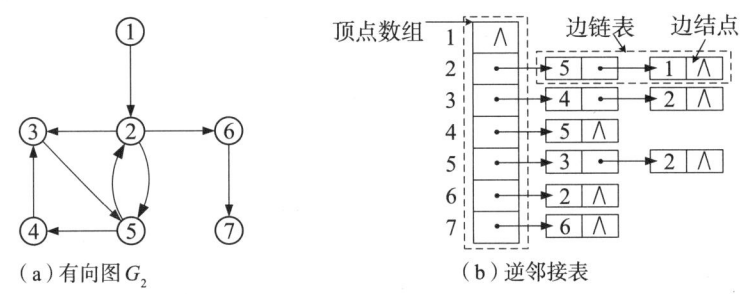

图 37.14 有向图 G_2 的逆邻接表（入边表）

因为无向图中的边没有方向性，所以无向图的邻接表没有入边表和出边表之分。在无向图的邻接表中，与顶点 v 相关联的边都链接到该顶点的边链表中。无向图的每条边在邻接表中出现两次。

例如，图 37.15（a）所示的无向图 G_1 对应的邻接表如图 37.15（b）所示。

在图 37.15（b）中，顶点 2 的边链表中有 5 个边结点，分别表示边 (2, 6)、(2, 5)、(2, 4)、(2, 3) 和 (2, 1)，顶点 2 的度为 5；顶点 3 的边链表中有 4 个边结点，分别表示边 (3, 5)、(3, 4)、(3, 2) 和 (3, 1)，顶点 3 的度为 4。边 (2, 3) 分别出现在顶点 2 和顶点 3 的边链表中。

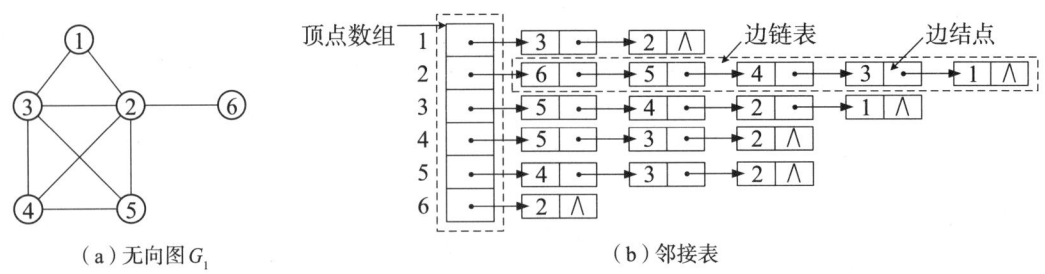

图 37.15 无向图 G_1 的邻接表

注意，邻接表和逆邻接表本来需要通过链表实现，而链表涉及大量指针运算。如果对指针和链表不熟悉，可以用静态数组模拟邻接表，也可以用向量数组来存储邻接表，详见本章案例 2 和 37.7 节。

37.5 案例1：求顶点度数

【题目描述】

用邻接矩阵存储有向图，并输出各顶点的出度和入度。

【输入描述】

输入数据描述了一个无权有向图，第1行为两个正整数 n 和 m（$1 \leq n \leq 100$，$1 \leq m \leq 500$），分别表示顶点数目和边数，顶点序号从1开始计起；接下来有 m 个正整数对，用空格隔开，表示一条边的起点和终点。每条边仅出现一次，图中不存在自身环和平行边。

【输出描述】

对输入的有向图，输出两行：第1行为 n 个正整数，表示顶点 $1 \sim n$ 的出度；第2行也为 n 个正整数，表示顶点 $1 \sim n$ 的入度。每两个正整数之间用一个空格隔开。

【样例输入】

```
7 9
1 2 2 3 2 5 2 6 3 5 4 3 5 2 5 4 6 7
```

【样例输出】

```
1 3 1 1 2 1 0
0 2 2 1 2 1 1
```

【分析】

在程序中可以使用一个二维数组 ***Edge*** 存储表示邻接矩阵。在将有向边 <u, v> 存储到邻接矩阵 ***Edge*** 时，将元素 ***Edge***[u][v] 的值置为1，注意顶点序号从1开始计起。

本题中的有向图都是无权图，邻接矩阵中每个元素要么为1，要么为0。第 i 个顶点的出度等于邻接矩阵中第 i 行所有元素值的和。同理，在计算第 i 个顶点的入度时，也只需将第 i 列所有元素值累加起来即可。

题目要求在输出 n 个顶点的出度（和入度）时，每两个正整数之间用一个空格隔开，最后一个正整数之后没有空格。可以采取的策略是：输出第1个顶点的出度时前面没有空格，输出后面 $n-1$ 个顶点的出度时都先输出一个空格。代码如下。

```cpp
#include <bits/stdc++.h>
using namespace std;
#define MAXN 110              // 顶点个数最大值
int Edge[MAXN][MAXN];         // 邻接矩阵
int main( )
{
    int n, m, u, v;           // 顶点个数、边数，边的起点和终点
    int i, j, od, id;         // 顶点的出度和入度
    cin >>n >>m;              // 读入顶点个数 n 和边数 m
    for( i=1; i<=m; i++ ) {
```

```
            cin >>u >>v;             // 读入边的起点和终点（顶点序号从1开始计起）
            Edge[u][v] = 1;          // 构造邻接矩阵
        }
        for( i=1; i<=n; i++ ) {      // 求各顶点的出度
            od = 0;
            for( j=1; j<=n; j++ )  od += Edge[i][j];      // 累加第i行
            if(i==1)   cout <<od;
            else   cout <<" " <<od;
        }
        cout <<endl;
        for( i=1; i<=n; i++ ) {      // 求各顶点的入度
            id = 0;
            for( j=1; j<=n; j++ )  id += Edge[j][i];      // 累加第i列
            if(i==1)   cout <<id;
            else   cout <<" " <<id;
        }
        cout <<endl;
        return 0;
}
```

37.6 编程解题时灵活地存储图

在编程求解图论问题时，有时并不需要严格采用邻接矩阵或邻接表来存储图。除了前面介绍的邻接矩阵和邻接表外，还有以下几种灵活的存储方式。

1. 将边的信息存储在一个数组里

当图中顶点个数确定以后(这里假设顶点序号是连续的)，图的结构就唯一地取决于边的信息，因此可以把每条边的信息（起点、终点、权值等）存储到一个数组里，在针对该图进行某种处理时，只需要访问边的数组中的每个元素即可。对于一些可以直接针对边进行处理的算法，如求最小生成树的Kruskal算法、求单源最短路径的Bellman-Ford算法，可以采用这种存储方式来实现。

2. 用向量数组实现邻接表

邻接表其实存储的就是邻接顶点信息，但不管是用链表实现，还是用静态数组实现，都太复杂了。如果用向量数组实现，就简单得多。

对无向图来说，每个顶点的邻接顶点个数是不一样的。我们可以把顶点i的邻接顶点存入一个向量(vector)。每个顶点都有一个向量（这些向量的长度不一样），就构成了一个向量数组，可以定义成vector<int> v[MAXN]，MAXN是顶点个数的最大值。在这里，v是一个固定长度的数组。如果不想用固定长度的数组，也可以用向量的向量来实现。

```
vector<vector<int>> v;    // 每个顶点的邻接顶点存入一个向量，这些向量又构成一个向量
```

对有向图来说，需要定义两个向量数组 *v1* 和 *v2*。*v1*[*i*] 是一个向量，存储顶点 *i* 通过出边可以连接到的顶点。*v2*[*i*] 是一个向量，存储顶点 *i* 通过入边可以连接到的顶点。

```
vector<int> v1[MAXN];    //v1[i]是一个向量，存储顶点 i 通过出边可以连接到的顶点
vector<int> v2[MAXN];    //v2[i]是一个向量，存储顶点 i 通过入边可以连接到的顶点
```

 用向量数组实现邻接表并求顶点度数

对于本章的案例1，也可以用向量数组实现邻接表，存储有向图，并输出各顶点的出度和入度。

用向量数组存储邻接表，实现起来要简单得多。样例数据对应的有向图 G_2 如图37.16（a）所示。图37.16（b）为向量数组 *v1*，其中 *v1*[2] 存储了顶点2通过出边连接到的3个顶点3、5、6。图37.16（c）为向量数组 *v2*，其中 *v2*[2] 存储了顶点2通过入边连接到的2个顶点1、5。

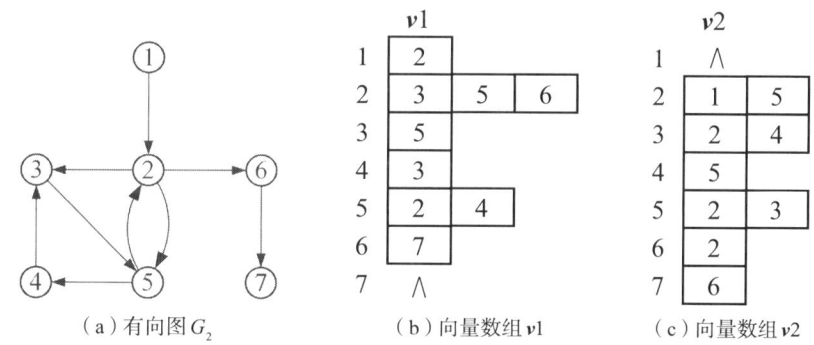

图37.16　有向图 G_2 的邻接表（向量数组实现）

对顶点 *i*，*v1*[*i*] 这个向量中顶点的个数就是顶点 *i* 的出度，可以调用向量的 size() 函数求得；*v2*[*i*] 中顶点的个数就是顶点 *i* 的入度。代码如下。

```
#include <bits/stdc++.h>
using namespace std;
#define MAXN 110
vector<int> v1[MAXN];    //v1[i]是一个向量，存储顶点 i 通过出边可以连接到的顶点
vector<int> v2[MAXN];    //v2[i]是一个向量，存储顶点 i 通过入边可以连接到的顶点
int n, m;                // 顶点数和边数
void create( )   // 采用向量数组存储表示，构造有向图 G
{
    int i, u, v;
    for( i=0; i<m; i++ ){
        cin >>u >>v;    // 输入一条边的起点和终点
```

```
        v1[u].push_back(v);   // 在 v1[u] 向量后面追加顶点 v
        v2[v].push_back(u);   // 在 v2[v] 向量后面追加顶点 u
    }//end of for
}
int main( )
{
    int i, id, od;              // 顶点的入度和出度
    cin >>n >>m;                // 首先输入顶点个数和边数
    create( );                  // 构造有向图的邻接表结构
    for( i=1; i<=n; i++ ){     // 统计各顶点出度并输出
        od = v1[i].size();      // 这就是顶点 i 的出度
        if(i==1)   cout <<od;
        else   cout <<" " <<od;
    }
    cout <<endl;
    for( i=1; i<=n; i++ ){     // 统计各顶点入度并输出
        id = v2[i].size();      // 这就是顶点 i 的入度
        if(i==1)   cout <<id;
        else   cout <<" " <<id;
    }
    cout <<endl;
    return 0;
}
```

37.8 案例2：道路网络

【题目描述】

有一个道路网络。网络中有 n 个十字路口。这些数字路口之间有 m 条道路连接。输入直接相连两个路口的道路及其长度。统计每个路口所连的道路的长度。要求用向量数组实现。

【输入描述】

输入数据第一行是两个正整数 n 和 m，$n \leqslant 100$，表示十字路口数，$m \leqslant 1000$，表示直接连接两个十字路口的道路数。接下来有 m 行，每行有三个整数 u, v, w，表示第 u 个十字路口和第 v 个十字路口有道路相连，长度为 w。测试数据保证道路不会重复。

【输出描述】

输出 n 行，每行有一个整数，第 i 个整数表示第 i 个十字路口所连的道路的长度。

【样例输入】   【样例输出】

4 3   11

```
1 2 5                                    12
1 3 6                                     6
2 4 7                                     7
```

【分析】

可以用向量数组 *v* 存储每个十字路口所连的道路的长度，这样就可以调用 accumulate 函数求向量中各元素的和，和就是本题的答案。但是，如果要把每条道路的信息完整的存储起来，需要用到 pair。因为每条道路的另一个十字路口和道路的长度构成了一个 pair。这个 pair 的 first 成员是另一个十字路口的编号，second 成员是这条道路的长度。本题需要把所有 pair 的 second 成员累加起来，就不能用 accumulate 函数实现了。代码如下。

```cpp
#include <bits/stdc++.h>
using namespace std;
int n, m;
typedef pair<int, int> PII;
vector<PII> v[110];
int main( )
{
    cin >>n >>m;
    int a, b, w;
    for(int i=1; i<=m; i++){
        cin >>a >>b >>w;
        v[a].push_back(make_pair(b,w));   v[b].push_back(make_pair(a,w));
    }
    for(int i=1; i<=n; i++){
        int s = 0;
        for(int j=0; j<v[i].size(); j++)
            s += v[i][j].second;
        cout <<s <<endl;
    }
    return 0;
}
```

37.9 案例3：共同好友数

【背景知识】

在QQ群里给一个未加为好友的人发信息时，聊天窗口的右上角会显示你和这个人的共同好友数,如图37.17所示。

【题目描述】

共同好友的定义为,设A与B是好友、A与C是好友、B与C不是好友,则A是B和C的一个共同好友。给定每个人的好友列表,求两两之间的共同好友数。

图37.17 共同好友数

【输入描述】

输入数据的第1行是一个正整数n($5 \leq n \leq 100$),表示总人数,这n个人的序号为$1 \sim n$。接下来有n行,第k行($1 \leq k \leq n$)表示第k个人的好友列表,首先是正整数m($1 \leq m \leq n-1$),接下来是m个整数h_i,范围在$[1, n]$,$h_i \neq k$,表示m个好友的序号。测试数据保证数据是有效的,例如,m个整数h_i没有重复,若h出现在k的好友列表里,则k也会出现在h的好友列表里。

【输出描述】

按"1:2""1:3"…"n-1:n"的顺序依次输出每两个人k和h($k<h$)的好友数,用空格隔开,格式如样例输出所示。如果某两个人没有共同好友,则没有对应输出,因此最多输出$n \times (n-1)/2$行。

【样例输入】   【样例输出】

```
5                          1:3 2
3 2 4 5                    2:4 3
3 1 3 5                    3:5 2
2 2 4
3 1 3 5
3 1 2 4
```

【分析】

本题首先要理解共同好友。根据样例数据构造出来的图如图37.18所示,1和3不是直接好友,但他们有2个共同好友,就是2和4。

对输入的n个人的好友列表,首先要构图,即构造邻接矩阵**Edge**,如果h出现在k的列表里,则需要设置**Edge**$[k][h]$和**Edge**$[h][k]$为1,表示h和k为直接好友。然后用二维数组**Edge1**来记录i和j的共同好友数,**Edge1**$[i][j]$的初值为0。输入k的好友列表f后(f是一个数组),需要用二重for循环遍历好友列表里的两个不同的人i和j,**Edge1**$[j][i]$和**Edge1**$[i][j]$都要加1,意思是i和j有一个共同好友,就是k。在以下程序中,i和j是下标,这两个不同的人其实是$f[i]$和$f[j]$,所以需要让**Edge1**$[f[j]][f[i]]$和**Edge1**$[f[i]][f[j]]$加1。最后,按照题目要求的顺序,当k和h不是直接好友时(**Edge**$[k][h]$为0),输出他们的共同好友数**Edge1**$[k][h]$。

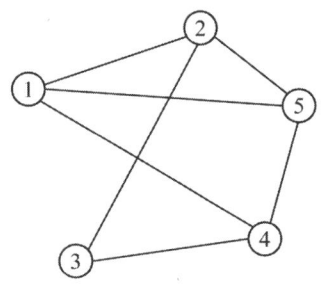

图37.18 共同好友数(构图)

注意,在本题中,邻接矩阵**Edge**仅起到判断k和h是不是直接好友的作用。代码如下。

```cpp
#include <bits/stdc++.h>
using namespace std;
#define MAXN 102
int Edge[MAXN][MAXN];        //Edge[i][j]为1表示i和j是直接好友
int Edge1[MAXN][MAXN];       //Edge1[i][j]表示i和j的共同好友数
int main()
{
    int f[MAXN];             // 存储每个人的m个好友
    int k, j, i, n, m, h;    //n:人数；m:每个人的好友数；h:好友的序号
    cin >>n;
    for(k=1; k<=n; k++){     // 读入并处理n个人的好友列表
        cin >>m;
        for(j=1; j<=m; j++){                       // 记录直接好友
            cin >>h;   f[j] = h;
            Edge[k][h] = Edge[h][k] = 1; //k和h是直接好友
        }
        for(j=1; j<=m; j++){
            for(i=j+1; i<=m; i++)        //i和j有一个共同好友,就是k
                Edge1[f[j]][f[i]]++, Edge1[f[i]][f[j]]++;
        }
    }
    for(k=1; k<=n; k++){
        for(h=k+1; h<=n; h++){
            if(Edge[k][h]==0 && Edge1[k][h]>0)
                cout <<k <<":" <<h <<" " <<Edge1[k][h] <<endl;
        }
    }
    return 0;
}
```

第 38 章
图论 2：图的深度优先搜索

本章内容

图的遍历，也称为图的搜索，是指从图中某个指定顶点出发，按照特定策略沿着边访问图中所有顶点，并且确保每个顶点仅被访问一次的过程。注意，在某些算法或问题求解场景中，可能会允许或需要多次访问同一个顶点。图的遍历主要有两种经典方法：深度优先搜索和广度优先搜索。本章介绍深度优先搜索。

38.1 图的深度优先搜索

深度优先搜索（Depth First Search，DFS）是一种基于回溯思想的图遍历算法。

DFS算法的核心思想是：对一个连通图（无论有向或无向），在访问图中某一起始顶点v后，由v出发，访问它的某一未被访问的邻接顶点w_1；再从w_1出发，访问与w_1邻接但未被访问的顶点w_2；然后从w_2出发，进行类似的访问……如此递归进行下去，直至到达某个顶点u，其所有邻接顶点都被访问过为止。此时，算法将回溯到前一次刚访问过的顶点，检查是否还有其他没有被访问的邻接顶点，如果有，则访问此顶点，之后再从此顶点出发，进行与前述类似的访问；如果没有，就继续回溯到更早访问的顶点。重复上述过程，直到该连通图中所有顶点都被访问过为止。

接下来以图38.1（a）所示的无向连通图为例解释DFS过程。假设在多个未访问过的邻接顶点中进行选择时，按顶点序号从小到大的顺序进行选择，如顶点A有3个邻接顶点，即B、D和E，先选择顶点B进行深度优先搜索。

对图38.1（a）所示的无向连通图(实线箭头表示前进方向，虚线箭头表示回退方向，箭头旁的数字跟以下序号对应)，采用DFS思想搜索的过程如下。

（1）从顶点A出发，访问顶点序号最小的邻接顶点，即顶点B。
（2）访问顶点B未访问过的、顶点序号最小的邻接顶点，即顶点C。
（3）访问顶点C未访问过的、顶点序号最小的邻接顶点，即顶点G。
（4）此时顶点G已经没有未访问过的邻接顶点了，所以回溯到顶点C。
（5）回溯到顶点C后，顶点C也没有未访问过的邻接顶点了，所以继续回溯到顶点B。
（6）顶点B还有一个未访问过的邻接顶点，即顶点E，所以访问顶点E。

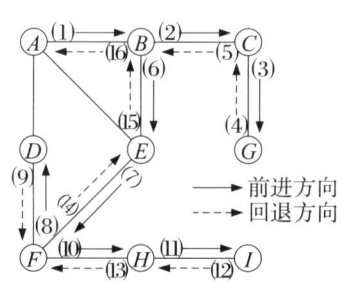
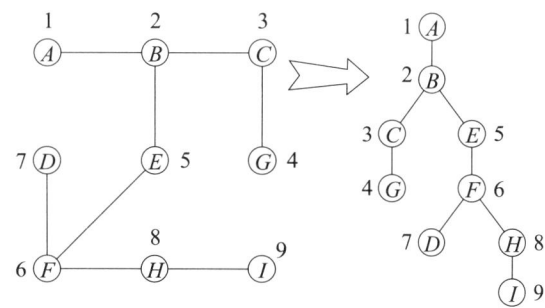

（a）深度优先搜索过程　　　　　　（b）深度优先搜索生成树

图38.1　图的深度优先搜索

（7）访问顶点E未访问过的、顶点序号最小的邻接顶点，即顶点F。
（8）顶点F有两个未访问过的邻接顶点，选择顶点序号最小的，即顶点D，所以访问顶点D。
（9）此时顶点D已经没有未访问过的邻接顶点了，所以回溯到顶点F。
（10）顶点F还有一个未访问过的邻接顶点，即顶点H，所以访问顶点H。

（11）访问顶点 H 未访问过的、顶点序号最小的邻接顶点，即顶点 I。

（12）此时顶点 I 已经没有未访问过的邻接顶点了，所以回溯到顶点 H。

（13）回溯到顶点 H 后，顶点 H 也没有未访问过的邻接顶点了，所以继续回溯到顶点 F。

（14）回溯到顶点 F 后，顶点 F 也没有未访问过的邻接顶点了，所以继续回溯到顶点 E。

（15）回溯到顶点 E 后，顶点 E 也没有未访问过的邻接顶点了，所以继续回溯到顶点 B。

（16）回溯到顶点 B 后，顶点 B 也没有未访问过的邻接顶点了，所以继续回溯到顶点 A。

回溯到顶点 A 后，顶点 A 也没有未访问过的邻接顶点了，而且顶点 A 是搜索的起始顶点。至此，整个搜索过程全部结束。由此可见，DFS 最终要回溯到起始顶点，并且如果起始顶点没有未访问过的邻接顶点了，则算法结束。

在图 38.1（b）中，每个顶点外侧的数字标明了进行 DFS 时访问各顶点的次序，称为顶点的**深度优先数**。图 38.1（b）还给出了访问 n 个顶点时经过的 $n-1$ 条边，这 $n-1$ 条边将 n 个顶点连接成一棵树，称此图为原图的**深度优先搜索生成树**，该树的根结点就是深度优先搜索的起始顶点。在图 38.1（b）中，为了更直观地描述该生成树的树形结构，将此生成树改画成右侧所示的树形形状。

 图的深度优先搜索的实现

假设有函数 dfs(v)，可实现从顶点 v 出发访问它的所有未访问过的邻接顶点。在 DFS 算法中，必有一数组，设为 vs，用来存储各顶点的访问状态。如果 $vs[i] = 1$，则表示顶点 i 已经访问过；如果 $vs[i] = 0$，则表示顶点 i 还未访问过。初始时，各顶点的访问状态均为 0。

图 38.1（a）所示的搜索过程用 dfs() 函数实现，其执行过程如图 38.2 所示，在主函数中只要调用 dfs(A) 就可以搜索整个图。图 38.2 中的序号(1)～(16)跟图 38.1（a）中的序号是一一对应的。

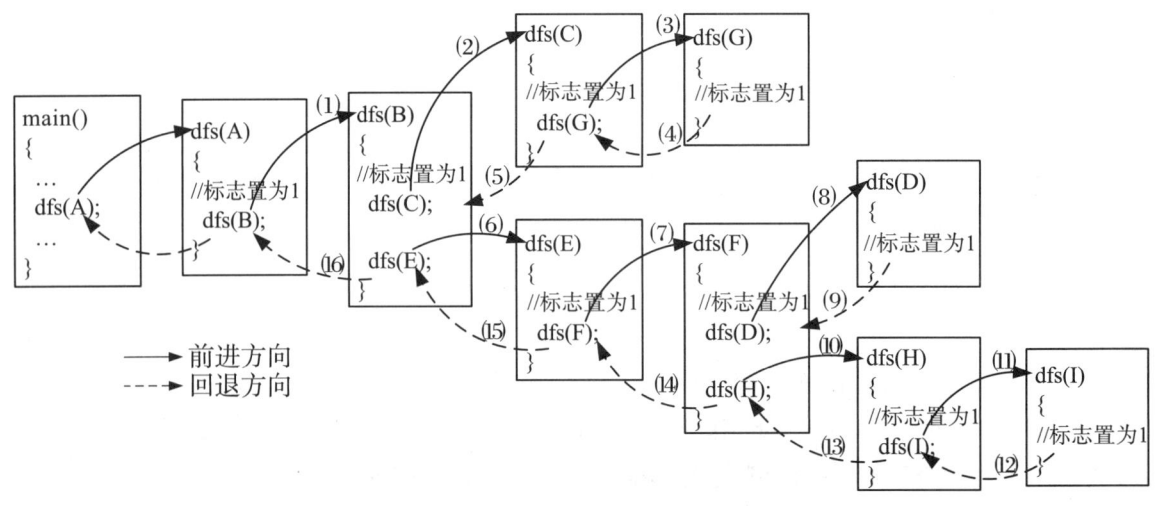

图 38.2　深度优先搜索的实现

如果用邻接表存储图，边链表可以用链表、静态数组或向量数组实现，则DFS算法实现的伪代码如下。

```
dfs(顶点i)        // 从顶点i进行深度优先搜索
{
    vs[i]=1;      // 将顶点i的访问标志置为1
    用循环检查边链表中的每条边e{
        // 设边e的另一个顶点为顶点j
        if(顶点j未被访问过){
            // 递归搜索前的准备工作需要在这里写代码
            dfs(顶点j);          // 从顶点j出发进行深度优先搜索
            // 以下是DFS的回退位置,在很多应用中需要在这里写代码
        }
    }
}
```

如果用邻接矩阵存储图(设顶点个数为n)，则DFS算法实现的伪代码如下。

```
dfs(顶点i)        // 从顶点i进行深度优先搜索
{
    vs[i]=1;      // 将顶点i的访问标志置为1
    for(j=0; j<n; j++){     // 对其他所有顶点j
        //j是i的邻接顶点,且顶点j没有被访问过
        if(Edge[i][j]==1 && !vs[j]){
            // 递归搜索前的准备工作需要在这里写代码
            dfs(顶点j);          // 从顶点j出发进行深度优先搜索
            // 以下是DFS的回退位置,在很多应用中需要在这里写代码
        }
    }
}
```

在上述伪代码中，递归调用dfs()函数前后的两个位置特别重要。

（1）如果需要在递归搜索前做一些准备工作（如本章案例1中在递归搜索前将当前方格设置为"#"，表示红色的瓷砖），则需要在dfs()递归调用前的位置写代码。

（2）如果需要在搜索回溯后做一些还原工作，或者根据搜索结果做一些统计或计算工作，则需要在dfs()递归调用后的位置写代码。

38.3　案例1：红与黑

【题目描述】

有一个长方形的房间，房间中的地面上铺满了正方形的瓷砖，瓷砖为红色或黑色。小A站在其

中一块黑色的瓷砖上。小A可以向4个相邻的瓷砖移动，但只能在黑色的瓷砖上移动。编写程序，计算小A在这个房间中可以到达的黑色瓷砖的数目。

【输入描述】

输入数据的第1行为两个整数W和H，分别表示长方形房间中x方向和y方向上瓷砖的数目。W和H的值不超过20。接下来有H行，每行有W个字符，每个字符代表了瓷砖的颜色，取值及含义为："."表示黑色的瓷砖；"#"表示红色的瓷砖；"@"表示黑色瓷砖，且小A站在上面。注意，测试数据中只有一个"@"符号，如图38.3（a）所示。

【输出描述】

对应输入数据，输出一行，为小A从初始位置出发可以到达的黑色瓷砖的数目（包括他初始时所处的黑色瓷砖）。

【样例输入1】

```
5 4
.#...
#@.##
.#.#.
.#...
```

【样例输出1】

```
10
```

【样例输入2】

```
11 9
.#.........
.#.#######.
.#.#.....#.
.#.#.###.#.
.#.#..@#.#.
.#.#####.#.
.#.......#.
.#########.
...........
```

【样例输出2】

```
59
```

【分析】

注意，x方向上瓷砖的数目为列数，y方向上瓷砖的数目为行数。

把每块黑色瓷砖视为顶点，如果两块黑色瓷砖相邻，在对应的两个顶点之间连边，则可以构造出一个图。样例数据1构造出来的图如图38.3（b）所示。当然，本题并不需要真正把图构造出来，或者说不需要用邻接矩阵来存储这个构造出来的图，因为根据当前位置的坐标就可以推算出其4个相邻位置，这就是它的邻接顶点。

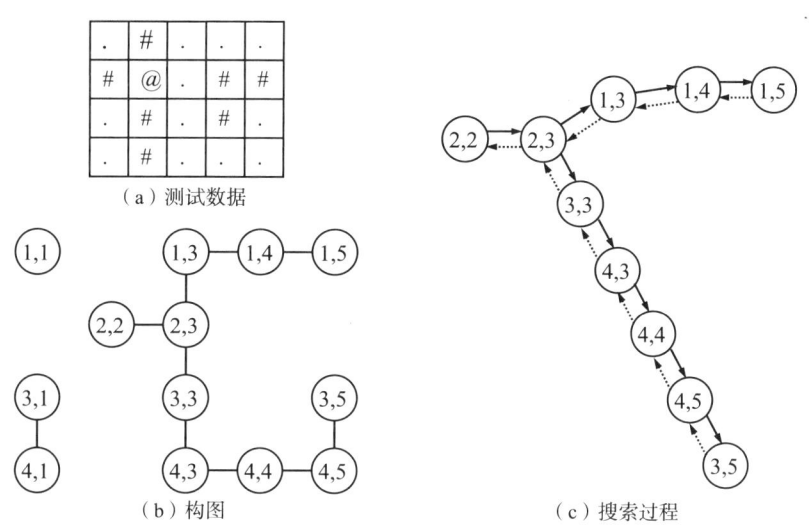

图 38.3 红与黑

从小 A 所处位置 (si, sj) 开始 DFS，数组 d 中存储了 4 个相邻方向的坐标增量。每搜索到一个位置，要依次检查它的 4 个相邻位置，如果没出边界且是黑色瓷砖（用"."表示），则从这个相邻位置出发继续 DFS。在前进方向，即递归调用 dfs 函数前，累计黑色瓷砖的数量，并把将要走的方格设置为"#"，这样就可以避免重复走。所以，本题不需要设置记录每个位置是否访问过的标志数组 vs。样例数据 1 的搜索过程如图 38.3（c）所示。代码如下。

```
#include <bits/stdc++.h>
using namespace std;
#define M 20+10
int w, h;           // 列和行的数目
char mp[M][M];      // 长方形房间所代表的地图
int d[4][2] = {{-1,0}, {0,1}, {1,0}, {0,-1}}; //上,右,下,左4个相邻方向的坐标增量
int cnt;
void dfs(int x, int y)
{
    for(int i=0; i<4; i++){
        int xx = x + d[i][0],  yy = y + d[i][1];
        if(mp[xx][yy]=='.'){
            mp[xx][yy] = '#'; cnt++; // 前进方向：累计数量，并把将要走的方格设置为"#"
            dfs(xx, yy);
        }
    }
}
int main( )
{
    cin >>w >>h;   // 列和行的数目
```

```
    int si, sj;                        // 起始位置（小A初始所在位置）
    for(int i=1; i<=h; i++)            // 从第1行第1列开始存储地图（简化边界的判断）
        cin >>mp[i]+1;
    for(int i=1; i<=h; i++){
        for(int j=1; j<=w; j++){
            if(mp[i][j]=='@'){
                si=i;   sj=j;   break;
            }
        }
    }
    dfs(si, sj);
    cout <<cnt+1 <<endl;
    return 0;
}
```

38.4 案例2：七段码数码管

【题目描述】

小A要用七段码数码管来表示一种特殊的文字。图38.4（a）给出了七段码数码管的一个图示，数码管中一共有七段可以发光的二极管，分别标记为a, b, c, d, e, f, g。小A要选择让一部分二极管（至少要有一个）发光来表示字符。在设计字符的表示时，**要求所有发光的二极管是连成一片的**。

例如：b发光，其他二极管不发光，可以表示一种字符。

例如：c发光，其他二极管不发光，可以表示一种字符。这种方案与上一个方案可以用来表示不同的字符，尽管看上去比较相似。

例如：a, b, c, d, e发光，f, g不发光，可以表示一种字符。

例如：b, f发光，其他二极管不发光，则不能用来表示一种字符，因为发光的二极管没有连成一片。

现在，输入小A选用的数码管，要求出这是否为一种符合要求的方案。

【输入描述】

输入占一行，为小A选用的数码管（a, b, c, d, e, f, g中的若干个），选用的数码管按字母顺序排列，且没有重复。

【输出描述】

如果选用的数码管是连成一片的，则输出yes，否则输出no。

【样例输入1】   【样例输出1】

abcde   yes

【样例输入2】　　　　　　　　　【样例输出2】

bf　　　　　　　　　　　　　　　no

【分析】

构图，以每一根二极管为顶点，二极管相邻则连边，这样就得到图 38.4（b）所示的图，其邻接矩阵如图 38.4（c）所示。

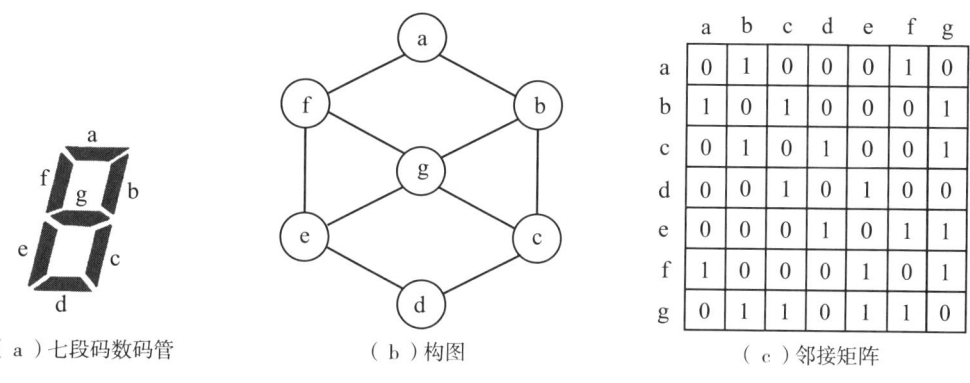

（a）七段码数码管　　　　（b）构图　　　　（c）邻接矩阵

图 38.4　七段码数码管及构图

对于输入的数码管选用方案（为一个字符串），从中提取每个字符，并在 f 数组中记录哪些数码管被选用了。然后从一个被选用的数码管出发进行 DFS，判断选用的数码管是否连通。

DFS 判断连通：从任何一个被选中的顶点出发进行 DFS，跳过那些没有选中的顶点，DFS 完毕，如果所有选中的顶点都遍历到，则说明是连通的，是一种符合题目要求的方案，应该输出 yes，否则输出 no。代码如下。

```
#include <bits/stdc++.h>
using namespace std;
int Edge[7][7] = {      // 邻接矩阵
    {0, 1, 0, 0, 0, 1, 0},
    {1, 0, 1, 0, 0, 0, 1},
    {0, 1, 0, 1, 0, 0, 1},
    {0, 0, 1, 0, 1, 0, 0},
    {0, 0, 0, 1, 0, 1, 1},
    {1, 0, 0, 0, 1, 0, 1},
    {0, 1, 1, 0, 1, 1, 0}
};
int f[7];       //f[i]为1表示选用该数码管
int vs[7];      // 在DFS过程中，记录顶点是否访问过的标志
void dfs(int k){
    for(int i=0; i<7; i++){
        //i和k相邻,i也包含在该方案中，且i没有被访问过
```

```
            if(Edge[k][i] && f[i] &&!vs[i]){
                vs[i] = 1;   dfs(i);
            }
        }
    }
}
int main( )
{
    int i, j, k;
    char s[10];   cin >>s;              // 输入选用的数码管
    for(i=0; i<strlen(s); i++)          // 标记哪些数码管被选用
        f[s[i]-'a'] = 1;
    k = 0;
    while(!f[k])   k++;                 // 找一个该方案中包含的顶点
    vs[k] = 1;   dfs(k);
    for(j=0; j<7; j++){
        if(f[j]&&!vs[j])   break;       // 该方案包含顶点j但没有遍历到
    }
    if(j<7)   cout <<"no" <<endl;
    else   cout <<"yes" <<endl;
    return 0;
}
```

38.5 用向量数组实现加权图的邻接表

37.6节介绍了用向量数组实现邻接表。如果是加权图，每条边 <i, j> 或 (i, j) 都有权值 w，我们也可以用向量数组存储邻接表。以无向加权图为例，可以定义如下向量数组。

`vector<pair<int, int>> v[MAXN];`   // 用向量数组存储无向图的邻接表

每条无向边 (i, j, w) 对应到向量 v[i] 里的一个元素，是一个二元组 pair<int, int>，其中第一个元素为顶点 j，第二个元素为权值 w。具体实现方法详见以下案例3。

38.6 案例3：道路修建

【题目描述】

W星球上有 n 个国家，为了各自国家的经济发展，W星球的人决定在各个国家之间修建双向道

路使国家之间相连通。但是每个国家的国王都很吝啬，他们只愿意修建恰好 $n-1$ 条双向道路。

每条道路的修建都要付出一定的费用，这个费用等于道路长度乘以道路两端的国家个数之差的绝对值。例如，在图 38.5 中，1、3 号节点之间的道路两端分别有 2 个、4 个国家，如果该道路长度为 1，则费用为 $1\times|2-4|=2$。图中圆圈里的数字表示国家的编号。

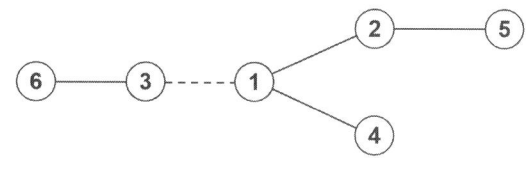

图 38.5　道路修建

由于国家的数量十分庞大，道路的修建方案有很多种，同时每种方案的修建费用难以用人工计算，所以这些国家的国王们决定找人设计一个软件，对于给定的修建方案，计算出所需要的费用。请你帮助这些国家的国王们设计一个这样的软件。

【输入描述】

输入的第一行包含一个整数 n，表示 W 星球上的国家的数量，国家从 1 到 n 编号。

接下来 $n-1$ 行描述道路建设情况，其中第 i 行包含三个整数 u, v 和 w，表示第 i 条双向道路修建在 u 与 v 两个国家之间，长度为 w。

【输出描述】

输出一个整数，表示修建所有道路所需要的总费用。

【样例输入】	【样例输出】
6 1 2 1 1 3 1 1 4 2 6 3 1 5 2 1	20

【数据规模与约定】

对于 100% 的数据，$1 \leq u, v \leq n$，$0 \leq w \leq 10^6$，$2 \leq n \leq 10^6$。

【分析】

在本题中，有 n 个顶点，有 $n-1$ 条边，而且图是连通的，则这个图是一棵树，本题要计算修建这些边所代表的道路的总费用。每条边一定会将 n 个顶点分成两部分，分别在这条边的两端，这条边的费用为道路长度乘以道路两端的国家个数之差的绝对值。

将样例数据画成以结点 1 为根的树，如图 38.6 所示，令 siz[i] 表示以 i 为根结点的子树中结点的数量。则有 siz[1]=6，siz[2]=2，siz[3]=2，siz[4]=1，siz[5]=1，siz[6]=1。

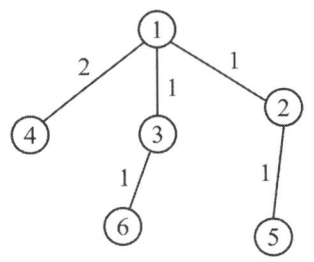

图38.6 道路修建(样例数据)

结点数量为 n,我们计算结点1、2之间道路的费用,在割掉结点1、2之间的边后:

结点1子树中的结点数量 $= n - \text{siz}[2] = 4$;

结点2子树中的结点数量 $= \text{siz}[2] = 2$;

费用为 $1 \times (4-2) = 2$。

那么,结点 a、b(a 为 b 的父亲结点)之间道路的费用=道路的长度 $\times |n - 2 \times \text{siz}[b]|$。

我们可以用 DFS 来解决这个问题:当搜索到结点 x 时,遍历结点 x 的所有子结点 v,假设子结点 v 的子树大小为 $\text{siz}[v]$,那么答案就要加上 x 到 v 的距离 $\times \text{abs}(n-2\times\text{siz}[v])$。注意,dfs($v, x$)执行完毕,子结点 v 的 $\text{siz}[v]$ 值就确定下来了。接着令 $\text{siz}[x] \mathrel{+}= \text{siz}[v]$,以此统计结点 x 的子树大小,为后续计算做铺垫。dfs(x, fa)执行完毕,结点 x 的 $\text{siz}[x]$ 值也确定下来了,将返回到上一层,在统计父结点 fa 的 siz[] 值时也需要加上 $\text{siz}[x]$。代码如下。

```
#include <bits/stdc++.h>
using namespace std;
const int N = 1e6 + 10;
long long n, ans;
int siz[N];        //画成以结点1为根的树,siz[i]:以 i 为根结点的子树中结点的数量
vector< pair<int, int> > g[N];
void dfs(int x, int fa)    //遍历结点 x 的所有子结点,x 的父结点为 fa
{
    siz[x] = 1;            //遍历完 x 的子结点,siz[x] 的值也能确定下来
    for (auto u : g[x]) {  //检查 x 的每个子结点
        int v = u.first, dis = u.second;
        if (v == fa)   continue;
        dfs(v, x);         //这个函数执行完毕,siz[v] 的值是确定的
        siz[x] += siz[v];  ans += dis * abs(n - 2 * siz[v]);
    }
}
int main( )
{
    cin >> n;
    for (int i = 1; i < n; i++) {
        int u, v, w;
```

```
        cin >> u >> v >> w;
        g[u].push_back({v, w});  g[v].push_back({u, w});
    }
    dfs(1, 0);
    cout << ans << endl;
    return 0;
}
```

第 39 章
图论 3：图的广度优先搜索

本章内容

本章介绍图的广度优先搜索。

39.1 图的广度优先搜索

广度优先搜索(Breadth First Search,BFS)是一种基于队列的、按层次遍历的图搜索算法,其实现通常为非递归形式且无需回溯。

BFS算法的核心思想是:对一个无向连通图,选择图中某顶点v作为起始顶点,该顶点属于第0层;然后由v出发,依次访问v所有未被访问的邻接顶点$w_1, w_2, w_3, \cdots, w_t$,即从$v$出发经过一条边能到达的顶点,这些顶点构成第1层;然后,依次从第1层的每个顶点出发,再访问它们所有还未访问过的邻接顶点,这些新访问的顶点构成第2层,即从第1层的顶点出发再经过一条边能到达的所有未被访问过的顶点,这些顶点构成了第2层……如此进行下去,直到图中所有顶点均被访问为止。

接下来以图39.1(a)所示的无向连通图为例解释BFS过程。假设在多个未访问过的邻接顶点中进行选择时,按顶点序号从小到大的顺序进行选择,如起始顶点A有3个邻接顶点,即B、E和D,则按B、D和E的顺序依次访问。

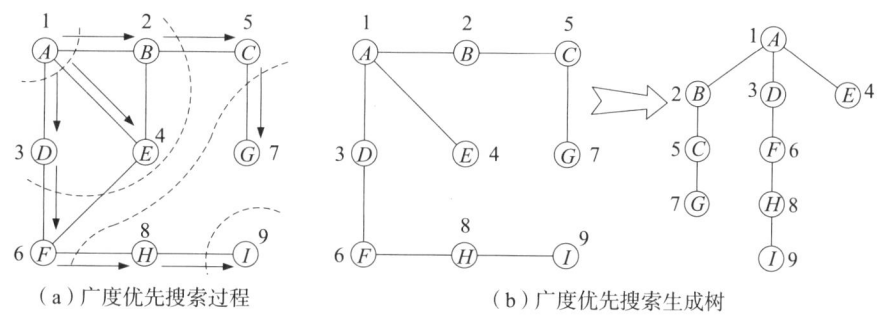

图39.1 广度优先搜索

采用BFS思想搜索的过程如下。

(1)访问起始顶点A,这是第0层。

(2)访问顶点A的3个邻接顶点B、D和E,这是第1层。

(3)访问顶点B未访问过的邻接顶点(顶点C),访问顶点D未访问过的邻接顶点(顶点F),顶点E没有未访问过的邻接顶点,这是第2层。

(4)访问顶点C未访问过的邻接顶点(顶点G),访问顶点F未访问过的邻接顶点(顶点H),这是第3层。

(5)顶点G没有未访问过的邻接顶点,访问顶点H未访问过的邻接顶点(顶点I),这是第4层。

至此,整个BFS过程结束。图39.1(a)中各顶点旁的数字表示BFS过程中各顶点的访问顺序。图39.1(b)为**广度优先搜索生成树**,用访问n个顶点时经过的$n-1$条边,将n个顶点连接成一棵树,树的根结点就是广度优先搜索的起始顶点。为了更直观地描述该生成树的树形结构,将此生成树改画成图39.1(b)中右侧所示的树形形状。

39.2 图的广度优先搜索的实现

与深度优先搜索过程一样，为避免重复访问，也需要一个状态数组 vs，来存储各顶点的访问状态。如果 vs[i] = 1，则表示顶点 i 已访问过；如果 vs[i] = 0，则表示顶点 i 还未访问过。初始时，各顶点的访问状态均为 0。

为了实现逐层访问，BFS 算法需要使用一个队列，来存储正在访问的这一层和待访问的下一层的顶点，以便扩展出新的顶点。在图 39.1（a）所示的搜索过程中，队列的变化如图 39.2 所示。初始时，队列为空。

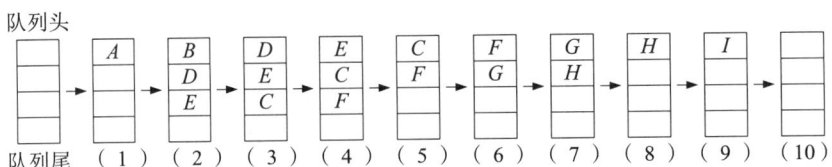

图 39.2 广度优先搜索过程的实现

BFS 算法的具体实现过程如下（图 39.2 中的序号跟以下序号是一一对应的）。

（1）访问顶点 A，然后把顶点 A 入队列。

（2）取出队列头的顶点，即顶点 A，然后依次访问顶点 A 的 3 个邻接顶点 B、D 和 E，并把这 3 个顶点入队列。

（3）取出此时队列头的顶点，即顶点 B，然后访问顶点 B 未访问过的邻接顶点，即顶点 C，并把顶点 C 入队列。

（4）取出此时队列头的顶点，即顶点 D，然后访问顶点 D 未访问过的邻接顶点，即顶点 F，并把顶点 F 入队列。

（5）取出此时队列头的顶点，即顶点 E，而顶点 E 已经没有未访问过的邻接顶点。

（6）取出此时队列头的顶点，即顶点 C，然后访问顶点 C 未访问过的邻接顶点，即顶点 G，并把顶点 G 入队列。

（7）取出此时队列头的顶点，即顶点 F，然后访问顶点 F 未访问过的邻接顶点，即顶点 H，并把顶点 H 入队列。

（8）取出此时队列头的顶点，即顶点 G，而顶点 G 已经没有未访问过的邻接顶点。

（9）取出此时队列头的顶点，即顶点 H，然后访问顶点 H 未访问过的邻接顶点，即顶点 I，并把顶点 I 入队列。

（10）取出此时队列头的顶点，即顶点 I，而顶点 I 已经没有未访问过的邻接顶点。至此，队列为空，BFS 执行完毕。

在 BFS 执行过程中，各顶点的访问顺序依次为：$A \to B \to D \to E \to C \to F \to G \to H \to I$。

如果用邻接表存储图，边链表可以用链表、静态数组或向量数组实现，则 BFS 算法实现的伪代码如下。

```
bfs(顶点 i)                      // 从顶点 i 开始广度优先搜索
{
    vs[i]=1;                    // 标记顶点 i 为已访问
    将顶点 i 入队列；              // 初始化队列
    while(队列不为空){
        k= 取出队列头的顶点；      // 当前处理的顶点
        for (每条边 e∈k 的边链表){
            j=e 的另一个顶点；     // 设边 e 的另一个顶点为顶点 j
            if(顶点 j 未访问过){
                vs[j]=1;        // 标记顶点 j 为已访问
                将顶点 j 入队列；
            }
        }
    }//end of while
}//end of BFS
```

如果用邻接矩阵存储图（设顶点个数为 n），则BFS算法实现的伪代码如下。

```
bfs(顶点 i)                      // 从顶点 i 开始广度优先搜索
{
    vs[i]=1;                    // 标记顶点 i 为已访问
    将顶点 i 入队列；
    while(队列不为空){
        k= 取出队列头的顶点；      // 当前处理的顶点
        for(j=0; j<n; j++){      // 对其他所有顶点 j
            if(Edge[k][j]==1 && !vs[j]){   //j 是 k 的邻接顶点，且顶点 j 没有访问过
                vs[j]=1;         // 标记顶点 j 为已访问
                将顶点 j 入队列；
            }
        }//end of for
    }//end of while
}//end of BFS
```

39.3 案例1：奇怪的电梯

【题目描述】

有一种很奇怪的电梯，它在大楼的每一层楼都可以停，大楼有 N 层，第 i 层楼（$1 \leq i \leq N$）上有一个数字 K_i（$0 \leq K_i \leq N$）。电梯只有4个按钮：开、关、上、下。上下的层数等于当前楼层上的那个数字。当然，如果不能满足要求，相应的按钮就会失灵。例如：3, 3, 1, 2, 5代表 K_i（K_1=3, K_2=3,⋯），

从1楼开始。在1楼，按"上"可以到4楼，按"下"是不起作用的，因为没有-2楼。那么，从A楼到B楼至少要按几次按钮呢？

【输入描述】

共两行。

第一行为3个用空格隔开的正整数，表示N, A, B（$1 \leq N \leq 200$，$1 \leq A, B \leq N$）。

第二行为N个用空格隔开的非负整数，表示K_i。

【输出描述】

输出占一行，即最少按键次数，若无法到达，则输出-1。

【样例输入】   【样例输出】

```
5 1 5                          3
3 3 1 2 5
```

【数据规模与约定】

对于100%的数据，$1 \leq N \leq 200$，$1 \leq A, B \leq N$，$0 \leq K_i \leq N$。

【分析】

以楼层为顶点，从楼层u出发，坐电梯往上或往下能到达楼层v，则从顶点u连一条有向边到顶点v，就可以构造出一个图。用样例数据构造出来的图如图39.3所示。本题其实就是要求顶点A到顶点B的最短路径。所以本题需要用BFS求解。

注意，在图39.3中，每条边旁边的数字表示上或下的楼层数，取值为正表示上，取值为负表示下。本题要求最短路径，路径长度是指边的个数，代表按电梯按钮的次数，与边上的数字无关。在图39.3中，从顶点1到顶点5，最短路径是1-4-2-5，边数是3，所以答案是3，表示从1楼出发，最少按电梯按钮3次，就能到5楼。

通过构图，可以更清晰地理解题目的意思。但本题的求解不需要存储图。以下代码定义了结构体node表示问题的状态，包含到达的楼层id及按钮次数step。同时定义vs数组，记录每个楼层是否到达过的标志。初始时，把起始状态{a, 0}（表示位置为楼层a，按钮次数为0）

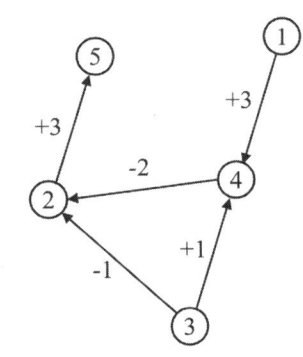

图39.3 奇怪的电梯（构图）

入队列。以后每次从队列取出队列头结点hd，根据它代表的楼层hd.id，可以求出按一次电梯上或下能到达的状态，将合法的状态入队列。BFS结束后，就能求出按电梯按钮的最少次数或判断出无法到达。代码如下。

```
#include <bits/stdc++.h>
using namespace std;
int n, a, b, to[205];    //to[i]: 第i层楼的按钮按下后可以上或下的楼层数
bool vs[205];            //vs[i]为1表示第i层到达过
struct node {            //id表示楼层号，step表示按钮次数
```

```
        int id, step;
} hd;
queue<node> q;
int main( )
{
    cin >>n >>a >>b;
    for(int i = 1; i <= n; i++)
        cin >>to[i];
    q. push({a, 0});
    while( q.size() ){           // 队列非空
        hd = q.front();  q.pop();
        if(hd.id == b)           // 到达 b 层楼
            break;
        int t = hd.id + to[hd.id];
        if(t<= n && !vs[t]){     // 往上走
            q. push({t, hd.step + 1});  vs[t] = 1;
        }
        t = hd.id - to[hd.id];
        if(t>= 1 && !vs[t]){     // 往下走
            q. push({t, hd.step + 1});  vs[t] = 1;
        }
    }
    if(hd.id == b)  cout << hd.step << endl;
    else   cout << "-1" << endl;
    return 0;
}
```

39.4 案例2：迷宫

【题目描述】

给出一个迷宫的平面图，其中标记为1表示障碍，标记为0表示可以通行的地方。下面给出了迷宫的一个例子。

$$010000$$
$$000100$$
$$001001$$
$$110000$$

迷宫的入口为左上角，出口为右下角，在迷宫中，只能从一个位置走向它的上、下、左、右4个相邻位置之一。

对于上面的迷宫，从入口开始，可以按DRRURRDDDR的顺序通过迷宫，一共10步。其中D、U、L、R分别表示向下、向上、向左、向右走。

本题要求解的是：输入一个迷宫（不超过30行50列）的地图，输出一种通过迷宫的方式，且使用的步数最少，在步数最少的前提下，请找出字典序最小的一个作为答案。注意，在字典序中，D<L<R<U。

【输入描述】

输入数据的第一行为两个正整数N和M，分别表示迷宫的行和列。接下来有N行，每行有M个字符，每个字符为0或1，含义见题目。

测试数据保证从左上角到右下角一定存在路径。

【输出描述】

输出占一行，为一个字符串，代表问题的解。

【样例输入】　　　　　　　　　　【样例输出】

```
4 6                              DRRURRDDDR
010000
000100
001001
110000
```

【分析】

本题要求步数最少的路径，显然应该用广度优先搜索（BFS）算法。但是本题还要求字典序最小的方案，这很容易做到，只要在BFS时按D（下）、L（左）、R（右）、U（上）的顺序来搜索4个相邻位置就可以了。

为了输出最终求得的路径，必须记录每个结点（迷宫中的某个位置）的父结点（上一个位置）。BFS完毕，从出口位置倒向追踪到入口，可以用DFS实现，为了输出表示行走的字符串，必须在表示结点的结构体node中记录从上一个结点（父结点）走到它是沿哪个方向走的（D、L、R、U）。此外，在DFS时，必须在回退时输出"路径"（上的字符），而不是在前进时输出，否则顺序是错的。

代码如下。

```
#include <bits/stdc++.h>
using namespace std;
#define MAXN 32
#define MAXM 52
string maze[MAXN];
int d[4][2] = {{1,0}, {0,-1},{0,1},{-1,0}};   //D, L, R, U(下左右上)
char dc[5] = "DLRU";
struct node{
    int x, y;    //x行y列
```

```cpp
    char c;     // 从上一个结点（父结点）到达当前结点所走的方向 (D,L,R 或 U)
};
int n, m;
int vs[MAXN][MAXM];        //0 表示未访问过
queue<node> Q;
node fa[MAXN][MAXM];    //fa[x][y]: 记录 [x][y] 位置的父结点（上一个结点）
int valid(int tx, int ty)
{
    return (tx>=0 && tx<n && ty>=0 && ty<m);
}
void dfs(int x, int y)
{
    if(x==0 && y==0)
        return;                      // 找到入口就不再递归下去
    else{
        dfs(fa[x][y].x, fa[x][y].y);
        cout <<fa[x][y].c;    // 必须在回退时输出 " 路径 "（上的字符），否则顺序是错的
    }
}
int main( )
{
    cin >>n >>m;
    for(int i=0; i<n; i++)   cin >>maze[i];
    node start, now, next;    // 起始结点，当前结点，下一个结点
    int i, tx, ty;    // 循环变量和临时变量
    start.x = 0;  start.y = 0;   Q.push(start);   vs[0][0] = 1;
    while(!Q.empty()){
        now = Q.front();   Q.pop();
        if(now.x==n-1 && now.y==m-1)   break;
        for(i=0; i<4; i++){    // 检查 4 个相邻位置
            tx = now.x + d[i][0];   ty = now.y + d[i][1];
            if(valid(tx, ty) && maze[tx][ty]=='0' && vs[tx][ty]==0){
                vs[tx][ty] = 1;
                fa[tx][ty].x = now.x;   fa[tx][ty].y = now.y;
                fa[tx][ty].c = dc[i];
                next.x = tx;   next.y = ty;   Q.push(next);
            }
        }
    }
    dfs(n-1, m-1);
    return 0;
}
```

39.5 案例3：医院选址问题

【题目描述】

设有一棵二叉树，如图39.4所示。其中，圆圈中的数字表示该结点的居民人口数，圆圈边上的数字表示结点编号。现在要求在某个结点上建立一个医院，使所有居民到该医院的总路程之和最小，同时约定，相邻结点之间的距离为1。如图39.4所示，若医院建在结点1，则总距离和 = 4 + 12 + 2×20 + 2×40 = 136；若医院建在结点3，则总距离和 = 4×2 + 13×1 + 20×1 + 40×1 = 81。

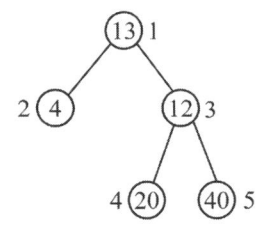

图39.4 二叉树

【输入描述】

第一行为一个整数n，表示树的结点数。

接下来的n行，每行描述了一个结点的状况，包含三个整数w, u, v，其中w为居民人口数，u为左子结点编号（为0表示无左子结点），v为右子结点（为0表示无右子结点编号）。

【输出描述】

输出一个整数，表示最小的总距离和。

【样例输入】　　　　　　　　　　　【样例输出】

```
5                                 81
13 2 3
4 0 0
12 4 5
20 0 0
40 0 0
```

【数据规模与约定】

对于100%的数据，保证$1 \leq n \leq 100$，$0 \leq u, v \leq n$，$1 \leq w \leq 10^5$。

【分析】

根据题意，n个结点编号为$1 \sim n$，输入数据中第$i+1$行描述了结点i的居民人口数、左子结点编号、右子结点编号。注意，树包括二叉树，是一种特殊的图，所以可以用邻接矩阵或邻接表存储树。

由于数据范围$n \leq 100$，我们可以枚举在结点$1 \sim n$处建造医院。在枚举结点i时，以结点i为起始结点进行BFS，计算各结点到结点i的路程，计算出距离和。由于树的特殊性，树上任意一点到出发点仅有一条不重复的路线，且这条路线是最短的，所以我们不需要考虑BFS的道路是否为最短。在一次BFS中，我们最多遍历每个结点一次，所以一次BFS的时间复杂度是$O(n)$，一共进行n次BFS，时间复杂度为$O(n^2)$。本题数据量很小，这种算法能通过评测。代码如下。

```cpp
#include <bits/stdc++.h>
using namespace std;
const int N = 110;
vector<int> g[N];    //用向量数组存储图的邻接表
bool vs[N];          //BFS过程中各结点的访问状态数组
int n, num[N];       //num[i]：结点i的居民人口数
int ans = 1 << 30;   //求得的答案，即最小的总距离和
int bfs(int x)       // 求在结点x处建医院时的总距离
{
    memset(vs, 0, sizeof(vs));
    // 队列中的元素为数对,<顶点序号，距离>,距离为该顶点到医院的距离
    queue<pair<int, int>> q;
    q. push({x, 0});   vs[x] = 1;
    int sm = 0;
    while( !q.empty() ){                // 队列非空
        pair<int, int> t = q.front();   q.pop();
        int u = t.first,  dis = t.second;
        for(auto i : g[u]) {            // 遍历向量g[u]中的元素，即u的邻接顶点
            if(!vs[i]){
                sm += num[i] * (dis + 1);
                vs[i] = true;
                q. push({i, dis + 1});
            }
        }
    }
    return sm;
}
int main( )
{
    cin >>n;
    for(int i = 1; i <= n; i++){
        int w, u, v;             //u是i的左子结点,v是i的右子结点
        cin >>w >>u >>v;
        num[i] = w;
        if(u){
            g[i].push_back(u);   //(i,u)之间有一条边
            g[u].push_back(i);
        }
        if(v){
            g[i].push_back(v);   //(i,v)之间有一条边
            g[v].push_back(i);
        }
```

```
    }
    for(int i = 1; i <= n; i++)    // 枚举在结点 i 处设置医院
        ans = min(ans, bfs(i));
    cout <<ans <<endl;
    return 0;
}
```

第 40 章
图论 4：DAG 和拓扑排序

本章内容

本章介绍 AOV 网络、有向无环图（DAG）和拓扑排序算法，以及案例解析。

40.1 AOV网络和拓扑排序

一般一个工程可以分成若干个子工程，这些子工程称为**活动**。完成了这些活动，整个工程就完成了。例如，泡茶就是一个工程，每个步骤就是整个工程中的一个活动。图40.1给出了泡茶的流程，其中有些步骤必须按严格的顺序执行，如洗开水壶→接自来水→烧开水→泡茶；有些步骤则没有严格的顺序，如洗茶壶、洗茶杯、拿茶叶。可以用如图40.1所示的有向图来表示这种步骤的先后顺序，其中**顶点表示活动**，**有向边表示活动之间的先后关系**。例如，"洗开水壶"必须在"接自来水"之前完成。

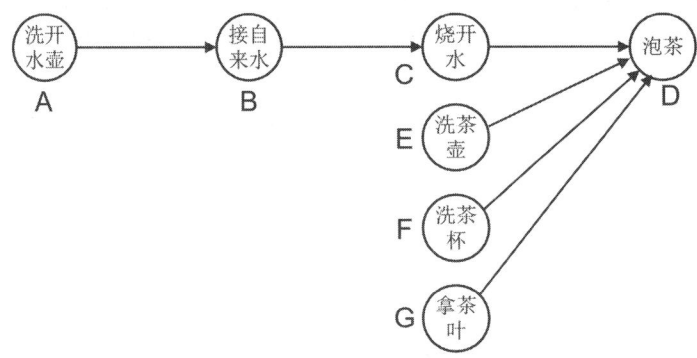

图40.1 泡茶的流程

用有向图表示一个工程时，可以用顶点表示任务（或活动），用有向边 $<u, v>$ 表示活动 u 必须先于活动 v 进行。这种有向图称为**顶点表示活动的网络**（Activity On Vertex Network，AOV），简称为 **AOV网络**。

在AOV网络中，如果存在有向边 $<u, v>$，则活动 u 必须在活动 v 之前进行，并称 u 是 v 的**直接前驱**，v 是 u 的**直接后继**。如果存在有向路径 $<u, u_1, u_2, \cdots, u_n, v>$，则称 u 是 v 的**前驱**，v 是 u 的**后继**。

这种前驱与后继的关系有**传递性**。例如，如果活动 v_2 是 v_1 的后继，v_3 是 v_2 的后继，那么活动 v_3 也是 v_1 的后继。此外，任何活动不能以它自己作为自己的前驱或后继，这种特性称为**反自反性**。

从前驱与后继的传递性和反自反性可以看出，AOV网络中不能出现有向回路（或称为有向环）。不含有向回路的有向图称为**有向无环图**（Directed Acyclic Graph，DAG）。

AOV网络中如果出现了有向回路，则意味着某项活动以自己作为先决条件，这是不对的。如果设计出这样的流程图，工程将无法进行，对于程序而言，将陷入死循环。因此，对于给定的AOV网络，必须先判断它是否为有向无环图。

判断有向无环图的方法是对AOV网络构造它的**拓扑有序序列**，即将各个顶点排列成一个线性有序的序列，使AOV网络中所有存在的前驱和后继关系都能得到满足。

例如，对于图40.2（a）所示的AOV网络，它的一个拓扑有序序列为 C_1, C_2, C_3, C_4，如图40.2（c）所示。所有前驱和后继关系在图40.2（c）中都保留了。原图中没有前驱和后继关系的顶点（如 C_2

和 C_3）之间可能也人为增加了前驱和后继关系，如图40.2（b）和图40.2（c）中的虚线所示。

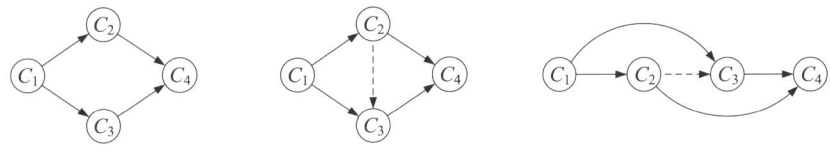

（a）AOV网络　　（b）人为增加的前驱/后继关系　　（c）拓扑有序序列

图40.2　拓扑排序与拓扑有序序列

这种构造AOV网络全部顶点的拓扑有序序列的运算称为**拓扑排序**。如果通过拓扑排序能将AOV网络中的所有顶点都排入一个拓扑有序的序列中，则该AOV网络中必定不存在有向环。相反，如果得不到所有顶点的拓扑有序序列，则说明该AOV网络中存在有向环，此AOV网络所代表的工程是不可行的。

例如，对图40.1所示的泡茶流程图进行拓扑排序，得到的拓扑有序序列为 A, B, C, E, F, G, D，或 E, F, G, A, B, C, D。

必须按照拓扑有序的顺序完成泡茶的每个步骤，才能保证在进行某一个步骤时，它的前驱步骤都完成了。从该例子可以看出，一个AOV网络的拓扑有序序列可能不是唯一的。

 ## 40.2　拓扑排序算法

对一个AOV网络进行拓扑排序的算法如下。

（1）从AOV网络中选择一个入度为0（没有直接前驱）的顶点并输出。

（2）从AOV网络中删除该顶点及该顶点发出的所有边。

（3）重复步骤（1）和（2），直至找不到入度为0的顶点。

按照上面的方法进行拓扑排序，其结果有两种情形：第1种，所有的顶点都被输出，也就是整个拓扑排序完成了；第2种，仍有顶点没有被输出，但剩下的图中再也没有入度为0的顶点，这样拓扑排序不能再继续进行下去，这就说明此图是有环图。

图40.3给出了一个以图40.3（a）有向无环图为例进行拓扑排序的过程，最后得到的拓扑有序序列为 $C_5, C_1, C_4, C_3, C_2, C_6$。在该图中，有阴影的顶点表示当前输出的顶点，其拓扑排序过程如下。

（1）选择一个入度为0的顶点 C_5，如图40.3（b）所示，删除 C_5 及其发出的每条边。

（2）选择一个入度为0的顶点 C_1，如图40.3（c）所示，删除 C_1 及其发出的每条边。

（3）选择一个入度为0的顶点 C_4，如图40.3（d）所示，删除 C_4，C_4 没有出边。

（4）选择一个入度为0的顶点 C_3，如图40.3（e）所示，删除 C_3 及其发出的每条边。

（5）选择一个入度为0的顶点 C_2，如图40.3（f）所示，删除 C_2 及其发出的每条边。

（6）选择一个入度为0的顶点 C_6，如图40.3（g）所示，删除 C_6，C_6 没有出边。

至此，拓扑排序执行完毕，所有顶点都排在一个线性有序的序列中。

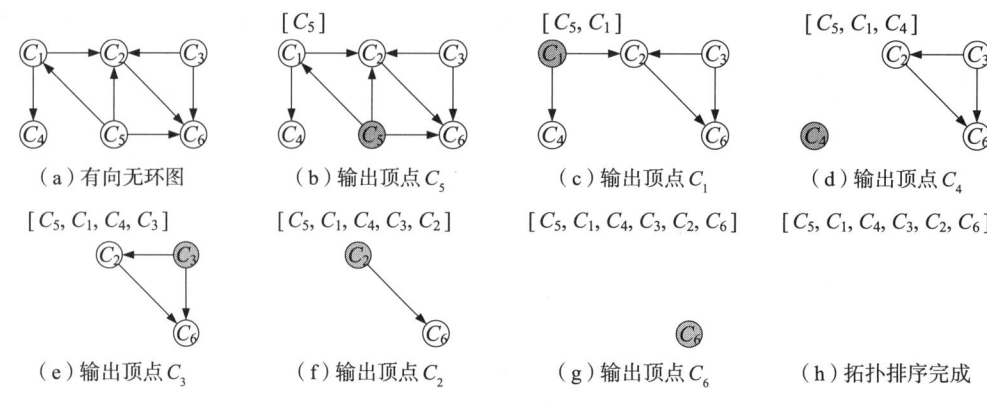

图40.3 拓扑排序的过程

拓扑排序在实现时需要建立一个id数组,记录各个顶点的入度。入度为0的顶点就是无前驱的顶点。在存储图时选择邻接表(出边表)更为方便,因为在进行拓扑排序时要依次删除入度为0的顶点及它发出的每条边。

另外,拓扑排序在实现时,还需建立一个存放入度为0的顶点的栈,供选择和输出无前驱的顶点。只要出现入度为0的顶点,就将它压栈。

使用栈的拓扑排序算法描述如下。

(1)建立存放入度为0的顶点的栈,初始时将所有入度为0的顶点依次入栈。

(2)当栈不为空时,重复执行以下内容。

{

    从栈中弹出栈顶顶点,并输出该顶点;

    从AOV网络中删除该顶点和它发出的每条边,边的终点入度减1;

    如果边的终点入度减至0,则将该顶点压栈。

}

(3)如果输出的顶点个数少于AOV网络中的顶点个数,则报告网络中存在有向环。

下面以图40.3(a)所示的有向无环图为例分析拓扑排序的实现。该有向无环图的邻接表用静态数组存储,如图40.4(a)和图40.4(b)所示,图40.4(c)为id数组初始值,图40.4(d)描绘了拓扑排序过程中栈的变化。

拓扑排序算法的程序实现详见本章案例1。

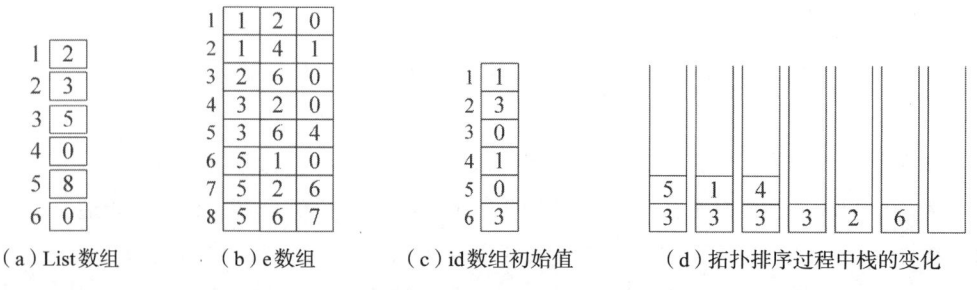

图40.4 拓扑排序的实现

40.3 案例1：拓扑排序实现

【题目描述】

对输入的有向图进行拓扑排序，判断是否存在有向环。

【输入描述】

输入数据描述了一个有向图，格式为：首先是顶点个数 n 和边数 m；然后是 m 个正整数对 u v，表示从顶点 u 到 v 的一条有向边，顶点序号从 1 开始计起。

【输出描述】

如果有向图中存在有向环，则输出 yes，否则输出 no。

【样例输入1】	【样例输出1】
6 8 1 2 1 4 2 6 3 2 3 6 5 1 5 2 5 6	no

【样例输入2】	【样例输出2】
6 8 1 3 1 2 2 5 3 4 4 2 4 6 5 4 5 6	yes

【分析】

样例输入 1 描述的有向图如图 40.3（a）所示。在以下代码中，各顶点边链表的头结点下标存放在 List 数组中，如图 40.4（a）所示。在构造每个顶点的边链表时，统计每个顶点的入度并存放在 id 数组中。TopSort() 函数实现了拓扑排序过程：首先扫描 id 数组，将入度为 0 的顶点入栈；每次从栈中弹出栈顶顶点，然后扫描该顶点的边链表，把每个边结点的终点的入度减 1（无须真正删除每条出边），如果减至 0，则将该终点入栈；当 n 个顶点都出栈后，则说明可以进行拓扑排序，不存在有向环；或在此之前栈为空，则可以判断有向图中存在有向环。

样例输入 2 描述的有向图如图 40.5 所示，该有向图中存在有向环。

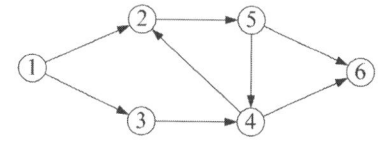

图 40.5　存在有向环的 AOV 网络

代码如下。

```
#include <bits/stdc++.h>
using namespace std;
#define MAXN 100          // 顶点个数的最大值
#define MAXM 500          // 边数的最大值
struct Edge{
    int u, v, next;
```

```cpp
}e[MAXM];          // 存储每条边的静态数组
int List[MAXN];    // 每个顶点"边链表"的"头结点"
int n, m, tot;     //n,m:顶点个数、边数；tot:边数组e中的下标
int id[MAXN];      // 各顶点的入度
stack<int> S;      // 栈（存放入度为 0 的顶点）
void add(int u, int v)
{
    tot++;  e[tot].u = u;  e[tot].v = v;
    e[tot].next = List[u];  List[u] = tot;
}
void TopSort( )
{
    bool bcycle = false;              // 是否存在有向环的标志
    for( int i=1; i<=n; i++ )         // 入度为 0 的顶点入栈
        if( id[i]==0 )  S.push(i);
    for( int i=1; i<=n; i++ ){
        if( S.empty() ){              // 在输出完 n 个顶点前如果栈为空，则存在有向环
            bcycle = true;  break;
        }
        int u = S.top();  S.pop();    // 栈顶顶点 u 出栈
        // 遍历 u 的边链表，每条出边的终点的入度减 1
        for(int j = List[u]; j>0; j = e[j].next){
            int v = e[j].v;   // 边 (u, v)
            if(--id[v]==0)
                S.push(v);     // 终点入度减至 0, 则入栈
        }//end of while
    }//end of for
    if( bcycle )  cout <<"yes" <<endl;
    else  cout <<"no" <<endl;
}
int main( )
{
    int i, u, v;       // 循环变量、边的起点和终点
    cin >>n >>m;       // 读入顶点个数 n, 边数 m
    for( i=0; i<m; i++ ){    // 构造边链表
        cin >>u >>v;         // 读入边的起点和终点
        add(u, v);  id[v]++; // 构造出边表，统计入度
    }
    TopSort( );
    return 0;
}
```

如果用向量数组来存储图的出边表，代码更简洁。首先需定义向量数组 g。

```
vector<int> g[MAXN];    // 存储 " 出边表 " 的向量数组
```

结构体 Edge、数组 e、数组 List 及变量 tot 可以删除，add 函数也可以删除。

在 main 函数中，"add(u, v);" 应该替换成 "g[u].push_back(v);"。

在拓扑排序过程中，遍历顶点 u 的出边表的 for 循环应该改成如下形式。

```
for(int j = 0; j<g[u].size(); j++){
    int v = g[u][j];    //边 (u, v)
    ...
```

 **关于拓扑排序的进一步说明**

1. 拓扑排序复杂度分析

案例 1 的程序在实现拓扑排序的过程中，构造边链表所需时间复杂度为 $O(m)$，将初始入度为 0 的顶点入栈所需时间复杂度为 $O(n)$。当有向图中不存在有向环时，每个顶点要进一次栈，出一次栈，每条边扫描一次且仅一次，其时间复杂度为 $O(n+m)$。所以，总的时间复杂度为 $O(2n+2m)$。

如果用邻接矩阵实现案例 1 的程序，则当有向图中不存在有向环时，要在邻接矩阵里检查并删除每条出边，其时间复杂度为 $O(n^2)$，总的时间复杂度为 $O(2n+m+n^2)$。

2. 拓扑排序与 BFS 算法的对比分析

拓扑排序与 BFS 算法相比，既有相似之处也有不同之处。

相似之处在于，拓扑排序实质上就是一种 BFS，在算法执行过程中，通过栈顶顶点访问它的每个邻接顶点，在整个算法执行过程中，每条边扫描一次且仅一次。

不同之处在于，BFS 算法在扫描每条边时，如果边的终点没有被访问过，则将其入队列；而拓扑排序算法在扫描每条边时，终点的入度要减 1，当入度为 0 时才将该终点入栈。

3. 拓扑排序与 BFS 算法中的栈或队列的使用

注意，在 BFS 算法中是用队列来存储待扩展的顶点，在案例 1 的拓扑排序算法中是用栈来存储入度为 0 的顶点。那么，在 BFS 算法中是否可以用栈来存储待扩展的顶点？在拓扑排序算法中是否可以用队列来存储入度为 0 的顶点？

队列和栈的区别在于顶点出队列（或栈）的顺序，队列是先进先出，栈是后进先出。所以，能否用队列（或栈）关键要看这种顺序是否会影响算法的正确性。

对于 BFS 算法，如果用栈存储待扩展的顶点，如图 40.6 所示，其中图 40.6（a）为正确的搜索过程，图 40.6（b）为用栈来存储待扩展的顶点时各顶点入栈和出栈的过程。从图 40.6（b）可以看出，依次出栈的顶点是 A→E→F→H→I→D→B→C→G，很明显，这与 BFS 算法的实现过程和顶点访问顺序大相径庭。因此，在 BFS 算法中不能用栈来存储待扩展的顶点。

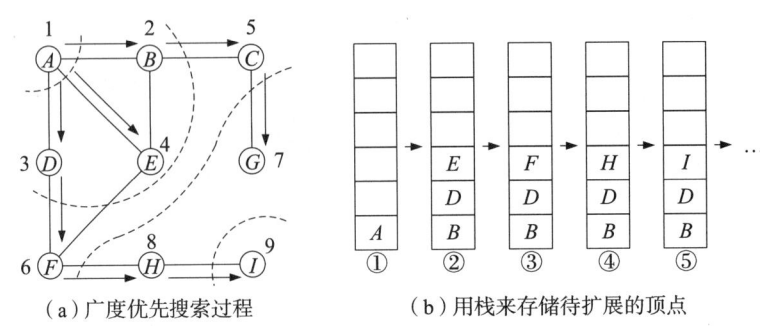

（a）广度优先搜索过程　　　　（b）用栈来存储待扩展的顶点

图40.6　用栈"实现"BFS算法

在拓扑排序算法执行过程中，当同时存在多个入度为0的顶点时，选择其中任意一个进行处理都不会影响算法的正确性（只要最终所有顶点都被处理）。因此，在拓扑排序算法中，可以使用队列或栈来存储入度为0的顶点。案例1的程序也可以改成用队列来实现。

 案例2：将所有元素排序

【题目描述】

由一些不同元素组成的升序序列可以用若干个小于号将所有的元素按从小到大的顺序排列。例如，排序后的序列为A、B、C、D，这意味着$A<B$、$B<C$、$C<D$。在本题中，给定一组形如$A<B$的关系式，试判断是否存在一个有序序列。

【输入描述】

输入数据的第一行为两个正整数n和m，n为要排序的元素个数（$2 \leq n \leq 26$），这n个元素为字母表前n个大写字母，m表示有m个形如$A<B$的关系式。接下来有m行，每行描述了一个关系式，包含一个大写字母、字符"<"、另一个大写字母；这些字母均不会超出字母表前n个字母。

【输出描述】

对于每个测试数据，输出一行，内容为以下三行之一。

```
Sorted sequence determined after xxx relations: yyy…y.
Sorted sequence cannot be determined.
Inconsistency found after xxx relations.
```

其中"xxx"为判断出有序序列存在或发现矛盾（inconsistency）时已经处理的关系式数目，哪一种情形最先出现，则按哪一种情形处理，"yyy…y"为排序后的升序序列。

【样例输入1】　　　　　　　　　【样例输出1】

```
4 6                        Sorted sequence determined after 4
                           relations: ABCD.
```

```
A<B
A<C
B<C
C<D
B<D
A<B
```

【样例输入2】   【样例输出2】

```
3 2                                 Inconsistency found after 2 relations.
A<B
B<A
```

【样例输入3】   【样例输出3】

```
26 1                                Sorted sequence cannot be determined.
A<Z
```

【分析】

注意，本题定义的有序序列和拓扑序列略有差别。例如，3 个元素 A、B、C，根据关系式 $A<B$、$A<C$，可以进行拓扑排序，得到的拓扑序列为 ABC 或 ACB。但是根据这两个关系式不能得到本题所定义的有序序列，因为 B 和 C 的大小关系未知。如果加上关系式 $B<C$，则能得到有序序列 ABC。如果加上关系式 $C<B$，则能得到有序序列 ACB。

注意，如果能得到一个本题所定义的有序序列，则在拓扑排序过程中，每一轮都有且仅有一个顶点的入度为 0。

本题仍然可以采用拓扑排序求解。先构图，假设有关系式 $A<B$，则在图中画一条有向边 $<A, B>$。例如，对第 1 个测试数据，构图后得到的有向图如图 40.7 所示。注意，在测试数据中，同一个关系式可能会重复出现，比如，在第 1 个样例输入中，"$A<B$" 出现了两次。对于重复的关系式要跳过，不做处理。

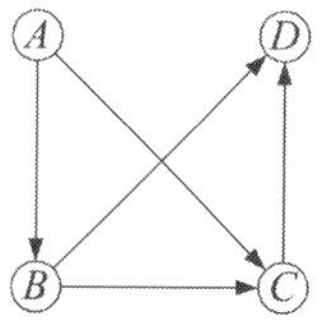

图 40.7 将所有元素排序：第 1 个测试数据的构图

本题在读入每个关系式后可能都需要进行一次拓扑排序，拓扑排序前，要统计入度为 0，且在已读入的关系式中出现过的顶点的个数，并将它们依次入栈。如果栈中有多个顶点，则当前无法判断是否有矛盾或是否能得到有序序列，但仍要尝试着拓扑排序。

拓扑排序的方法仍然是：假设当前已读入关系式中出现了 $n1$ 个不同的大写字母，要执行 $n1$ 轮循环；每轮循环，首先弹出栈顶顶点，并把它的每个邻接顶点的入度减 1，如果减至 0，则该邻接顶点还要入栈；执行 $n1$ 轮循环的过程中如果出现栈为空的情况，则肯定是出现环了。

每次拓扑排序后的结果可能为以下三种情况之一。

（1）根据当前已读入的关系式构图后就能判断该图存在环，那么给定的关系式肯定是互相矛盾的，后续的关系式仍要读入但不再进行拓扑排序。

（2）根据当前已读入的关系式构图后能进行拓扑排序且不存在环，但拓扑序列中大写字母的个数小于 n，则要继续读入后续的关系式进行进一步处理。当然，如果所有关系式都读入后还是这种情形，则说明给定的关系式不足以判断出 n 个大写字母的拓扑顺序。

（3）某次拓扑排序后，得到的序列中大写字母的个数等于 n，那么当前已读入的关系式就可以得出全部字母的拓扑顺序，后续的关系式仍要读入但不再进行拓扑排序。

代码如下。

```
#include <bits/stdc++.h>
using namespace std;
int id[26];              // 记录顶点的入度
int tmp[26];             //tmp 为 id 的复制版，用于拓扑排序时进行修改
char relation[10], seq[30];   //relation: 读入的关系式; seq: 存储得到的序列
bool alpha[30];          //alpha[i]:记录已读入的关系式中是否包含第 i 个大写字母字符
int n, m;                //n: 元素个数; m: 关系数
vector<int> v[30];       // 存储每个顶点的所有邻接顶点的向量数组
// 拓扑排序，返回得到的有序序列中元素的个数; 若发现矛盾则返回 -1, 无法判断则返回 0
int toposort( int n1 )      //n1: 当前已读入关系式中包含的（不同）大写字母的个数
{
    int i, j, r=0, cnt=0;   //cnt: 入度为 0 的顶点个数; r: 得到序列中元素的个数
    memset(seq, 0, sizeof(seq));
    bool flag = 1;          //flag: 拓扑排序结束后是否可以得到序列
    stack<int> S;           // 栈（存放入度为 0 的顶点）
    for( i=0; i<n; i++ ){   // 入度为 0 的顶点入栈
        tmp[i] = id[i];     // 复制 id 数组到 tmp 数组
        if(tmp[i]==0 && alpha[i]){   //i 的入度为 0, 且在已读入的关系式中出现过
            cnt++;   S.push(i);
        }
    }
    if( S.size()>1 )   flag = 0; // 有多个顶点入度为 0,则无法判断，但仍要尝试着拓扑排序
    for( i=0; i<n1; i++ ){ // 如果当前 n1 个字母能构成有序序列, 则要依次 " 删除 "n1 个顶点
        if( S.empty() )    // 在输出完 n1 个顶点前如果栈为空,则存在有向环
            return -1;
        int u = S.top();  S.pop();    // 栈顶顶点 u 出栈
        for( j=0; j<v[u].size( ); j++ )
            if(--tmp[v[u][j]]==0)     // 顶点 u 的每个邻接顶点的入度减 1
                S.push(v[u][j]);      // 如果入度减至 0, 则入栈
        seq[r++]=u+'A';   // 在输出序列中插入 u
    }
    if( flag )  return r;
    else   return 0;       // 如果 " 删除 "s 个顶点后,还有顶点入度为 0,则当前无法确定
}
int main( )
```

```cpp
{
    int j, t, k, c = 0;      //k: 已处理的关系个数; c: 读入的关系式中不同大写字母个数
    int d = 0;  // 标志变量 ,-1 表示关系矛盾 ;0 表示 " 当前 " 无法得到序列 ;1 表示可以得到序列
    cin >>n >>m;
    int c1, c2;
    for( int i=1; i<=m; i++ ){
        cin >>relation;                      // 读入关系式
        c1 = relation[0] - 'A';  c2 = relation[2] - 'A';
        if( c1==c2 ){  d=-1;   k = i; }     // 形如 A<A 的关系式
        if(d==-1 || d==1)   continue;        // 这两种情形都只需读入关系式 , 但不需要再处理
        for(j=0; j<v[c1].size(); j++)        // 判断读入的关系式是否出现过
            if(v[c1][j] == c2-'A')  break;
        if(j<v[c1].size())   continue;       // 重复的关系式 , 跳过 , 不处理
        id[c2]++;              // 小于号右边的顶点入度加 1
        v[c1].push_back( c2 );    // 邻接顶点
        // 记录读入的大写字母个数
        if( !alpha[c1] ){  c++;   alpha[c1] = true; }
        if( !alpha[c2] ){  c++;   alpha[c2] = true; }
        if( d==0 ){   //d 为 -1 或 1 都不需要拓扑排序了
            t = toposort( c );
            if( t==-1 ){ d = -1;   k = i; }
            else if( t==n ){ d = 1;   k = i; }
        }
    }
    if( d==-1 )   cout <<"Inconsistency found after " <<k <<" relations.\n";
    else if( d==0 )   cout <<"Sorted sequence cannot be determined.\n";
    else
        cout <<"Sorted sequence determined after " <<k <<" relations: " <<seq
            <<".\n";
    return 0;
}
```

40.6 案例3：最大食物链计数

【题目描述】

Delia在生物考试中把数食物链条数的题目全做错了，因为她总是重复数了几条或漏掉了几条。于是她就来求助你，请你写一个程序来帮帮她吧。

给你一个食物网，要求出这个食物网中最大食物链的数量。

这里的"最大食物链",指的是生物学意义上的食物链,即最左端是不会捕食其他生物的生产者,最右端是不会被其他生物捕食的消费者。

Delia非常急,程序要在1秒内给出结果。

由于这个结果可能过大,所以只需要输出总数模上80112002的结果。

【输入描述】

输入第一行为两个正整数n、m,表示生物种类n和吃与被吃的关系数m。

接下来有m行,每行为两个正整数,表示被吃的生物A和吃A的生物B。

数据中不会出现环,满足生物学的要求。

【输出描述】

输出一行为一个整数,为最大食物链数量模上80112002的结果。

【样例输入】　　　　　　　　　　　【样例输出】

```
5 7                              5
1 2
1 3
2 3
3 5
2 5
4 5
3 4
```

【数据规模与约定】

$n \leqslant 5000$,$m \leqslant 500000$。

【分析】

根据题意构建有向图,A被B吃则从顶点A连一条有向边到顶点B。入度为0的顶点为生产者,出度为0的顶点为消费者。例如,对样例数据构造的有向图如图40.8所示。在该有向图中,5条食物链为:$1 \to 2 \to 5$,$1 \to 2 \to 3 \to 5$,$1 \to 2 \to 3 \to 4 \to 5$,$1 \to 3 \to 5$,$1 \to 3 \to 4 \to 5$。

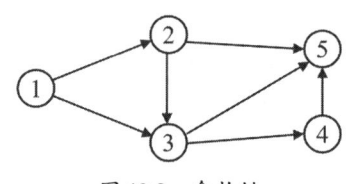

图40.8　食物链

要求解本题,需要理解以下几点。

(1)到达入度为0的顶点的路径数为1。

(2)如果有一条有向边$<A, B>$,则到达顶点A的每一条路径,也一定能到达顶点B。因此,顺着顶点B的每条入边,就能统计到达顶点B的路径数。

(3)出度为0的顶点就是食物链的最顶端的生物,因此把这些顶点的路径数加起来就是本题的答案。

本题可以用拓扑排序算法求解,在算法执行过程中,可以统计到达每个顶点的路径数。当某个顶点的路径数统计完毕且它的出度为0,则需要把它的路径数累加到答案里。

具体实现过程如下：将初始入度为 0 的顶点依次入队列，然后进行循环，每次从队列头弹出一个顶点，记为 u；沿着 u 发出的边将能到达的顶点 v 的入度减 1，然后统计可达 v 的路径数，若 v 的入度为 0，则将 v 加入队列中继续遍历，若 v 的入度减为 0 且出度为 0，表示已经到了食物链的右端，因此将能到达 v 的路径数计入答案中。代码如下。

```cpp
#include <bits/stdc++.h>
using namespace std;
const int N = 5010;
const int MOD = 80112002;
//in[u]: 顶点 u 的入度; out[u]: 顶点 u 的出度
int in[N], out[N], f[N];    //f 记录到达每个顶点的路径条数
int n, m, ans;
vector<int> g[N];
void topSort( )
{
    queue<int> Q;
    for(int i = 1; i <= n; i++)    // 入度为 0 的顶点入队列
        if (!in[i])  f[i] = 1, Q.push(i);
    while(!Q.empty()){
        int u = Q.front();  Q.pop();
        for(auto v : g[u]){
            in[v]--;      //v 的入度减 1
            f[v] = (f[v] + f[u]) % MOD;    // 统计到达顶点 v 的路径数
            if(!in[v]){        //v 的入度减为 0, 它的路径数才算是统计完毕
                if(!out[v])    //v 的出度为 0 ( 已经到了食物链的右端 )
                    ans = (ans + f[v]) % MOD;
                Q. push(v);
            }
        }
    }
}
int main( )
{
    cin >>n >>m;
    int u, v;
    for(int i = 0; i < m; i++){
        cin >>u >>v;
        g[u].push_back(v);  out[u]++;  in[v]++;
    }
    topSort( );
    cout <<ans <<endl;
    return 0;
}
```

附录 A 标识符命名规范与代码规范

1. 标识符命名规范

根据中小学生的认知特点和编码习惯，本书对变量名、函数名等标识符的命名制定以下规范。

（1）标识符尽量短一些，长的标识符中小学生记不住，也容易出现拼写错误。

（2）推荐使用小写字母，减少大写字母的使用。

（3）在上述两点的基础上，标识符命名应做到"见名知意"，即通过变量名、函数名就知道变量、函数代表的含义和在程序中的作用。

（4）题目中提到的数据，如果已指定了变量名（如 n, m, t）时，在定义变量时尽量采用题目中的变量名。但如果题目中用的是大写字母（如 N, M, T），程序中的变量名可以用小写。

基于上述规范，约定常见的标识符如下。

（1）常用变量名

- ans：answer 的简写，表示问题的答案。
- sol：solution 的简写，表示问题的解。
- mp：map 的简写，用来存储地图的一维或二维数组。注意，用了万能头文件和 std 命名空间，变量名就不能用 map。
- flag 或 f：状态变量，标志着问题的某种状态的变量。对二值状态（只有两种取值），取值为 true 或 false，即 1 或 0。
- st：state 的简写，存储问题状态的数组。
- vs：visited 的简写，存储状态访问标志的数组。
- cnt：count 的简写，用来计数的变量，通常称为计数器。
- n 或 num：number 的简写，表示数量。
- s 或 sm：sum 的简写，表示求和，但容易和表示字符串的变量 s 混淆。
- s 或 str：string（字符串）的简写，如果有多个字符串，加数字，如 s1, s2, s3。
- t, tmp, temp：temporary 的简写，用作临时变量。
- len：length 的简写，表示字符串的长度。
- i, j, k, p, q, r：约定用作循环变量。
- x, y：表示直角坐标系中的位置 (x, y)，x 坐标的正向是由西向东，y 坐标的正向是由南向北。
- i, j, r, c：表示网格状地图中的位置，i 或 r 代表行、j 或 c 代表列，其中 r 是 row（行）的简写、c 是 column（列）的简写。有时也会用 (x, y) 表示网格地图中的位置，x 表示行坐标，y 表示列坐标。但要注意，网格坐标系中的行坐标轴是竖直向下的，列坐标轴是水平向右的，网格坐标系中的行相当于直角坐标系中的 y 坐标（但方向相反）、列相当于 x 坐标。

- res：result 的简写，表示计算结果。
- ret：return 的简写，表示函数的返回值。
- mx, mn, sm：最大、最小值、求和。注意，用了万能头文件和 std 命名空间，变量名就不能用 max, min, sum。
- an, sn：数列第 n 项、前 n 项的和，即前缀和。
- tot：total 的简写，总和。
- dp：在动态规划（Dynamic Programming，DP）算法中，保存状态的一维或二维数组，数组名往往就直接用 dp。
- pos：position 的简写，表示位置。
- dir 或 d：direction 的简写，表示方向。
- pt：point 的简写，表示平面或空间中的一个点，也可以表示网格地图中的一个位置。
- w：weight 的简写，表示权值，如进位计数制中每位的权值。
- p, prime：质数。
- q, r：分别是 quotient 和 remainder 的简写，分别代表整数除法中的商和余数。
- pi：圆周率，pi 取自 π 的发音。
- phi：自然数的欧拉函数值 φ，phi 取自 φ 的发音。

（2）STL 中的数据结构

- Q 或 q 或 qu：队列（queue），队列头结点可以用 hd。
- S 或 s 或 stk：栈（stack）。
- v 或 ve：向量（vector）。
- st：集合（set）。
- bt：位组（bitset）。
- pq：优先级队列（priority queue）。

（3）常见的函数名

- dfs：实现深度优先搜索（Depth First Search，DFS）算法的递归函数，函数名一般为 dfs。
- bfs：实现广度优先搜索（Breadth First Search，BFS）算法，如果用函数实现，函数名一般为 bfs。
- gcd：求最大公约数的函数，函数名一般为 gcd。
- solve：经常用作函数名，通常 main 函数实现数据输入/输出，求解问题的代码在 solve 函数中实现，main 函数调用 solve 函数求解问题。
- judge，check：经常用作函数名。
- f：其他函数，如无特别的考虑，可用 f 作为函数名，f 为 function（函数）的首字母。

（4）其他注意事项

● 尽量不要用小写字母l和o作为变量名，因为它们很容易和数字1和0混淆，如果一定要用字母l和o，建议改用大写字母L和O。

● 避免使用编译器和语言标准库中的保留标识符，如变量名、函数名、类型名等，包括但不限于：array、map、index、y0、y1、max、min、sum、count等。如果要用可以用简写，如arr、mp；或者加数字，如map1；或者用大写，如MAP，但不建议这样用；或者定义成局部变量，如把y0、y1定义成局部变量就不会出现编译错误。

2. 代码规范

十六字原则：正确缩进、合理空格、适度压行、清晰注释。

（1）正确缩进：Python语言对缩进的执行非常严格，不正确缩进，语法就通不过；C++语言对缩进是建议性的，但一定要养成正确缩进的好习惯。

（2）合理空格：增加程序的可读性。有些编译器会自动加空格。

（3）适度压行：比如，左花括号放在上一行末尾，不单独占一行。此外，为了节省篇幅，可以把一些短的代码放在同一行。在if语句、循环语句中，可能会通过逗号把多条语句合并成一条语句，这样就可以不用花括号了。但要注意，break、continue、return语句不能通过逗号和其他语句合并。

（4）清晰注释：在时间允许、有必要的时候，要写注释。

附录 B 课程资源使用说明

本书配套资源丰富，包括题库、课件、笔记、授课视频等，本书题库部署在洛谷平台，所有教学视频和课件等资源也在洛谷平台。

一、注册洛谷网站账号并加入团队

1. 首先要在洛谷网站注册账号，如图1、图2所示。

图1 在洛谷网站注册账号

注意：注册好账号后，一定要记住账号的用户名和密码。

2. 注册好以后，用账号登录洛谷平台，然后在浏览器的地址栏里输入以下链接，单击左上角的"加入团队"，申请加入"C++趣味编程及算法入门"团队，等待老师审核。

https://www.luogu.com.cn/team/44885

说明，"C++趣味编程及算法入门"团队是《C++趣味编程及算法入门》《C++编程与信息学竞赛数学基础》《信息学竞赛教程(初级)》等教材的学习团队。

3. 老师审核通过后，学生就可以进入团队了。将鼠标光标移动到右上角的图标上，会弹出一个菜单，单击"我的团队"，进入"C++趣味编程及算法入门"团队，如图3所示。

图2 注册界面

图3 进入团队

4. 在"C++趣味编程及算法入门"团队中，能看到概览、题目、作业、题单、比赛、成员、文件等选项卡，如图4所示。

图4 "C++趣味编程及算法入门"团队

5. 读者可以在"文件"选项卡中下载一个压缩文件——"信息学竞赛教程（初级）-目录.rar"，如图5所示。这个压缩文件是本书40章的文件夹，在学习本书时，可以把每个程序保存到每一章的目录下。下载这个压缩文件并解压到电脑上。

图5 下载文件

二、观看视频

在每章作业的题单简介中，有知识点、案例和习题的讲解视频链接，如图6所示。

附录 B
课程资源使用说明

图 6 知识点、案例和习题的讲解视频链接

如果想观看视频讲解，单击视频链接即可打开视频，如图 7 所示。

图 7 观看视频

参考文献

[1] 中国计算机学会. 信息学奥林匹克辞典：全国青少年信息学奥林匹克系列竞赛大纲详解[M]. 北京：机械工业出版社，2023.

[2] 汪楚奇. 深入浅出程序设计竞赛（基础篇）[M]. 北京：高等教育出版社，2020.

[3] 江涛，宋新波，朱全民. CCF中学生计算机程序设计（基础篇）[M]. 北京：科学出版社，2016.

[4] 徐先友，朱全民. CCF中学生计算机程序设计（提高篇）[M]. 北京：科学出版社，2019.

[5] 刘汝佳. 算法竞赛入门经典.2版[M]. 北京：清华大学出版社，2014.

[6] 刘汝佳，陈锋. 算法竞赛入门经典（训练指南）[M]. 北京：清华大学出版社，2021.

[7] 陈锋. 算法竞赛入门经典（算法实现）[M]. 北京：清华大学出版社，2021年.

[8] 陈小玉. 算法训练营：海量图解+竞赛刷题（入门篇）[M]. 北京：电子工业出版社，2021.

[9] 陈小玉. 算法训练营：海量图解+竞赛刷题（进阶篇）[M]. 北京：电子工业出版社，2021.

[10] 罗勇军，郭卫斌. 算法竞赛[M]. 北京：清华大学出版社，2022.

[11] 董永建. 信息学奥赛一本通（C++版）[M]. 南京：南京大学出版社，2020.

[12] 王桂平，刘君，李韧. 程序设计方法及算法导引[M]. 北京：北京大学出版社，2020.

[13] 王桂平，杨建喜，李韧. 图论算法理论、实现及应用.2版[M]. 北京：北京大学出版社，2022.

[14] 王桂平，周祖松，穆云波等. C++趣味编程及算法入门[M]. 北京：北京大学出版社，2024.

[15] 王桂平，周思益，周迎川. C++编程与信息学竞赛数学基础[M]. 北京：北京大学出版社，2025.